KB191112

웨슬리 디비니티 목회의 이론과 실천적 성찰

'목사 웨슬리'에게 목회를 묻다

김동환 지음

kmc

웨슬리, 그는 목회자였다!

존 웨슬리(John Wesley), 그는 영혼을 돌보는 목회자(pastor)였다. 내가 이 당연한 사실을 새삼 확인하는 이유는 무엇인가? 그를 목회자로 인식하지 않고 있기라도 한단 말인가? 불행히도 그렇다. 언제부턴가 우리는 웨슬리를 목회자가 아닌 신학자의 한 사람으로 바라보고 있다. 적어도 내 개인의 경험으로는 그렇다. 신학교 시절, 내게 웨슬리는 위대한 '사상가'요 '신학자'였지 목회 지도를 받아야 할 친근한 '선배 목회자'는 아니었다. 웨슬리는 여러 위대한 신학자의 반열 가운데 세워져 '웨슬리신학'이라는 주제 가운데서만 만날수 있는 그런 사람이었다. 몇몇 저명한 학자들의 멋들어진 '웨슬리신학' 강좌는 "아, 우리 감리교 안에도 루터와 칼빈 같은, 어쩌면 이들보다 더 위대한 신학자가 있었구나" 하는 자부심마저 느끼게 해 주었다.

그렇지만 솔직히 나는 자신과 타인의 영혼 구원을 위해 불타는 소원으로 목회에 임했던 목회자 웨슬리는 배우지 못했다. 이는 나의 게으름에 더 많은 책임이 있다고 보지만 이런 기회가 신학교나 목사 안수 과정 혹은 목회 현장에서는 주어지지 않은 것도 사실이다. 이 같은 정황은 지금도 크게 달라 보이지 않는다. 말하자면 신학적 관점에서 웨슬리를 배우고 연구할 기회는 많지만 목회의 관점에서 웨슬리를 심도 있게 배울 수 있는 기회는 여전히 드물다.

사실 웨슬리를 신학자로 자리 매김하기 시작한 것은 20세기 후반이 넘어서였다. 이렇게 되기까지는 웨슬리 사상의 대가 알버트 아우틀러(Albert Outler)의 힘이 컸다. 아우틀러에 따르면, 웨슬리는 그의 시대에 주요 신학자 중 하나였을 뿐 아니라 그의 신학적 방법론이나 요소들은 현대 신학에서도 중요한 의미를 갖는다.[1] 아우틀러로부터 촉발된 '신학자 웨슬리'에 대한 연구는 그 후 수년 뒤에 몇몇 학자들이 구체화시켰다. 예를 들어 로버트 브라운(Robert Brown)은 웨슬리의 신학적 원리를 찾고 그 발전 과정을 더듬어 보려 했으며,[2] 진 옥티발(Jean Octibal)은 영성 측면에서 웨슬리신학의 독특성을 찾아보려 했다.[3]

아우틀러 자신은 웨슬리를 신학자로서 자리 매김 하면서도 신학을 체계화시켰던 다른 신학적 거인들(theological titan) 중 하나로 병렬 배치하는 데는 동의하지 않았다. 비교적 초기부터 웨슬리를 독보적인 신학적 체계를 창안했던 신학적 거인이나 신학자들 가운데 돋보이는 스타 신학자로 이해하기를 거부하고, 대중과 호흡을 같이했던 '대중 신학자'(a folk theologian)로 이해하려 했다.[4] 이러한 입장은 1970년대에 지속되었으며 1980년대에는 이를 견지하면서 현대 교회의 선교 및 실천과 관련시켜 나갔다.[5] 즉 아우틀러는 웨슬리

---

1) Albert C. Outler, "Towards a Re-Appraisal of John Wesley as a Theologian," *The Wesleyan Theological Heritage*, ed., by Thomas C. Oden and Leicester R. Longden (Grand Rapids: Zondervan Publishing House, 1991) p. 40.

2) Robert Brown, *John Wesley's Theology: The Principle of Its Vitality and Its Progressive Stages of Development* (London: E. Stock, 1965).

3) Jean Octibal, "The Theological Originality of John Wesley and Continental Spirituality," *A History of Methodist Church in Great Britain*, vol.1. ed., by Rupert Davies, A. Raymond George, Gordon Rupp (London: Epworth Press, 1965) pp. 83~111.

4) Outler, "Towards a Re-Appraisal of John Wesley as a Theologian," p. 43.

5) Kenneth J. Collins, *The Theology of John Wesley: Holy Love and the Shape of Grace* (Nashville: Abingdon Press, 2007) p. 1. 매덕스(Randy L. Maddox)는 그의 논문 「역사적 유산의 재고: 메도디스트 신학사에서의 신학자 웨슬리」("Reclaiming an Inheritance: Wesley as Theologian in the History of Methodist Theology")에서 웨슬리에 관한 신학적 이해가 어떻게 변천되어 왔는지에 관해 해박한 지식을 바탕으로 매우 명료하게 요약 정리한다. 그에 따르면, 신학자로서 웨슬리에 대한 연구는 1960년

를 루터나 칼빈 같은 '전문적 신학자'라고 칭하는 데는 매우 신중했지만 여전히 '신학자'의 범주 안에서 이해하려 했고, 이후 많은 이들이 아우틀러의 입장을 기본적으로 지지하면서 신학자로서의 웨슬리 이해를 시도했다. 물론 그들 가운데에는 웨슬리를 이론적 신학자의 반열에 두기를 꺼려하면서 웨슬리에게 나타나는 '실천적 성향'을 주목하는 이들도 있다. 곧, 웨슬리를 '목회적 실천에 초점을 둔 실천 신학자'로서 자리 매김 하기도 한다. 그러나 그럼에도 웨슬리를 '신학자'라는 꼬리표를 붙이면서 기존의 신학적 관점에 의지해 이해하려 한다는 점에서 보면, 여전히 그를 신학적 틀 속에서 이해하려 하고 있다. 웨슬리를 '학문적이고 사변적인 신학자'로부터 구별해 내면서 '실천적 신학자'로 자리 매김 함으로써, 그의 실천적 관심을 정당하게 평가하려 하면서도 아이러니하게 학문적이고 사변적인 냄새가 짙게 배어 있는 '신학자'라는 꼬리표는 끝내 제거하지 않고 있는 셈이다. 이는 그에게 학문적이고 사변적인 성향이 남아 있기 때문이 아니라, 이렇게 '실천적 신학자'로 남겨둠으로써 '학문적이고 사변적인 관점에서 이해하고 싶은' 우리의 숨겨진 의도로 말미암은 것은 아닌지 심사숙고해야 할 대목이다.

웨슬리를 신학자로 보는 것이 과연 온당한가? 사실 이 질문에 대한 답변은 '신학이란 무엇인가' 하는 문제와 관련이 있다. '신학'이라는 말은 헬라어 'theologia'(θεολογία, 테오로기아)에서 유래했는데, '하나님'을 의미하는 'theos'(θεός, 테오스)와 '이성적 논리'를 의미하는 'logia'(λόγια)의 합성어다. 어거스틴은 이 두 낱말의 조합에 주목하면서 신학을 "하나님에 관한 이성적 논의"(reasoning or discussion concerning the Deity)라고 정의한다.[6] 이는 점차

이후에야 본격화되었다. 이때 웨슬리의 빈약한 학문성을 옹호하려는 의도로 '학문적 신학자'(academic theologian)에 대비되는 '대중 신학자'(folk theologian)라는 말로 그를 소개했다. 그러나 80년대 이후에는 웨슬리를 굳이 이 같은 구차한 설명이 필요 없는 독자적 영역을 개척한 신학자로 바라보려는 시도가 일반화되었다. 특히 그리스도인의 삶의 실천에 신학적 강조점을 둔 신학자라는 쪽으로 웨슬리의 신학적 자리를 매김 하려는 노력이 증대했다. Maddox, "Reclaiming an Inheritance: Wesley as Theologian in the History of Methodist Theology," *Rethinking Wesley's Theology for Contemporary Methodism*, ed., by Randy L. Maddox (Nashville: Abingdon Press, 1998) pp. 213~226 참조.
6) http://en.wikipedia.org/wiki/Theology 항목에서 재인용

종교 일반에 적용되는 용어로 자리 잡기도 하지만 신학이라고 말할 때 주로 기독교의 하나님에 관한 이성적 논의로 이해된다.[7]

만일 신학을 이렇게 일반적인 범례에 따라 정의한다면 웨슬리를 신학자로 분류하기는 어려울 것 같다. 왜냐하면 그의 일관된 관심은 신학적 명제들에 대한 이성적이고 논리적인 진술이 아니라 인간이 어떻게 하나님 나라에 이를 수 있는가, 즉 '하늘 가는 길'을 추구하는 실질적인 구원의 문제였기 때문이다. 실로 웨슬리의 궁극적 관심은 모든 목회자들의 중심 주제인 '하늘 가는 길'에 관한 탐구다. 웨슬리 자신의 말을 들어 보자.

> "나는 내 가슴속 깊은 곳에 있는 생각이 무엇인지 진실되고 합리적인 이들에게 드러내는 일을 꺼리지 않는다. … 나는 단 하나, 하늘 가는 길을 알고 싶다. 어떻게 해야 그 행복한 해안에 무사히 도착하는가를 알고 싶다. 하나님은 그 길을 알려 주기 위해 자신을 스스로 낮추셨으며 끝내는 하늘로부터 오셨다."[8]

웨슬리에게는 하나님 안에서 새로운 삶을 얻는 것이야말로 우리에게 '필요한 단 한 가지'(the one thing needful)이기에 그는 지적 토론이나 신학 체계를 세우는 등과 같은 일보다는 어떻게 해야 우리가 구원에 이를 수 있는 길을 제시할 수 있는가 하는 현실적이고 구체적인 문제에 깊은 관심을 기울였던 것이다.[9] 또한 이런 사실은 웨슬리가 '이론적 신학'에 천착했던 '신학자'가 아니라 '실천적 목회'의 문제와 뒹굴며 씨름했던 '목회자'였음을 의미한다.

혹자는 아우틀러가 '목회자'에서 '신학자'로 옮겨 놓은 웨슬리의 자리를 여기서 내가 다시 '신학자'에서 '목회자'의 자리로 되돌려 놓는 것이 아닌가 하

---

7) Alistair McGrath, *Historical Theology: An Introduction to the History of Christian Thought* (Oxford: Blackwell Publishers, 1998) pp. 1~8.
8) Wesley, *Preface to Sermons on Several Occasions* (1746) 5.
9) Thomas는 이런 웨슬리의 신학적 특성을 다음과 같이 잘 요약한다. "웨슬리신학의 기본 관심은 인간 구원에 있다. 수레바퀴의 중심축(hub)을 기반으로 바퀴살들이 번져나가듯이, 그의 신학적 사상은 구원이라는 중심축으로부터 전개되었다." Thomas A, Langford, "John Wesley and Theological Method" *Rethinking Wesley's Theology*, p. 38.

는 의문을 제기할 수도 있을 것이다. 나는 이런 질문에 주저 없이 말할 생각이다. 웨슬리를 신학자 자리에서 목회자 자리로 되돌려 놓아야 한다고!

나는 웨슬리가 거대한 신학자적 풍모를 지닌 사람으로 차츰 굳어져 가게된 배경에는 '이론'을 '실천'의 우위에 두는 일종의 '실천경시풍조'와 모종의관련이 있을 것이라 판단한다. 이를 테면 '닥터(Dr.) 웨슬리'를 '목사 웨슬리'보다 더 선호하는 풍조는 예나 지금이나 다를 바가 없다. 게다가 루터나 칼빈같은 신학적 거인을 원조로 소유하지 못했던 메도디스트(Methodist)들의 '신학적 콤플렉스'도 어느 정도 영향을 미쳤을 것이다. 실제로 메도디스트는 오랜 세월 다른 교단으로부터 '제대로 신학적 바탕을 갖추지 못한 하나의 부흥운동'이라는 평가를 받아 왔다. 즉 메도디스트의 시작과 발전은 걸출한 신학자의 신학적 사유의 결과로 이루어진 것이 아니라 일부 헌신된 그룹의 신앙부흥운동의 결과물이라는 뜻이다. 사실 많은 메도디스트들은 이 같은 평가때문에 불필요한 콤플렉스에 시달려 왔다. 이런 정황에 아우틀러가 말하는'신학자 웨슬리'의 가능성은 메도디스트들에게 큰 자부심을 가져다주었고,이 웨슬리의 이미지를 확대 재생산해 내는 일이야말로 메도디스트를 견고하게 만드는 길이라는 확신이 메도디스트 안에 널리 자리 잡게 된 것이다.

그러나 이제는 웨슬리를 목회자의 자리로 되돌려 놓아야 할 때다. 우리가그동안 신학자 웨슬리로부터 많은 부분을 배워 온 것도 사실이다. 하지만 이과정에서 우리는 웨슬리로부터 배워야 할 정말 중요한 부분들을 놓치는 우를 범한 것 또한 사실이다. 그 가운데 가장 중요한 부분이 바로 '목회'이다. 목회자 웨슬리는 진정한 의미에서 성공한 목회자였다. 그의 목회가 성공했다고말하는 까닭은 오늘날 우리의 통속적인 이해처럼 수십만에 달하는 교인들을불러 모았다거나 거대한 교회 건물을 건축했기 때문이 아니다. 이는 그가 '그의 목회 안에서 자신이 평생 동안 추구하던 하나님께 더 가까이 나아갈 수 있었기 때문'이다. 정말 그러했다. 그에게 목회란 삶과 따로 노는 그런 것이 아니었다. 목회는 그의 삶 자체였다. 그의 목회는 삶을 통해 성취되었고 그의삶은 목회를 통해 성취되는, 참으로 아름다운 목회적 삶을 살았기에 성공한 목회자라 부르는 것이다.

삶과 분리된 목회를 경험하는 목회자들이 얼마나 많은가. 겉으로는 많은 교인들을 모으고, 큰 교회 건물을 소유하며 수많은 선교사들을 배출했다고 자랑하지만, 안으로는 무덤가의 뼈처럼 황폐해지고 바짝 말라 버린 자신의 영혼을 목도하며 괴로워하는 목회자들을 만나기는 어렵지 않다. 그러나 웨슬리는 안과 밖이 다르지 않았다. 그의 목회의 성공은 고스란히 그의 내적 영혼의 승리와 일치한다. 1791년 3월 2일 아침 10시경, 웨슬리는 런던 시티로드에 위치한 목사관에서 이 땅에서의 마지막 순간을 맞이했다. 이때 그가 남긴 유명한 마지막 말 한 마디는 "The best of all is, God is with us."였다. 진정 웨슬리는 이 땅에서 '우리에게 가장 귀한 것은 하나님이 우리와 함께 계시는 것'임을 알았으며, 그 축복을 누리며 행복하게 생을 마친 성공한 목회자였다.

그렇기에 우리는 성공한 목회자 웨슬리로부터 목회에 관해 진지하게 배워야만 한다. 이제는 신학적으로 채색된 웨슬리의 모습이 아닌 목회자 웨슬리로부터 말이다. 이 책은 바로 이러한 맥락에서 기획하고 집필한 것이다. 마음을 열고 우리의 목회 선배 웨슬리가 들려주는 목회 이야기를 진심으로 숙고하고 우리 자신의 목회를 되묻는 것, 바로 이것이 이 책을 집필한 목적이다. 사실 여기에 포함된 원고들은 애초부터 한 권의 책으로 만들 생각으로 준비한 것이 아니었다. 집필한 원고 하나하나는 나의 '목회 실존적 정황'에 기초해 나 자신의 목회에 적용하고자 준비해 온 것들이다.

나는 전형적인 웨슬리안 전통의 목회자다. 웨슬리안 교회 안에서 성장했고 웨슬리안 신학교(감리교신학대학)에서 신학 공부를 했으며 웨슬리안 정신을 이어받았다고 자부하는 교단에서 목회자 안수를 받았을 뿐 아니라 그 교단 소속 교회에서 목회를 했다. 또한 영국에서 10여 년 가까이 웨슬리안 전통을 고스란히 물려받은 영국 메도디스트 교회에서 웨슬리안 신앙을 지켜 온 영국 교인들을 대상으로 목회를 해 왔다. 이쯤 되면 골수까지 정통 웨슬리안이라 할 만하다. 그런데도 부끄럽지만 웨슬리목회가 무엇인가 자문해 볼 때 솔직히 구체적으로 그 그림을 그려 낼 수 없었다. 말하자면 웨슬리안 목회자로 살아 온 적지 않은 세월 동안 무엇이 웨슬리목회인지 모른 채 목회 현장에서 웨슬리목회를 한다고 스스로 믿어 왔던 것이다.

수년 전에 있었던 이런 자각은 웨슬리를 새로이 읽어 보아야겠다는 강력한 동기가 되었다. '웨슬리 읽기'(이는 단지 독서만을 의미하는 것이 아니라 웨슬리 사상과 삶 전체를 조망해 보는 웨슬리 이해의 시도이다)를 거듭할수록 점점 확실해지는 것은 웨슬리는 '진정한 목회자'였으며 그를 이런 관점으로 이해해야 그에 대한 더 깊은 이해에 도달할 수 있다는 것, 또한 이렇게 이해할 때 그로부터 목회에 관해 배워야 할 내용들이 무궁무진하다는 사실이었다. 이 책은 바로 이러한 관점들을 정리하고 모아 놓은 것들이다.

목회자의 한 사람으로, 나는 스스로에게 끊임없이 질문한다. '나는 과연 성공한 목회를 하고 있는가?' '나는 성공한 삶을 살아가고 있는가?' '내가 이 땅에서의 삶을 마감하는 날, 웨슬리처럼 과연 하나님과 함께 살아 왔다는 행복한 고백을 할 수 있겠는가?'

나는 목회자로 부름 받은 모든 이들과 이 질문을 공유했으면 한다. 그리고 이 질문에 대한 답을 찾는 목회자들이 점점 더 늘어났으면 하는 마음으로 기도해 본다. 부끄럽게 내어 놓은 이 책이 이 여정을 걸어가는 이들에게 조금이나마 도움이 되었으면 하는 바람도 덧붙이면서….

이 원고가 이렇게 읽기 좋은 책으로 나오기까지는 많은 분들의 도움이 있었다. 특히 웨슬리목회를 연구할 시간과 환경을 허락한 영국 메도디스트 교회에게는 큰 사랑의 빚을 졌다. 또한 졸고를 처음 접하자마자 이 글이 한국교회에 도움이 될 것이라 격려해 주시고 출판이 가능하도록 배려해 주신 감리회 본부 출판국(도서출판 kmc) 손인선 목사께도 빚진 마음이다. 거친 원고를 다듬어 쓸모 있는 책의 모습으로 바꾸어 준 출판국 실무자들의 정성어린 손길 또한 잊을 수 없는 사랑의 빚이다.

아스날 구장이 넘어다 보이는
런던 이슬링턴(Islington)의 목사관 서재에서 김동환 목사

　「'목사 웨슬리'에게 목회를 묻다」 출간을 진심으로 축하하며 기쁘게 생각합니다. 저자는 오랫동안 영국 메도디스트교회를 섬겨오면서 경험한 자신의 목회에 관한 성숙한 아이디어들을 한국 감리교회에 전해 준 바 있습니다. 그러한 자료들을 묶어서 '웨슬리 디비니티 목회의 이론과 실제'에 관한 귀중하고 유익한 통찰을 이 책에서 펼치고 있습니다.

　우리는 보통 존 웨슬리를 위대한 부흥사, 전도자로 알고 있습니다. 물론 그것은 분명한 진실입니다. 하지만 웨슬리는 감리교 복음주의 부흥운동의 아버지, 역사가 낳은 가장 위대한 전도자 중의 하나이기 전에 하나님의 사람이요 주의 종이었습니다. 더욱이 그가 부름 받은 일차적 소명은 성직자, 곧 목사였던 것입니다. 특별히 그는 옥스퍼드의 교수직을 중요시하지 않고 가난하고 비참한 평민들에게로 내려가서 자신의 생애를 바쳐 그들의 영혼과 육체를 구원하고 돌보는 데 생애를 마치기까지 헌신하였습니다. 그러한 그의 목회는 정녕 주님의 선하고 참된 목자상을 그 시대에 가장 완전하고 충실하게 성취한 웨슬리의 본질이었습니다.

　이렇게 볼 때, 저자가 초점을 맞춘 디비니티 목회는 우리가 웨슬리를 가장 잘 이해하고 올바르게 파악하는 데 빠져서는 안 될 중요한 요소입니다. 그의 영성, 인간성, 도덕성, 모든 것이 합해져서 주님의 제자로서, 종으로서 목회한 삶의 정수들이 이 책에서 우리가 얻을 수 있는 보화가 될 것입니다. 저자가 심혈을 기울여 자신이 터득한 목회의 원리와 실제를 웨슬리의 본 고장인 영국에서 거두어들여 웨슬리에게 초점을 맞춰 정리한 것이므로 우리에게 신선하면서도 흥미롭게 다가올 수 있습니다. 귀한 책을 써서 우리에게 큰 유익을 준 저자에게 깊은 감사를 드리면서, 앞으로 한국의 감리교회 목회자들, 신학도들, 신도들이 이 책을 통해 큰 유익을 누릴 줄 믿고 필독을 추천합니다.

이후정(감리교신학대학교 대학원장)

[감사의 글]

이 책이 나오기까지 많은 분들에게 사랑의 빚을 졌습니다. 먼저 영국 메도디스트 교회의 동역자들과 교우 여러분입니다. 메도디스트 교회의 전임 사무총장 Rev. David Deeks는 제가 낯선 영국에서 메도디스트 교회의 목회자로 사역할 수 있는 길을 안내했을 뿐 아니라 웨슬리를 신학자가 아닌 목회자로 볼 수 있는 시각을 열어준 분입니다. 현직 사무총장 Rev. Dr. Martyn Akins 또한 영국 메도디스트에 대한 폭넓은 이해를 제공해 주었습니다. 현재 런던 지역 연회 책임자 중 한 사람인 Rev. Dr. Stuart Jordan은 제 연구 방향에 대한 조언을 아끼지 않았습니다. 제 동료 목회자이자 친구인 Rev. Peter Catford는 제가 궁금해하는 영국 메도디스트 교회의 세세한 부분에 대해 정보를 제공해 주었습니다. 또한 제가 속했던 교구의 교우들은 기도와 격려로 저의 연구를 도왔습니다.

한국에 있는 선배 학자, 목회자, 교우들에게도 갚을 수 없는 사랑의 빚을 졌습니다. 일일이 이름을 거명하기에 힘든 많은 분들의 사랑과 기도가 없었다면 제 책은 세상에 나올 수 없었을 것입니다. 특히 인생과 학문의 선배로서 저의 연구 방향을 지지해 주시고 격려를 아끼지 않았던 김홍기 전 감리교신학대학 총장님, 저의 부족한 책을 끝까지 읽어 주시고 후학을 위해 추천의 글까지도 기꺼이 써 주신 이후정 교수님(감리교신학대학)께 큰 사랑의 빚을 졌습니다. 최근 웨슬리 연구에 뚜렷한 족적을 남기시고 계신 김진두 교수님께도 큰 빚을 졌습니다. 김 교수님은 그간 서구에서만 논의되었던 '실천 신학자 웨슬리'에 대해 처음으로 한국에 적극 소개하셨고 웨슬리의 삶과 목회실천에 대한 괄목한 연구를 이루셨는데, 이 연구방향은 저의 '목회자 웨슬리' 이해에 귀한 소재와 발판이 되었습니다. 친구 장성배 박사에게도 사랑의 빚을 졌습니다. 장 박사의 크고 작은 도움은 이 책을 세상에 내어놓는 데 든든한 버팀목이 되었습니다.

독자 여러분께도 큰 사랑의 빚을 졌습니다. 저의 웨슬리 연구는 이제 겨우 첫걸음을 떼었을 뿐입니다. 그런데도 많은 분들의 따뜻한 시선과 관심 덕분에 초판을 발행한 지 불과 몇 개월 만에 재판 발행을 하게 되었습니다. 아직 부족한 부분이 많습니다. 이 부족한 부분은 독자 여러분의 지속적인 사랑과 관심으로 인해 하나하나 채워질 것이라 확신합니다.

그렇습니다. 이 책은 사랑의 빚으로 엮어졌습니다. 이 빚을 갚는 길은 제게 사랑을 베푸신 여러분을 위해 기도하는 것과 더욱 웨슬리 연구에 매진하는 것이겠지요. 기도하겠습니다. 또한 웨슬리 연구에 더욱 매진하겠습니다.

저자 김동환

[차례]

PART 1

웨슬리목회의 키워드: 디비니티

PART 2

디비니티 시작과 완성

웨슬리목회의 키워드: 디비니티

CONTENTS

신학(Theology) vs. 디비니티(Divinity)

우리가 웨슬리를 신학자가 아닌 목회자로 인식하려 할 때 한 가지 주의해야 할 점은 웨슬리가 신학적 사유를 포기한 현장 목회자라고 쉽게 단정하는 일이다. 웨슬리가 신학적 이론을 체계화하는 데 관심이 없었다 하더라도 이것이 이론적 사유를 포기했다는 의미는 아니다. 그는 누구보다도 독서를 많이 했으며 신학 주제들을 놓고 사색했던 사람이었고, '신학적 거인'(theological titan)이나 '체계적 신학의 초석을 놓은 이'(system builder)라고 말하기는 어렵지만, 그가 남긴 저작물들은 신학적 고찰 대상이 될 만큼 전통적인 신학 주제들에 대한 진지한 사고와 논쟁들을 다수 포함하고 있기 때문이다.

그렇지만 분명한 사실은 그의 일차적 관심이 '목회적 실천'이었다는 점이다. 이러한 실천적 관심의 빛 아래 신학적 사유를 포함시키고 있는 것이다. 다시 말해 웨슬리는 어떤 이론을 구축하기 위한 신학을 전개한 것이 아니라, 구체적인 현실 문제를 다루기 위한 실천적 경험의 틀 안에서 신학적 사유를 시도했던 것이다. 이 점을 랑포드(Lanford)는 이렇게 요약한다.

"웨슬리는 신학을 기독교인의 삶과 기독교 신앙의 선포와 밀접하게 연관된 구조 속에서 이해했다. 그에겐 신학이란 진정한 삶과 진실된 말씀의 선포 안에서 실현되어야 한다."[1]

웨슬리 사유의 이 같은 특성 때문에 랑포드를 포함한 많은 학자들은 그의

---

1) Thomas A, Langford, "John Wesley and Theological Method," p. 35.

사유방식을 '실천적 신학'(practical theology)이라고 특징지어 부르며, 이런 신학적 틀이야말로 웨슬리를 이해하는 해석학적 틀이 된다고 확신한다.[2] 그러나 나는 웨슬리의 목회를 좀 더 근원적으로 이해하려면 '신학적 틀' 자체를 벗어나야 한다고 확신한다. '신학'이라는 용어는 너무 오랫동안 철학적이고 분석적이며 이성적인 접근으로 인식되어 왔기에 그 어떤 수식어를 여기에 붙이든, 예를 들어 '실천적인' 혹은 '경험적인'이라는 용어를 붙인다 해도 신학에 부여한 이미지 자체에서 벗어나기란 대단히 어렵기 때문이다. 물론 일부 학자들 제안처럼, 신학 자체를 하나님에 '관한'(about) 분석적이고 이성적인 진술이 아닌, 계시하시는 하나님과 예배와 순종과 섬김, 그리고 찬양이라는 행위를 통한 '관계의 설정'으로 이해해서 사용할 수도 있다.[3] 그러나 이런 이해가 보편적으로 받아들여지고 있는 것은 아니며, 또한 오랫동안 고착된 신학에 대한 이미지를 불식시키기에는 많은 어려움이 있다는 점을 고려한다면 웨슬리목회를 이해하기에는 적절한 해석학적 틀이 될 수 없다는 것이 나의 판단이다.

그런데 흥미로운 점은 웨슬리가 의도적으로 신학(theology)이라는 용어의 사용을 회피했다는 사실이다. 자신의 사상을 피력할 때 신학이라는 말 대신 다른 용어를 종종 사용했는데, 바로 '디비니티'(divinity)라는 단어다. 예를 들어 자신의 저작물들에 내포된 사상적 성향을 '평이하고 익숙한 성경적 디비니티'(plain old Bible divinity) 혹은 '실천적 디비니티'(practical divinity) 등과 같은 용어들을 통해 표현한다.[4] 여기서 나는 이 '디비니티'라는 단어에 주목하고자 한다.

---

2) 김진두 교수 또한 최근 웨슬리 연구의 화두가 되고 있는 'practical divinity'에 깊은 관심을 두고 웨슬리 연구에 매진해 왔다. 그는 "웨슬리의 신학은 전적으로 실천신학(practical divinity)이요 목회신학(pastoral theology)"이며, "메도디스트 신학의 성격과 방법과 목적을 규정하는 것"이요, 또한 "메도디스트들의 신앙과 신학과 실천을 의미하는 것"이라 확신한다. 실제로 그는 이런 관점으로 웨슬리에 관한 괄목할 만한 연구를 진척시켜 나가고 있다. 그는 웨슬리를 '신학자'로, 또 그의 목회를 '신학'의 틀에서 이해하고 있는 것으로 보인다. 그의 책, 「웨슬리의 실천신학」(서울: 도서출판 kmc, 2010) 참조.

3) Alister E. McGrath, *Christian Spirituality: An Introduction* (Oxford: Blackwell, 1999) p. 32.

4) Collins, *The Theology of John Wesley* (Nashville: Abingdon Press, 2007) p. 2.

'Divinity'의 옥스퍼드 사전적 정의는 'a state of being divine'이다. 직역하면, '하나님처럼 거룩한 이가 된 상태'이다. 이는 '신학'이 지향하는 바와 명백히 다르다. 신학이 하나님에 대한 이성적 설명에 주안점을 두고 있다면, 디비니티는 하나님이 거룩하신 것처럼 우리도 거룩해져 가는 인간의 변형 과정에 주된 관심을 둔다. 다시 말해, 신학은 과학적이고 객관적인 이론의 구성을 지향하지만, 디비니티는 그 하나님을 어떻게 실제적으로 닮을 수 있는가 하는 실천적 목적을 갖는다.

일반적으로 지금 이 'divinity'란 용어는 한국어로 '신학'이라는 말로 번역되고 있다. 이는 디비니티의 참 의미를 왜곡하는 명백한 오역이라 본다. 오히려 나는 웨슬리의 디비니티를 '성화'(聖化)라는 말로 번역해 사용하는 편이 본래 의미에 근접하지 않을까, 생각한다. 이 '성화'는 원래 영어 'sanctification'을 표기하기 위해 널리 사용하던 용어다. Sanctification이 sanctify, 즉 '성화되어 감' 그 자체의 동사적 의미라 한다면, 디비니티는 성화가 되어 가는 과정 전체를 포괄하는 개념적이고 명사적인 의미로 이해할 수 있다. 한국말은 '되어 감'(becoming)과 '그 본질'(being)의 구분이 모호하기 때문에 sanctification이나 divinity 둘 다 '성화'로 해석해도 무난할 것 같다(나는 좀 더 나은 번역을 기다리고 있다). 그러나 divinity와 sanctification 사이의 혼동을 피하기 위해 나는 이 책에서 'divinity'를 굳이 우리말로 번역하기보다는 divinity의 한국어 발음 표기를 따라 '디비니티'로 사용할 생각이다.

로버트 쿠쉬만(Robert E. Cushman)은 이 같은 디비니티적 관점(divinity perspective)이야말로 웨슬리의 삶과 사상을 이해하는 데 중요한 해석학적 개념이 될 수 있다고 강조한다. 그에 따르면, 웨슬리는 '참되고 생명력 있는 믿음'(true living faith)을 늘 마음에 두었으며, 이러한 믿음의 본질은 웨슬리가 말한 '경험적 종교'(experimental religion)의 총체이며 '경험적 디비니티'(experimental divinity)의 핵심 내용으로 표현된다. 쿠쉬만은 여기서 경험적 디비니티가 경험적 종교보다 참되고 생명력 있는 믿음의 본질을 더욱 명료하게 표현한다고 간주하면서, 웨슬리의 '성경적 구원'을 이해할 수 있는 해석학

적 원리가 될 수 있다고 본다.[5]

　나는 이런 쿠쉬만의 분석에 전적으로 공감하면서, 이 '디비니티의 관점'이야말로 웨슬리목회의 특성을 이해하기 위해 적절한 해석학적 개념이라고 믿는다. 웨슬리목회의 초점은 처음부터 끝까지 분명했다. 그가 목회적 삶을 통해 추구한 바는 '어떻게 하늘에 이를 수 있는가' 하는 구체적인 문제였고, 이를 위해서는 '하나님처럼 거룩하게 되는 것'이라는 구체적이고 실천적인 과정이 중심 주제가 되었다. 웨슬리는 실로 디비니티의 관점에서 자신의 목회를 구상하고 설계해 나간 목회자라고 할 수 있다. 다시 말해 그는 '신학'의 관점이 아닌 '디비니티'의 관점을 통해 자신만의 목회 설계도를 만들어 냈고, 이를 통해 자신과 다른 수많은 영혼들을 그가 소망했던 대로 '하늘'로 인도했던 것이다. 그렇기에 디비니티야말로 웨슬리목회의 삶과 사상을 제대로 드러낼 수 있는 핵심적인 해석학적 개념이 될 수 있다.[6] 실로 '하나님과 같이 거룩함에 이르는 과정'이라는 생명력 있고 경험적인 디비니티의 시각은 웨슬리목회의 본질과 내용이 의미하는 바가 무엇인지 총체적으로 드러내 보일 것이다.

5) Robert E. Cushman, *John Wesley's Experimental Divinity* (Nashville: Kingswood Books, 1989) pp. 62~63. 또한 Thomas A, Langford, "John Wesley and Theological Method," p. 36.
6) Frank Baker, "Practical Divinity-John Wesley's Doctrinal Agenda for Methodism," *Wesleyan Theological Journal* 22. No.1 (Spring, 1987) p. 7.

완전(Perfection) vs. 디비니티(Divinity)

　'완전'은 웨슬리가 자신의 삶과 목회 여정 가운데 가장 중요하게 취급했던 주제 가운데 하나다. 그는 평생 동안 이 완전이라는 주제와 씨름했으며, 이 주제야말로 자신의 시대뿐 아니라 그 이후 시대에도 메도디스트라 불리는 이들이 직시해야 할 '결정적 사안'(grand depositum)이라고 생각했다.[7] 그렇다면 완전을 왜 이토록 웨슬리가 중요하게 취급했던 것일까? 이는 그의 목회적 관심에서 연유되었다. 시종일관 그는 사람들을 하늘에 이르도록 인도하는 데 관심을 두었다. 그런데 웨슬리는 거룩함(holiness)이 없이는 누구도 하나님을 볼 수 없다는 히브리서 12장 14절의 가르침을 깊이 인식하고 있었기에 '하나님처럼 완전한 거룩함', 곧 '완전'이라는 주제에 몰두할 수밖에 없었다. 그는 영혼의 완전을 이루기 위해 죽은 영혼들이 일정 기간 머물러야 하는 가톨릭의 연옥에 관한 가르침을 거절했다. 죽음의 순간에 영혼이 자리하는 곳이 곧 영혼이 영원히 거처해야 할 곳이라는 확신이 있었기 때문이다. 그렇기에 그에게는 '지금 여기'가 중요하다. 지금 여기에서 모든 인간이 하나님의 형상을 다시금 회복할 수 있다고 믿었으며(이것이 완전한 상태다), 또 그것이 죽음 이전에 가능하다고 믿었다. 이렇게 사람들이 하나님의 형상을 회복하여 완전에 이르도록 돕는 것이 교회의 사명이요 목회의 본질임을 확고히 인식했던 것이다.[8]

　그러나 여기서 우리는 웨슬리가 완전의 문제를 다룰 때 결코 '신학적 카테

---

7) *Letters*, September 15, 1790.

8) Theodore Runyon: *The New Creation, John Wesley's Theology Today* (Nashville: Abingdon Press, 1998) p. 8; *Sermons*, Original Sin, III. 5.

고리' 안에서 다루지 않았다는 사실에 유의해야 한다. 즉 이론적이고 분석적으로 접근하지 않았고, 앞서 잠깐 언급했듯이 사람들을 어떻게 하늘에 이르게 도울 것인가 하는 실천적이고 목회적인 관심에서 이 완전의 주제를 다루었다. 이는 그가 완전에 관한 본질을 묻는 신학적 질문 '무엇'(what)의 문제보다는 실제적으로 완전에 어떻게 이를 수 있는가 하는 실천적이고 목회적인 질문 '어떻게'(how)의 문제에 집중했음을 의미한다. 즉 웨슬리에게 완전이라는 주제는 그 '상태'(perfectio)를 묻는 것보다는 그 목표를 향해 나아가는 '역동적 과정'(teleliotes)을 묻는 것을 뜻한다.

물론 웨슬리는 '무엇'의 질문을 포기한 적은 없다. 완전한 상태가 무엇을 의미하는지 끊임없이 물었고 나름대로 그에 대한 답변을 시도했다. 예를 들어, 1740년 말경 당시 런던의 주교 깁슨(Gibson) 박사와 더불어 화이트홀에서 완전에 대한 토론을 한 직후 출간한 「그리스도인의 완전」(Christian Perfection)에서 무엇이 완전이 아니며 또 무엇이 완전을 의미하는가를 명료하게 밝히려고 노력했다. 그런데 이 같은 노력이 완전의 '본질'을 밝히려는 데 그 원래 목적이 있다기보다는 완전을 향한 지속적인 성장에 더 큰 강조점이 있음을 주목해야 한다. 즉 웨슬리에 따르면, 절대적 완전이나 오류가 전혀 없는 그런 완전은 존재하지 않으며, 언제나 완전이라는 목표를 향해 나아가는 현재진행형으로서의 완전만이 존재한다.[9] 이 같은 방식은 1741년 봄 어간에 출간된 「찬송가 모음」의 머리말에서 했던 완전에 대한 언급에서도 발견할 수 있다. 웨슬리는 무엇보다 완전이란 하나님의 크신 은총이며, 이는 곧 '하나님의 형상의 회복'이라고 밝힌다. 이러한 강조점은 바로 '어떻게' 이 같은 완전에 도달할 수 있는가 하는 주제로 옮겨진다. 그에 따르면, 이 과정은 '이미 이루었다'고 하는 한순간의 사건이 아니라 "힘을 얻고 더 얻어 나아가며", "주의 영으로 말미암아 거울을 보는 것같이 주의 영광을 보고 저와 같은 형상

---

9) John Wesley, *A Plain Account of Christian Perfection*, 그리고 *Sermons*, Christian Perfection. 이후정 역, 「그리스도인의 완전」 (서울: 감리교신학대학교출판부, 2006) pp. 20~21.

으로 변화하여 영광에서 영광으로 이르는" 그런 지속적인 성장 과정이다.[10]

결국 웨슬리의 완전은 '이미 완전해진 완료 시제', '정적 종결 상태'(an achieved static state)로서의 완전이 아닌 완전이라는 목표(telos)를 향해 나가는 역동적 진행 과정을 의미한다. 그런 의미에서 나는 영어 단어 'perfection'이 웨슬리의 완전을 표기하기에는 부적합하다고 판단한다. 이 단어에는 이미 완료의 뉘앙스가 드러나 있기 때문이다. 오히려 웨슬리가 사용했던 다른 용어, 즉 디비니티가 웨슬리의 역동적인 완전의 의미를 담아내는 데 더 적합하다고 본다. 여기에는 두 가지 이유가 있다. 먼저, 디비니티는 하나님의 거룩함에 이르는 역동적 과정, 즉 'being divine' 자체를 의미하기 때문이다. 이것은 perfection처럼 완료의 의미가 아니라 완전에 이르는 현재진행형, 동사의 의미를 함축한다. 또 다른 하나는, 웨슬리가 완전을 통해 구현하고자 했던 궁극적인 그림, 곧 완전에 이르는 전체 그림, 그러니까 출발점에서 목표에 이르는 전 과정을 디비니티 개념은 포괄하기 때문이다. Perfection이라는 용어는 우리의 시선을 끊임없이 그 목표점에 붙들어 두지만, 디비니티는 출발점과 중간 기착점, 목표 전체를 관통하는 시각을 부여한다는 점에서 웨슬리가 말하고자 의도했던 것에 더 부합하는 개념이 된다.

이런 관점에서 웨슬리의 완전 개념은 디비니티라는 용어로 대치해서 사용해야 그 원래 의미가 드러난다고 나는 믿는다. 실제로 웨슬리가 여러 차례 완전 개념의 발달 과정에 관한 설명을 시도했는데, 이는 완전이라는 개념 자체의 발달 과정에 대해서라기보다는 완전에 이르는 전 과정을 포괄하는 디비니티 개념이 어떻게 정착되어 가는가를 보여 준다고 봐야 할 것 같다. 이는 앞으로 전개할 디비니티 개념의 발달 과정에서 명백히 드러날 것이다.

웨슬리목회의 핵심 프레임이라 할 수 있는 디비니티 관점은 어떻게 발전해 갔는가? 이 질문에 대한 답변은 결코 단순하지 않다. 웨슬리에게서 발견할 수 있는 이 목회적 골격(frame)은 우연히 혹은 갑자기 웨슬리에게 주어진 것

---

10) 이후정, 「그리스도인의 완전」 p. 27.

이 아니라 그의 일생에 걸친 치열한 영적 분투의 소산이기 때문이다. 여기에는 사무엘과 수산나 부부가 이루었던 믿음의 가정 안에서의 성장, 차터하우스에서의 학창 시절, 옥스퍼드 대학에서의 생활, 조지아에서의 선교사 생활, 올더스게이트에서의 신앙 체험, 메도디스트 리더로서의 본격적인 활동 등과 같은 모든 삶의 궤적들이 포함될 것이다. 그 중에서 웨슬리 디비니티의 성장 과정과 관련하여 가장 중요하다고 평가할 수 있는 몇 가지 계기들이 있는데, 1725년에서 1728년까지의 소위 '옥스퍼드 회심'과 1729년에 진리의 기초로서 성경의 중요성을 각성한 일, 메도디스트 동료 존 클레이튼(John Clayton)의 도움으로 이루어진 동방 영성과의 만남, 메도디스트 공동체에서의 실천과 훈련, 조지아에서의 구체적 적용, 올더스게이트에서의 신앙 체험 등이다. 이들 각각은 웨슬리의 목회 프레임, 곧 그의 디비니티 관점이 어떻게 형성되어 갔는가를 추적해 가는 데 중요한 논점이 된다. 이제부터는 이를 중심으로 웨슬리의 디비니티 사유의 발생과 확립 과정을 살펴보고, 더불어 이 사유 방식이 구체적으로 그의 목회에 어떤 함축성을 갖는지 알아볼 차례다.

디비니티 시작과 완성

CONTENTS

디비니티 사유의 시작

1720년, 웨슬리는 옥스퍼드 대학의 크라이스트 처치 칼리지(Christ Church College)에 입학해 1724년, 학부과정(B. A.)을 마친다. 이어서 문학석사과정(M. A.)을 계속해 1727년 모든 학업과정을 마친다. 그러다 1726년 3월, 문학석사과정을 진행하던 중에 링컨 칼리지의 연구 강사(fellow)로 임명되어 연구와 강의를 함께 진행하게 된다. 당시 연구 강사직은 다른 지역에 가더라도 계속할 수 있었다. 1727년에서 1729년까지는 자신의 고향 링컨셔(Lincolnshire)의 엡윗(Epworth)과 루트(Wroot) 교구의 교구 성직자(rector)로 섬기던 아버지 사무엘 밑에서 수련목회자(curate)로 일하게 된다.

존 웨슬리가 고향에서 머물 무렵 동생 찰스는 형이 공부했던 크라이스트 처치 칼리지에 입학해 옥스퍼드 생활을 시작했다. 1729년 5월경, 찰스는 둘 혹은 세 명의 다른 학생들과 함께 경건생활을 위한 모임을 시작하는데, 이것이 바로 '메도디스트'라는 모임의 시작이었다. 형 웨슬리는 결국 1729년 11월에 다시 옥스퍼드의 링컨 칼리지(Lincoln College) 연구 강사로 돌아왔고, 곧이어 메도디스트 모임을 지도하게 되었다. 이 모임은 1735년 웨슬리 형제가 또 다른 메도디스트 회원 가운데 하나였던 벤자민 잉함(Benjamin Ingham)과 함께 아메리카 선교사로 떠날 때까지 지속되었다. 웨슬리에게 이 옥스퍼드에서의 기간은 결코 잊을 수 없는, 이른바 영적인 고향에 머물렀던 기간이었다. 그는 옥스퍼드를 떠난 후에도 끊임없이 이 시기를 회상했으며 그리워했다. 1772년 12월 15일 동생 찰스에게 보낸 편지에서, 웨슬리는 옥스퍼드 생활로 돌아가고픈 마음을 간절히 표현한다.

"종종 나는 기도하고 있어. '그때 그 시절을 돌려주십시오(*vitae me redde priori*, Give me back my former life), 옥스퍼드 메도디스트로 또다시 돌아가게 해주십시오.'라고 말이야. 나는 다시금 크고 작은 모든 옥스퍼드 규칙들을 지키며 사는 것이 내게 최선이 아닐까 생각해 봐. 그때야말로 하나님과 가까이 걷고 시간을 보낸 기간이었지. 그렇지만 그 이후로 30년 동안 내가 무얼 하고 지내고 있는지 모르겠어."[1]

그러나 웨슬리 영혼의 영원한 고향과도 같았던 옥스퍼드에서의 삶은 그의 한탄처럼 사라진 것이 아니었다. 옥스퍼드에서 보낸 젊은 날의 생활은 웨슬리의 신앙적 삶의 디엔에이(DNA)가 되었고, 이를 바탕으로 자신만의 목회를 만들어 냄으로써 그의 불타는 소원대로 수많은 영혼을 하늘 가는 길로 인도해 냈다.

1) 디비니티 씨앗: 옥스퍼드 회심

옥스퍼드의 웨슬리에게 특히 1725년부터 약 2, 3년간은 매우 중요한 기간이었다. 이는 자신의 믿음에 대해 깊고 진지한 사색의 시간을 가진 시기요 중요한 믿음의 결단에 이르게 되는 시기였다. 아우틀러는 이 시기를 '옥스퍼드 회심'(Oxford Conversion)이라 부르면서 웨슬리 사상을 형성하는 중요한 계기가 되었다고 강조한다.[2] 물론 웨슬리 자신은 이런 말을 사용한 적이 없지만, 스스로 이 기간을 자신의 신앙적 삶에서 전환기적 시기로 인식했음은 틀림없어 보인다. 그는 1767년 그의 목회가 완숙기에 접어들 즈음에 출판한 「그리스도인의 완전에 관한 평이한 설명」(*A Plain Account of Christian Perfection*)에서 자신의 신앙 여정을 회상하면서, 1725년부터 약 몇 년 동안 그에게 일어났던

---

1) *Letters*, December 15, 1772.
2) Outler(ed.), "Introduction" *John Wesley* (New York: Oxford University Press, 1980) p. 7.

일들이 자신의 핵심 사상이라 할 수 있는 '그리스도인의 완전'에 관한 입장을 구축하는 근간이 되었다고 설명한다. 여기서 웨슬리는 먼저 1725년에 일어났던 일을 이렇게 정리한다.

> "내가 23세가 되던 1725년의 일이었다. 나는 테일러 주교(Bishop Taylor)의 「거룩한 삶과 죽음의 법칙과 훈련」(*The Rules and Exercises of Holy Living and Dying*)을 접하게 되었다. 이 책의 여러 곳에서 깊은 감명을 받았다. '의도의 순결'(purity of intention) 부분은 특히 그러했다. 그때 나는 나의 삶 전체, 곧 나의 생각과 언어, 행위 등의 모두를 하나님께 온전히 드리기로 결심했다."[3]

웨슬리는 두 가지 삶의 방향만이 존재함을 깊이 인식했다. 하나는, 나를 향한 삶, 이는 결국 '마귀를 향한 삶'이고 또 하나는, 하나님을 향한 삶이었다. 여기에는 중간이란 없다. 참다운 삶은 결국 하나로 귀결되는데, 바로 하나님을 향한 삶이다. 웨슬리는 이때 이 하나의 삶을 붙드는 철저한 결단을 하게 된다.

1726년, 웨슬리는 가톨릭 수도사 토마스 아 켐피스(Thomas à Kempis)의 「그리스도를 본받아」(*Imitatio Christi*, 가이드포스트)라는 책을 읽으며 수도의 삶에 심취한다. 링컨 칼리지의 연구 강사로 지내는 동안 「그리스도인의 삶의 양식」(*Christian's Pattern*)이라는 책자로 발췌 번역해 출판할 정도로 이 책이 웨슬리에게 끼친 영향은 컸다. 「그리스도인의 완전에 관한 평이한 설명」에서 웨슬리는 이 당시 경험을 이렇게 회상한다.

> "1726년 나는 켐피스의 「그리스도를 본받아」를 접했다. (이를 읽는 동안) 내게 내적인 종교, 곧 마음의 종교의 본질과 그 내용이 이전의 그 어떤 때보다도 강렬한 빛으로 다가왔다. 나는 내 전 생애를 하나님께 드린다 해도 (이렇게 하는 일이 가능하다 해도, 또 이 이상의 일을 할 수 없다 해도) 만일 내 마음을, 내 마음 전체를

---

3) Wesley, *A Plain Account of Christian Perfection*, Section 2.

드리지 않으면 소용이 없다는 사실을 깨달았다. '의도의 단순성'(simplicity of intention)과 '감성의 순결'(purity of affection)은 … '영혼의 날개들'인데, 이들 없이는 … 우리 영혼은 결코 하나님의 산에 오를 수 없음을 알게 되었다."[4]

독서를 통한 수도사 켐피스와의 만남은 웨슬리에게 하나님만을 지향하는 삶이 진실로 참된 삶임을 재확인시켰을 뿐 아니라, 이 같은 삶의 본질이 '단순한 의도'와 '순결한 감성'으로 채워진 온전한 '마음'을 의미하는 것임을 깨닫게 했다.

그 후 1, 2년이 지나 웨슬리는 윌리엄 로오(William Law)의 「그리스도인의 완전」(*Christian Perfection*)이라는 책과 「헌신과 거룩한 삶을 위한 진지한 부르심」(*A Serious Call to a Devout and Holy Life*)이라는 책을 읽게 되는데, 이는 웨슬리에게 하나님만을 온전히 섬기기로 한 이전 결심을 더 굳게 했다. 「그리스도인의 완전에 관한 평이한 설명」에서 웨슬리 자신의 고백을 들어보자.

"이 책들은 내가 반쪽 그리스도인(half a Christian)이 되는 것이 절대 불가능함을 이전보다 더욱 확신하도록 이끌었다. 그리고 나는 그분의 은총을 통해, (나는 이 은혜가 절대적으로 필요함을 깊이 느낀다) 하나님께 전적으로 헌신하며 나의 영혼과 내 몸, 그리고 나의 소유를 온전히 드리기로 결심했다."[5]

웨슬리의 옥스퍼드 회심이라고 불리는 이 시기가 그에게 끼친 영향은 심대하다. 무엇보다 이 시기에 앞으로의 웨슬리의 삶과 목회 전체를 관통하는 디비니티의 기본 원리가 형성된다.

이 기본 원리가 무엇인가 하는 점은 웨슬리 스스로 요약했는데, 그것이 바로 1733년 1월 1일 옥스퍼드 대학 성 마리아(St. Mary)교회에서 행한 '마음의 할례'(The Circumcision of the Heart)라는 설교다. 웨슬리는 「그리스도인의 완

---

4) *Ibid*., Section 3.
5) *Ibid*., Section 4.

전에 관한 평이한 설명」에서 이 설교가 자신의 기초 사상을 고스란히 담은 최초 출판물임을 상기시키면서 여기에 포함된 견해가 그 이후로도 전혀 달라진 바가 없다고 강조한다. 즉 이 설교는 옥스퍼드 회심 시기에 형성되었고, 그 이후로도 견고하게 지켜질 웨슬리 사상들을 고스란히 담고 있다는 말이다. 이는 바로 '완전'에 관한 내용이다.

> "이 설교('마음의 할례')는 지금껏 출판한 저작물들 중 최초의 것임을 유의하기 바란다. 이것이 신앙에 관한 당시 나의 견해였는데, 그때만 해도 나는 이를 '완전' 이라 이름 붙이기를 주저하지 않았다. 지금도 이 생각은 변함이 없다."[6]

그런데 여기서 웨슬리가 이 '완전'을 말할 때 정적(static)인 용법이 아닌 동적(dynamic)인 용법으로 사용하고 있음을 우리는 주목해야 한다. 그에 따르면, 완전은 "마음을 다하고 목숨을 다하고 뜻을 다하고 힘을 다하여 주 하나님을 사랑하는" 동사의 의미다. 이는 다른 말로 영혼을 지으신 분과 '하나 됨'이요 '주와 합하여 한 영이 되는 일'이며 '하늘에 계신 우리 아버지께서 온전하신 것같이 우리도 온전하게 되는 것'을 뜻한다.[7]

이를 성취하는 길이 바로 우리 마음의 할례를 받는 것이다. 마음의 할례란, 곧 '우리 심령이 새로워지는 것'을 뜻하며 '거룩함'이란 말과도 동의어다.[8] 이는 오직 순수한 의도를 품고 우리 마음을 지속해서 하나님께 드리는 것이며, 모든 생각과 말 그리고 행위가 하나님의 영광을 위한 것이 되도록 한다는 의미다. 요약하자면 이 설교에서 웨슬리는 인간의 참된 삶의 목표는 하나님을 사랑하는 마음으로 충만하여 하나님과 하나를 이루는 것이며(완전), 이를 위해 끊임없이 거룩함, 곧 마음을 온전히 하나님께 드려야(마음의 할례) 한다고 말한다. 여기서 우리는 웨슬리가 옥스퍼드 회심의 시기를 거치며 획

---

6) *Ibid.*, Section 6.
7) *Ibid.*
8) *Ibid.*

득했던 신앙의 결단 내용이 무엇이었던가를 명확하게 인식할 수 있다. 웨슬리의 옥스퍼드 회심은 바로 '완전을 위해 전 생애를 바치겠다는 결단'이요 '하나님처럼 거룩하게 되기 위해 마음 전체를 온전히 내어놓겠다는 결단'인 것이다.

그런데 이 옥스퍼드 회심 내용이 사실은 우리가 논의해 온 디비니티와 다르지 않음을 볼 수 있다. 디비니티가 '하나님처럼 거룩하게 되어 가는 과정 전체'를 의미한다면 이는 곧, '완전'의 동사적 용법, 그러니까 '완전을 향해 나아가는 과정 전체'와 동일한 의미를 갖기 때문이다. 다시 말해 웨슬리의 디비니티는 완전의 동사적 의미, 즉 완전이라는 목표를 추구하기 위한 실제적인 영적 분투 과정을 뜻한다는 점에서, 그의 완전사상과 떼래야 뗄 수 없는 밀접한 관계를 갖는 것이다.

웨슬리는 옥스퍼드 회심의 시기를 거치며 이 디비니티야말로 자신의 전 생애를 바쳐 추구해야 할 과제임을 인식하고 디비니티에 대한 기초적인 그림을 그려냈다. 그럼에도 이 그림은 '아직' 완성되지 않았다. 그 완전한 모습을 보기까지는 여전히 많은 시간이 필요했다.

2) 성경적 디비니티: 한 책의 사람(*homo urius libri*; a man of one book)

웨슬리에게는 1729년 역시 의미 깊은 해였다. 특히 그의 디비니티 관점에서 하나의 중대한 전환점이라 할 수 있는 해였다. 「그리스도인의 완전에 관한 평이한 설명」에서 그는 이때를 이렇게 회상한다.

"1729년, 나는 성경을 진리의 궁극적인 표준이며 참된 신앙의 유일한 표지로서 읽고 연구하기 시작했다."[9]

웨슬리는 1729년경 자신의 신앙적 삶의 표준을 굳건하게 붙잡았다. 그것

---

9) *Ibid.*, Section 5.

은 바로 성경이었다. 이후 이런 입장은 더 확고해졌고, 1730년 6월에 이르러서는 "성경 외에는 어떤 책도 관심을 두지 않는 '한 책의 사람'이 되기 시작했다."고 선언하기에 이르렀다.10) 물론 그가 한 책의 사람이 되기를 결심했다 해서 성경만을 읽었던 것은 아니다. 성경을 보다 정확하게 이해하기 위해 의학과 역사, 문학 등을 연구했으며 하나님이 이미 교회를 통해 주신 통찰력 또한 적극적으로 활용했다. 그가 마련했던 「크리스천 문고집」(Christian Library)은 그가 얼마나 폭넓은 독서를 했는가를 보여 준다. 그러나 그 어떤 좋은 자료도 진리의 표준으로서 성경의 자리를 대치하거나 병행시키려 하는 시도를 허용하지는 않았다. 웨슬리에게는 성경만이 진리의 궁극적 표준이며 신앙의 유일한 표지였다.

1730년도 어간에 웨슬리가 성경에 대해 가졌던 결단, 곧 한 책의 사람이 되겠다는 결단은 그 이후로도 변함이 없었다. 세월이 흐르면서 청년기의 성경관과 차이를 보이는 것을 발견하게 된다면, 이는 그의 성경에 대한 이해가 디비니티 시각에 더욱 깊이 뿌리를 두었다는 뜻이다. 1746년에 편집한 설교집의 서문(Preface to Sermons on Several Occasions)에서 웨슬리가 언급한 바를 보면 이 사실이 명백히 드러난다.

"나는 내 가슴속 깊은 곳에 있는 생각이 무엇인지 진실되고 합리적인 이들에게 드러내는 일을 꺼리지 않는다. … 나는 단 하나, 하늘 가는 길을 알고 싶다. 어떻게 해야 그 행복한 해안에 무사히 도착하는가를 알고 싶다. 하나님은 그 길을 알려 주기 위해 스스로를 낮추셨으며 끝내는 하늘로부터 오셨다. 그분은 이 사실을 한 책에 기록했다. 오! 그 책을 나에게 다오. 어떤 대가를 치러서라도 하나님의 책을 다오. 나는 그것을 가지고 있다. 여기에 나를 위한 충분한 지식이 담겨 있다. 나로 하여금 한 책의 사람이 되게 하라."11)

---

10) Letters, May 14, 1765. "homo unius libri"라는 말을 웨슬리가 처음 사용한 것은 아니다. 이 말은 시대를 훨씬 거슬러 올라가 Thomas Aquinas에 이른다. 영어권에 처음 소개한 이는 Jeremy Taylor 감독이었다. Jeremy Taylor, The Life of Christ, Pt. II. Sect. II. Disc. II. 16. 참조.
11) Wesley, Preface to Sermons on Several Occasions, 5.

그가 성경을 통해 추구하고자 했던 것은 명백하다. 바로 '하늘 가는 길', 곧 디비니티 그 자체였다. 웨슬리가 원했던 것은 단지 추상적이고 개념적인 진리가 아니라 영원한 생명으로 인도하는 살아 있는 진리였다. 그리고 이 진리를 발견할 수 있는 유일한 길이 성경이라고 확신했다. 그러기에 1754년 발간한 「신약성경 주해」(The New Testament Notes) 서문에서 "성경은 … 하나님의 참된 진리를 가장 확실히 간직하고 있는 가장 소중한 책"이며 "모든 사람들이 맛볼 수 있는 하늘 지혜의 근원"이라고 선언할 수 있었던 것이다.[12]

　그렇다면 웨슬리가 성경의 사람이 되어 깨달은 진리는 무엇이었는가? 디비니티의 '기독론적 자리매김'이라 할 수 있다. 그는 깊은 성경 읽기의 결과로 완전에 이르는 길, 곧 디비니티라는 것이 '그리스도와 하나 되는 것'과 다르지 않음을 알게 되었다. 여기에 대한 웨슬리 자신의 고백을 들어보자.

　　"그런 후 나는 더욱 선명한 빛 가운데서 그리스도의 마음을 소유하는 것, 그분이 행하신 대로 행하는 것, 그것도 그분의 마음의 일부가 아닌 그 전체를 소유하는 것, 그분이 행하신 일들 중 많은 일들이 아닌 그 전체를 행하는 것이 필수불가결함을 알게 되었다. 이 시기에 나는 믿음이란 그리스도를 전적으로 따르는 것이며 그 분과 더불어 내적·외적으로 완전히 하나가 되는 것이라는 관점을 갖게 되었다."[13]

　웨슬리가 '성경의 사람'이 됨으로써 붙들게 된 완전의 기독론 관점은 그가 추구한 완전, 곧 그의 디비니티가 결코 자기 수양이나 인간이 제정한 어떤 종교의식의 성실한 수행과 같은 인간 중심이 아니라 하나님이 창세전에 예비하신 길, 즉 그리스도를 믿음으로써 그리스도 안에서 죽고 그 안에서 다시 사는 복음 중심이라는 사실을 말해 주는 것이다. 이는 웨슬리의 디비니티가 기독교 신앙 전통에 어긋남이 없는 성경적이며 기독론적인 기초에 기반하고 있음

---

12) Wesley, *Preface to the New Testament Notes*, 10.
13) Wesley, *A Plain Account of Christian Perfection*, Section 5.

을 의미하며 동시에 신비주의나 율법주의와는 그 근본 성격을 달리한다는 것을 의미한다. 이런 생각은 웨슬리 평생에 변함이 없었다. 그는 1741년 발간한 찬송가 모음집(*Collection of Psalms and Hymns*) 제2집 서문 내용을 회상하며 이렇게 말한다.

> "우리의 처음과 마지막 생각 사이에는 전혀 모순이 없다. 완전에 대한 처음 생각은 그리스도의 마음을 소유하는 것, 그분이 행하신 대로 행하는 것, 그것도 그분의 마음의 일부가 아닌 그 전체를 소유하는 것, 그분이 행하신 일들 중 많은 일들이 아닌 그 전체를 행하는 것이었다. 이는 곧 그분이 그러셨듯이 내적·외적으로 하나님께 헌신하되 마음과 삶 전체를 드리는 것이다. 우리는 지금도 보태거나 덜어내는 일 없이 이와 동일한 생각을 가지고 있다."14)

옥스퍼드 회심이 디비니티의 기본 골격을 형성하는 계기가 되었다면 1729년부터 1730년에 걸친 시기는 디비니티에 대한 성경적 기반을 다진 기간이라 할 수 있다. 즉 옥스퍼드 회심의 시기가 하나님처럼 거룩함에 이르는 삶, 곧 디비니티를 추구하는 삶이야말로 진정한 삶임을 깊이 인식하고 또 이를 위해 마음 전체를 온전히 내어놓는 삶을 살겠다고 결단했던 시기였다면, 1729년부터 1730년에 이르는 시기는 디비니티에 대한 성경적 근거를 찾고 그 기독론적 기초를 확립한 시기였다. 그렇지만 그럼에도 디비니티에 대한 정교한 그림의 완성은 좀 더 기다려야만 했다. 무엇보다도 먼저 삶의 구체적인 현장에서 실천되어야 했고 그에 대한 깊은 반성의 시간이 필요했다. 이 같은 기회는 웨슬리의 옥스퍼드 메도디스트 공동체에서의 생활과 그 이후 아메리카 대륙 조지아 선교라는 두 가지 삶의 현장에서 주어졌다.

---

14) *Ibid*., Section 13.

3) 처음 디비니티 공동체: 옥스퍼드 메도디스트

웨슬리의 디비니티는 하나의 이론(理論)이 아니다. 살아 있는 삶의 체험이며 이야기다. 옥스퍼드 회심과 한 책의 사람이 되는 과정에서 그려신 웨슬리의 디비니티는 아직은 완전하지 않았다. 그러나 그는 마음에 품은 대로 살기를 주저하지 않았다. 디비니티를 살았고 실천했다. 그것이 바로 메도디스트 공동체 안에서의 그의 삶이었다.

'메도디스트'라는 이름은 1726년 이후 옥스퍼드 대학에서 수학 중이던 찰스 웨슬리(Charles Wesley)와 몇몇 친구들이 함께 모였던 그룹에게 붙여진 별명이었다. 찰스는 처음부터 이 그룹에서 중심인물이었다. 실로 그는 첫 메도디스트라 불릴 만했다. 존 웨슬리가 이 그룹과 관계를 맺은 것은 1729년 11월이었다. 그가 옥스퍼드 링컨 칼리지 강사로 돌아왔을 때 이 그룹을 이끄는 지도자가 되었다. 나이나 대학에서의 위치 등을 고려할 때 자연스런 일이었다. 이 그룹은 존이 지도하면서부터 더욱 견고해져 갔다.

메도디스트 그룹의 처음 구성원은 어떠했는가? 초기에는 찰스 웨슬리를 포함해 네 명이었지만 그 다음 해에는 두세 명이 자유로이 참석했다. 1732년에는 벤자민 잉함(Benjamin Ingham, Queen's College 출석)과 토마스 브로우튼(Thomas Broughton, Exeter College 출석), 존 클레이튼(John Clayton, Brasenose College 출석)와 제임스 허비(James Hervey) 그리고 다른 이들도 두세 명 합류했다. 1735년에는 조지 휫필드(George Whitefield, Pembroke College 출석)도 가입했다.[15] 전체 수는 다소 유동적이었는데, 웨슬리 형제가 조지아 선교사로 파송받아 떠날 당시에는 열세 명이었다. 1733년에는 스물일곱 명까지 늘어났다. 초기 메도디스트 가운데 셋은 옥스퍼드 대학 강사였고, 나머지는 옥스퍼드 대학 소속 칼리지 재학생이었다.

이들은 여러 이름으로 불렸는데, 그들의 독특한 삶의 방식 때문이었다. 그

---

15) Wesley, *A Short History of Methodism*, 4.

들은 매주 성찬식을 가졌고, 먹고 자는 일을 최대한 줄여서라도 경건한 삶을 살기 위해 더 많은 노력을 기울임으로써 다른 이들과는 다른 삶을 추구했다. 이 때문에 메도디스트라는 이름 외에 때때로 '거룩한 모임'(Holy Club), '성경 고집쟁이들'(Bible Bigots), '성경 좀벌레들'(Bible Moths), '성찬주의자들'(Sacramentarians), '공덕주의자들'(功德主義者, Supererogation Men)이라고도 불렸다.

이 모임의 성격은 크게 세 가지로 정리할 수 있다.

첫째, 하나님의 말씀을 그들의 신앙과 실천의 원천으로 삼았다. 기록된 그분의 말씀은 바로 하나님이 우리에게 말씀하시는 핵심 통로로서 그들의 신앙과 실천에 있어 충분한 규범이었다.[16] 이들은 언제나 성경을 신앙의 표준으로 삼았기에 성경을 탐구하는 데 온 힘을 기울였다. 성경연구는 진솔하고 열린 마음과 경건하고 성실한 태도로 일관했다. 존 웨슬리는 후에 이렇게 묘사한다.

"처음 네 사람이 함께 모여 시작했던 그때부터 그들 각자는 성경을 신앙의 표준으로 삼고 성경의 진리 탐구에 몰두하는 '한 책의 사람'들이었다. 그러기에 그들은 그 이후 계속 '성경 고집쟁이들' 혹은 '성경 좀벌레들'이라고 놀림을 받았다. … 실로 오늘에 이르기까지 그들은 하나님의 말씀대로 말하고 생각하기 위해 노력해 왔다."[17]

성경을 올바로 이해하기 위해, 그들은 헬라어성경 읽기와 신앙 선조들의 신앙 경험이 녹아 있는 경건서적 읽기 등에도 많은 시간을 할애했다. 특히 초

---

16) 웨슬리는 논문 「메도디스트의 특성」에서 메도디스트의 주요 특징 중 하나가 "기록된 말씀이 신앙과 실천의 유일하고 충분한 규범이 된다고 믿는 것"임을 명백히 한다. Wesley, *The Character of a Methodist*, 1.

17) 이 모임에서 가장 중요한 몫을 차지한 것은 성경연구였다. 여기에 대해 그는 훗날 이렇게 고백한다. "우리 네 사람이 처음 모였을 때 우리 손에는 오직 한 권의 책이 있었을 뿐이었다. 이 책은 우리의 사상과 행동의 유일한 지침이었다. 그래서 우리를 비웃는 사람들은 우리를 '성경 좀벌레들'이라고까지 불렀다." *Sermons*, On God's Vineyard, I.1.

대교회 교부들 저작물을 심도 있게 읽음으로써 성경의 참다운 의미를 성경적 삶을 살아가는 원천으로 삼았다.[18]

둘째, 이들은 하나님 말씀을 알기 위해 기록된 말씀을 전심으로 탐구할 뿐 아니라 이를 통해 알게 된 하나님의 뜻을 실천하는 데 온 힘을 기울였다. 먼저, 그들은 경건한 삶을 바라시는 하나님의 뜻대로 더욱 하나님께 가까이 나아가기를 갈망했다. 매주 한 번 규칙적으로 성찬을 나누었고 일주일에 두 번 금식(수요일, 금요일 오후 3시까지)을 했으며 매일 기도에 힘썼을 뿐 아니라[19] 자신들의 삶이 하나님의 뜻에 부합하는지를 늘 아침저녁으로 물으면

18) 초대교회 교부연구는 당시 뜻있는 성공회 성직자나 학자들에게는 일반적인 분위기였다. 바로 초대교회로의 복귀라는 성공회의 신학적 목표와 일치하기 때문이다. 나는 성공회의 신학적 근거를 가톨릭과 프로테스탄트의 중간 입장을 취하는 중도의 길(*via media*)로 단순화시키는 데에는 동의하지 않는다. 성공회의 기본 입장은 언제나 초대교회로 돌아가는 것이었다. 이는 웨슬리 당시에도 변함이 없었다. Randy Maddox, "John Wesley and Eastern Orthodoxy: Influences, Convergences, and Differences," *The Asbury Theological Journal* 45.2 (1990) p. 30 참조. 기독교의 원천을 찾아가기 위해서는 초대교회 교부들의 저작물들을 연구하는 것이 필수였다. 17세기 후반과 18세기 초의 성공회 역시 초대교회 전통을 중요시했기에 교부들의 저작물에 대한 관심이 높았다. 그들은 처음 이 땅에 교회가 세워진 이후 5세기까지를 초대교회의 전통이 살아 있는 기간이라 생각하며 연구에 집중했다. 그 시대의 성공회 성직자의 한 사람으로서 웨슬리의 아버지 사무엘 또한 교부들에 관해 깊은 관심을 가졌고 아들 존 웨슬리에게 지속적으로 교부들의 저작물들을 읽으라고 권면했다. 게다가 메도디스트 멤버로 유능한 교부학자(patristics scholar) 클레이턴(John Clayton)이 합류하면서 교부 저작물에 대한 연구는 더욱 활발해졌다. 웨슬리가 교부 저작물을 연구하는 데 많은 공을 들였다는 사실은 그가 편집한 「크리스천 문고집」 제1권이 교부들 저작물을 집중 실었다는 데서도 알 수 있다. 여기에는 성 클레멘트(St. Clement), 성 이그나티우스(St. Ignatius), 성 폴리캅(St. Polycarp)의 글들을 발췌해서 수록했다. John Wesley, *A Christian Library*. 이에 관한 자료는 Wesley Center Online, http://wesley.nnu.edu/john-wesley/a-christian-library/ 참조.

웨슬리의 교부들에 대한 관심은 일생 동안 지속되었다. 웨슬리 후기에 속하는 1777년 4월 21일 런던 시티로드(City Road)에서 '뉴 채플에 기초를 놓으며'(On Laying the Foundation of the New Chapel)라는 제목으로 행한 설교에서, 그는 메도디스트의 삶과 신앙이 참된 교회의 표지였던 처음교회(primitive church)를 지향해 왔고 이 처음교회의 모습은 "클레멘스 로마누스(Clemens Romanus, 클레멘트를 지칭)와 이그나시우스(Ignatius) 그리고 폴리캅(Polycarp)의 아주 적은 분량의 저작물들의 흔적에서조차 발견되며, 터툴리안(Tertullian)과 오리겐(Origen), 클레멘스 알렉산드리누스(Clemens Alexandrinus)와 사이프리안(Cyprian) 등의 광범위한 저술들에서도, 그리고 4세기의 크리소스톰(Chrysostom), 바질(Basil)과 에프렘 사이러스(Ephrem Syrus), 마카리우스(Macarius)의 저작물 안에서도 발견된다."고 말한다. *Sermons*, On Laying the Foundation of the New Chapel, II.3. 웨슬리의 교부들과의 만남에 관한 더 깊은 연구를 위해서는 Ted Campbell, *John Wesley and Christian Antiquity: Religious Vision and Cultural Change* (Nashville: Kingswood Books, 1991) 참조.

19) 웨슬리는 1733년 초기 메도디스트 구성원들이 사용할 「매일의 삶을 위한 기도모음집」(*A Collection of Forms of Prayer for Everyday in the Week*)을 만들어 사용했다.

서20) 하나님께 더 가까이 나아가는 삶을 살았다. 더 나아가 이 같은 하나님을 향한 사랑은 이웃을 향한 사랑으로 이어졌다.

교도소 방문은 그 그룹이 행한 이웃 사랑 실천 중에서 대표적이었다. 윌리엄 모건(William Morgan, Christ Church College 재학)이 이 일을 먼저 시작했는데, 그는 성채에 설치한 감옥소(castle jail)에 수감돼 있던, 자신의 부인을 죽인 살인범을 방문했다. 그곳에 채무 때문에 수감된 이들과도 대화를 가졌으며, 이를 통해 그들 안에도 선한 마음이 있음을 확신하는 계기가 되었다. 1730년 8월 24일, 존 웨슬리가 동생 찰스와 함께 이곳을 방문한 이후로 교도소 사역은 중요 사역들 가운데 하나가 되었다. 모건은 병자들을 위한 방문도 시작했다. 옥스퍼드 지역 감독에게 허락을 받아 도시 빈민들을 방문하여 돌보기도 했다. 뿐만 아니라 가난한 아이들을 가르치기도 했다. 이처럼 자선은 모든 옥스퍼드 메도디스트들의 공통 실천 강목이었다. 존 웨슬리 자신도 이 일을 하는 데 게으르지 않았다. 첫 일 년 동안 30파운드를 벌었는데, 28파운드는 그의 생활을 위해 썼고 나머지 2파운드는 자선에 사용했다. 그 다음엔 60파운드를 받았는데, 이때에도 28파운드 생활비 외에는 모두 자선에 사용했다. 그 이듬해에는 90파운드를 벌었고 또 역시 28파운드를 제외한 나머지는 자선에 사용했다. 그 이듬해 120파운드를 벌었을 때에도 이 원칙은 변함이 없었다. 즉 그는 28파운드 외에는 모두 가난한 이들에게 나눠 주었던 것이다.

셋째, 이들은 하나님이 말씀하신 바를 실천에 옮겼을 뿐 아니라 '지속적으로' 수행했다. '메도디스트'(Methodist)라는 말은 'method', 곧 '어떤 일을 행하는 일정한 방식'에서 유래한다. 메도디스트는 정해진 규칙에 따라 지속적으로 어떤 일을 수행하는 사람들을 가리킨다. 한국어로는 흔히 '감리교인'이라 번역하는데, 이는 명백한 오역이다. '감리'(監理)라는 말은 한국에 선교사를 보낸 초기 미국 Methodist들의 공식 명칭이었던 'Methodist Episcopal Church'

---

20) 웨슬리의 자기평가시스템은 메도디스트 모임을 처음 형성하던 1729년 말 혹은 1730년 초에 처음 등장한다. 이와 비슷한 질문들이 3년 후에 발간한 「매일의 삶을 위한 기도모음집」에서도 발견된다. 1781년 후반에 웨슬리가 출판한 Arminian Magazine에 21개 항목으로 정리되어 있다.

에 있는 'Episcopal'이라는 단어를 받아 쓴 것이다. 여기서 Episcopal은 '감독'(Bishop)을 지칭한다. 그렇다면 '감리교인'은 Methodist라는 의미와는 아무런 관계없는, 가톨릭이나 성공회처럼 '감독제를 지닌 교회들에 속한 교인'을 의미하는 셈이다. 이런 관점에서 볼 때, 'Korean Methodist Church'의 우리말 번역 '한국감리교회'는 참으로 부자연스럽다.[21]

메도디스트라는 이름이 웨슬리의 옥스퍼드 신앙공동체에 이름 붙여진 까닭은 이들이 무슨 '감독'과 관련이 있었기 때문이 아니라 성경을 통해 발견한 하나님의 뜻을 규칙적으로, 그리고 멈춤 없이 성실하게 준수했기 때문이었다. 웨슬리 자신이 이런 별명을 얻게 된 경로를 설명하면서 로마 시대에 질병을 치료했던 의사들과 관련시킨 일은 의미심장하다.[22] 웨슬리에 따르면, 메도디스트라는 말은 로마의 네로 황제 때 등장했다. 그 시대에는 특정 방식(methods)의 치료법에 의존하는 의사들이 있었는데, 바로 '정해진 원칙에 따라 행하는 규칙적인' 식사법과 운동법이었다.[23] 로마의 의사들이 육신의 질병을 고치기 위해 이처럼 원칙적이고 규칙적인 방식을 차용했듯이, 초기 메도디스트들은 영혼의 질병을 고치라는 하나님의 뜻을 실천할 때 일정하고 지속적으로 수행했던 사람들이었다. 결코 가다가 멈추는 법이 없었다. 규칙적이고 반복적으로 행했다. 어떤 난관이 있어도 고집스럽게 성경에서 가르치는 바를 따름으로써 다른 이들에게 '메도디스트'라는 별명을 얻게 된 것이다.[24]

메도디스트 모임은 웨슬리 디비니티의 삶에 지대한 영향을 끼쳤다. 앞서 요약한 웨슬리의 옥스퍼드 공동체 생활은 웨슬리 초기에 형성한 디비니티 관

---

21) 한국감리교회가 감독제에 기반을 둔다는 점에서 이 용어 채택이 어느 정도 이해는 되나 Methodist란 용어의 뜻을 전혀 포함하지 않는다는 점에서 시급히 시정해야 할 사안이다. 한국감리교회의 영문은 'Korean Methodist Episcopal Church'로 표기해야 하며, 한글로는 '한국메도디스트감리교회'로 표기하든지 적절한 다른 용어를 찾아야 할 것이다. 더욱 난감한 일은 'Methodist Church in Britain'을 '영국감리교회'로 표기하는 일이다. 영국 Methodist교회는 감독제 자체가 없는데, '감리교회'라고 부르는 것은, 나도 가끔 무의식적으로 '영국감리교회'라 지칭할 때가 있지만, 참으로 난센스가 아닐 수 없다.
22) 웨슬리가 메도디스트를 의사의 이미지를 바탕으로 설명하려고 한 것은 우연이 아니다. 차후 심도 깊게 논의하겠지만, 이는 웨슬리 목회관 전체를 관통하는 핵심 개념이다.
23) John Wesley, *The Character of a Methodist*, 3(to the Reader).
24) Wesley, *A Short History of Methodism*, 6.

점을 '실제적으로' 적용 실천해 본 '살아 있는 현장'이요 '살아 있는 체험'이라는 데 큰 의의가 있다. 만일 웨슬리에게 옥스퍼드 메도디스트 공동체 경험이 없었다면 그의 디비니티는 꿈 많은 청년의 한때 이상으로 남았을지도 모를 일이다. 웨슬리는 이 같은 초기 메도디스트 공동체 삶을 통해 그의 디비니티를 현실적이고 구체적인 것으로 만들었다. 이런 경험은 바로 앞으로 이루어나갈 '디비니티 공동체'의 원형(prototype)을 선취적으로 경험한 것이라 할 수 있다. 그렇다면 여기서 우리는 그의 메도디스트 공동체 삶이 그의 디비니티 공동체 형성에 어떤 의미를 주는지 진지하게 검토해야만 한다.

첫째, 메도디스트 공동체는 디비니티를 '지금 여기'라는 삶의 현장에서 추구할 수 있는 새로운 가능성을 보였다는 점에서 의의가 크다. 예나 지금이나 디비니티 삶은 일반적으로 수도원과 같은 세속을 떠난 '성별된 공동체'에서나 가능한 일로 간주되었다. 그러나 메도디스트 공동체는 그간 수도원과 같은 제한된 장소에서 이루어지던 철저한 경건훈련을 일상적 삶의 한가운데서 실천하려 했다. 다른 말로 요약하자면, 메도디스트들은 수도원적 경건훈련과 성결한 삶을 일반 대중들의 일상 가운데 적용시키고자 했던 사람들이요, 일상적 삶의 자리를 하나님의 거룩한 자리로 만들기 위해 끊임없이 자기를 쳐서 그리스도께 복종시키는 경건훈련의 장으로 삼는 이들을 말한다. 이런 메도디스트의 디비니티 여정을 나는 '대승적' 디비니티라 이름 붙인다. 이는 '소승적' 디비니티라는 단어와 대치하는 용어다.[25] 그러니까 소승적 디비니티가 선택된 소수의 사람들이 사막이나 깊은 산속 같은 격리된 곳에서 추구하는 디비니티라고 한다면 대승적 디비니티는 모든 이에게 열린, '지금 여기'라는 일상의 자리에서 추구해 나가는 디비니티를 뜻한다. 웨슬리의 메도디스트 공동체는 바로 세상으로부터의 격리가 아닌 세상 안에서의 거룩한 삶 추구라는

---

25) 소승(小乘, 작은 수레)과 대승(大乘, 큰 수레)은 불교의 대표적인 수행방법을 일컫는다. 소승적 수행 방법은 속세와 연을 끊고 개인의 수도를 통해 열반에 드는 것을 최우선으로 여기는 방식이다. 이 방식은 지나치게 개인의 득도를 위해 수행한다는 점과 민중의 고통을 외면했다는 등의 비판으로부터 자유로울 수 없었으며, 이것이 결국 대승적 수행방식의 발현으로 이어지게 되었다. 대승적 방식은 한 개인만의 성불을 목표로 한 것이 아니라 모든 중생들에게도 보살이 될 수 있는 길을 열어 두는 것이다.

새로운 형태의 디비니티 실천 방법을 제시했던 것이다.

둘째, 메도디스트 공동체는 '홀로' 추구하는 디비니티가 아닌 '함께' 추구하는 디비니티의 길을 보여 주었다는 점에서 의의가 크다. 디비니티의 전형적인 삶의 모습은 '홀로' 고독하게 걷는 삶이다. 그러나 이런 고독한 삶은 격리된 장소에서나 가능할 뿐, 세상 안에서 필연적으로 관계를 맺으며 살아야 하는 이들에게는 가능하지 않다. 초기 메도디스트 공동체가 세상 안에서의 디비니티 삶을 가능하게 할 수 있었던 것은 바로 디비니티를 추구하는 이들이 '함께 모여' '서로를 지지하고 격려하는' 공동체였기 때문이었다. 여기에는 지도자와 회원들, 성직자와 평신도, 성공회 교인과 청교도 교인, 부자와 가난한 자 등의 구분이 없었다. 그들은 모두 각자의 디비니티를 추구하기 위해 함께했다. 삶의 여정에서 연약한 이에게 벗이 되고 좌절한 이에게 소망을 북돋아 주며 넘어진 이를 부축해 세우는 그런 공동체를 만들었던 것이다.

셋째, 옥스퍼드 메도디스트 공동체는 나아가야 할 목표와 이를 향한 구체적인 행동, 지속적인 훈련을 유기적이고 역동적으로 조화시켜 공동체 안에서의 구체적인 디비니티 실천방식을 제시했다는 점에서 의의가 크다. 메도디스트 회원들은 끊임없이 한 책의 사람이 되어 디비니티의 성경적 초점을 명확히 하는 데 게을리 하지 않았다. 또한 여기서 그치지 않았다. 성경의 조명을 받아 깨달은 하나님의 뜻은 신속하게 실천으로 옮겨졌다. 이 뿐이 아니었다. 그들의 실천은 반성되고 다시 조직화되어 지속적인 실천으로 이어졌다. 이 '지속적인 실천'을 웨슬리는 '훈련'(discipline)이라 불렀는데, 실천을 우리 몸에 습관처럼 배이게 하여 성경적 진리의 가르침을 자연스러운 삶의 일부로 만드는 과정을 의미한다. 웨슬리의 메도디스트 공동체는 바로 이런 '진리의 탐구'와 '실천', '실천의 습관화', 곧 훈련 과정을 유기적으로 통합함으로써 디비니티 실천 방식에 중요한 모델을 제시한 것이다.

옥스퍼드 메도디스트 공동체 경험은 웨슬리의 독특한 디비니티 공동체 모델, 곧 신도회(society)와 클래스(class meeting), 반회(band) 등의 원형적 모델이 된다. 이 공동체의 기본 구조와 내용들은 옥스퍼드 메도디스트 경험을 근간으로 삼고 있으며, 웨슬리는 이 같은 공동체의 구성과 삶을 통해 사람들을 디비니티 여정에 초대했고 또 그 목표에 도달할 수 있도록 도왔던 것이다.

디비니티의 성숙: 조지아 선교

1735년 10월, 32세가 된 웨슬리는 15년간의 옥스퍼드 메도디스트라는 안전하고 편안한 곳을 떠나 거칠고 척박한 북미 조지아 주(州) 인디언들에게 복음을 전하는 선교여행에 오른다. 이는 마치 평온하고 따사한 어머니 품에서 자란 어린아이가 청년이 되어 황량한 현실 세계로 나아가는 것에 비유할 만했다. 웨슬리는 1735년 10월 14일 동생 찰스 웨슬리와 메도디스트 안에서의 형제 잉함과 더불어 무려 57일이라는 북미 선교를 향한 긴 여행길에 올랐다. 평생을 두고 이 거칠고 험한 항해를 잊지 못했는데, 여행의 어려움 때문이 아니라 거친 폭풍우가 이어 준 모라비안과의 만남 때문이었다. 그가 거친 파도와 바람으로 흔들리는 배 때문에 두려워 떨고 있을 때도 그 배에 같이 타고 있던 모라비안 교도들은 조금도 침착성을 잃지 않고 하나님께 기도드리며 심지어는 찬송까지 하는 모습을 보면서 자신이 생각해 오던 믿음을 되짚어 보게 되었다. 죽음의 그림자 앞에서도 모든 것을 주님께 의지하는 그들의 깊은 믿음은 웨슬리에게는 큰 감동이었다는 것이 그의 일기에 잘 표현되어 있다.

"그들이 예배를 드리기 시작했을 때였다. 시편을 한참 읽고 있는데, 바닷물이 뒤덮이고 큰 돛이 조각조각 찢어졌으며 바닷말이 배 위를 온통 덮었고 갑판에도 물이 쏟아져 마치 그 깊은 바닷물이 이미 우리를 삼킨 것 같은 기분이었다. 그때 영국인들은 비명을 질러 댔지만 독일인들은 조용히 찬미하기를 계속했다. 그 일이 있은 뒤 나는 한 사람에게 '무섭지 않았나요?'라고 물었더니 그는 '아니요. 하나님께 감사드립니다.'라고 대답했다. 나는 계속해서 '그러나 당신네 부인들과 아이들은 두려워하지 않았나요?'라고 물었다. 그러나 그는 부드럽게 '아닙니다. 우리네 부인들과 아이들은 죽음을 두려워하지 않습니다.'라고 대답했다."[26]

거친 항해 속에서의 신앙 연단! 이는 웨슬리의 조지아에서의 삶을 단적으로 표현해 준다. 그가 직면한 선교현장은 그야말로 거친 항해와 같았다. 투박한 현지 인디언들과 더불어 사는 삶은 옥스퍼드 메도디스트라는 안온한 신앙의 보금자리 속에서 키워진 신앙의 크기로는 감당하기 너무 큰 도전이었다. 설상가상으로 소피 홉키(S.Hopkey)라는 여성과의 사랑이 실패하여 심적으로 큰 타격을 입었다. 그러나 이 같은 어려움 중에서도 그의 신앙적 순례는 멈추지 않았다. 오히려 이 시기는 그가 청년기에 품었던 원대한 비전, 곧 하늘 가는 길(디비니티)을 마련하기 위한 일관된 소망을 현실화하고 구체화하는 기간이었다. 청년기에 품었던 이상이 조지아라는 현실적인 삶의 현장에서 다듬어지고 성숙되었던 것이다.

그러므로 우리는 많은 이들이 그러했듯이 웨슬리의 삶을 극적으로 묘사하기 위해 조지아에서의 선교 기간을 '올더스게이트 체험'을 하기 위한 예비과정이라며 '실패한 기간'으로 채색하기보다는, 이 기간이 과연 인간 구원을 위한 프로젝트, 곧 디비니티를 형성하고 성숙시키는 데 과연 어떤 공헌을 했는가를 눈여겨봐야 할 것이다. 웨슬리의 디비니티 발달 과정을 고려할 때, 우리는 웨슬리가 조지아 생활 중에 경험했던, 특히 다음 네 가지 사실을 간과해서는 안 될 것이다.

1) 디비니티에 대한 도전: 신비주의

첫 번째로, 조지아 선교 기간 중 우리가 눈여겨보아야 할 점은 신비주의와의 만남이다. 사실 그가 신비주의와 만나기 시작한 것은 어린 시절부터였

---

26) *Journals*, January 25, 1736.

다. 로버트 투틀(Robert Tuttle)에 따르면, 웨슬리는 어린 시절 어머니 수잔나로부터 가톨릭적이고 청교도적인 신비주의 영향을 받았다.[27] 그러나 보다 심도 깊은 신비주의 영향을 받은 때는 아무래도 옥스퍼드 시절일 것이다. 여기서 그는 앞서 살펴본 바와 같이 제레미 테일러 주교와 토마스 아 켐피스 수도사, 윌리엄 로오와 조우를 통해 순수한 의도를 갖고 하나님을 향한 참된 사랑과 엄격한 금욕 실천을 통해 하나님과 하나가 되는 완전한 삶을 추구하겠다는 결단을 하게 된다.

그러나 이런 삶의 모습은 앞으로 웨슬리가 비판하게 될 '신비주의'의 양상과는 거리가 멀다. 오히려 당시 성공회 교회에서 널리 인정되고 추앙받을 만한 삶이었다.[28] 웨슬리의 날카로운 비판의 대상이 되었던 그 신비주의의 양상은 1732년 초기부터 발견되는데, 이 당시 그가 쓴 글에 우리는 주의를 기울여야 한다.

> "어떤 깊은 영성가가 내게 어떻게 하면 내적 성결을 이루고 하나님과 하나가 될 수 있는지, 그 방법을 가르쳐 줬다. … 그는 내게 … 정신집중 기도(mental prayer)를 권유했다. …"[29]

여기서 웨슬리가 언급하는 이 영성가는 누구인가? 많은 웨슬리 학자들은 윌리엄 로오를 지목한다.[30] 웨슬리는 실제로 1732년과 1735년 사이에 그와 만나 대화를 한 적이 있다. 윌리엄 로오는 이 과정에서 웨슬리에게 14세기 도미니칸 계열의 신비가들, 예를 들어 타울러(Johann Tauler)와 '독일신학'

---

27) Robert G. Tuttle, Jr., *Mysticism in the Wesleyan Tradition* (Grand Rapids: Francis Asbury Press, 1989) Chapter 2 참조.

28) 웨슬리가 1733년 1월 1일 옥스퍼드 대학에서 '마음의 할례'(Circumcision of the Heart)라는 설교에서 이런 관점을 피력했을 때, 당시 옥스퍼드 부총장 윌리엄 홈즈(William Holmes)나 링컨 칼리지 학장 유스비 이샴(Euseby Isham) 같은 영국 성공회 지도자급들에게 환영을 받았다.

29) Nehemiah Curnock, *The Journal of the Rev. John Wesley, A.M.* vol.1 (London: Epworth Press, 1938) p. 468, 469; John C. English, "The Path to Perfection in Pseudo-Macarius and John Wesley," p. 58에서 재인용.

30) English, "The Path to Perfection in Pseudo-Macarius and John Wesley," p. 58.

의 저자들을 소개했다. 신비가들의 저작물들에 대한 웨슬리의 심취는 그 후로도 지속되었는데, 1734년 겨울에는 알렉산드리아의 클레멘트의 「잡편들」(*Miscellanies*)을 깊이 읽었다. 그런데 이들 신비가들이 공통으로 추구한 것은 바로 웨슬리가 언급했던 정신집중 기도였다.

웨슬리의 용법에서 나타난 내적 성결과 하나님과 합일을 이루기 위한 방식으로서 정신집중 기도는 단순히 '명상 기도'(meditation)를 의미하는 것이 아니다. 명상 기도는 1732년 이전, 웨슬리가 로오를 만나기 이전에도 웨슬리가 일상에서 사용하던 기도 방법이었다. 여기서 웨슬리가 언급하는 '정신집중 기도'는 '관상'(contemplation)에 가깝다.[31] 즉 모든 외면과 내면의 활동을 중지시키고 신비적 관상 속에서 온전한 고요의 상태로 침잠해 들어가는 것이며, 이렇게 할 때 우리는 궁극적으로 내적 성결에 도달하고 하나님과의 합일에 이른다.[32]

웨슬리의 로오를 통한 신비주의에 대한 관심은 한동안 계속 되었던 것 같다. 조지아로 선교를 떠날 무렵 1735년 10월에 옥스퍼드 시절에 읽었던 로오의 「그리스도인의 완전」을 다시 읽었고, 조지아에서 사역하던 그 이듬해 1736년 8월에도 역시 옥스퍼드 시절에 읽었던 로오의 다른 책 「헌신과 거룩한 삶을 위한 진지한 부르심」을 또 한 번 탐독했다는 사실이 이를 입증한다.

신비가들이 추구했던 내적 성결과 그 궁극적인 목표점으로서 하나님과의 합일이 웨슬리가 추구했던 이상과 다르지 않았다는 점에서 그에게 깊은 인상을 주었다는 것은 짐작하기 어려운 일이 아니다. 여기에 그 구체적인 방법을 제시한 로오에게 심취한 것은 당연한 일인지도 모른다. 로오가 인도했던 정신집중 기도는 분명 웨슬리에게 매력적이었을 것이며, 실제로 이 신비적 관조와 거룩한 고독이라는 길을 통해 내적 성결을 이루고 마침내 하나님과 합일을 이루려고 많은 힘을 기울였다. 척박한 광야와도 같았던 조지아에서의

---

31) English, "The Path to Perfection in Pseudo-Macarius and John Wesley," p. 58.
32) 도미니칸 신비가에 있어서 이 신비적 관조는 'gnostic'이라는 용어로 나타난다. 예를 들어, 클레멘스는 신비적 관조를 추구하는 그리스도인들을 'gnostic Christian'이라 부른다. Richard P. Heitzenrater, *John Wesley and the Oxford Methodists, 1725~1735* (Ph.D., Dissertation, Duke University, 1972) p. 500.

생활은 웨슬리가 더욱더 신비주의에 심취하도록 했던 것이다.

2) 디비니티의 친구이자 적: 모라비안

두 번째로, 조지아 선교 기간 중 우리가 눈여겨보아야 할 점은 모라비안과의 만남이다. 웨슬리와 모라비안의 첫 만남에는 극적인 요소가 있다. 조지아를 향한 긴 항해 중 겪은 죽음의 공포, 그 안에서 목격한 모라비안들의 확고한 신앙의 모습은 웨슬리에게 깊은 인상을 남겨 놓았다. 모라비안과의 만남과 교제는 조지아에 도착한 뒤로도 계속되었다. 조지아의 항구 사반나 (Savannah)에 도착한 지 이틀째, 즉 1736년 2월 7일, 모라비안 목사 슈팡겐베르크(August Gottlieb Spangenberg)를 만났고, 그 다음 날에 '구원의 확신 문제'를 주제로 서로 중요한 대화를 나눴다.[33] 뿐만 아니라 약 한 달간 모라비안 공동체에서 지냈는데, 그 과정에서 모라비안들의 삶을 직접 경험했다. 이 당시 웨슬리에게 모라비안 교도들의 삶은 하나의 이상적인 신앙인의 삶으로 인식되었다. 웨슬리의 말을 직접 옮겨 본다.

"그들은 늘 근면하고 쾌활했으며 따뜻함과 유머로 서로를 대했다. 그들의 교제에는 그 어떤 형태의 부정적인 말이나 생각, 불평과 분노, 분쟁이 없었으며 늘 밝은 분위기로 채워져 있었다. 그들은 어떤 경우에서도 항상 감사와 기쁨, 사랑과 찬양이 넘쳐났다."[34]

---

33) 1736년 2월 8일자 일기에서 웨슬리는 슈팡겐베르크의 질문들을 이렇게 기억한다. "당신은 예수 그리스도를 아십니까?" "당신은 당신 안에 그 증거가 있습니까?" "당신이 하나님의 자녀임을 성령께서 당신 안에서 증거하십니까?" "당신은 당신이 누구인지 아십니까?" 웨슬리는 이 질문들에 적잖이 당황했으며, 어정쩡하게 답했다고 고백한다. 그러나 이에 대한 슈팡겐베르크의 반응은 상반된다. 자신의 일기에서 "하나님의 은혜가 웨슬리 안에 온전히 머무는 것을 보았다."고 적고 있다. *Journals*, February 2, 1736. Heitzenrater, *Wesley and the People Called Methodists* (Nashville: Abingdon press, 1995) p. 60.
34) Luke Tyerman, *The Life and Times of the Rev. John Wesley*, vol.1 (New York: Harper & Brothers, 1872) p. 126.

조지아에서 웨슬리는 모라비안과의 만남을 통해 많은 영향을 받았다. 그들로부터 '칭의의 믿음'과 '구원에 대한 확신'이라는, 구원의 여정에서 결코 간과할 수 없는 중요한 요소들을 배웠다.[35] 또한 작은 신앙공동체를 어떻게 구성하고 운영하는지도 배웠다. 실제로 웨슬리는 이 경험을 바탕으로 조지아에서 '신도회'(society)를 만들어 인도하기도 했다.

더 나아가 모라비안의 영향은 웨슬리가 신비주의로 더 한층 나아가게 하는 역할도 했음을 간과해서는 안 될 것이다. 물론 모라비안 자체를 신비주의의 한 분파로 볼 수는 없다. 그러나 모라비안의 '정숙주의'(quietism)가 '정신집중 기도'에 더욱 침잠하도록 웨슬리를 자극했을 가능성은 있다. 원래 모라비안 운동(Moravianism)은 30년 전쟁 때 보헤미아에서 피난 온 얀 후스(Jan Hus) 후예들인, 모라비안 형제단(Moravian Brethren; 혹은 Bohemian Brethren)으로 불리는 그리스도인들에게 1722년, 진젠돌프 백작(Nikolas Ludwig Zinzendorf, 1700~1760)이 자기 땅인 삭소니의 헤른후트(Herrnhut)를 내주면서 본격화되었다. 이들은 '헤른후트 형제단'을 이루었고 출신 지역 때문에 모라비안이라 불렸는데, 마르틴 루터의 칭의론을 상당히 극단으로 끌고 가 종교적 행위들을 포함한 인간의 모든 행위가 구원을 얻는 데 전적으로 무가치하다고 본다. 이들에 따르면, 구원은 오직 믿음으로 말미암아 의롭다 함을 입는 것을 통해 주어지는 은혜이기에 인간은 절대적으로 수동적이어야만 한다. 참된 종교란 인간의 모든 행동을 중지하고 수동적으로 하나님의 은총에 전적으로 의지하는 정숙함(stillness)이 되는 셈이다. 이는 1732년 로오와 다른 독일 신비가들로부터 전해들은 '정신집중 기도', 곧 신비적 관조와 어떤 면에서는 성격을 같이한다. 특히 하나님께 나아갈 때 설사 그것이 은총의 수단이라 해도 그 어떤 인간적인 매개들도 거부한다는 점에서 그렇다.

웨슬리가 이 점을 깨닫고 모라비안과 거리를 두기까지는 그로부터 수년

---

35) 1744년 첫 번째 메도디스트 컨퍼런스에서 웨슬리는 1737년 조지아 시절을 회상하며, 이 시기에 성화 이전에 칭의의 믿음이 필요함을 인식했다고 말한다. 특히 6월 25일 대담은 칭의의 믿음에 대한 웨슬리의 확고한 입장을 보여 준다. *Minutes of Some Late Conversations between the Rev. Mr. Wesleys and Others, in 1744 to 1747*, conversation 1.

이 더 걸려야 했다.[36] 아마도 조지아에서 모라비안과 만나는 과정에서 자신도 깊이 인식하지 못한 채, 모라비안의 정숙주의는 웨슬리와 깊이 동화되었을 가능성이 매우 크다. 이 사실은 웨슬리가 1736년 11월 23일 신비주의와 단절을 선언하는 편지를 형 사무엘에게 보낸 이후에도 모라비안들과 교제를 지속했던 데서 알 수 있다.[37]

3) 디비니티의 뼈대: 마카리우스와의 만남

세 번째로, 조지아 선교 기간 중 우리가 눈여겨보아야 할 점은 동방 영성, 특히 마카리우스와의 만남이다.

앞에서도 짧게 언급했듯이 웨슬리는 옥스퍼드 메도디스트 공동체 시절 초대교회 교부들과 깊은 만남을 가졌다. 그런데 이 과정에서 자연스럽게 동방교회 교부들과의 만남으로 확장되어 갔다. 오늘날 웨슬리 연구에 많은 업적을 남기고 있는 매덕스(Maddox)는 웨슬리가 서방 라틴 교부들보다는 동방 희랍 교부들에게 더 많은 관심을 기울였다고 말한다.[38] 이 같은 사실은 「크리스천 문고집」에 수록한 추천도서목록들 중 대부분이 희랍 교부들의 저작물들에 집중되어 있으며, 또 실제로 웨슬리가 인용한 교부 저작물들 대다수가 어거스틴(Augustine)과 사이프리안(Cyprian), 터툴리안(Tertullian) 등과 같은 서방 교부들이 아닌 희랍 교부들로부터 유래했다는 것을 통해 알 수 있다.

근세기에 들어와 웨슬리 학자들은 웨슬리와 동방 교부들의 관계를 해명하

---

36) 1739년 후반기에 있었던 페터레인(Fetter Lane) 신도회 안에서 일어난 내부 갈등의 주요 원인이 바로 이 문제였다. 웨슬리는 하나님께 가까이 나아가는 데 있어 은혜의 수단을 거부하는 모라비안의 그릇된 가르침을 비판한다. *Journals*, November 4, 1739. 웨슬리의 모라비안 정숙주의에 대한 비판적 입장은 1741년에 이르러 더욱 강경해진다. 1741년 8월 8일, 웨슬리는 모라비안 본부로 편지를 보내 영국에서 행해지는 모라비안의 가르침에 깊은 우려를 표명한다. "그들은 … 우리가 '은혜의 수단'이라 칭하는 규례들을 따르지 말라 합니다. 성경연구와 기도도 하지 말며, 성찬도 받지 말라고 하였습니다. 그들은 이런 일들을 빈번히 행하는 것은 행위로 구원을 얻고자 하는 것이라면서 이 행위를 멈추지 않는 한 누구도 믿음에 이를 수 없다고 주장했습니다." *Journals*, September 3, 1741.
37) *Letters*, November 23, 1736 참조.
38) Maddox, "John Wesley and Eastern Orthodoxy," p. 30.

려는 연구를 활발히 진행하고 있다.[39] 그러나 일반적으로 학자들이 가장 주목하는 부분은 웨슬리와 마카리우스(Macarius)와의 관련성이다. 아우틀러는 웨슬리에게서 나타나는 탈 서방적 완전의 개념, 즉 정적인(static) 의미에서 완전 개념으로부터 역동적 성장 과정(teleiosis)으로서 완전 개념으로의 이동이 마카리우스 등과 같은 동방 교부들의 영향이었다고 본다.[40]

웨슬리는 마카리우스의 설교를 매우 애독했다. 마카리우스에 대한 열정은 그의 기록물 여러 곳에서 표현하고 있을 뿐 아니라[41] 특히 「크리스천 문고집」을 선정할 때 제1권에 마카리우스 설교 22편을 영어로 번역해 배치시키고 서문을 직접 작성한 데서도 잘 나타난다.[42] 웨슬리에게 마카리우스는 '자비의 거룩한 그릇'이요 '천국의 향기로 감싸인 존재'로까지 인식할 만큼 중요했다. 그 이유가 무엇인가? 웨슬리에 따르면, 그가 성경에 통달했을 뿐 아니라 영혼을 구원할 참되고 살아 있는 영적 지식을 소유했고, 사람들이 '하나님의 형상을 회복하고' '그리스도를 닮아 가도록 돕는' 능력을 소유했기 때문이다. 이런

---

39) 예를 들어, 몇몇 학자들은 웨슬리와 크리소스톰(John Chrysostom)과의 관련성 연구에 집중했으며, 어떤 학자들은 웨슬리와 알렉산드리아의 클레멘트(Clement of Alexandria)와의 연관성을 연구 대상으로 삼기도 했다. 크리소스톰과의 관련성을 묻는 연구에서 주도적인 학자들은 맥코믹(K. Steve McCormick)과 영(Francis Young)을 예로 들 수 있다. 웨슬리와 알렉산드리아의 클레멘트 간의 관련성에 관심을 둔 학자로는 린드스트롬(Harald Lindström)이 대표적이다. K. Steve McCormick, "John Wesley's Use of John Chrysostom on the Christian Life: Faith Filled with the Energy of Love" (Drew University, Ph.D., thesis, 1983); Francis Young, "Grace and Demand – The Heart of Preaching," *Epworth Review* 12.2 (1985) pp. 46~55; Harald Lindström, *Wesley and Sanctification* (Wilmore: Francis Asbury Publishing Co.,1980) 참조. 매덕스는 웨슬리와 초기 희랍 교부들 사이의 관계에서 상대적으로 덜 주목받은 사이러스(Ephrem Syrus)에 관한 연구가 필요하다고 제안한다. Maddox, "John Wesley and Eastern Orthodoxy," p. 31.

40) Outler(ed.), "Introduction" *John Wesley*, p.10.

41) 웨슬리는 1749년 1월 24일 미들턴(Conyers Middleton)에게 보낸 편지와 1765년과 1777년에 했던 설교들에서 마카리우스를 언급한다.

42) 그의 서문 가운데 일부를 옮겨 본다.
"이같이 자비의 거룩한 그릇(holy vessel of mercy)을 신령한 은총으로 말미암은 천국의 향기로 처음 감싼 이가 누구이든 간에 그가 디모데처럼 성경으로 양육되었다는 사실은 분명하다. 또한 그의 신령한 저작물들에 통달한 지식은 단순히 문자적이거나 사변적이 아닌 영혼을 구원할 수 있는 참되고 실제적인 지식임이 확실하다 ⋯ 그는 우리가 우리 안에 이미 창조된 하나님의 형상을 회복하고 우리의 머리 되신 그리스도를 닮도록 하기 위해 노력을 기울였으며, 그의 청중들은 그 가르침에 금방 매료되었다." Wesley, "The Homilies of Macarius" *A Christian Library*, vol.1, Wesley Center Online, http://wesley.nnu.edu/john-wesley/a-christian-library/a-christian-library-volume-1/volume-1-the-homilies-of-macarius/

마카리우스가 웨슬리의 영적 멘토가 되는 것은 당연한 일이었는지 모른다. 웨슬리가 추구했던 디비니티의 삶은 마카리우스가 추구했던 삶과 다르지 않았고 웨슬리에게 필요했던 능력을 마카리우스가 소유했기에 그 둘의 만남은 필연적이었을 것 같다.

마카리우스는 누구인가? 웨슬리는 그를 기원후 300년, 디오클레시안과 막시미안이 로마제국을 통치하던 시대에 테바스(Thebais)의 한 지방에서 태어났다고 소개하는데,[43] 더 정확히 말하면, 그는 대(大) 마카리우스(St. Macarius the Great, 300~391)이다. 위대한 사막의 교부들 가운데 한 사람으로, 30세쯤 스케테 사막으로 들어가 60년 동안 수도자 생활을 했다. 수도원 창시자 안토니우스(St. Anthonius, 251~356)가 그의 스승이자 벗으로 알려져 있다. 그런데 근대의 문헌학적 비평은 웨슬리가 언급했던 50편에 달하는 「신령한 설교」의 저자가 이 마카리우스가 아니라는 사실을 밝혀 놓았다.[44] 그러나 마카리우스의 원저작성 문제가 웨슬리와 그의 관계에서 핵심 포인트는 아니다. 중요한 사실은 그의 사상이 웨슬리에게 지대한 영향을 끼쳤다는 점이다. 특히 마카리우스의 사상은 웨슬리가 디비니티의 전체 구조를 형성하는 데, 그리고 그 실질적인 내용을 전개하는 데 매우 깊고 광범위한 영향을 끼친 것으로 보인다. 우리가 보아 왔듯이 웨슬리가 늘 염두에 두었던 과제는 오직 하나였다. 곧, 인간이 어떻게 하늘에 이르는가에 대한 문제였다. 이 주제와 관련해 마카리우스는 서방 교회에서 발견하기 어려운 구체적이고 실질적이며 다이내믹

---

43) *Ibid*.

44) 예거(Werner Jaeger)는 1954년에 발간한 「새로 발견된 2권의 고대 그리스도교 문학: 닛사의 그레고리와 마카리우스」(*Two Rediscovered Works of Ancient Christian Literature: Gregory of Nyssa and Macarius*)라는 연구집을 내놓았는데, 여기서 그는 마카리우스의 것으로 알려진 '위대한 편지'(The Great Letter)와 '신령한 설교'는 마카리우스가 아니라 그 후대(5세기경) 익명의 수도사가 작성했으며, 또한 마카리우스의 사상이 아닌 374년 닛사(Nyssa)의 주교였던 그레고리(Gregory)의 사상을 따라 작성했다고 결론 내린다. Jaeger, *Two Rediscovered Works of Ancient Christian Literature: Gregory of Nyssa and Macarius* (Leiden: E.J. Brill, 1954). 최근의 연구는 이런 견해와는 180도 다른 방향으로 결론을 모아 가고 있다. 즉 그레고리가 오히려 마카리우스 저작물들을 원 자료로 활용, 자신의 의도대로 재편집했다고 한다. Maddox, "John Wesley and Eastern Orthodoxy," pp. 31~32. 이에 대한 자세한 논의는 이후정, 「존 웨슬리와 초대 동방의 영성」, 김홍기 외 3인 공저, 「존 웨슬리의 역사신학적 조명」 (서울: 감리교신학대학출판부, 1995) pp. 157~165 참조.

한 지도(map)를 준비하고 있었다. 그가 가졌던 지도는 웨슬리에게 큰 관심을 끌었으며, 웨슬리는 이 지도에 녹아 있는 마카리우스의 지혜를 자신의 디비니티 안에서 창조적으로 수용했던 것이다.

그렇다면 마카리우스가 인간 구원 문제에 대해 마련했던 지도는 어떠했을까? 그 지도에는 먼저 출발점이 표시되어 있었다. 이는 바로 인간 존재에 대한 이해를 의미한다. 마카리우스의 인간에 관한 이해는 서방 교회와 큰 틀에서는 차이가 없다. 인간은 하나님의 형상에 따라 창조되었지만 죄를 범하여 하나님의 진노를 사 원래 형상을 상실하게 되었으며, 또 그 때문에 비참한 상태에 놓이게 되었다는 '창조-타락-심판'의 패턴은 동방 교부들과 서방 교부들에게서 동일하게 발견할 수 있다.

그렇지만 그 세부 내용을 들여다보면 둘 사이에는 많은 차이가 있음을 알 수 있다.45) 서방 교부들은 인간이 처음 창조될 때 하나님이 의도하신 바와 완벽하게 일치하는 '완전한 상태'로 창조되었다는 입장이다. 이들은 자유의지를 완전성의 일부로 이해하며, 인간의 타락은 바로 이 자유의지를 그릇되게 사용한 데서 비롯되었다고 본다. 이렇게 자유의지를 오용하여 타락하게 된 인간은 두 가지 심각한 결과에 직면한다. 첫째는, 자유의지의 상실인데, 인간에게는 오직 죄를 지을 의지밖에는 남지 않았다. 둘째는, 이 원죄가 모든 인간에게 유전된다는 것이다. 서방 교부들은 이러한 인간 이해를 바탕으로 하나님의 은총에서 분리된 인간의 죄와 무력함을 강조한다.

반면에 동방 교부들의 입장은 이 같은 서방과는 방향을 달리한다. 인간은 원래 무죄했다고 보는 서방의 시각은 받아들이지만 서방 교회가 지지하는 것처럼 처음 인간이 '완전한 존재'였다는 데는 동의하지 않는다. 인간이란 완성된 존재가 아니라 하나님과 교제를 나누는 가운데 성장해 가는 '진행형 존재'(becoming existence)로 인식한다. 이런 양자 간 차이는 근본적으로 '하나님

---

45) 동서방 교회 전통을 가장 잘 요약해 놓은 자료 가운데 하나는 J. Patout Burns, "The Economy of Salvation: Two Patristic Traditions," *Theological Studies* 37 (1976) pp. 598~619이다. 또 그의 다른 책 *Theological Anthropology* (Philadelphia: Fortress, 1981) 서문(pp. 1~22)도 좋은 요약이다.

의 형상'(Image of God)이냐 아니면 '하나님 닮음'(Likeness of God)이냐 하는 문제와 맞닿아 있다.[46] 즉 인간을 '하나님의 형상'으로 지음 받은 존재로 이해하는 것은 하나님의 완전성이 '이미 내포된' 완성된 존재를 의미하지만, '하나님 닮음'으로 인간을 이해하는 것은 그 완전성을 실현해 가는 가능적 존재로서 인간을 이해한다는 의미다. 동방 교부들은 바로 이 후자 입장에 기초해 인간을 바라보는데, 인간의 궁극적 완성은 필연적이거나 자동적으로 이루어지는 것이 아니라 거룩한 삶(divine life)과 은총에 참여함을 통해 실현되어간다고 믿는다.

이런 인간 이해의 차이는 타락과 관련해서도 서로 다른 견해를 만들어 냈다. 서방 교부들이 인간이 타락하여 하나님의 형상이 상실되었다고 말할 때, 여기에는 자유의지의 상실이 포함되며 또한 이 결과는 모든 인류에게 적용된다. 그러나 동방의 시각에 따르면, 인간은 아담의 죄를 따를 때만 죄인이 된다. 즉 동방은 죄를 '존재론적으로' 해석하지 않고 '실제적으로' 해석한다. 동방의 시각은 인간의 타락으로 자유의지가 완전히 상실된 것이 아니라 치명적으로 약화되었으며, 이로 말미암아 인간은 '하나님 닮기'에 성공하지 못하게 된다는 것이다.[47] 마카리우스는 이런 인간 이해의 전형을 보여 준다. 인간은 원래 하나님을 닮아 살도록 창조된 순결한 영혼이라고 본다. 그러나 타락한 후에는 죄에 사로잡혀 끊임없이 악을 행하는 존재로 이해한다.[48] 즉 죄가 영혼의 밀실에까지 침투해 영혼을 사로잡고 있어 그 영혼을 좌지우지하며, 습관처럼 뿌리 박혀 어릴 때부터 인간과 함께 성장하며 활동하고 악한 것을 끊임없이 가르친다는 것이다.[49] 그러나 마카리우스는 타락에도 불구하고 선악을 판단하고 선택할 수 있는 자유의지는 완전히 사라지지 않고, 이를 통해 하

---

46) Maddox, "John Wesley and Eastern Orthodoxy," p. 34. 또한 John Meyendorff, *Christ in Eastern Christian Thought* (Washington, DC: Corpus Books, 1969) p. 122.

47) Maddox, "John Wesley and Eastern Orthodoxy," p. 34; Meyendorff, *Christ in Eastern Christian Thought*, p. 88.

48) Wesley, "The Homilies of Macarius," No. 1. 5. 그리고 No. 14. 1. (이하 *W. Homilies*로 표기함)

49) St. Macarius the Great, *Fifty Spiritual Homilies*, trans., by A.J Mason (London: SPCK, 1921), Homily 41. (이하 *M. Homilies*로 표기함)

나님께 나아갈 수 있다고 본다. 즉 인간은 죄의 속박 가운데 하나님으로부터 소외되고 암흑의 권세 아래 미혹과 무지, 불안과 소경 됨, 공포 아래 고통스러운 삶을 살 수밖에 없지만[50] 하나님의 은총에 응답할 수 있는 가능성은 남아 있다는 말이다.[51]

또한 마카리우스는 어디로 가야 할지, 뚜렷한 목표를 가지고 있었다. 그가 사람들과 함께 가고자 했던 그 길은 '완전'이었다. 이 목표점은 죄와 악한 정욕들로부터 전적으로 해방된 자리인데, 그 표본을 그리스도가 신성으로 충만하여 완전하게 되신 그 모습에서 찾을 수 있다. 이는 단지 처음 인간, 곧 첫 아담의 상태로 돌아간 것이 아니라 첫 아담보다 더 위대한 둘째 아담, 곧 그리스도와 같이 신성으로 충만한 '신화'(神化, apotheoutai)에 이르는 것을 의미한다. 마카리우스는 때때로 완전에 이른 사람의 모습을 '성령과 혼합되어 있는 상태'라고 묘사하기도 하는데, 이때 그 영혼은 정욕으로부터 완전히 정화되고 완전한 자유에 이르는, '절대자유의 상태' 곧 '아파테이아'(Apatheia)에 도달한다. 마카리우스의 설명을 들어보자.

"그 영혼 전체는 완전한 빛, 완전한 시야, 완전한 영, 완전한 기쁨, 완전한 안식, 완전한 안락, 완전한 사랑, 완전한 자비, 완전한 선, 완전한 인간이 된다. 바다 가운데 있는 바위 주변이 온통 물로 둘러싸여 있는 것처럼, 여기에 도달한 이들은 성령으로 온전히 하나가 되어 그리스도처럼 되고, 이 성령의 능력으로 자신의 내면의 덕들을 확고하게 붙들며 안과 밖으로 한 점 흠도 없이 순결하게 된다."[52]

그러나 다른 동방 교부들과 마찬가지로 이 완전함을 하나의 고정된 상태(fixed state)로 받아들이는 데에는 반대한다. 그것은 언제나 더 나은 것을 향해

---

50) *W. Homilies* No. 4. 1~3.
51) *M. Homilies*, No. 15. 25.
52) *M. Homilies*, No. 19. 10.

나아가는(teleioi!) 진행형으로만 의미가 있는 완전함이다. 즉 그것은 한 점으로 고정된 절대적 완전이 아닌 '그리스도 닮기'의 지속적인 성장 과정의 결과로 획득되는 완전이다.[53] 그런 의미에서 마카리우스는 이 땅의 사람들이 완전함에 도달할 수 있다는 데 부정적인 견해를 가지는 것처럼 보인다. 언제나 궁극적이고 절대적인 완전 상태보다는 이 상태를 향한 끊임없는 성장 과정에 그의 시선이 가 있기 때문이다. 그는 설교에서 이렇게 말한다.

"과연 누가 완전함을 성취함으로써 저 세상을 직접 경험하며 맛보았을까? 나는 이때껏 절대적 자유를 소유하게 된 완전한 그리스도인을 만나지 못했다. 몇몇 사람들은 은혜 안에 머물며, 신비한 계시를 맛보고, 감미로운 은혜에 흠뻑 젖어 볼 수는 있을지라도 그 안에는 여전히 죄가 머문다. 그들은 풍성한 은총과 빛으로 인해 스스로 온전한 자유를 누린다고 생각할 수도 있다. 그러나 이는 아직 충분한 경험이 없어 속고 있을 뿐이다. 그들은 여전히 은총에 의지할 수밖에 없다. 나는 진정 자유에 이른 이를 본 적이 없다. 나 자신도 가끔은 부분적으로 완전에 이른 것 같지만 나는 내가 완전함에 이르렀다고 말할 수 없다는 사실을 인지하고 있다."[54]

마카리우스가 지녔던 지도는 우리에게 이렇게 출발점과 종착점을 명확히 보여 줄 뿐 아니라 어떻게 출발점에서 종착점에 이를 수 있는가에 대한 구체적이고 세부적인 방법까지도 포함한다. 이를 위해 마카리우스는 먼저 이 여행의 주체를 분명히 한다. 그에 따르면, 인간은 이 여행을 스스로 수행할 만큼 능력이 없다. 우리는 하나님의 은혜가 없이는 흑암의 지배로부터 벗어날 수 없는 존재다. 오직 하나님이 우리 가운데 오셔서 우리와 함께하실 때만이 우리는 비로소 참된 인간이 될 가능성을 갖는다. 그리스도의 성육신 사건은 하나님이 우리 가운데 현존하심에 대한 확고한 증거다. 마카리우스를 포함한

---

53) Outler, "Towards a Re-Appraisal of John Wesley as a Theologian," *Perkins Journal* 14 (1961) pp. 5~14.
54) *M. Homilies*, No. 8.

동방 교부들은 그리스도의 속죄 행위보다는 성육신에 관심을 집중했다. 인간에게 가장 필요한 것은 우리 삶 가운데서의 '하나님 닮기'였으며, 성육신은 이를 현재화시키기 위한 하나님의 은총의 구체적 행위라고 이해했다. 즉 우리의 하나님 닮기는 하나님의 은총이 없이는 불가능하며, 성육신은 하나님이 우리처럼 되심으로 우리가 하나님처럼 되도록 인도하시는 하나님의 은총 사건이다.[55] 그러므로 어떤 의미에서 동방의 이해 안에서는, 인간의 타락 때문에 그리스도의 성육신이 필연적이 된 것이 아니라고 볼 수 있다. 인간의 타락 사건이 없었다 해도 성육신 사건은 우리의 완성을 위해 반드시 있어야 할 필연적 사건이기 때문이다.[56] 마카리우스에 따르면, 그리스도의 성육신 사건은 하나의 흘러간 옛 이야기가 아니라 우리 가운데 끊임없이 생생하게 재현되는 살아 있는 사건이다. 달리 말하면 하나님의 성육신은 성령 안에서 우리에게 현재화된다는 것이다. 이는 바로 성육신 사건을 "그리스도가 성령을 통해 빛나는 영광 속에서 우리 영혼 안에 거하시는 사건"으로 해석하고 있다는 뜻이다.[57]

따라서 인간의 완전한 구원의 문제에서 성령은 시종일관 주체자라 말할 수 있다. 성령의 도우심 없이 우리는 구원의 완성에 결코 이를 수 없다. 그렇지만 마카리우스에게 인간은 단지 수동적 존재로 머물지 않는다. 그 타락에도 불구하고 어떤 것을 택하고 어떤 것을 거부할 수 있는 자유의지가 남아 있기 때문이다. 인간은 성령을 통해 비추어지는 하나님의 은총의 빛에 끊임없이 응답해야 한다.[58] 이 응답이 바로 마카리우스가 의미하는 믿음이며, 이 믿

---

55) Meyendorff, *Christ in Eastern Christian Thought*, p. 21.
56) George Cronk, *The Message of the Bible: An Orthodox Perspective* (Crestwood: St. Vladimir's Seminary Press, 1982) p. 37.
57) *M. Homilies*, No. 1. 3. 마카리우스는 에스겔의 비전을 설명하는 설교를 통해 그리스도를 그룹 가운데 있는 빛과 영광의 보좌에 비유한다. 이처럼 그리스도의 성육신은 성령을 통해 우리 영혼 안에 꿰뚫어 들어오는 사건으로 묘사할 수 있다. 또 다른 설교에서도 마카리우스는 이 점을 강조한다.
    "따라서 믿음으로 주님께 나아가기를 원하는 사람은 여기에서 자신에게 성령이 임하시기를 간절히 구해야 한다. 왜냐하면 성령은 곧 우리 영혼의 생명이 되고, 또 그 성령을 통해 그리스도께서 이 땅 위에 있는 영혼에게 자신의 생명, 곧 자기의 영을 부어 주시기 위해 이 세상에 오셨기 때문이다." *M. Homilies*, No. 30.
58) 마카리우스의 '위대한 편지'(*Epistola Magna*)의 주요 골자가 바로 책임적 자아로서 성령을 통해 주어지는 하나님의 은총에 응답하는 것이다. Meyendorff, *Christ in Eastern Christian Thought*, p. 125 참조.

음을 진실로 소유한 사람, 끊임없이 성령의 인도하심에 자신을 내어놓는 사람은 악한 죄의 굴레에서 벗어나 그리스도의 모습으로 변화되어 간다. 현재의 악한 본성에서 벗어나 신적인 본성으로 변화되고, 성령의 능력으로 새로워져 하늘나라에 합당한 사람이 되는 것이다.[59]

마카리우스의 이러한 견해는 동방 교회에서 '어떻게 해야 하나님 닮기에 이를 수 있는가'라는 정식화된 질문으로 나타났다. 이에 대한 동방 교회의 입장은 단순하다. 하나님이 성령을 통해 베푸시는 은총으로 말미암아 인간이 적극적으로 수용함으로써 참여하게 된다. 즉 여기서 우리는 하나님의 은총에 대한 인간의 책임적 응답이라는 전형적인 동방 교회의 신-인 일체 참여 구조를 발견할 수 있다.[60]

마카리우스는 이 과정이 필연적이거나 자동적이라고 말하지 않는다. 겸비한 마음과 열심이 있을 때에는 하나님의 은총 안에 거하지만, 교만하고 나태하면 그 은총은 사라질 것이다. 그러기에 성령의 인도함에 우리 영혼을 겸손히 굴복시킬 수 있도록 지속적으로 실천하고 연습하는 것의 중요성을 강조한다. 이것은 내키지 않더라도 쉬지 말고 끝까지 해야만 한다.[61]

"시련 없이는 영혼은 진전된 단계로 나아갈 수 없다. 많은 노력과 지속된 분투, 열심과 연단, 많은 시험을 경험함으로써 영혼이 성장하고 진보하게 된다. 사악한 정욕에서 온전히 자유로워지며, 의지와 용기를 지니고 악으로부터 야기되는 모든 유혹을 인내할 때 비로소 예수 그리스도 안에 있는 하늘나라의 상속자가 되어 큰 영광과 신령한 은사와 하늘의 보화를 얻게 된다."[62]

즉 우리 자신의 영혼을 쳐서 겸손히 성령의 인도하심에 따르면, 우리에게

---

59) *M. Homilies*, No. 44.
60) Vladimir Lossky, *The Mystical Theology of the Eastern* Church (London: James Clark & Co, 1957) pp. 197~198.
61) *M. Homilies*, No. 19.
62) *M. Homilies*, No. 10.

하나님의 위로가 주어진다. 이 위로는 하늘의 은혜와 풍성함으로 비롯되는데, 곧 우리 영혼이 하나님의 거룩한 빛의 옷을 입는 것이며, 하늘의 신랑과 더불어 교제를 누리는 것이며, 성령의 기쁨을 소유하는 것이다.[63] 이렇게 될 때 우리는 "하나님의 기이한 법을 보게 되고"[64] "믿음은 더욱 증가하고 진보하며," 동시에 "모든 악한 생각의 요새가 서서히 파괴된다."[65] 마카리우스는 우리가 이 여정을 멈추지만 않는다면, 주님께 전적으로 헌신하며 그분만을 붙들고 전심으로 그분의 계명 안에 거하며, 자신에게 임하여 덮은 그리스도의 성령에 전적으로 자신을 드리기만 한다면, 우리 영혼은 마침내 성령과 온전히 하나가 되고 그리스도처럼 된다고 말한다. 즉 그 영혼은 "완전한 빛, 완전한 시야, 완전한 영, 완전한 기쁨, 완전한 안식, 완전한 안락, 완전한 사랑, 완전한 자비, 완전한 선, 완전한 인간"에 도달하게 되는 것이다.[66]

이 같은 마카리우스의 가르침은 웨슬리의 '하늘 가는 길'을 위한 총체적인 그림, 곧 디비니티 형성에 매우 깊은 영향을 끼쳤다. 무엇보다도 다음 네 가지 면에서 웨슬리의 디비니티는 마카리우스로부터 큰 빚을 졌다고 할 수 있다.

첫째, 마카리우스는 웨슬리의 디비니티가 신비주의의 길로부터 벗어나도록 하는 데 기여했다. 웨슬리는 조지아 사반나에서 1736년 11월 23일자로 형 사무엘에게 편지 한 통을 쓰게 된다. 이 편지에는 그가 신비주의에 빠져 있었으며 이 때문에 하마터면 믿음이 파선할 뻔 했다고 적혀 있었다. 여기서 웨슬리가 지칭하는 신비주의자는 타울러(Tauler)와 「독일신학」(German Theology) 저자였다.[67] 앞서 언급했듯이 이 둘은 로오(Law)에게서 소개받는데, '정신 집중 기도', 곧 어떤 매개 없이 신비적 관상을 통해 하나님과 합일로 나아가는 길을 가르쳤다. 웨슬리는 이들의 가르침에서 몇 가지 중대한 위험을 보았

---

63) *M. Homilies*, No. 49.
64) 마카리우스는 엠마오로 가는 제자들의 이야기를 통해 하나님의 영을 받은 이들이 어떻게 새로운 영적 감각을 갖는가를 설명한다. *M. Homilies*, No. 25. 10. 참조
65) *M. Homilies*, No. 50.
66) *M. Homilies*, No. 19. 10.
67) *Letters*, November 23, 1736.

다. 웨슬리의 신비주의에 대한 비판 내용이 무엇이었는지는 학자들마다 약간씩 견해가 다르지만,[68] 나는 두 가지를 꼽는다. 먼저, 자기 초월에 취하여 기도와 예배, 성만찬 등 그 어떤 전통적인 은혜의 수단도 경시할 뿐 아니라 선과 덕을 행하는 일도 무익한 것으로 돌린다는 비판이다. 또 다른 하나는, 신비한 관상을 통해 완전한 상태, 곧 하나님과 합일 상태를 추구하기 때문에 우리의 의식과 감정, 확신 같은 정감 등을 불필요한 것으로 치부한다는 비판이다. 물론 웨슬리가 신비주의 전체를 대상으로 비판한 것은 아니다. 투틀이 언급했듯이, 그는 신비주의에 내포된 이런 위험성들을 제거하고 실천적이고 윤리적인 경건과 하나님과의 친교와 연합을 향한 열정 등의 정금만을 취했다고 보는 편이 옳을 것이다.[69] 실제로 일부 신비주의자들에게는 깊은 호의를 보이면서 그들의 저작품들을 자신의 「크리스천 문고집」에 편입시키기도 했다.[70]

　그렇다면 '정신집중 기도'에 심취했던 웨슬리가 어떤 계기로 신비한 관상을 통한 하나님과의 합일 방식으로부터 벗어나게 되었는가? 잉글리시는 웨슬리의 신비주의에 대한 입장이 전환된 데는 마카리우스의 역할이 있었다고 단언한다. 그에 따르면, 웨슬리가 마카리우스의 저작물을 접한 때는 조지아에 선교사로 머물 무렵이었다. 여기서 웨슬리는 두 그룹의 독일 경건주의자들을 만나 친분을 가졌는데, 하나는 슈팡겐베르크와 니치만이 이끌었던 모라비안이고 또 하나는 '할레'(Halle) 출신 경건주의자들의 모임이었다. 마카리우스의 「신령한 설교」는 이미 독일 경건주의자들에게 많은 관심을 끌었고 독일어로 번역까지 되어 있었다. 이 독일어판이 조지아에 거주했던 경건주의자들

---

68) 예를 들어, 웨슬리의 신비주의에 대한 비판의 주된 내용에 대해 런연은 두 가지를 말한다. 하나님 사랑으로부터 이웃 사랑을 분리하고 은혜의 수단을 경시한 것이다. 잉글리시는 '은혜의 수단 경시'와 '종교적 경험의 결핍' 그리고 '하나님의 신성에 대한 그릇된 묘사'라는 세 가지 이유를 든다. Theodore Runyon, *The New Creation: John Wesley's Theology Today*, p.108 이하; English, "The Path to Perfection in Pseudo-Macarius and John Wesley," *PACIFICA 11* (February, 1998) p. 59 이하.
69) Tuttle, *Mysticism in the Wesleyan Tradition*.
70) 이 목록에는 마카리우스, 파스칼, 로렌스 형제, 아빌라의 성 요한, 로페즈, 앙투아넷 부르뇽, 미구엘 몰리노 등의 글이 포함되어 있다.

손에 들려 있었고, 누군가가 웨슬리에게 건넸을 가능성이 크다.[71] 이 시기에 웨슬리는 마카리우스의 「신령한 설교」 50편을 깊이 있게 읽음으로써 그 자신의 신비주의에 대한 이해가 교정되기 시작했다.[72]

잉글리시의 견해가 타당성을 갖는 까닭은 웨슬리의 신비주의에 대한 새로운 태도가 마카리우스의 가르침과 일맥상통하다는 점이다. 마카리우스는 신비적 관상을 추구하는 타울러나 「독일신학」 저자와는 달리 은총의 수단에 대한 거부감이 없다. 오히려 이를 하나님과의 합일을 위한 중요한 수단이라고 강조한다. 예를 들어, 신비적 관상을 추구하던 이들이 무시하던 은혜의 수단으로서의 기도는 마카리우스에게는 하나님께 나아가는 필수적이고 강력한 도구가 된다.[73] 뿐만 아니라 성령과 교감하면서 경험할 수 있는 다양한 체험들을 긍정적으로 수용하며, 오히려 그 체험들을 하나님과의 더 깊은 교제로 나아가는 통로로 인식한다. 즉 마카리우스에 따르면, 인간이 하나님의 은총으로 우리 가운데 임재하시는 성령과 교감함으로써 그 같은 체험적 정감이 새로이 열리며, 그분과의 더욱 깊은 교제와 더불어 영적 감각이 확장하게 되는데, 이 과정은 우리가 새로운 사람으로 갱신되는 자연스런 현상이라는 것이다.[74]

말하자면 마카리우스의 가르침은 신비주의라는 커다란 암초에 걸릴 뻔한 웨슬리에게 신비주의를 극복할 수 있는 새로운 시각을 열어 준 셈이다. 이는 웨슬리의 디비니티에 매우 중요한 의미를 갖는다. 즉 마카리우스의 가르침은 신비주의가 추구했던 가치, 곧 하나님과의 합일이라는 지고한 목표를 견지하면서도, 어떻게 신비한 관상이 아닌 전통적인 은혜의 수단들을 수용하

---

71) English, "The Path to Perfection in Pseudo-Macarius and John Wesley," p. 61.
72) *Ibid.*, pp. 54~62.
73) 마카리우스는 한 소경이 기도함으로써 시력을 갖게 된 마가복음 10장의 사건을 언급하며 기도의 가치에 대해 이렇게 말한다.
　　"비록 우리 영혼은 악한 정욕들 때문에 타락되었고 죄의 어두움 때문에 아무것도 볼 수 없지만 우리 영혼에게는 예수를 소리쳐 부를 수 있는 능력이 남아 있다. 우리 영혼이 소리 높여 예수를 찾기만 하면 그분은 기꺼이 오셔서 우리 영혼을 영원히 구원하신다." *M.Homilies*, No. 20.
74) Runyon, *The New Creation*, p. 75.

여 이 목표에 도달할 수 있는가에 대한 새로운 관점을 웨슬리에게 제공했던 것이다.

웨슬리가 우려했듯이, 많은 신비가들은 '정신집중 기도' 곧, 신비한 관상적 방식에 의거해 하나님께 가까이 가고자 했다. 이를 위해 그들은 전통 교회들이 지켜 온 가치들, 은총의 수단들, 하나님과 교제를 통해 체험할 수 있는 정감들을 배격했다. 대신에 격려되고 고립적인 삶의 방식을 찾아 세상으로부터 은둔의 길을 선호했다. 조지아의 웨슬리는 바로 이러한 신비주의의 문 앞에서 마카리우스를 만났고 그로부터 교회 안에서, 세상 안에서, 그리고 인간의 풍성한 정감을 통해 하나님께 나아가는 길을 발견했다. 마침내 웨슬리는 이같은 발견을 자신의 디비니티에 수용하고 리모델링했던 것이다.

둘째, 마카리우스는 웨슬리가 디비니티 과정을 존재의 변화(change)로 보는 시각에서 더 나아가 변형(transforming)으로 보는 시각으로 확대시키는 데 도움을 주었다. 인간이 어떻게 하나님께 이를 수 있는가? 이에 대한 당시 성공회의 입장은 다른 서방 기독교 전통과 별반 차이 없이 인간의 비약적인 존재론적 전환을 통해서 가능하다는 입장을 견지했다. 즉 하나님의 형상을 완전히 갖춘 원래 존재 A의 타락으로 말미암아 질적으로 다른, 비참하고 소망 없는 존재 B로 전락했다가 그리스도를 통한 하나님의 은총으로 말미암아 다시 존재 A로 복귀하는 전형적 패턴을 유지했다.

여기서 존재 A와 존재 B는 그 질적 차이가 하늘과 땅과 같이 많이 난다. 하나는 영생이라면 하나는 영멸이다. 하나는 하나님의 형상이면 하나는 짐승의 형상이다. 그 둘 사이에는 그 어떤 연속성도 존재치 않는다. 여기에 그리스도의 속죄 행위는 이 비연속성을 매개하는 유일한 길이 되었다. 여기서 존재 B의 역할은 없다. 단지 그 매개가 되는 그리스도를 믿고 따를 때 그리스도의 공로로 말미암아 존재 A로 복귀할 수 있을 뿐이다.

그런데 마카리우스를 위시한 동방 교부들의 관점은 이와는 달랐다. 우선, 그들은 존재 A 자체가 절대적으로 완성된 인간이 아니라고 본다. '하나님 닮기'를 향한 성장과 성숙이 지속되어야 할 순수한 영혼일 뿐이다. 원래는 이 성장과 성숙이 자연스럽게 이루어져 하나님처럼 거룩한 경지에 이르러 완전한 영혼이 되도록 창조되었다. 그러나 인간의 범죄로 이 능력이 현저히 파괴되어 죄와 사망의 종, 존재 B로 전락했다.

그렇다고 존재 A와 존재 B 사이의 연속성이 사라진 것은 아니다. 존재 B에는 여전히 존재 A 안에 있었던, 하나님 닮기를 향한 선택을 지속할 수 있는 자유의지라는 연속성이 여전히 존재하기 때문이다. 이 자유의지는 인간이 하나님 닮기를 지속할 수 있는 근거다. 하나님의 은총은 성령을 통해 이 일이 지속되도록 격려하며 지지하는 근원적인 힘이다. 다시 말해 동방 교회의 관심은 존재 B에서부터 존재 A로의 존재론적 변화가 아닌 존재 B로부터 존재 A로, 아니 어쩌면 존재 A를 넘어 존재 AA로의 변형인 것이다.

성공회 전통에서 자라 성공회 사제가 된 웨슬리가 원래 존재의 변화, 곧 영원한 죽음이 예정된 죄로 물든 존재에서 그리스도의 속죄 행위에 의지함으로써 죄 용서를 받고 영생에 이르게 된다는 서방의 구원관을 가진 것은 자연스런 일이다. 그러나 점차 그는 존재의 변형을 추구했던 동방의 견해를 수용함으로써 자신의 구원에 대한 이해의 폭을 훨씬 넓게 된다. 특히 동방 교부들과 본격적으로 접촉이 이루어졌던 초기 웨슬리에게 동방의 구원이해는 점점 더 큰 관심을 끌었던 것 같다. 1733년 옥스퍼드에서 행한 '마음의 할례'라는 설교에서 웨슬리는 참다운 기독교의 진리란 "실제로 죄에서 깨끗해지는 것", 곧 "하늘에 계신 아버지께서 온전하신 것처럼 온전해짐"이요 "심령이 새로워지는 것"을 의미한다고 강조한다.[75] 다시 말해 웨슬리에게는 하나님께 이른다는 것이 단지 진노의 자녀로부터 하나님의 자녀가 되었다거나 지옥에서 벗어나 천국에 간다는 의미가 아니라, 죄로부터의 현재적 승리이고 병든 영혼의 회복이며 신적인 거룩한 본성의 재창조다. 이는 곧 완전을 향해 날마다 하나님을 닮아 가는 실제적인 변형 과정을 의미한다.[76] 초기 웨슬리의 이런 확신은 조지아에서 마카리우스와 본격적으로 조우하게 되면서 더욱 확고

---

75) *Sermons*, The Circumcision of the Heart, I. 1.
76) Outler, "John Wesley's Interest in the Early Fathers of the Church," p. 10.

해져 갔음에 틀림없다. 마카리우스에게 구원이라는 의미는, 곧 성령 안에서 거룩한 본성을 재창조하는 것 그 자체이기 때문이다.

셋째, 마카리우스는 웨슬리에게 변형으로서 디비니티가 하나님과 인간, 인간과 하나님의 역동적인 상호 관계 짓기를 통해 진행된다는 점을 인식시켰다. 서방 교회 전통은 인간의 원죄 때문에 인간 안에는 하늘을 향한 모든 가능성이 차단되었다는 입장에 깊이 뿌리박고 있다. 동방 교회 전통은 인간의 타락에도 불구하고 하나님이 베푸시는 은총에 응답할 수 있는 '가능성'은 남아 있다고 본다. 즉 하나님은 성령의 역사하심을 통해 끊임없이 인간의 하나님 닮기 여정을 독려하시며 지지하시고, 인간은 이에 믿음으로 응답함으로써 하나님을 닮아 가고 더 가까이 나아가게 된다.

웨슬리는 이런 관점을 '인간의 타락에 관하여'(On the Fall of Man)라는 설교에서 하나님 형상의 파괴와 관련해서 설명한다. 여기에서 하나님의 형상을 '자연적 형상'과 '도덕적 형상'으로 구분하면서 인간의 타락에도 불구하고 자연적 형상 가운데 일부, 예를 들어 하나님의 은총에 응답할 수 있는 자유의지의 기능은 남아 있어서 하나님의 은총에 응답하며 관계 짓는 역할을 수행하게 된다고 말한다.[77] 즉 성령의 역사 혹은 그의 현존 가운데 나타나는 하나님의 은총은 인간에게 잔존한 자유의지에 의거한 자발적인 참여와 관계 지음으로 말미암아 비로소 실현되는 것이다.

웨슬리에게 현저하게 나타나는, 체험 중시 성향도 이러한 하나님과 인간의 상호 관계 지음과 깊은 관련이 있다. 성령의 현존에 대한 인간의 응답적 관계는 필연적으로 생생한 체험으로 나타나기 때문이다. 웨슬리는 이를 '영적 감각' 개념으로 발전시켜 나가는데, 이는 의심할 바 없이 마카리우스의 영향이다.[78] 이 영적 감각은 그 폭과 깊이가 애초부터 고정되어 있지 않고 진행되면 될수록 깊어지는 특성이 있다. 이 과정에서 성령의 역사하심을 이해하

---

77) *Sermons*, On the Fall of Man, II. 6.
78) 웨슬리는 이 영적 감각을 '믿음'의 개념과 연관시킨다. 즉 믿음은 성령의 현존에 대한 인간의 주체적 응답이며 성령과 인간의 오묘한 내적 관련성을 의미하는 것이 된다. 이 문제는 다음 장에서 깊이 논의할 것이다.

는 인간의 영적 감각은 갈수록 심화되어 가며, 영적 감각이 심화된 인간은 성령의 현존에 더욱 가까워짐으로써 보다 하나님께 가까이 나아가게 된다.

넷째, 마카리우스의 가르침은 웨슬리가 디비니티를 목적을 향해 성장하고 성숙해 나가는 관점에서 바라보게 했다. 서방의 기독교 전통은 인간의 완성에 대해 존재의 변형이라는 측면보다는 존재의 변화라는 측면에 강조점을 두고, 믿음을 통해 한순간에 이전 존재와는 전혀 다른 존재로 비약하는 것을 추구한다. 그러나 마카리우스의 관점은 이와 달리 씨앗이 자라 점차로 큰 나무로 성장해 열매를 맺듯이 영혼의 끊임없는 성장과 성숙을 인정하며, 궁극적으로는 완전한 상태, 곧 하나님을 완전히 닮는 신화의 상태까지 나아가기를 추구한다. 이는 성령의 현존과 그에 대한 인간의 책임적 응답이라는 두 다른 요소가 역동적으로 서로 관계를 지음으로써 빚어내는 아름다운 결과다. 물론 진보만 있는 것은 아니다. 인간의 불성실한 응답은 진보가 아닌 퇴보 혹은 정체를 가져오기도 한다. 그러나 성령의 인도하심에 인간이 믿음으로 반응하는 한 완전한 상태를 향한 성장과 성숙은 멈추지 않는다.

웨슬리의 디비니티는 이 마카리우스 사상을 거의 전적으로 수용한다. 그의 디비니티는 완전이라는 목표를 향해 나아가는 영혼의 성장과 성숙의 역동적 과정 전체를 포함하고 있을 뿐 아니라 이 과정에서 인간과 하나님의 관계를 매개하는 성령 안에서의 인간의 책임적 응답이라는 신인 협력적(synergy) 구조를 명백하게 포함한다. 또한 완전을 향한 여정 동안 직면할 수 있는 영적 퇴보나 타락의 가능성을 현실적인 시각에서 고려한다는 점에서, 그의 디비니티는 신화(deification)를 향한 여정에 대한 마카리우스의 이해를 거의 수정 없이 받아들이고 있음을 알 수 있다.

4) 디비니티 공동체 실험: 신도회(Society)

끝으로 우리가 웨슬리의 조지아 선교 기간 중 눈여겨보아야 할 것은 웨슬리가 조지아에 머무는 동안 작은 신앙공동체를 운영 지도했다는 사실이다.

조지아에서 웨슬리의 주된 역할은 그의 기대와는 달리 인디언 선교가 아닌 영국에서 식민지로 건너가 정착한 영국인들을 위한 목회였다. 오늘날 용어로 말하면, 외국으로 이민을 떠난 이들을 위한 이민 목회였던 셈이다.[79]

이민 목회자로서 웨슬리가 힘을 기울인 일 가운데 하나가 작은 신도회(a small society)를 조직 운영하는 것이었다. 이민자 교인 가운데 가장 신실한 이들을 모아 신앙공동체를 만들었는데, 매주 2회 수요일과 금요일에 규칙적으로 모여 서로 죄를 고백하고 권고하며 진지한 기도의 교제를 나누었다. 이 모임 참석자 중 몇 명은 주일 오후에 다시 모여 더욱 깊은 대화와 기도의 시간을 가졌다.

이 공동체는 내적 성결과 하나님의 완전한 거룩성을 이루려는 소망을 향해 엄격한 금욕적 실천을 수행하고자 했다는 점에서, 기본적으로는 옥스퍼드 메도디스트 공동체와 다르지 않았다. 그러나 몇 가지 점에서는 뚜렷한 차이가 있었다. 우리는 여기서 이 차이들을 면밀하게 살펴볼 것이다. 이 차이들은 바로 웨슬리가 디비니티를 신앙공동체를 통해 성숙시켜 나가는 데서 생겨났으며, 또 이를 면밀히 살펴봄으로써 웨슬리의 디비니티의 성숙 과정을 이해할 수 있기 때문이다.

먼저, 조지아의 공동체는 옥스퍼드에서와는 달리 옥스퍼드 학생이나 강사 등으로 이루어진 특성화된 그룹이 아니라 다양한 배경을 가진 실질적인 평신도로 이루어진 그룹이었다. 이 말은 조지아의 공동체는 우리가 교회 안에서 흔히 만날 수 있는 사람들로 이루어진 명실상부한 '평범한 교인들의 모임'이었다는 것이다. 이는 웨슬리의 디비니티 공동체가 안온한 옥스퍼드가 아닌 리얼한 세상 가운데에서 설립되었음을 의미한다. 즉 웨슬리는 이 공동체를 통해 교회의 목회에 자신의 디비니티를 적용해 본 것이다. 이 과정에서 그는 자신의 가슴속 이상, 곧 디비니티를 실천했고 또 이를 반성함으로써 자신의

---

79) 조지아에는 여러 정착촌들이 있었다. 웨슬리 일행이 주로 활동했던 곳은 영국인 정착지였던 사반나와 프레데리카였다. 주변에는 토착 인디언들이 살고 있었는데, 웨슬리는 이 인디언들에게 복음을 전하는 선교사가 되고 싶어 했고 또 이 사명을 감당하기 위해 많은 노력을 기울였다. 그러나 그 결실은 크지 않았던 것 같다.

디비니티를 더욱 성숙시킬 기회를 얻었다.

조지아의 공동체는 또한 옥스퍼드 공동체와는 달리 모라비안의 요소를 많이 가미했다. 웨슬리는 조지아에 머무는 동안 빈번하게 모라비안들과 교제를 가졌다. 교제의 깊이가 깊어질수록 웨슬리는 모라비안 모임에 더 많은 관심을 두었으며 많은 것들을 새로이 배울 기회를 얻었다. 예를 들어, 그는 평신도 지도자를 양성해 그들이 교회를 섬기도록 했다. 이는 단지 교회 안에서 보조 역할이 아니라 설교와 기도, 예배인도 등 성직자들이 일반적으로 해 오던 일들을 과감하게 분담하는 것이었다. 예배를 보다 생동감 있게 만드는 것도 모라비안으로부터 배웠다. 즉흥기도와 회중찬송 등이 이때 실험되었다.[80] 그렇다고 모라비안들로부터 이런 외형적 공동체 운영방식만을 배운 것은 아니었다. 모라비안들로부터 배운 가장 가치 있는 것은 아마도 '칭의의 믿음'과 '구원의 확신'이었을 것이다. 웨슬리는 모라비안들로부터 믿음으로 의롭다 하심을 믿는 믿음과 구원함을 입었다는 확신을 갖는 일이 얼마나 중요한지를 배우면서 점차 이들에 대해 깊은 숙고를 하게 되었다. 이는 그의 디비니티 형성에 또 하나의 중요한 전환점이라 할 수 있었다. 이때까지 그의 디비니티는 칭의와 구원의 확신이라는 기독교 신앙의 핵심 문제들을 빠뜨린 채 성화와 완전에만 몰두해 왔던 것이다.

요약하면, 조지아의 공동체는 웨슬리의 디비니티에 성숙을 가져온 귀중한 '실험공동체'라 할 수 있다. 웨슬리는 이 공동체를 통해 자신이 품어 온 디비니티 비전을 현장에 적용했으며, 이 과정을 반성하고 수정함으로써 자신의 디비니티에 대한 견해를 더욱 성숙시켜 나갔다. 흥미로운 사실은 아직 완전한 모습을 갖춘 공동체는 아니었다 해도 웨슬리가 씨를 뿌린 이 공동체들이 앞으로 미국 안에서 일어날 부흥운동에 큰 역할을 감당할 중요한 그루터기가 된다는 것이다. 옥스퍼드 메도디스트 회원이었던 조지 휫필드(George Whitefield)는 나중에 바로 이 그루터기를 기반으로 미국 땅에 복음을 마음껏

---

80) 메도디스트의 최초의 「찬송모음집」(A Collection of Psalms and Hymns)은 웨슬리가 조지아에 있을 무렵인 1737년에 출판되었다.

전하게 된다.[81]

5) 디비니티와 조지아 선교

많은 웨슬리 전기학자(傳記學者)들은 웨슬리에게 조지아 선교는 실패의 기간이라고 묘사한다. 웨슬리 자신도 이 기간에 대해 그다지 긍정적으로 평가하지 않는다는 점을 고려한다면 이들의 묘사는 더욱 신빙성이 있어 보인다. 그는 일기에서 조지아에서의 생활을 회상하며 이렇게 적는다.

> "나는 아메리카 사람들을 회개케 하려고 그곳에 갔다. 그렇지만 나는 누가 회개시킬 것인가? 이 불신의 죄로 물든 내 심령으로부터 나를 건져낼 자는 누구인가? 나는 겉으로 보기에는 믿음이 좋은 사람으로 보일지도 모르겠다. 아무 위험이 없을 때는 복음도 잘 전하고 괜찮은 믿음의 소유자로 보일 수도 있겠다. 그런데 죽음의 두려움에 직면해서는 불안과 공포에 휩싸여 떨며 '죽는 것도 내게 유익함이라'는 고백을 감히 하지 못한다. … 과연 그동안 나는 무엇을 했단 말인가?"[82]

그러나 조지아 기간을 어떤 관점에서 보느냐에 따라 '조지아=실패'라는 등식은 달라질 수 있다. 웨슬리가 애초에 가졌던 비전, 곧 인디언에게 선교하는 선교사역 측면에서 본다면 실패한 선교사 범주에 들는지도 모르겠다. 그러나 우리가 다른 각도, 곧 목회자로서 웨슬리가 그곳에서 이루어 놓은 것을 본다면 평가가 전혀 달라진다. 그가 조지아에서 보낸 시간들은 바로 앞으로 전개할 자신의 원대한 목회 프로젝트를 예비하는 참으로 중요한 기간이었다. 웨

---

81) 그러므로 횟필드는 웨슬리의 조지아 선교를 이렇게 평가한다. "웨슬리가 (조지아에서) 이룬 일들을 어찌 다 표현할 수 있겠는가. 그의 이름은 조지아 사람들 가운데 크게 알려졌다. 그는 사람이나 마귀조차도 어찌할 수 없는 흔들리지 않는 기초를 놓았다." Tyerman, *The Life and Times of the Rev. John Wesley*, vol.3, p. 170에서 재인용.

82) *Journals*, January 24, 1738.

슬리가 1738년 2월 3일에 자신의 일기에 쓴 것처럼, 이 기간 동안의 경험을 통해 "겸손함을 배웠고" "자신을 시험해 보았으며" "자신 안에 품고 있는 것을 확인하게" 되었던 것이다.[83]

나의 견해로는, 조지아 기간은 목회자 웨슬리에게 참으로 소중한 기간이었다. 무엇보다도 이 기간이야말로 웨슬리의 디비니티 형성에 결정적으로 필요한 시기였다고 나는 판단한다. 이를 종합해 정리하면 다음과 같다.

첫째, 웨슬리는 자신의 디비니티와 신비주의에 대한 명확한 입장을 정리하고 전통적인 교회론을 수용하게 되었다. 웨슬리의 디비니티는 끊임없이 완전을 추구하는 과정이다. 그러므로 디비니티는 필연적으로 신비주의의 문제와 만날 수밖에 없다. 신비주의가 추구하는 궁극적 목표가 바로 하나님과의 완전한 합일이기 때문이다. 웨슬리 역시 예외가 아니었다. 완전을 추구했던 그에게 신비주의는 매력적인 유혹이었다. 신비적 관상을 통해 하나님께 직접 이를 수 있다는 신비주의의 가르침에 웨슬리는 깊이 침잠해 들어갔다. 모라비안들이 가르친 정숙주의 또한 이 같은 신비주의의 가르침에 더 몰입하도록 자극했다. 웨슬리의 디비니티가 관조적 신비주의로 전락할 순간이었다. 그러나 동방 교부, 특히 마카리우스와의 만남은 웨슬리가 신비주의에 대한 명확한 판단을 하게끔 인도했다. 신비주의의 완전을 향한 열심 있는 삶의 모습에는 동의하지만, 그들이 추구했던 신비적 관상에는 결코 함께할 수 없다는 것이 웨슬리가 내린 최종 결론이었다. 이로써 그의 디비니티는 관상적 신비주의와는 결별을 하고 전통적인 교회론을 수용하게 된다. 웨슬리의 디비니티는 교회가 지지해 온 은총의 수단들이나 하나님과의 교제 가운데 경험되는 생생한 정감들을 매우 소중한 것들로 받아들인다.

둘째, 웨슬리는 칭의의 믿음과 구원의 확신을 자신의 디비니티의 핵심 요소들로 인식하기 시작했다. 여기에는 모라비안들의 도움이 컸다. 모라비안들에게 믿음으로 말미암은 칭의는 구원의 출발점이다. 또한 이 같은 믿음의 소

---

83) *Journals*, February 3, 1738.

유자는 굳건한 확신 가운데 거하게 된다. 이런 모라비안들과 지속적으로 교제함으로써 웨슬리는 성화와 완전에 대부분 강조점을 두었던 이전의 디비니티 개념을 점점 확장해 가게 된다. 물론 이에 대한 본격적인 관심과 그 구체적인 내용 정립은 웨슬리가 조지아를 떠나 런던에 돌아온 이후부터이며, 이는 올더스게이트의 경험을 통해 확증된다.

셋째, 웨슬리의 디비니티의 전체적 얼개, 곧 밑그림이 이 시기에 그려졌다. 여기에는 마카리우스의 가르침의 역할이 컸다. 마카리우스와의 만남은 웨슬리의 디비니티에 지대한 영향을 미쳤다. 웨슬리의 디비니티를 신비주의의 위험에서 건져내어 교회가 지켜 온 은총의 수단과 하나님과의 교제의 결과로 야기되는 생생한 체험의 가치를 새롭게 하는 데 결정적 역할을 했다. 그러나 웨슬리의 디비니티에 대한 마카리우스의 더 큰 공헌은 따로 있다. 바로 웨슬리에게 디비니티의 전체 그림을 그리는 밑그림을 제공했다는 사실이다. 웨슬리가 꿈꾸어 오던 하늘 가는 길에 대한 세밀하고도 조직적인 안내, 그 길을 걸어가는 여행자들이 직면할 수 있는 문제점들에 대한 이해, 그 문제들을 해결해 나가는 방법, 이때 하나님과 인간의 아름다운 교제 가운데 이루어내는 승리의 이야기들을 웨슬리는 마카리우스를 통해 배웠다. 게다가 모라비안과의 만남을 통해 마카리우스에게서는 상대적으로 덜 강조된, 그러나 웨슬리의 디비니티에는 반드시 포함되어야 할 칭의의 믿음과 구원의 확신이라는 주제와 직면하게 됨으로써, 선행은총에서 완전에 이르는 웨슬리의 디비니티 전체 그림이 그가 조지아에 머물렀던 기간 동안에 어느 정도 마련되었던 것이다.

넷째, 웨슬리는 이러한 밑그림을 바탕으로 살아 있는 현장에서 적용해 보았다. 옥스퍼드 메도디스트처럼 특정한 사람들이 모인 비교적 안온한, 어찌 보면 인큐베이터와 같은 모든 것이 보호된 그런 곳이 아니라 척박한 삶의 현장 한가운데서, 다양한 배경과 관심을 지닌 사람들로 구성된 그곳에서, 웨슬리는 디비니티 공동체를 만들어 자신의 마음속 디비니티를 적용했던 것이다. 실천적 적용은 필연적으로 자기 성찰을 자극했을 테고, 자기 성찰은 또 더 나은 디비니티를 구상하는 귀한 자원이 되었을 것임은 짐작하기 어렵지 않다.

그렇지만 조지아에서 형성된 디비니티는 아직 완성된 상태가 아니었다. 밑그림은 그려졌지만 그 그림을 형성하는 각 부분이 무엇을 의미하는지, 전체 그림과는 어떤 관계를 갖는지 여전히 불투명한 채로 남아 있었다. 아직은 디비니티의 제요소들이 파편화된 상태로 남아 있었고 마치 퍼즐 조각과 같이 조합의 순간을 기다리고 있었다. 이 그림의 최종 완성은 어쩌면 영원히 이루어질 수 없는 영원한 미래의 사건일는지 모른다. 그러나 분명한 점은 웨슬리의 디비니티는 완전하지 않을지라도 사람의 영혼을 인도하는 유용한 안내서로 활용할 수 있는 잠정적 완성의 시간은 다가오고 있었다는 사실이다.

디비니티의 완성: 올더스게이트 체험

웨슬리의 디비니티 형성에서 또 다른 중요한 시기는 웨슬리가 조지아에서 영국으로 귀환한 이후 시점에서 1738년 5월 24일, 소위 웨슬리의 올더스게이트 체험이 있었던 기간이다. 우리가 이 시기에 주목해야 하는 이유는 웨슬리의 디비니티 측면에서 볼 때 이 시기에 그의 디비니티가 거의 완성 단계에 이르기 때문이다. 옥스퍼드로부터 시작된 그의 '하늘 가는 길'에 대한 '내비게이션'이 완전하진 않아도 어느 정도 완성되어, 그의 삶과 목회를 위한 훌륭하고 유용한 안내자가 준비되었던 것이다. 이제 이 시기를 좀 더 세부적으로 관찰하면서 웨슬리의 디비니티 완성에 어떻게 기여했는가를 살펴보자.

1) 디비니티 완성의 준비

웨슬리는 1738년 2월 1일 딜(Deal) 항구에 도착한다. 이틀 후 런던에 도착해 동생 찰스의 친구 제임스 허튼(James Hutton) 집에 임시로 기거하게 되는데, 여기서 독일로부터 막 도착한 모라비안 목사 피터 뵐러(Peter Böhler)를 만나게 된다. 웨슬리와 피터 뵐러는 쉽게 친해졌으며 깊은 신앙의 대화를 나눌 수 있는 사이로 발전했다.[84]

웨슬리와 뵐러의 대화의 중심 주제는 '오직 믿음으로 말미암은 구원'(salvation by faith alone)의 문제였다. 이 문제는 이미 웨슬리가 조지아에 있을 때 그곳 모

---

84) 당시 뵐러는 웨슬리보다 아홉 살이나 어렸다. 독일 예나 대학 출신으로, 한때 라이프치히 대학 강사로 지내기도 했다. 모라비안들의 지도자 진젠돌프를 만나 모라비안 일원이 되었고 마침내 목사가 되었다. 영국과 미국의 모라비안 공동체 건설을 위한 사명을 갖고 런던에 와 있다가 웨슬리 형제를 만난 것이다. 뵐러와의 교제는 웨슬리 형제의 영적 성숙에 매우 큰 영향을 미쳤다.

라비안들과 교제하며 마음에 깊이 담아 뒀던 주제였다. 웨슬리가 런던에 도착해 뵐러와 대화하면서 동일한 내용이 또다시 중심 주제가 된 것이다. 그러나 런던에서 웨슬리는 이 주제에 더욱 깊이, 더욱 집중적으로 매달렸다. 1738년 3월 5일 뵐러와 대화를 나누면서 중대한 국면을 맞이하는데, 웨슬리는 자신에게 '구원의 믿음'(saving faith)이 없음을 깨닫게 된다. 그는 일기에서 이렇게 적고 있다.

> "나는 내가 불신앙인이며, 구원에 이르게 하는 유일한 것, 그 믿음을 소유하지 못했다는 사실을 확실히 알게 되었다."(I was clearly convinced of unbelief, of the want of that faith whereby alone we are saved.)

여기서 우리가 주목해야 할 사실은 웨슬리에게서 루터의 '이신칭의', 곧 믿음으로만 구원을 얻는다는 칭의의 믿음에 관한 언급이다. 모라비안은 비록 루터의 이신칭의론을 과도하게 밀고 나가 정숙주의의 위험에까지 이르렀지만, 이 이신칭의론을 굳건하게 견지했던 것은 사실이다. 웨슬리가 만나 교제한 모라비안들은 바로 이 진리를 웨슬리에게 반복하여 전했고, 마침내 웨슬리 또한 믿음만으로 말미암는 칭의에 대해 확실하게 인식하기 시작했다.

웨슬리의 칭의에 대한 인식은 그의 디비니티에 매우 중요한 의미를 갖는다. 적어도 조지아 이전, 청년 웨슬리의 디비니티에는 칭의에 대한 자리는 없었다. 그러나 조지아를 거쳐 런던으로 돌아온 웨슬리에게 칭의는 가장 중요한 주제 가운데 하나가 되었다. 그런데 웨슬리가 칭의의 믿음의 중요성을 인식할 당시까지만 해도 자신이 그동안 추구해 온 디비니티와 조화를 이루지는 않았던 것 같다. 즉 칭의라는 새로운 진리를 받아들이면서 이전에 의지하던 디비니티에는 등을 돌리는 식의 입장을 취한 것이다. 이런 태도는 아마도 그의 신중하고 단호한 성격에서 연유된 듯하다. 웨슬리는 어떤 새로운 문제를 만났을 때 매우 신중하게 숙고하지만, 어떤 결론에 도달하게 되었을 때는 과격하다 싶을 정도로 과감한 결정으로 나아가는 경향이 있었다.

칭의 문제도 그러했다. 칭의의 문제는 웨슬리가 모라비안들과 교제를 시작했을 때부터 맞닥뜨린 핵심 논제였다. 웨슬리는 이 문제를 두고 오랫동안 숙고해 오면서 마침내 결론에 이르렀던 것이다. 오직 믿음으로 구원에 이른다는 사실을 받아들이면서, 그는 자신에게 이 믿음이 아직 없다고 결론짓는다. 급기야 이 믿음이 없으므로 설교하는 것을 그만둬야 한다는 생각에까지 도달하는데, 여기에 대한 뵐러의 충고는 이러했다.

"그 믿음이 생길 때까지 설교하십시오. 그 믿음을 소유하게 되면 그 믿음에 대해 설교하게 될 것입니다."[85]

뵐러의 충고는 주효했다. 웨슬리는 아직 칭의의 믿음을 갖진 못했지만 그 믿음을 가질 때까지 설교했다. 실제로 이 시기에 감옥에서 만난 사형수 클리프(Cliff)에게 칭의의 믿음에 관한 새로운 교리(new doctrine)를 가지고 설교하기도 했다.[86] 이런 시간들을 거치면서 웨슬리의 칭의론은 루터-모라비안적 칭의론과 다른 형태로 서서히 발전해 나간다. 우리는 3월 23일에 있었던 뵐러와의 대화에서 그 실마리를 발견할 수 있다. 이날 뵐러는 '거룩함과 행복'이 '살아 있는 믿음의 열매'(the fruits of living faith)라고 설명한다. 이는 바로 웨슬리 자신이 추구해 오던 거룩한 삶이 무익한 것이 아니며 칭의와 어떤 내적 연관성이 있음을 확인하게 하는 중요한 가르침이었다. 이 설명을 들은 웨슬리는 이 가르침에 매우 깊은 관심을 보였다. 그의 표현대로라면, 그는 이 가르침으로 "매우 놀랐다." 뿐만 아니라 이 가르침을 스스로 확증해 보기 위해 희랍어 성경을 읽었고, 결국 양자의 연관성을 성경을 통해 확인했다.[87] 다시 말해 웨슬리는 칭의라는 새로운 교리를 독립 요소로 이해하는 것을 넘어서 그가 추구해 온 디비니티 전체 틀과의 관련성 안에서 이해하기 시작한 것

---

85) *Journals*, March 4, 1738 (당시 웨슬리는 일기를 쓸 때 2,3일 후에 전날들을 기억하며 기록하기도 했다).
86) *Journals*, March 6, 1738.
87) *Journals*, March 23, 1738.

이다. 물론 이 내적 연관성이 명확히 규명된 단계는 아니지만, 그 실마리를 보였다는 점에서 매우 의미 깊은 순간이 아닐 수 없다.

4월 22일에 있었던 뵐러와의 만남 또한 웨슬리에게 매우 중요한 만남이었다. 웨슬리는 뵐러와 대화를 나누면서 뵐러가 이해하는 구원의 믿음의 본질에 대해 전적으로 동의했다. 그러나 이 구원에 이르는 믿음이 '한순간'에 주어진다는 주장에는 동의하지 않았다. 뵐러는 끈질기게 이 주제를 웨슬리에게 납득시키려 했다. 다음 날 4월 23일에는 증인 몇 명을 불러 순간적 회심(instantaneous conversion) 체험을 웨슬리에게 들려주도록 했다. 이날 웨슬리는 마침내 순간적으로 칭의의 믿음이 주어진다는 뵐러의 주장에 동의한다. 그리고 하나님을 향해 이런 믿음을 간절히 구하게 된다.

"주여, 나의 믿음 없음을 도우소서."(Lord, help thou my unbelief!)[88]

여기서 웨슬리는 다시 한 번 뵐러에게 이런 믿음 없이 남을 가르치는 것이 잘못된 일이 아닌지를 묻는다. 뵐러의 응답은 예전과 다르지 않았다.

"그만두지 마십시오. 하나님이 주신 재능을 땅속에 묻지 마십시오."[89]

뵐러의 권고에 힘입어 웨슬리는 다음 날 블렌던(Blendon)에서 믿음의 본질과 그 열매에 대해 설교했다. 이 설교는 동생 찰스가 화를 낼 정도로 이전과는 다른 새로운 내용이었다. 이는 웨슬리의 관점에 상당한 변화가 이미 시작되고 있음을 보여 주는 대목이다.

1738년 4월 26일자 일기에서 우리는 웨슬리로부터 짤막하지만 매우 중요한 사실을 전해 듣게 된다. 그는 이제 자신의 가슴속에 품고 있는 믿음에 관해 교회에서, 거리에서, 그리고 친구들에게 분명하게 증거하기 시작한 것이

---

88) *Journals*, April 23, 1738.
89) *Ibid*.

다. 모라비안들의 기록에 따르면, 뵐러는 이날 웨슬리와 함께 산책하며 구원의 믿음에 관해 깊은 대화를 했다. 뵐러는 웨슬리가 이날 예수 그리스도의 의를 갈구하는 진심 어린 죄인의 모습이었다고 회고한다.[90]

1738년 5월 4일, 뵐러는 아메리카 캐롤라이나로 떠났다. 그동안 웨슬리 형제 곁에서 위로와 권면을 아끼지 않았던 뵐러의 빈자리가 꽤 컸던 것 같다. 이제 웨슬리는 자신의 신앙 여정을 어느 누구의 도움 없이 스스로 수행해 나가야 했다. 아마도 이 기간이 꽤 힘들었던 것 같다. 그는 그 해 5월 10일자 일기에서 이렇게 적는다.

> "이때부터 13일 토요일 저녁까지 나는 슬픔과 억눌림 속에 있었다. 읽을 수도, 명상을 가질 수도, 노래할 수도, 기도할 수도 없었다."[91]

이런 가운데 뵐러로부터 권면의 편지 한 통을 받는데, 웨슬리는 이 편지를 통해 어느 정도 마음을 새롭게 할 수 있었다.[92]

이 당시 정황으로 미뤄 보아, 웨슬리의 칭의의 믿음에 대한 뵐러의 가르침과 인도는 웨슬리가 칭의의 믿음을 추구하도록 하는 데 절대적 역할을 했던 것 같다. 뵐러와의 교제와 대화를 통해 웨슬리는 그간 잘 알지 못했던 칭의의 믿음에 대해 깊이 이해하게 되었고, 또 간절히 그 믿음을 소유하고 싶어 하게 되었다. 웨슬리의 말대로 웨슬리의 칭의의 믿음은 모라비안 목사 뵐러의 입장과 아무런 차이가 없어 보일 정도였다.

그렇지만 우리는 여기서 진정 양자 간의 차이가 없었는지를 질문해야만 한다. 내 판단으로는, 차이가 존재하지 않는 것이 아니라 그 차이가 아직은 드러나지 않았을 뿐이다. 칭의 자체를 이해하는 데에는 웨슬리와 루터의 배경을 가진 뵐러의 입장에는 큰 차이가 발견되지 않는다. 둘 다 칭의란 오직

---

90) Moravian Archives, *World Parish*, vol.2, p. 8.
91) *Journals*, May 10, 1738.
92) *Ibid*.

믿음으로 말미암는다고 생각한다. 그러나 그들이 말하는 칭의에 대해 좀 더 자세히 들여다보면 둘 사이에는 이 시기에 중요한 차이를 내포한다.

첫째, 웨슬리의 칭의와 그 확신의 문제다. 칭의의 믿음을 가진다는 것과 이를 확증하는 것이 동시에 이루어지는가, 혹은 그렇지 않은가? 뵐러의 경우 이 둘을 동시적 사건으로 이해한 것 같다. 그러나 웨슬리의 경우 이 문제에 대한 확고한 인식을 아직은 확립하지 않았다. 웨슬리에게 이 문제는 앞으로 논의할 칭의와 거듭남의 관계로 확대되어 가는데, 적어도 1738년 6월 모라비안 본부가 있던 헤른후트를 방문할 때까지도 이에 대한 웨슬리의 확정된 입장은 없었던 것 같다.

둘째, 칭의와 성화의 내적 연관성을 설명하는 문제다. 이 문제에 대해 웨슬리는 처음에는 뵐러와 어떤 차이도 없다고 판단했다. 그러나 이 또한 양자 간에 뚜렷한 차이를 가져오는 중요한 주제였다. 앞으로 더 구체적으로 설명하겠지만 웨슬리의 디비니티에서 칭의와 성화는 각각 고유 영역을 갖는 중요한 초점이며 그 둘 사이의 내적 연관성을 '거듭남'이라는 다리를 활용해 설명하지만, 루터의 구원론은 칭의라는 초점 안에 성화라는 초점을 포함해 버리는 양상을 띤다. 다시 말해 웨슬리의 디비니티는 칭의와 거듭남 그리고 성화를 거쳐 완전을 향해 나아가는 전체 과정 자체이지만 루터의 구원, 특히 모라비안의 구원은 칭의만이 구원의 처음이고 끝인 반면 성화는 그 칭의라는 초점 속에 묻혀 있는 그런 양상을 띠게 된다.[93]

모라비안들이 웨슬리가 그동안 간과했던 너무나 중요한 문제, 곧 '오직 믿음으로 말미암은 구원'이라는 주제를 깊이 숙고하게 하는 데 큰 동기를 부여

---

93) 칭의와 성화 양자 간 관계에 대한 웨슬리와 루터의 입장 차이를 그림으로 묘사하면, 웨슬리는 두 개의 초점을 지닌 타원이며, 루터는 두 개의 초점을 지닌 원이라고 할 수 있다. 웨슬리에게 칭의와 성화는 서로 다른 별개의 초점이고 다른 두 개의 영역이며 디비니티 전체를 떠받드는 두 축이다. 그러나 루터의 경우는 두 초점을 가진 하나의 원과 같다. 여기서 우리는 이런 도형은 존재하지 않는다는 것을 안다. 원은 하나의 초점만 가지기 때문이다. 그러나 루터는 칭의라는 초점 안에 성화라는 초점을 포함시켜 버린 그런 원을 그려 낸다. 이 때문에 루터에게는 성화론이 별도로 드러나지 않고 늘 칭의 안에서 논의된다. 이에 대한 상세한 논의는 나의 박사학위 논문, "A Review of Luther's Doctrine of Justification by Faith Alone from a Taoist Perspective" (The University of Birmingham. Ph.D., 2004) pp. 275~278 참조.

했다는 점에서 웨슬리는 모라비안들에게 커다란 빚을 졌다. 그렇다고 웨슬리가 자신이 걸어온 디비니티의 여정을 내팽개치고 한 사람의 모라비안이 되진 않았다. 물론 잠깐 그런 경향을 보이기도 했지만 이내 모라비안들의 헌신적인 도움으로 깨닫게 된 칭의의 믿음을 자신의 디비니티 안에서 재해석하고 재설정하면서 자신의 길을 걸어 나갔다. 우리는 이러한 웨슬리의 발자취를 그의 회심 체험으로 알려진 올더스게이트 체험과 그 이후 행적을 통해 살펴볼 것이다.

2) 디비니티의 완성

웨슬리는 1738년 5월 24일 밤 8시 45분경에 했던 체험을 생생하게 기록하고 있다.

"이날 저녁 나는 별로 내키지 않은 채로 올더스게이트 거리에 위치한 한 경건모임에 참석했다. 그곳에서 사람들은 루터의 로마서 서문을 읽고 있었다. 저녁 8시 45분쯤 되었을까. 그 모임의 리더가 그리스도를 믿음으로 일어나는 마음의 변화를 설명하는데, 이상하게도 나의 심령 깊은 곳에서 뜨거워짐을 느꼈다. 나는 그 순간 그리스도만을 나의 구주로 신뢰하게 되었고 그리스도가 나의 죄를 사하시고 죄와 사망의 법에서 구원했다는 확신을 가지게 되었다."[94]

너무도 잘 알려진 이 웨슬리의 체험에 대한 논의는 다양하게 전개되었다.[95] 어떤 이들은 웨슬리의 신앙 발전에서 이 체험의 역할을 너무 과대평가해서는 안 된다고 주장한다. 아마도 프랑스 신학자 삐예뜨(Maximin Piette)가 이런 주장을 가장 극단적으로 밀고 나가지 싶다. 삐예뜨에 따르면, 웨슬리는

---

94) *Journals*, May 24, 1738.
95) 웨슬리의 올더스게이트 체험에 관한 다양한 의견과 그 해석에 관해서는 Maddox, "Reading Wesley as a Theologian," *Wesleyan Theological Journal* 30.1 (1995) pp. 7~54 참조. 여기서 매덕스는 웨슬리 종교 체험에 관한 연구의 핵심 논제들을 잘 정리해 준다.

이 사건을 대수롭지 않게 여겼다. 그래서 자신의 체험에 대해 시종 침묵을 지켰을 뿐 아니라 결국은 아주 잊게 되었다고 한다. 삐예뜨는 여기서 한 걸음 더 나아가 메도디스트 교회의 정체성을 지키려는 사람들이 웨슬리가 그다지 중요하게 취급하지 않았던 회심 사건을 과대 포장했다고 주장한다.[96]

어떤 이들은 이 체험이야말로 이전의 웨슬리와 이후의 웨슬리를 구분 짓는 분수령이라고 주장한다. 셀(G. C. Cell)은 이 주장의 첨병에 선 학자다. 삐예뜨의 비판을 주지주의적이고 인본주의적인 태도라 일축하면서 웨슬리의 올더스게이트 체험이야말로, 이른바 '믿음으로 말미암은 구원'의 길로 들어선 '복음주의적 회심'으로 평가한다.[97] 셀에 따르면, 이 사건을 통해 웨슬리는 이전의 신앙 관점과는 완전히 다른 새로운 관점을 갖게 되었으며, 율법적 신앙에서 복음적 신앙으로, 경건의 모습만 있는 신앙에서 성령의 능력을 덧입는 신앙으로 드라마틱한 전이(轉移)가 이루어졌다. 그는 다음과 같은 결론을 내린다.

"1738년 5월 24일에 루터와 칼빈의 신앙 노선으로 복귀, 즉 예수 그리스도를 믿음으로 죄 사함을 받았다는 도리로 복귀하고 이를 경험함으로써, 그에게는 놀라운 성령의 능력이 함께 뒤따랐다."[98]

내 견해로는 이 두 가지 평가들 모두 지나친 감이 있다. 우선, 삐예뜨에 대한 셀의 비판은 타당하다고 본다. 삐예뜨는 주지주의적이고 인본주의적 관점으로 웨슬리의 신앙 경험을 덧씌움으로써, 올더스게이트 체험을 쉽게 간과해 버렸다. 그러나 셀의 해석에도 나는 전적으로 동의하기 어렵다. 웨슬리의 신앙 경험이 웨슬리 신앙의 성숙 과정에 나타난 하나의 귀중한 체험이기는 하

---

96) George Croft Cell, *The Rediscovery of John Wesley*, 「존 웨슬리의 재발견」 송홍국 역 (서울: 대한기독교출판사, 1988년판) p. 117.
97) Cell, 「존 웨슬리의 재발견」 p. 114.
98) Cell, 「존 웨슬리의 재발견」 p. 121. 이런 셀의 관점은 한국에서 웨슬리 학자들에게 널리 받아들여진 것 같다.

지만, 이를 두고 웨슬리가 이전에 추구해 왔던 것을 전적으로 전복해 버린 사건이라고 말한다든지, 웨슬리와 이후의 웨슬리를 뚜렷하게 구분 짓는 하나의 계기로 확대 해석하는 데는 동의하지 않는다. 웨슬리의 신앙 발전은 그렇게 5월 24일 8시 45분이라는 한 시점에 이루어진 '순간'의 사건이 아니다. '거룩한 삶을 통한 구원'에서 '믿음으로 말미암은 구원'으로의 인식 변화는 이미 조지아 시절부터 발아되었고, 그 이후 삶의 여정을 통해 지속적으로 성장하고 있었다.

우리는 무의식적으로 웨슬리의 올더스게이트 경험을 '회심'(conversion)이라고 부른다. 과연 이 말이 타당한가? 많은 웨슬리 학자들은 웨슬리의 올더스게이트 체험을 이전의 삶을 완전히 폐기해 버리고 새로운 삶을 살게 된 전환점으로 이해한다. 말하자면 삶의 방향을 바꾼 '회심'인 셈이다. 그러나 우리가 웨슬리 삶의 궤적을 자세히 들여다보면 이 올더스게이트 체험이 그 이전의 삶에서부터 그 이후의 삶을 단절시켰다고 볼 수 있는 아무런 근거가 없다. 웨슬리의 삶은 그 이전에도 그 이후로도 하나님 나라를 향한 삶이었다.

이 때문에 셀을 비롯한 일부 웨슬리 학자들은 웨슬리의 회심을 삶의 회심이 아닌 '복음적 회심'(evangelical conversion)이라 이름 붙이기도 한다. 김진두 교수는 웨슬리의 회심을 "집을 나간 둘째 아들, 곧 탕자의 회심"과는 다른 "성자의 회심"이라 한다. 이는 웨슬리의 회심을 부흥사들이 많이 애용해 왔던 어떤 죄 많은 인간이 변화하여 훌륭한 복음전도자가 되었다는 식의, 이전 삶과 이후 삶이 180도 확 바뀐 삶의 회심과는 다른, "인간이 행위의 노력으로 구원을 추구하던 길에서 하나님의 전적인 은총으로 구원을 얻는 은혜의 복음으로 돌아온 복음주의적 회심", 즉 내적 회심으로 이해하고 있음을 의미한다.[99]

그러나 웨슬리의 올더스게이트 체험을 어떤 형태의 '회심'으로 부르든 이를 회심으로 이해하는 한, 그 이전 삶과 그 이후 삶 사이에 단절이 있다는 사

---

99) 김진두, 「존 웨슬리의 생애」 p. 171.

실을 전제하는 것이다. 사실 이 문제는 웨슬리가 고민한 문제이기도 하다. 그는 모라비안과 교제가 깊어지고 칭의의 믿음에 관한 관심이 고조되어 가면서 하나의 심각한 문제에 직면한다. 바로 자신이 그동안 쉬지 않고 추구해 온 '거룩한 삶', 곧 성화의 삶을 통한 완전으로의 여행과 칭의의 믿음을 어떻게 조화시킬 것인가, 하는 문제였다. 그가 뵐러로부터 '거룩함과 행복'이 '살아 있는 믿음의 열매'라는 설명을 들었을 때 매우 놀라워하며 반가워했고, 곧바로 이 문제를 더 궁구하기 위해 희랍어 성경을 열었다는 것은 그가 당시 이 문제에 얼마나 천착하고 있었는지 말해 주는 대목이다.

웨슬리가 고민했던 것은 바로 칭의와 성화의 문제로 요약할 수 있다. 그는 모라비안들로부터 '오직 믿음을 통해 전가 받는 의'라는 새로운 교리를 배웠다. 이 교리의 핵심은 루터로부터 유래되었는데, 하나님의 의는 전적으로 우리 행위와 관계없는, 낯선 의(alient righteousness)로서 우리가 그리스도를 믿음으로 말미암아 그의 의가 우리에게 전가(imputation)되어 우리가 의롭게 될 수 있다는 내용이다. 여기서 인간은 절대적으로 수동적이 되며, 칭의는 하나님이 능동적으로 베푸시는 은혜의 선물이 된다. 즉 이 전가된 의는 하나님이 인간을 향해 의롭다 선언하시는 '법정적 의'의 성격을 띤다.[100]

웨슬리가 이 같은 칭의의 교리를 접했을 때 즉각 대두되었던 문제가 그동안 그가 추구해 왔던 '완전을 향한 성화의 삶'이었다는 것은 어쩌면 당연한 일이었는지 모른다. 그가 만난 새로운 진리는 오직 믿음을 통해 주어지는 '법정적 의의 선언'이었고 그가 의지해 온 진리는 '성화를 통해 하나님의 의에 이르는 것'이었기 때문이다. 이 둘은 서로 모순적이다. 이 모순에 대해 루터와 모라비안들은 이미 법정적 의의 성취에 무게 중심을 옮기는 쪽으로 그 해결책을 찾았으나, 웨슬리는 이 모순의 상황에서 아직 해결책을 찾지 못했던 것이다. 그러나 이 해결책의 실마리는 웨슬리의 올더스게이트 종교 체험을 통해 발견되었다. 그의 '마음이 뜨거워진 체험'은 바로 웨슬리가 직면한 큰

---

100) 루터의 칭의론에 대해서는 나의 박사학위 논문 "A Review of Luther's Doctrine of Justification by Faith Alone from a Taoist Perspective", pp. 42~76 참조.

난제를 해결하는 하나의 주요 동기가 되었던 것이다.

물론 웨슬리는 올더스게이트 체험 직후에 다른 '회심자'들처럼 새로운 체험을 통해 이전 삶을 전면 부인하는 경향을 보인 것도 사실이다. 체험 후에 그 기쁨을 주체하지 못했던 것 같다. 그는 당시 런던에서 동생 찰스의 친구 제임스 허튼(James Hutton) 집에서 지내고 있었다. 웨슬리는 허튼 부부의 집에 기도회로 모인 이들에게 자신은 "5일 전까지만 해도 그리스도인이 아니었다."고 주장할 정도였다. 이 때문에 허튼 부부는 웨슬리가 미친 열광주의자로 변한 것은 아닌지 의심했고, 매우 걱정스런 어조로 지난 날 웨슬리가 해 온 열심 있는 종교적 실천들을 무시하는지를 그에게 묻기도 했다. 허튼 부인은 웨슬리의 광신주의 행태가 자신의 두 아이들에게 미칠 영향을 염려하며, 이 문제를 해결해 달라고 촉구하는 편지를 웨슬리의 형 사무엘에게 보내기도 했다.[101]

그러나 웨슬리의 이런 태도는 오래가지 않았다. 올더스게이트 체험 이후 웨슬리는 그 체험 직후 가진 기쁨이 '영원하고 굳건한 것'이 아님을 곧 확인했다. 체험 이틀 후에도 '다양한 유혹들'(many temptations)에 직면하여 고통을 당했으며, 나흘 후에는 기쁨의 상실을 맛보았고 6월 6일에는 자신 앞으로 배달된 한 통의 편지로 혼란을 겪어야만 했다. 이 과정에서 웨슬리는 자신이 체험한 구원의 확신이 칭의 사건과 어떤 관계를 가지며 성화의 삶과는 어떻게 연결시킬 수 있는지 전반적인 이해가 필요함을 느끼게 된다. 마침내 그는 이 문제에 대한 해답을 얻기 위해 모라비안 본부를 방문하기로 결심한다.[102]

웨슬리는 올더스게이트 체험을 한 지 약 3주 후에 영국을 떠나 모라비안 본부가 있던 헤른후트로 향한다. 이 과정에서 7월 초 마리엔보른(Marienborn)을 경유하게 되는데, 이곳에서 우연히 모라비안 지도자 진젠돌프를 만나게 된다. 당시 마리엔브른에는 세계 각국에서 이주해 온 약 90명의 모라비안들

101) *Rev. John Wesley, and His Friends, Original Letters*, ed., by J. Priestley (Birmingham: Thomas Pearson) pp. 67~9. June 6, 1738.
102) *Journals*, May 26, 28, June 6, 7, 1738.

이 공동주택을 구해 공동생활을 하고 있었으며,[103] 마침 진젠돌프가 가톨릭 교도들에게 공격의 주요 표적이 되어 은신처를 찾아 이곳에 왔던 것이다. 여기서 두 사람은 칭의를 주요 주제로 대화하게 되는데, 특히 칭의와 그에 대한 확신의 관계에 질문을 집중 제기했다. 웨슬리는 그때 진젠돌프로부터 칭의와 그 확신은 구별되어야 한다는 답을 듣는다.[104] 이러한 진젠돌프의 입장은 슈팡겐베르크나 뵐러 등 다른 모라비안들의 입장과는 달랐다.

이 문제에 대해 더 분명한 답을 원했던 웨슬리에게 헤른후트의 설교자였던 크리스천 데이비드(Christian David)의 설교는 매우 인상 깊었다. 데이비드는 칭의의 은혜는 입었으나 확신이 없는 상태, 그리스도의 보혈의 피는 믿지만 성령의 지속적인 임재를 체험하지 못하는 사람, 곧 거듭남에 이르지 못한 이들을 '약한 믿음'을 가진 사람이라고 정의한다. 여기서 우리는 아직 약하긴 하지만 '믿음'이 있다고 인정한 사실에 유의해야 한다. 웨슬리는 이런 데이비드의 견해를 상당히 수용했던 것 같다. 웨슬리는 데이비드의 설교로부터 칭의의 믿음과 그 확신은 명백히 구분해야 하며, 또 그 확신을 거듭남이라는 사건과 연관 지어 이해함으로써 칭의와 거듭남이 동일한 것이 아닌 내적으로 연결된 다른 두 사건이라는 사실을 배우게 된다.[105]

이 사실은 웨슬리가 자신의 종교 체험을 어떻게 결론적으로 이해했는지 알 수 있는 하나의 실마리다. 우리가 웨슬리의 올더스게이트 체험을 어떻게 이해해야 하는가에 대한 중요한 길잡이이기도 하다.

무엇보다도 웨슬리의 올더스게이트 체험은 '칭의의 사건' 자체가 아닌 '칭의 받았다는 사실에 대한 확신'으로 이해해야 한다. 흥미로운 사실은 웨슬리의 마음이 뜨거워졌던 이 사건과 관련한 그 자신의 기록에서 이미 이런 방향이 암시되어 있다. 그 체험을 하던 날 이렇게 자신의 체험을 표현한다.

---

103) 웨슬리는 이곳의 생활을 목격하며 매우 깊은 감명을 받았던 것 같다. 그는 시편 133편 1절을 인용하며 이렇게 표현한다. "형제가 연합하여 동거함이 어찌 그리 선하고 아름다운고." *Journals*, July 4, 1738.
104) *Journals*, July 7, 1738.
105) *Journals*, August 8, 1738.

"그 순간 그리스도만을 나의 구주로 신뢰하게 되었고 그리스도가 나의 죄를 사하시고 죄와 사망의 법에서 구원했다는 확신을 갖게 되었다."[106]

웨슬리는 자신의 체험을 '구원의 확신'과 관련짓고 있다는 데 우리는 유의해야 한다. 그는 이 체험을 하나님이 비로소 자신을 의롭다고 여기신 사건으로 말하지 않고 구원받은 확신을 갖게 된 사건으로 진술한다. 여기서 우리는 중요한 사실을 발견하게 된다. 웨슬리가 칭의의 믿음을 가진 시기가 5월 24일 당일이 아닌 그 이전으로 거슬러 올라갈 수 있다는 점이다. 웨슬리의 삶의 흔적을 되짚어보면 칭의의 사건은 올더스게이트가 아니라 그 이전부터 시작되었다고 봐야 오히려 더 타당함을 알 수 있다. 그에게 칭의의 '약한 믿음'은 5월 24일 이전부터 시작되었다는 사실은 앞서 우리가 살펴본 바와 같다. 많은 웨슬리 학자들은 그 유명한 올더스게이트 이전의 웨슬리는 칭의의 믿음이 없었다고 주장한다. 그러나 이는 칭의와 구원의 확신 혹은 칭의와 거듭남을 동일하게 보려는 입장에서 주로 제기된 주장임을 고려해야 한다. 다시 말해 루터의 관점을 웨슬리에게 덧씌우려는 지나친 루터 편향적 웨슬리 해석이라 할 수 있다.

그렇다면 우리는 웨슬리의 올더스게이트 체험을 어떻게 이해해야 하는가? 나는 이 체험에 대한 정당한 해석은 '회심'이라는 용어로부터 탈피하는 일에서부터 시작해야 한다고 본다. 회심이라는 말은 '단절'을 전제로 한다. 이전 삶과 이후 삶을 끊어 내는 단어가 바로 회심이다. 그러나 웨슬리의 종교 체험은 단절이 아니다. 칭의의 사건과 칭의의 확신, 거룩함의 삶 전체가 한순간의 경험 안에서 단번에 완성되는 그런 사태를 말하는 것이 아니다. 이는 지나친 루터적 해석이다. 웨슬리가 추구했던 디비니티는 이와는 방향이 다르다.

웨슬리의 종교 체험은 칭의의 사건이 아니라 칭의 받았다는 사실에 대해 마침내 확신을 한 경험이다. 웨슬리는 이를 '거듭남'이라 부른다. 거듭남은

---

106) *Journals*, May 24, 1738.

칭의의 내용이다. 칭의는 법정 용어지만 그것이 내적으로 현실화된 사건이 바로 거듭남이다. 웨슬리는 시간이 지난 후에 칭의의 믿음과 거듭남의 관계에 대해 명료하게 진술하는데, 요약하면 다음과 같다. 칭의의 믿음을 소유한 이들에게는 뚜렷한 변화가 나타나는데, 외적으로는 '하나님께로 나게 되는 것'이고 내적으로는 하나님의 전능하신 능력으로 '세상적이며 감각적인 마귀의 마음'에서 '그리스도의 마음'으로 바뀌게 된다. 전자가 칭의라고 한다면 후자는 거듭남이다.107) 칭의는 말 그대로 하나님으로부터 의롭다 함을 입는 것, 즉 과거나 현재의 모든 죄로부터 용서함을 받는 것을 의미한다. 이는 곧 죄책과 그 두려움(죄의 종으로서)으로부터의 구원이다.108) 이렇게 믿음을 통해 의롭다 함을 입은 이는 내면적으로 거듭난 자다. 이처럼 웨슬리에게 칭의와 거듭남은 동전의 양면과도 같다. 이 둘 사이에는 순서가 없지만 논리적으로는 칭의가 먼저 이루어지고 거듭남이 뒤따른다. 이 양자 관계를 웨슬리는 '성경적 구원의 길'(The Scripture Way of Salvation)이란 설교에서 이렇게 정리한다.

"우리가 칭의를 입는 순간에 성화는 시작된다. 그 순간 우리는 거듭난다. 위로부터 성령으로 나는 것이다. 여기에는 실질적인 변화와 상대적인 변화가 있다. 우리는 하나님의 능력으로 말미암아 내적으로 새로워지는 것이다."109)

웨슬리에게 칭의의 믿음을 통해 영혼에 일어나는 칭의와 거듭남의 사건은 어린아이의 탄생에 비유할 수 있다. 죄와 죽음에서 의의 생명으로, '외적으로' 그리고 '실제적으로' 옮겨지는 이 사건은 한순간에 일어날 수 있지만 그 자리에서 종결될 수는 없다. '칭의의 믿음'을 소유한 자라 할지라도 어린아이로 머무는 한 많은 '의심과 공포'가 뒤따른다.110) 그 믿음에서 떠나 다시금 죄의 종으로 전락할 위험 또한 항상 존재한다. 그러기에 칭의의 믿음으로 거듭

---

107) *Sermons*, On the Discoveries of Faith, 14.
108) *Sermons*, Salvation of Faith, II. 1~6.
109) *Sermons*, The Scripture Way of Salvation, I. 4.
110) *Sermons*, On the Discoveries of Faith, 15.

난 삶은 굳건히 성장해 나가야 한다. 웨슬리는 이를 '성화'라 부른다. 웨슬리에 따르면, 어린아이의 연약한 믿음으로는 이 성화를 가능하게 할 수 없다. 이 믿음으로 갓 태어난 어린아이는 지속해서 성장해야 하는데, 이렇게 성장해 나가는 과정이 성화이다.

말하자면 거듭남은 칭의와 성화 이 두 축을 연결하는 중요한 내적 연결고리인 셈이다. 이 점은 웨슬리의 디비니티 전체에서 올더스게이트 체험이 매우 중요한 의미를 갖는 것을 의미한다. 이는 그 체험이 웨슬리의 체험 이전의 것들을 전적으로 폐기해 버리고 새로운 삶을 살게 되었다는 '회심'의 관점이 아니라, 성화를 향한 이전의 삶과 칭의의 믿음 사이에 필연적으로 놓이게 될 간격을, 두 다른 축 사이의 긴장을 충분히 고려한 뒤에 종합을 이루어 낸다는 의미에서 변증법적으로 연결하는 '거듭남'으로 해석될 수 있다는 말이다. 즉 웨슬리의 올더스게이트는 칭의와 성화, 더 나아가서는 칭의와 성화, 완전에 이르는 웨슬리의 전체 디비니티 과정을 하나의 내적 흐름으로 통합 연결시킨 거듭남의 사건이며, 이 사건을 통해 웨슬리는 그동안 파편적으로 이해하고 추구해 왔던 디비니티를 하나의 전체 그림으로 이해할 수 있는 계기를 맞이했던 것이다.

웨슬리는 올더스게이트 체험을 통해 자신이 걸어오면서 형성한 디비니티의 퍼즐 조각들이 갖는 각각의 의미들을 이해하게 되었다. 그 모든 것들을 포괄적이고 전체적인 시각에서 바라볼 수 있게 되었으며 그 역동적인 내적 연관성을 해석할 수 있는 시각을 갖게 되었다. 이제 통합적이고 유기적인 관점에서 하늘 가는 길의 지도를 그려 낼 수 있게 된 셈이다. 이런 관점에서 웨슬리를 이해할 때, 우리는 그가 왜 올더스게이트 체험을 다른 사건들에 비해 우월하거나 특별한 것으로 삼지 않았는지 이해할 수 있다. 셀은 그 이유를 예수가 메시아였던 사실을 감춘 것과, 바울이 자신의 신앙 체험을 자주 언급하지 않은 것과 동일하게 보지만[111] 이는 지나친 비약이다. 웨슬리의 종교 체험을 예수의 메시아적 신비에 비교하는 것도 무리지만, 바울의 종교 체험에 관한

---

111) Cell, 「존 웨슬리의 재발견」 pp. 118~119.

자기 인식과도 거리가 있기 때문이다. 바울의 저작물은 그 수나 분량이 매우 제한적이었음에도 사도행전에 반복해서 명확히 언급한 데에 비해, 웨슬리는 상당한 분량의 저작물을 통해서도 거의 언급하지 않았다는 사실만 보더라도 셸의 주장은 억측에 가깝다. 김진두 교수는 웨슬리의 침묵을 "회심 체험이 중요하지 않아서가 아니라 겸손함" 때문이라고 말한다. 내가 보기에는 이 또한 웨슬리를 '성인'의 반열에서 바라보고 싶은 데서 나온 결론으로 보인다.[112] 웨슬리에게 올더스게이트 체험은 디비니티 전체 가운데 하나의 중요한 요소로서 전체 디비니티와 관련할 때에만 그 진정한 의미가 드러나기에 독자적으로 부각시킬 이유가 없었다. 그 거듭남의 체험은 분명 전체 디비니티의 핵심 요소 중 하나다. 무시하거나 축소되어서는 안 될 소중한 경험인 것이다. 그러나 이를 마치 극적인 신앙의 변화를 산출해 내는 어떤 계기로 과대 해석하는 일을 웨슬리는 경계했을 것이다. 이 같은 접근은 자칫 특정한 한순간에만 집중함으로써 디비니티 전체의 역동적인 내적 연관성을 무시해 버리는 부작용을 만들어 낸다. 이는 웨슬리가 즐겨 사용한 인간의 몸의 성장을 상상하면 이해가 쉽게 될 것이다. 한 인간이 어린아이에서 어른으로 성장해 갈 때 그 과정에는 여러 가지 신체의 변화가 일어난다. 그 신체의 변화들은 인간의 성장에서 자연스럽고 필연적이며 결코 무시해서는 안 될 소중한 것들이다. 그러나 이런 변화 중 하나가 마치 몸의 성장을 야기하는 것처럼 주장한다면 이는 분명 다른 부작용을 불러일으킬 것이다.

결론적으로 웨슬리의 올더스게이트 체험은 웨슬리의 디비니티 발전에 매우 중요한 역할을 한 것으로 보인다. 그는 이 체험을 통해 칭의의 믿음이 어떻게 성화의 삶으로 연결되는가를 알게 되었고, 이렇게 시작된 성화의 삶이 어떻게 완전한 삶으로 성장해 가는가를 알게 되었다. 이제 웨슬리는 '칭의-성화-완전'으로 이어지는 디비니티의 전체 지도, 즉 하늘 가는 길의 내비게이션을 준비할 수 있게 된 것이다.

---

112) 김진두, 「존 웨슬리의 생애」 p. 158.

디비니티 실험: 올더스게이트 그 이후

　앞서 말한 대로 웨슬리는 올더스게이트 체험을 거치며 마침내 디비니티의 전체 그림, 곧 하늘 가는 길을 안내할 내비게이션을 마련했다. 그러나 이 디비니티는 아직 작동해 보지 않은 새로 나온 내비게이션과 같았다. 이것이 과연 어떻게 기능하는지, 또 어떤 결과를 산출해 낼 수 있는지 아직은 경험해 보지 않은 미지의 신제품이었다. 웨슬리에게 올더스게이트에서의 거듭남의 체험 이후 수년간은 바로 이 신제품 사용법에 익숙해지기 위해 꼭 필요한 기간이라 할 수 있다. 아우틀러가 올더스게이트 이후 몇 년간, 특히 1738년 후반기와 브리스톨 옥외 집회가 본격화된 1739년 상반기 기간을 웨슬리의 신학적 관점이 완성된 시기요 그의 영성이 평형(equilibrium)을 이룬 시기라고 평가한 바와 같이,[113] 이 시기가 웨슬리에게는 이제 갓 손에 쥔 디비니티가 실제 어떻게 실현되는지에 대한 포괄적 이해를 완성하고 그 구체적인 작동법에 익숙하게 되는 기간이라고 볼 수 있다.

　웨슬리는 올더스게이트 체험 이후 하나의 중대한 문제에 봉착한다. 바로 칭의-거듭남-성화-완전에 이르는 디비니티 전체 과정이 구체적으로 어떤 경로를 통해 상호 관련되며 실제화되는가 하는 문제였다. 즉 디비니티의 실현을 가능하게 하는 근원적인 힘에 관한 문제로 요약된다. 이에 대해 웨슬리의 올더스게이트 체험은 어느 정도 실마리를 제공하기는 했다. 그러나 올더스게이트 체험에도 불구하고 자신의 디비니티 전체가 어떻게 실현될 수 있는지 그 명확한 답을 알지는 못했다는 사실이 올더스게이트 이후에 간헐적으로

---

113) Outler(ed.), *John Wesley*, pp. 16~17.

등장하는 웨슬리의 방황과 절망의 시간을 통해 드러난다.[114] 웨슬리는 시간이 흐름에 따라 이런 불확실성으로부터 벗어나 점차 안정되어 가는데, 이는 그의 디비니티에서 성령의 역할에 대한 인식의 폭이 결정적으로 확대되어 가는 것과 매우 밀접한 관련이 있다.

스타키(Starkey)의 언급처럼, 웨슬리의 성령에 대한 이해는 그의 신앙 체험에 따라 성장해 갔다.[115] 웨슬리의 성령에 관한 인식은 이미 동방 교부들로부터 많은 영향을 받아 왔는데, 특히 마카리우스와 사이러스(Ephrem Syrus)가 그러했다. 웨슬리는 이들로부터 성령의 인격성과 실제적 사역을 배웠다.[116] 웨슬리의 성령에 대한 진전된 이해는 1733년의 설교, '마음의 할례'에서 나타난다. 이 설교에서 이전의 어떤 설교에서보다도 성령에 관해 더 많이 언급한다. "성령이 아니면 죄에 죄를 더할 뿐"이라고 진술할 뿐 아니라 "성령이 아니면 우리가 의에 이르지도, 거룩한 삶에 이르지도 못한다."는 사실을 강조한다.[117] 즉 웨슬리는 비교적 일찍부터 죄를 극복하고 거룩한 삶을 살아가는 데 성령의 역할이 중요함을 인식했던 셈이다. 그러나 그럼에도 아직 성령에 대한 전체적이고 포괄적인 이해에 이르지는 못한 것으로 보인다.

그러나 이보다 약간 늦은 시기에 웨슬리에게 주목할 만한 성령 이해가 나타나는데, 특히 웨슬리의 몇몇 설교에서 구원의 순서(*ordo salutis*, 오도 살루티스)에 있어 성령의 역할을 인식하기 시작했음을 보여 주는 언급들이 발견된다. 웨슬리가 처음엔 '어떻게 우리가 하늘에 이르는가'에 관심을 집중했다면(디비니티의 내용) 모라비안과 교제를 통해 성령에 대한 이해가 깊어지자 '어떻게 실제로 그런 일이 일어날 수 있는가'(디비니티의 실천) 하는 문제로 관심이

---

114) 그의 일기를 검토하면 이런 기간이 1739년 3월까지 반복되고 있음을 알 수 있다.
115) Lycurgus M. Starkey, *The Work of the Holy Spirit: A Study in Wesleyan Theology* (Nashville: Abingdon Press, 1962) p. 15
116) 이 두 사람의 성령 이해에 관해서는 버제스(Stanley M. Burgess)의 *The Holy Spirit: Eastern Christian Traditions* (Peabody: Hendrickson Publishers, 1989) 참조. 특히 15장과 21장 참조.
117) *Sermons*, The Circumcision of the Heart, II. 4, 5.

확대되어 나간 것이다.[118]

모라비안의 성령 이해 또한 웨슬리에게 강한 영향을 끼쳤다. 맥고니글 (Herbert McGonigle)의 주장처럼, 모라비안의 영향은 웨슬리에게 절대적이었으며 성령의 역할에 대한 이해도 마찬가지였다.[119] 실제로 1738년 4월 2일부터 5월 24일에 이르는 웨슬리의 일기에는, 성령의 내적 증거로 이루어지는 칭의와 그 확신에 대한 모라비안 목사 뵐러의 가르침이 웨슬리에게 얼마나 큰 영향을 끼치고 있는지 잘 나타나 있다. 웨슬리가 모라비안의 길에서 이탈해 독자적인 길로 나아가게 된 이후에도 이 같은 성령 이해는 변치 않고 지속되었다.[120] 예를 들어 올더스게이트 체험 이후 한 달이 채 못 돼 옥스퍼드 대학에서 '믿음으로 말미암은 구원'(Salvation by Faith)이라는 제목으로 설교를 하게 된다. 이 설교는 구원의 문제에서 성령의 역할을 처음 조직적으로 다룬 설교로 평가되는데, 칭의와 거듭남의 문제에서 성령의 주도적 역할을 강조한다. 웨슬리에 따르면, 성령의 인도하심으로 그리스도를 통해 베푸신 하나님의 은혜로 말미암아 우리가 믿음으로 의롭다 함을 입게 되며, 우리가 하나님의 자녀인 것을 우리 영과 더불어 증거하신다.[121]

그럼에도 1725년에서 1738년까지는 웨슬리의 성령 이해가 씨를 뿌리고 갓 싹이 튼 정도의 초기 단계였다. 그러다 올더스게이트 체험을 통해 웨슬리는 성령에 대한 보다 차원 높은 단계의 이해를 갖게 된다. 아우틀러가 지적했듯이 올더스게이트 체험은 웨슬리가 깊은 성령 이해를 갖게 된 사건이었다.[122] 라리 우드(Larry W. Wood)는 올더스게이트 체험을 웨슬리가 자신의 신

---

118) *Sermons*, The Circumcision of the Heart (1733); A Single Intention (1736); And on Love (1737). Richard P. Heitzenrater, "Great Expectations: Aldersgate and the Evidences of Genuine Christianity", *Aldersgate Reconsidered*, ed., by Randy Maddox (Nashville: Kingswood Books, 1990). p. 52.

119) Herbert McGonigle, *John Wesley and the Moravians* (England: The Wesley Fellowship, 1993)

120) 특히 웨슬리의 설교 '성령의 증거 I'(The Witness of the Spirit) (1746), '성령의 증거 II'(The Witness of the Spirit II) (1767), '우리 자신의 영의 증거' (The Witness of Our Own Spirit) (1746)에 이 같은 이해가 집중적으로 나타난다.

121) *Sermons*, Salvation by Faith.

122) 이에 대한 더 깊은 논의는 Outler의 논문 "A Focus on the Holy Spirit: Spirit and Spirituality in John Wesley", *Quarterly Review* (1988) 참조.

학을 성령 중심의 신학으로 옮겨 간 사건이라고 이해한다.[123] 하이젠레이터는 이 사건 이후로 웨슬리에게 성령이란 진정한 그리스도인의 기준을 결정하는 중심 기준이 되었다고 강조한다.[124]

1738년 5월 24일 올더스게이트 체험 이후 웨슬리의 성령 이해는 성령의 내적 사역(구원의 내용: 칭의와 거듭남)에서 그 외적 사역(구원의 열매: 성화와 완전)을 포괄하는 통합 구조로 확대 발전하는 뚜렷한 변화를 가져왔다. 물론 이런 변화는 어느 날 한순간에 이루어진 것이 아니라 올더스게이트 이후 수년간에 걸쳐 점차로 성숙되어 갔다. 그 성숙의 과정에는 다음과 같은 몇몇 중요한 계기들이 있었다.

1) 조나단 에드워즈와의 만남

1738년 후반기에 접어들면서 웨슬리는 믿음에는 여러 단계들이 있고 구원의 확신도 의심과 두려움으로 뒤섞여 여러 차이를 만들어 낼 수 있음을 확실히 인지했다.[125] 믿음의 전적인 확신이 거듭남을 위해 꼭 전제되어야 하는 것은 아니지만, '적절한 믿음'(a measure of faith)은 그리스도를 통한 화해를 위해서는 필요하다고 그는 보았다.[126] 어떤 그리스도인이 성령의 증거를 받고 싶어 할 수는 있지만, 그것이 그 사람이 거듭났음을 입증하는 증거 자체는 아닌 것이다. 웨슬리는 1738년 10월 6일자 일기에서 이렇게 적고 있다.

"나는 아직 성령 안에서 온전한 기쁨이나 '그리스도 안에서 새로운 피조물'이라는 말씀을 전적으로 확신하지는 못하고 있다. 그럼에도 나는 적정한 믿음을

123) Larry W. Wood, *The Meaning of Pentecost in Early Methodism: Rediscovering John Fletcher as Wesley's Vindicator and Designated Successor* (Scarecrow Press, 2003).

124) Richard P. Heitzenrater, "Great Expectations: Aldersgate and the Evidences of Genuine Christianity." p. 90.

125) Kenneth J. Collins, *The Scripture Way of Salvation: The Heart of John Wesley's Theology* (Nashville: Abingdon Press, 1997) pp. 131~152.

126) Heitzenrater, "Great Expectations," p. 71.

가지고 있으며 사랑의 주님 안에서 받아들여졌음을 확신한다."[127]

　같은 해 10월 9일, 웨슬리는 런던에서 출발해 옥스퍼드를 향하는데, 이때 뉴잉글랜드의 도시 노스햄턴(Northhampton)에서 있었던 회심자들에 관한 책을 읽게 된다. 웨슬리는 이 책을 읽고 난 후 "주님이 하신 일이며 참으로 기이한 일들이었다."고 소감을 밝힌다.[128] 그렇다면 웨슬리가 읽었다는 이 책은 무엇인가? 바로 1730년대 중반 미국에서 강력한 부흥운동을 이끌었던 조나단 에드워즈(Jonathan Edwards)의 「뉴잉글랜드 노스햄턴 지역에서 일어났던 수백 명 회심 사건에 담긴 하나님의 놀라운 역사에 대한 진실한 이야기」(A Faithful Narrative of the Surprising Work of God in the Conversion of Many Hundreds Souls in Northhampton in New England)라는 긴 이름의 책자(세 번째 판)였다. 웨슬리의 에드워즈에 대한 관심은 이후에도 계속되었다. 「성령 사역의 특징적 표지들」(The Distinguishing Marks of a Work of the Spirit of God), 「종교적 정감에 관한 소논문」(A Treatise Concerning the Religious Affections) 등 에드워즈의 주요 저작물들을 읽었고, 그 내용들을 발췌 가공해 메도디스트들에게 읽히기 위해 출판하기도 했다.[129] 물론 에드워즈의 전체 사상을 무비판적으로 수용한 것은 아니다. 아우틀러가 지적했듯이, 그는 에드워즈의 사상으로부터 '고(高) 칼빈주의'(high Calvinism)의 영향력을 배제하면서 자신의 사상 체계로 수용하려 했다.[130] 다시 말해 인간 의지의 전적인 무력함, 곧 '노예의 지'를 가르치는 고 칼빈주의의 요소를 지극히 경계했으며 심지어는 '치명적

---

127) *Journals,* October 6, 1738.
128) *Journals*, October 9, 1738.
129) 웨슬리가 에드워즈 저작물로부터 발췌 가공 출판한 책들의 주요 목록과 그 연도는 다음과 같다. 연도는 ( )안에 표기. *A Faithful Narrative of the Surprising Work of God in the Conversion of Many Hundreds Souls in Northhampton in New England* (1742년으로 추정); *The Distinguishing Marks of a Work of the Spirit of God* (1744); *Thoughts Concerning the Present Revival in Religion in New England* (1745); *An Extract from a Treatise Concerning the Religious Affections* (1773); *Rev. Ed. Of the Narrative, The Distinguish in Marks, and Thoughts* (1773).
130) Outler, "Introduction," *John Wesley,* pp. 15~16.

제2장 디비니티 시작과 완성

91

인 독'(deadly poison)이라고까지 여겼다.[131]

그러나 분명한 것은 웨슬리가 에드워즈로부터 많은 빚을 졌다는 사실이다. 에드워즈는 웨슬리가 이끈 메도디스트 부흥운동에 하나의 중요한 모델을 제시했을 뿐 아니라[132] 터너(John Munsey Turner)의 지적처럼, 무엇보다도 웨슬리가 '종교 체험의 성질과 그 가치'를 깊이 숙고하도록 했다.[133] 웨슬리는 에드워즈 저작물과 만남을 통해 칭의와 거듭남, 성화와 완전에 이르는 구원의 전 과정에서 일어나는 종교 체험의 의미에 주목하게 되었으며, 이 과정에서 주도적인 역할을 하는 성령에 대한 깊은 성찰의 계기를 맞이했다.[134]

2) 성공회 설교집의 재평가

올더스게이트 이후 웨슬리가 성령의 역할에 대해 더 깊고 폭넓게 이해하도록 만든 또 다른 계기는 성공회 설교집에 대한 재평가다. 1738년 5월 올더스게이트 후반기에 웨슬리와 모라비안의 관계는 더욱더 돈독해졌다. 웨슬리는 6월 중순 런던을 떠나 모라비안 본부를 방문해 모라비안들의 신앙과 삶에 대해 많은 것을 보고 배웠다. 9월 16일 런던으로 돌아온 이후에도 모라비안과 교제는 계속되었는데, 특히 웨슬리의 올더스게이트 체험 이전 5월 1일에 결성된 페터레인(Fetter Lane) 신도회를 중심으로 집중적으로 이루어졌다. 원래 페터레인 신도회는 웨슬리가 머물던 제임스 허튼을 중심으로 구성

---

131) 웨슬리는 자신의 「필연성에 관한 소고」(*Thoughts upon Necessity*)에서 에드워즈의 '자유의지'(Freedom of the Will)에 적극적으로 반대하는 입장을 취한다.

132) 리처드 스틸(Richard Steele)은 웨슬리의 부흥운동이 에드워즈와 진젠돌프, 휫필드 등의 부흥운동 방법들을 종합했다고 평가한다. 그러나 찰스 굿윈(Charles Goodwin)은 웨슬리의 부흥운동은 에드워즈로부터 절대적으로 영향을 받은 것이라고 평가한다. Richard Steele, "John Wesley's Synthesis of the Revival Practices of Edwards, Whitefield, Zinzendorf," *Wesleyan Theological Journal* (Spring 1995) pp. 154~172. 그리고 Charles Goodwin, "John Wesley: Revival and Revivalism, 1736~1768" *Wesleyan Theological Journal* (Spring 1995) pp. 171~191.

133) John Munsey Turner, *John Wesley: The Evangelical Revival and the Rise of Methodism in England* (London: Epworth, 2002) p.12.

134) Heitzenrater, *Mirror and Memory: Reflections on Early Methodism* (Nashville: Abingdon Press, 1989) p.127.

되었는데, 점차 많은 모라비안들과 옥스퍼드 메도디스트 회원들이 합류하여 꽤 규모를 갖추어 가고 있었다. 시작할 당시 지도자는 웨슬리와 모라비안 목사 피터 뵐러였지만 뵐러가 독일로 귀환한 뒤로는 웨슬리가 지도를 도맡아 했다.

그러나 이렇게 외형적으로는 웨슬리와 모라비안 양자 관계가 점점 돈독해져 갔지만 분열의 싹이 그 안에 움트고 있었다. 바로 칭의에 집중된 모라비안의 구원론과 칭의와 성화라는 두 축을 상정하는 웨슬리의 디비니티의 내적 충돌에서 연유한다. 이 충돌은 웨슬리의 올더스게이트 체험을 기점으로 점점 더 심화되어 갔는데, 앞서도 언급했듯이 웨슬리는 자신의 올더스게이트 체험 직후에 이미 이 체험을 칭의 사건으로 규정짓는 모라비안과는 달리 스스로 거듭남으로 이해했으며, 성화의 완성이 아닌 성화를 향한 출발점으로 받아들였던 것이다.

이 같은 입장은 1738년 후반에 들어 더욱 뚜렷해지고 확고해져 갔는데, 조나단 에드워즈의 저작을 통해, 그리고 11월 중순경 성공회 설교집 재숙고 과정에서 더욱 그러했다. 아우틀러는 이 일이 "영국의 종교개혁자들과 동일하다고 자기 스스로 의식한 것"이고 "웨슬리의 신학이 성숙에 이르게 된 것"이며 "일평생 이 같은 신학적 바탕으로 사역에 임한 것"이라고 말할 만큼 의미 있다고 평가한다.[135] 웨슬리는 성공회 설교집을 읽으며 어디에 주안점을 두었을까? 바로 영국 성공회가 과연 "칭의의 문제에 대해 어떤 입장인가" 하는 문제였다.[136] 웨슬리는 이 주제에 집중하며 성공회 설교집을 주의 깊게 읽었다. 이때 그가 참조했던 책자는 1683년 옥스퍼드에서 출판되었고 36쪽으로 이루어진 「교회에서 읽도록 지정된 확실한 설교들」(*Certain Sermons or Homilies, Appointed to Be Read in Churches*)이다.

웨슬리는 이 책자를 면밀히 살펴보고 칭의에 대해 나름대로 해답을 찾았다. 자신이 찾은 해답을 다른 이들과 공유해야 한다고 판단하여 이 책자에서

---

135) Outler(ed.), "Introduction," *John Wesley*, pp. 15~16.
136) *Journals*, November 12, 1738.

중요 설교들을 발췌 축약해 12쪽으로 이루어진 작은 책자를 만들었다. 바로 1738년 출판한 「구원과 믿음, 그리고 선행의 교리: 영국 성공회 설교집으로부터 발췌 정리」(The Doctrine of Salvation, Faith, and Good Works: Extracted from the Homilies of the Church of England)이다. 웨슬리가 이 발췌 재편집 과정에서 집중했던 설교들은 헨리 8세와 에드워드 6세가 통치하던 시기의 캔터베리 대주교였던 크랜머(Thomas Cranmer)의 설교였다. 크랜머는 개신교와 가톨릭 양자 모두에 열린 마음의 소유자였고 포용적인 가톨릭 복음주의자였으며 대중 친화적인 신학자(folk theologian)였다.[137]

이 웨슬리의 소책자에서 그는 참된 진리를 알기 위해서는 성경을 진지하게 탐구해야만 한다고 전제함으로써, 그의 진술이 성경적 근거로부터 출발하고 있음을 먼저 상기시킨다.[138] 또한 성경이 증거하는 가장 중요한 진리 가운데 하나가 바로 "주 예수 그리스도를 믿음으로만 의에 이를 수 있다"는 전형적인 '이신칭의'의 가르침임을 강조한다.[139] 우리가 살펴보았듯이 이 점에서는 루터나 칼빈, 모라비안과 그 어떤 차이도 드러나지 않는다. 그러나 웨슬리의 소책자의 다른 부분, 특히 '진정한 기독교 신앙'(Of True Christian Faith)이라는 설교에서는 이 이신칭의의 진리가 참된 진리가 되려면 그에 합당한 열매, 곧 거룩한 삶으로 입증되어야만 한다고 명백한 어조로 말한다. 만일 믿음이 사랑으로 역사하지 않는다면 그것은 '죽은'(dead) 믿음에 불과할 뿐이다.

"살아 있는 기독교 신앙은 말과 혀로만 하는 것이 아니라 우리의 심령 안에서 실현되어야 한다."[140]

여기서 우리는 웨슬리가 진정한 구원이란 칭의와 성화 이 둘 중 어느 하나

---

137) Outler(ed.), "Doctrinal Summaries," *John Wesley*, p. 122.
138) Wesley, "To the Reader: The Doctrine of Salvation, Faith, and Good Works: Extracted from the Homilies of the Church of England," *John Wesley*, ed., by Outler, p. 123.
139) Wesley, "On the Salvation of Mankind: The Doctrine of Salvation, Faith, and Good Works: Extracted from the Homilies of the Church of England," *John Wesley*, ed., by Outler, pp. 124~129.
140) *Ibid*., p. 130.

도 버리지 않고 다 포함해야 한다는 것을 명백히 하고 있음을 볼 수 있다.

결론적으로 웨슬리는 모라비안과 교제하면서도 한시도 떠나지 않았던 중요한 질문, 곧 칭의와 성화 사이의 관계 설정에 대한 근본적인 답변을 조나단 에드워즈의 저작물과 성공회 설교집의 재숙고를 통해 어느 정도 구체적으로 준비한 셈이다. 그의 마음속에 준비된 답변은 칭의와 성화는 단절되지 않았고, 그 구체적인 내적 관계를 이루어 가는 분은 하나님이시며, 곧 모든 구원의 과정이 성령을 통한 하나님의 은혜로 성취되어 간다는 것이다.

3) 페터레인 성령 체험과 브리스톨 옥외 설교

웨슬리가 칭의와 성화의 내적 관계와 그 관계 형성에서 성령의 주도적인 역할에 대해 보다 폭넓은 이해를 갖게 되었을지라도 이를 실제로 확증하고 견고히 하는 데는 좀 더 많은 시간이 걸렸다.

이런 측면에서 1739년 한 해는 1738년만큼이나 매우 중요한 해였다. 특히 이 시기에 있었던 페터레인 성령 체험 사건과 브리스톨 옥외 설교 사건은 웨슬리의 디비니티가 구체적으로 어떻게 실제화될 수 있는지에 대한 이해를 확고히 가다듬는 계기가 되었다.

1739년 1월 1일 월요일, 웨슬리 형제는 휫필드와 잉함, 킨친과 허칭스 등 옥스퍼드 메도디스트 회원들과 함께 런던의 페터레인 신도회 애찬회(love feast)에 참석했다. 이 자리에는 약 60여 명의 사람들이 모였는데, 이날 성령과의 깊은 교제를 체험한다. 웨슬리는 일기에서 이때 일을 이렇게 적고 있다.

"새벽 3시쯤 되었을까. 우리는 쉬지 않고 기도하고 있었다. 그때 하나님의 능력이 우리 가운데 강하게 역사하셨다. 많은 이들이 넘치는 기쁨으로 외쳤으며 또 다른 많은 이들은 바닥에 엎드렸다. 이러한 전능하신 하나님의 현존을 경외와 놀라움으로 체험한 후 우리는 한목소리로 외쳤다. '오 하나님, 당신을 찬양합니다. 당신이 주님이 되심을 알게 되었습니다.'"141)

흥미롭게도 웨슬리 연구에 탁월한 업적을 남겼던 아우틀러는 이날 사건에 별 관심을 기울이지 않는다. 아마도 1738년 5월의 올더스게이트 사건 이후 이루어진 웨슬리의 신학적 발전 과정에 페터레인 성령 체험 사건이 그다지 영향을 미치지 않았다고 판단했든지, 아니면 웨슬리를 대각성운동이라는 틀 안에서 이해하려 들지 않았기 때문에 아우틀러는 이 사건에 대해 언급을 의도적으로 회피했을 것이다. 그러나 이런 아우틀러 입장과는 달리 이 페터레인 사건이 웨슬리 사역에서 일대 전환점이었다고 보는 이들도 있다. 어떤 사람들은 이 페터레인 체험을 앞으로 있을 영국과 미국 대각성운동들의 출발점으로 인식하기도 한다. 다시 말해 영국 메도디스트 부흥운동과 미국 대각성운동(Great Awakening)은 바로 이 페터레인 체험을 기점으로 이루어졌다고 주장한다.142)

내가 보기에는, 이 양자 모두의 견해는 페터레인 체험을 지나치게 한쪽으로 치우쳐 해석하고 있다. 페터레인 체험은 웨슬리의 사상적 순례 과정에서 분명 의미 있는 사건임에는 틀림없지만 그렇다 해서 웨슬리의 부흥운동을 촉발했던 결정적 사건이라고 결론짓는 것은 아무래도 무리이다. 오히려 이 사건은 그동안 지속적으로 진행되어 온 웨슬리의 사상적 발전 과정이라는 전체 구조 속에서 하나의 상당히 의미 있는 사건으로 바라봐야 한다는 것이 내 입장이다. 즉 그동안 지속적으로 진행되어 온 웨슬리의 성령에 관한 이해, 특히 올더스게이트 체험 이후 본격적으로 형성된 성령에 대한 포괄적 이해, 디비니티의 주체와 근원적인 힘으로서의 성령 이해를 더욱 견고하게 하는 중요한 계기로 보아야 한다.

이 경험이 있고 난 후 바로 사흘 뒤 1739년 1월 4일에 웨슬리가 작성한 일

---

141) *Journals,* January 1, 1739.
142) Tim Dowley(ed.), *Eerdman's Handbook to the History of Christianity* (England: Lion Publishing, 1977) pp. 434, 448.

기는 페터레인에서의 성령 체험이 웨슬리에게 어떤 의미를 가져다주었는지 깊이 들여다볼 수 있는 단서를 제공한다.

"내 친구들은 내가 '나는 일 년 전에는 그리스도인이 아니었다.'라고 주장하기 때문에 나를 미쳤다고 한다. 그렇지만 또다시 '나는 지금 그리스도인이 아니다.' 라고 주장하려고 한다. … 나는 내가 모든 죄로부터 용서함을 받았다는 확신을 가진, 그 은혜의 순간을 충실히 유지하려 했지만, 내가 그동안 해 온 일이 무엇인지 모르겠다. 그렇지만 지금 내가 예수께서 그리스도이시라는 사실을 확실하게 아는 만큼, 내가 그리스도인이 아니라는 사실을 확실히 안다. 그리스도인이라면 사랑과 화평, 희락 등의 성령의 열매들을 소유해야 할 터인데, 나는 이 열매들을 갖고 있지 않기 때문이다."[143]

우리는 웨슬리의 진술에서 두 가지 중요한 사실들을 발견할 수 있다. 첫째, 웨슬리는 이미 칭의에 대한 확신을 갖고 있었다. "나는 내가 모든 죄로부터 용서함을 받았다는 확신을 가진, 그 은혜의 순간을 충실히 유지하려 했다."고 말함으로써 칭의의 확신, 하나님의 자녀가 되었다는 확신의 문제에는 조금도 의심이 없음을 강조한다. 둘째, 그는 페터레인 체험에도 불구하고 아직 성화에서 성령의 역할에 대한 명확한 인식에 이르지 못했다. 일기에서 드러나듯이 웨슬리는 참된 그리스도인이 아니라고 일 년 전(아마도 올더스게이트 체험 직후)에도 주장했다. 페터레인 체험 직후인 지금도 반복해서 언급하는데, 이는 그가 칭의에 대한 확신이 없었음을 의미하는 것이 아니라 참된 그리스도인의 표징으로써 '성령의 열매들', 곧 성화와 완전을 향한 삶이 이루어지지 않았음을 말하는 것으로 이해해야 한다. 요약하자면, 웨슬리는 지속해서 칭의의 확신에 머물지 않고 성화와 완전을 지향하는 삶을 추구했으며, 이러한 삶을 이끌고 완성시킬 성령의 역할에 주목해 왔고, 바로 이 관점에서 올더

---

143) *Journals*, January 4, 1739.

스게이트와 페터레인 체험을 이해하려 했던 것이다.

'그리스도인이 아니다'라는 웨슬리의 고백에서 추론할 수 있듯이, 1739년 초까지도 그는 자신의 디비니티에서 성령의 주도적 역할은 인지하고 있었지만 그에 대한 분명한 확신의 단계에는 아직 이르지 못했던 것으로 보인다. 그러나 이 같은 그의 불충분한 확신은 그가 브리스톨에서 본격적으로 복음을 선포함으로써 점점 개선되어 갔고, 마침내 디비니티의 내용과 그 실천에 대한 흔들리지 않는 확신을 갖게 되었다.

웨슬리는 아직 완전한 확신 가운데 있었던 것은 아니지만 자신이 준비해 온 디비니티를 실천해야 할 단계에 와 있었다. 1738년 3월 이후 칭의의 믿음에 기초해 복음을 선포했던 것이다. 그가 이 같은 설교를 반복하자 성공회는 웨슬리에게 더 이상 강단을 허락하지 않았다. 이제 웨슬리가 복음을 전할 곳은 런던의 몇몇 신도회들과 옥스퍼드의 교인들의 집 정도였다. 이처럼 웨슬리가 제한된 지역과 장소에서 복음을 전했지만 성령께서 함께하심으로 그 영향력은 점차 확대되었다. 1738년 11월 30일 조지 휫필드의 런던 귀환은 이런 웨슬리에게 새로운 전환점을 가져다주었다. 휫필드는 웨일스 지역 대설교가 하웰 해리스(Howell Harris)에게서 '옥외 설교'를 배워 브리스톨과 킹스우드 지역 노동자 광부들에게 전도하기 시작했다. 1739년 2월, 그는 킹스우드(Kingswood) 지방 광부들에게 첫 옥외 설교를 시작했는데, 약 2만 명이 운집할 정도로 상당한 파급효과가 있었다. 이곳은 광산 도시로서 산업혁명 초기 당시 이들은 영국국교회의 관심 밖에 있었다. 휫필드는 영적으로 소외된 이들에게 눈길을 돌려 전도의 성공을 거두었던 것이다. 이후 그는 브리스톨과 킹스우드를 오가며 옥외 설교를 계속했는데, 그 지역 사람들로부터 큰 반응을 얻었고 많은 영혼들을 그리스도께 인도했다. 이런 성공적인 사역의 와중에 미국 조지아로 가게 되었고 거기서도 큰 부흥의 역사를 일궈냈다. 그가 영국에 귀환한 것은 조지아에서 공을 들이던 고아원 설립 모금을 하기 위해서였다. 브리스톨에서 옥외 집회를 다시 시작하자 이전보다 더 많은 사람들이 모여들었고 런던을 비롯한 다른 지역에서 초청이 쇄도했다. 휫필드는 이제 전국적인 설교가로서 브리스톨에만 머물 수가 없었다. 그래서 자신을 대신할, 아니 자신이 뿌린 복음의 씨앗을 싹트게 하고 자라게 할 적임자로 웨슬리를 지목했다. 횟필드는 웨슬리에게 여러 차례 브리스톨로 와 달라고 요청했다. 이에 대한 웨슬리의 반응은 부정적이었다. 3월 15일자 일기를 보면 당시 그의 생각을 알 수 있다.

> "나는 조지 횟필드 씨로부터 그리고 시워드(Seward) 씨로부터 지체 없이 브리스톨로 와 달라는 매우 단호한 어조의 편지를 받았지만 런던을 떠날 생각이 조금도 없었다."[144]

그러나 3월 28일 페터레인 모임에서 웨슬리가 브리스톨로 가야 한다는 최종 결론에 이름으로써, 그리 내키지 않았지만 3월 말 토요일 브리스톨에 도착하게 된다.[145]

웨슬리에게 옥외 설교는 낯설고 거리끼는 것이었다. 횟필드는 이런 웨슬리를 격려하기 위해 옥외 설교 현장을 직접 참관시키기도 했다. 4월 2일 횟필드는 웨슬리 홀로 옥외 설교를 하도록 준비시키고 자신은 브리스톨을 떠났다. 그날 오후 4시경, 웨슬리는 처음으로 약 3천 명의 청중을 앞에 두고 옥외에서 설교를 하게 된다. 이때 그가 택한 본문이 바로 구원에서 성령의 주도적 사역을 말해 주는 이사야서 61장 초반부, 곧 "주 여호와의 영이 내게 내리셨으니 이는 여호와께서 내게 기름을 부으사 가난한 자에게 아름다운 소식을 전하게 하려 하심이라"였다.[146] 이렇게 시작된 웨슬리의 옥외 집회는 이제 거침이 없었다. 마치 강의 범람을 막고 있던 둑이 허물어진 것처럼 웨슬리의 복음 전파 목소리는 브리스톨과 킹스우드 전 지역에 울려 퍼졌고, 몇 년이 채 안 되어 영국 전역에 퍼져 울렸다.

---

144) *Journals*, March 15, 1739.
145) *Journals*, March 28, 31, 1739.
146) *Journals*, April 2, 1739.

옥외 설교가 본격화된 이후 웨슬리의 디비니티에 대한 이해는 매우 성숙한 단계로 접어든다. 성령의 사역에 대한 그의 관심은 성령의 내적 사역들, 곧 칭의와 그 확신, 거듭남은 물론이고 그 성화와 완전에 이르는 외적 사역들 전체를 포괄한다. 하이젠레이터가 지적하듯이, 이 시기에 웨슬리는 조나단 에드워즈 저작품들과의 만남 이후 두드러진, 디비니티의 근원적인 힘으로서 성령의 역할을 더욱 현실적으로 받아들이게 되었다.[147]

그런데 이런 웨슬리의 디비니티가 구체화되고 성숙되어 가면서 예기치 않았던 새로운 도전이 기다리고 있었다. 다름 아닌 그동안 형제와 같은 관계로 서로 기대고 의지하던 사람들과의 갈등이었다. 웨슬리의 디비니티가 명확히 드러나기 전까지는 이런 갈등은 그저 잠재된 가능성에 불과했지만 그의 디비니티가 형태와 내용, 기능이 현실화되고 구체화되어 드러나면서부터 그 갈등이 본격적으로 표출되기 시작했다. 여기에는 모라비안들과의 결별, 휫필드와의 분리, 영국 성공회와의 갈등 등이 포함될 수 있다.

이러한 웨슬리가 직면한 도전은 그의 독창적인 디비니티 완성을 위해 필연적으로 극복해야 할 일이었는지도 모른다. 이 도전을 극복하는 과정을 통해 그는 디비니티의 내용과 그 실제적 실현 과정을 포함하는 전체를 재조망할 수 있었을 뿐 아니라 그 약점과 한계를 극복함으로써, 마침내 그만의 독창적이고 완전한 디비니티를 완성할 수 있었다. 그의 디비니티는 1746년경에 비로소 완성된 모습을 드러낸다. 그가 옥스퍼드에서 디비니티에 헌신하기로 결심했던 시기로부터 약 20여 년 시간이 흐른 셈이다.

4) '동역자들'의 도전과 극복

웨슬리의 생애에서 모라비안과의 관계는 이중적 의미를 갖는다. 그 하나는 웨슬리에게 모라비안들은 신앙 여정의 동반자요 스승이었다. 조지아를 향

---

147) Heitzenrater, "Great Expectations," p. 75.

해 항해하다 만난 모라비안들의 죽음의 위험을 넘어서는 신앙심에 매료되었던 웨슬리는, 조지아에서 모라비안들과 더욱 깊은 교제를 나누면서 칭의의 믿음과 그 확신에 대해 눈을 뜨게 되고, 런던으로 돌아와서는 모라비안들과 함께 신도회를 조직하고 그 안에서 지도자 역할을 감당하면서 평생 잊을 수 없는 거듭남의 체험을 했다. 뿐만 아니라 모라비안에 대해 더 많은 것을 배우려고 모라비안 본부가 있던 독일 헤른후트를 직접 순례하기도 했다. 모라비안들의 도움이 없었다면 어쩌면 웨슬리의 영적 성숙은 불가능했거나 훨씬 오랜 세월을 보내야만 했을지도 모를 정도로 그는 모라비안들과 떼려야 뗄 수 없는 밀접한 관계를 유지했다.

그러나 다른 한편, 웨슬리는 모라비안들과 내적인 긴장 관계를 유지해 왔다. 모라비안들로부터 그의 디비니티에 있어서 칭의와 거듭남, 확신과 같은 핵심 요소들에 대해 많은 가르침을 받았고 깊은 영향을 받았음에도, 옥스퍼드 시절부터 추구해 오던 성화와 완전의 삶을 포기한 적이 없었기 때문에, 그는 완전한 모라비안이 될 수 없었다. 웨슬리가 자신의 디비니티의 내용과 그 실천에 대한 총체적인 이해가 점점 깊어짐에 따라 이런 갈등은 더욱 첨예화될 수밖에 없었다. 마침내 1740년 중반기에 접어들어 웨슬리의 디비니티는 거의 완성 단계에 이르렀고, 이는 결국 모라비안과의 결별이라는 결과를 야기했다.

이 일의 발단은 웨슬리가 브리스톨에서 사역을 집중하는 동안 불거졌다. 그가 브리스톨 사역을 위해 밤낮으로 힘을 쏟고 있던 1739년 10월 어느 날, 독일 모라비안 본부로부터 파송 받은 필립 묄터(Philip Henry Mölther) 목사는 웨슬리를 대신해 페터레인 신도회를 지도하게 되었다. 묄터는 원래 프랑스 알사스 출신으로 피터 뵐러 목사보다는 선이 분명한 성격이었다. 모라비안의 사상적 바탕이었던 루터의 정숙주의를 다소 과격하게 끌어갔는데, 칭의의 믿음을 대신할 아무것도 없다는 입장을 견지했다. 즉 오직 예수 그리스도를 믿음으로 의롭다 함을 얻기 때문에 다른 어떤 인간적 수단, 심지어 교회가 오랫동안 지켜 온 은총의 수단들마저도 의지해서는 안 되고, 은총 가운데 믿음을 부어 주시는 하나님만을 바라보며 기다려야 한다고 주장했다.[148] 당시 모라비안들의 모임이 독일 이민 공동체를 근간으로 했기 때문에 영국 성공회가 제정한 은총의 수단들에 참여하는 것이 그리 중요한 문제는 아니었을 수도 있었지만, 이런 주장은 웨슬리에게 두 가지 점에서 심각한 도전이었다.

먼저, 웨슬리는 이런 주장은 교회 전통이 오랫동안 지켜온 은총의 수단들을 아주 무력화할 수 있다고 보았다. 그는 은총의 수단을 중요하게 인식하는 영국 교회 전통을 고수하고 있었다. 즉 웨슬리는 성찬과 세례, 기도와 말씀, 금식과 성도의 교제 등과 같은 '경건의 일'(works of piety)과 선행과 구제를 포함하는 '자비의 일'(works of mercy) 등을 하나님의 은총을 받는 중요한 수단으로 인정하면서, 우리가 이 같은 은총의 수단들을 통해 믿음이 생기고 성장하게 된다고 보았다. 이러한 웨슬리의 입장은 정숙주의와는 병립될 수 없었다. 또 다른 하나는, 정숙주의는 하나님의 거룩한 율법을 무용하게 만들 가능성이 있었다. 이 문제는 웨슬리에게 어쩌면 은총의 수단을 경시하는 것보다도 훨씬 심각한 문제로 보였을 수도 있다. 그는 정숙주의가 칭의로 인한 구원의 확신에 함몰되어 거룩한 삶의 가치를 무용하게 만드는 매우 해로운 사상을 내포한다고 보았다. 웨슬리가 추구했던 디비니티는 칭의와 거듭남, 성화와 완전, 이 전체를 포괄하는 총체적이고 유기적인 구조였기 때문에 거룩한 삶의 열매를 맺는 삶, 곧 성화와 완전을 배제한 모라비안의 정숙주의는 결코 받아들일 수 없었던 것이다.

웨슬리는 런던의 페터레인 신도회가 정숙주의에 깊이 물든 상황을 심히 우려하면서 1739년 6월에 런던으로 향한다.[149] 이 여정 중에 루터의 갈라디

---

148) 타이어만(Luke Tyerman)은 묄터의 정숙주의에서 네 가지 특징들을 찾아낸다. ① 칭의의 믿음을 얻기까지는 아무것도 하지 말아야 한다. ② 이 믿음은 주어지는 것이므로 어떤 종류의 선행도 행해서는 안 된다. ③ 성만찬은 이 믿음을 갖는 데 아무 효력이 없다. ④ 믿음에는 그 정도(degree)가 없고, 완전한 믿음을 갖거나 아무것도 없거나 둘 중 하나이다. 타이어만은 이 같은 정숙주의는 신비주의로 함몰될 위험성이 있다고 평가한다. Luke Tyerman, *The Life and Times of the Rev. John Wesley*, vol.3, pp. 279~281.

149) 웨슬리는 페터레인 신도회 멤버들로부터 런던에 속히 와서 현재 페터레인 안에서 일어나고 있는 혼란을 수습해 달라는 요청을 받는다. *Journals*, June 12, 1739.

아서 주석을 읽게 된다. 이때 웨슬리는 그동안 루터에게 품어 왔던 무조건적인 신뢰로부터 벗어나 매우 비판적인 관점을 표명한다.

"나는 매우 부끄러웠다. 그저 다른 이들이 호의적으로 평가한 것을 따라서 그 내용을 얼마나 과대평가했던가. 그 책에서 널리 인용되는 가장 좋은 문장들에 눈이 팔려 그 책을 과대평가했으니 참으로 부끄럽다. 그렇지만 내가 스스로 판단하고 내 눈으로 직접 읽은 지금 이 순간에 내가 말할 수 있는 것은 무엇일까? 이 책의 저자(루터)는 어려운 문제들을 하나도 해결하지 못했으며 그가 다룬 갈라디아서의 특정 본문들에 관한 글들은 그 이해가 빈약하고 전체적인 내용과도 뒤섞여 혼동을 일으키고 있다. 뿐만 아니라 그는 신비주의에 깊이 영향을 받음으로써 위험할 정도로 진리에서 벗어나 있다."[150]

런던으로 돌아온 후 그는 많은 신도회 회원들이 이미 묄터의 정숙주의에 영향을 받은 것을 목도하게 된다. 그는 페터레인 신도회 회원들을 만나 겸손한 마음으로 돌이키고 믿음의 본래 자리로 돌이키라고 권면했다.[151] 또한 그 이후로도 기회만 되면 정숙주의의 위험성을 가감 없이 지적하며 그 길에서 돌이켜야 한다고 설교했다.[152] 그러나 이런 노력에도 불구하고 문제는 해결되지 않았고 혼란만 심화되었다. 1740년에 접어들면서 이 혼란의 정도는 더욱 극에 달했다. 1740년 4월 23일에는 웨슬리와 모라비안 추종자 심슨(Simpson) 사이에 격렬한 논쟁이 발생하기도 했다. 웨슬리는 이날 논쟁 후에 '무거운 마음'(a heavy heart)을 느꼈다. 뿐만 아니라 그날 저녁에 있었던 페터레인 신도회에서는 "차갑고 곤핍하며 냉랭하고 죽음과 같은 분위기였으며 형제의 사랑은 흔적조차 없었고 거칠고 메마르며 눈먼 심령들만 남아 있는" 그런 모습을 느꼈다.[153]

---

150) *Journals*, June 15, 1739. 괄호안의 내용은 독자의 이해를 돕기 위한 것임.
151) *Journals*, June 16, 1739.
152) *Journals*, September 12, 1739.
153) *Journals*, April 23, 1740.

이런 상황에 직면하자 웨슬리는 이제 무엇인가 결단을 해야 할 때가 되었음을 직감했다. 결국 1740년 7월 20일 저녁 애찬회 시간에 페터레인 신도회로부터 탈퇴를 감행했다. 여기서 그는 자신의 입장을 설명하는 짧은 성명서를 발표한다.

"아홉 달 전에 여러분 가운데는 우리가 들었던 가르침과 반대되는 내용들을 말하기 시작했습니다. … 저는 이러한 가르침이 하나님의 말씀과 다르다고 확신합니다. 저는 여러분이 잘못을 돌이키길 바라면서 오랫동안 인내해 왔습니다. 그렇지만 이제는 제가 여러분을 하나님께 의뢰하는 것 외에는 아무것도 남지 않았습니다. 여러분 중 누구든지 저와 뜻을 같이하는 분들은 저를 따라 주시기 바랍니다."154)

이때 웨슬리의 뜻을 따른 이들은 18, 19명 정도였다. 웨슬리는 이들과 함께 페터레인에서 가까운 거리에 있는 옛날 대포 만들던 무기 공장 터였던 파운드리(Foundry)에서 7월 23일 새로운 신도회를 조직한다. 이 첫 모임에 참석했던 25명 회원들은 모두 한마음을 품은 이들이었다.155)

웨슬리의 페터레인 신도회 이탈은, 오랜 기간 그의 신앙 여정에 도움을 준 고향과 같은 곳을 떠나야 하는 아픔이 따르는 고통스런 일임은 분명했다. 그러나 이 사건은 다른 각도로 보아야 한다. 웨슬리가 모라비안으로부터 이탈한 것은 이제 그가 독자적으로 설 만큼 성장했다는 다른 증표다. 즉 이 시기에 그만의 독자적인 디비니티를 갖추었던 것이다. 그의 칭의와 성화 그리고 완전으로 이어지는 디비니티의 내용과 그 구체적인 실천에 관한 그림의 완성은 그가 모라비안의 틀 속에 더 이상 머무를 수 없게 만들었다. 그는 이제 그의 디비니티로 목회를 해 나갈 준비가 되었으며 파운드리 신도회는 그만의 순수한 디비니티 공동체였던 것이다.

---

154) *Journals*, July 20, 23, 1740.
155) *Ibid*.

이런 관점에서 이해할 수 있는 또 하나의 주목할 만한 결별 사건이 비슷한 시기에 이루어졌다. 바로 휫필드로 대표되는 칼빈주의적 메도디스트로부터의 결별 사건이다. 웨슬리와 휫필드는 서로에게 매우 큰 영향을 끼쳤던 세상에 둘도 없는 믿음의 친구요 동역자였다. 이 둘은 모두 인간은 타락으로 말미암아 전적으로 죄인이 되어 스스로 구원받을 수 없는 존재가 되었으며, 구원은 오직 하나님의 은혜로 그리스도를 믿는 믿음으로 주어진다고 보았다. 이 맥락에서 본다면 웨슬리와 휫필드 사이에는 오직 '머리카락 한 올과 같은 차이'(within a hair's breath)만 있었을 뿐이었다. 그러나 이 머리카락 한 올과 같은 차이는 결국 양자를 서로 다른 길로 가도록 인도하는 '결정적인 걸림돌'이었다.

이 미세하지만 결정적인 차이가 무엇인가? 바로 '예정론' 문제였다. 웨슬리와 휫필드의 교리적 차이는 웨슬리가 옥외 집회를 본격화하면서 그의 디비니티가 점점 완성되어 가던 무렵이었던 1739년 4월 29일에 본격적으로 노출되었다. 웨슬리는 브리스톨에서 4천여 명에 달하는 청중들 앞에서 "자기 아들을 아끼지 아니하시고 우리 모든 사람을 위하여 내주신 이가 어찌 그 아들과 함께 모든 것을 우리에게 주시지 아니하겠느냐"라는 로마서 본문(8:32)을 중심으로 '값없이 베푸시는 은혜'(Free Grace)라는 제목의 설교를 했다.[156] 이 설교는 일목요연하게 예정론을 비판하는 내용을 담고 있어 당시 예정론 신봉자였던 휫필드의 마음을 상하게 했던 것이다. 더욱이 웨슬리는 이 설교를 공적으로 출판해 배포할 계획을 갖고 있었다. 이에 휫필드는 6월 25일자로 웨슬리에게 편지를 보내 출판을 중지해 달라고 요청하면서 자신의 심경을 전했다.

> "이 소식은 제게 충격이었습니다. … 만일 사람들이 제게 의견을 묻는다면 저는 무어라 말해야 하겠습니까? … 당신과 저 사이에 분열이 있다고 이미 널리 알

---

156) *Journals*, April 29, 1739.

려졌습니다. 제 심령은 근심으로 가득 찼습니다."[157]

그러나 웨슬리는 이 휫필드의 요청을 물리치고 '제비뽑기'(casting a lot)로 자신의 설교를 출판하기로 했다. 이 소식을 접한 휫필드는 1739년 7월 2일 웨슬리에게 또 다른 편지를 보내 "저의 심령은 녹아내린 촛물과 같다."고 깊은 탄식을 전한다.[158] 그 해 그로부터 몇 주 후 8월에 휫필드는 무거운 짐을 안고 미국 필라델피아를 향했고, 웨슬리는 곧바로 그가 이전에 행했던 예정에 관한 비판적인 설교 '값없이 베푸시는 은혜'를 24쪽으로 된 팸플릿 형태로 출판 배포했다. 동생 찰스도 형의 입장에 전적으로 동의한다는 의지의 표명으로 무려 36절에 달하는 찬송가를 '우주적 구원'(Universal Redemption)이라는 주제로 지어 함께 실었다.

그러나 이렇게 출판된 반 예정론 설교에 대한 휫필드의 공식적인 비판은 즉각적으로 나타나지 않았다. 이 논쟁을 더 격화시켜 웨슬리와의 관계를 악화시키기를 원치 않았고,[159] 이 시기 동안 다른 칼빈주의 목회자들과 교류를 하고 칼빈 저작들을 읽으면서 예정론과 관련된 청교도의 입장을 더욱 깊이 성찰할 기회를 가졌던 것으로 판단된다. 그러다 1740년 9월을 맞이하면서 휫필드의 이런 태도는 점차 달라지기 시작한다. 웨슬리의 예정론에 대한 태도를 신랄하게 비판할 뿐 아니라 더 나아가 그의 완전 사상에 대해서까지 비판의 화살을 겨누었다.[160] 여기에 휫필드의 친한 친구들, 곧 웨일스 지역 영적 각성을 이끌던 해리스(H. Harris)와 킹스우드 학교 교사 세닉(John Cennick)의 웨슬리에 대한 부정적 평가들은 휫필드가 어떤 형태로든 행동을 취하도록 자

---

157) Tyerman, *The Life and Times of John Wesley*, vol.1, p. 277.
158) 제비뽑기는 중요한 일을 결정할 때 웨슬리가 취한 방법이었다. Tyerman, *The Life and Times of John Wesley*, vol.1, p. 313.
159) 1740년 한 해 동안 웨슬리와 주고받은 편지 내용에는 웨슬리와 관계가 훼손되는 것을 원치 않는 휫필드의 심정이 잘 드러나 있다. 타이어슨은 이 시기 편지들을 잘 발췌 정리했다. Tyerson, *The Life and Times of John Wesley*, vol.1, pp. 313~322. 참조.
160) George Whitefield, *A Letter from George Whitefield to the Rev. Mr. John Wesley*, September 24, 1740, http://www.spurgeon.org/~phil/wesley.htm 참조.

극했다. 해리스는 웨슬리가 출판한 설교가 "나라 전체를 논란으로 유도했으며" "하나님의 선택하시는 사랑을 부인함으로써 많은 하나님의 사람들을 근심케 했다"고 평가했으며,[161] 세닉은 웨슬리 형제의 설교를 "참된 복음인 예정론을 파괴한 것"이며 자신을 그 형제들에게 "홀로 고난 받는 자"로 묘사하면서 휫필드에게 "속히 돌아와 그들과 싸워야 할 것"이라고 주장했다.[162]

1740년 12월 24일 성탄절 이브에 휫필드는 웨슬리의 '값없이 베푸시는 은혜'에 대한 공식적인 입장을 정리한 공개편지를 작성한다. 여기서 웨슬리가 제비뽑기를 통해 설교를 출판하게 된 경위의 잘못을 지적하고, 그 설교에 내포된 반 예정론 사상들을 조목조목 비판했다.[163] 이 편지는 휫필드가 신대륙에서 전도운동을 마치고 1741년 3월 영국에 도착했을 때, 그의 손에 들고 있었다. 그는 먼저 이 편지를 찰스 웨슬리에게 보여 주며 출판할 의사를 밝혔다. 찰스는 "네 칼을 칼집에 꽂아 두라."는 조언을 하며 출판을 만류했지만 마침내 출판을 강행했다. 뿐만 아니라 무어필즈(Moorfields)를 비롯한 여러 곳에서 웨슬리 형제의 이름을 거명하며 비판의 날을 세웠다.[164] 웨슬리 형제의 본거지라 할 수 있는 파운드리에서는 찰스가 앉아 있는 그곳에서 수천 명을 상대로 웨슬리 형제의 가르침을 공격하기도 했다. 이제 웨슬리와 휫필드는 서로 돌아올 수 없는 다리를 건너고 말았다. 이 둘의 분열로 메도디스트 신도회 곳곳에서 파열음이 들려왔다. 결국 웨슬리는 웨슬리의 길로, 휫필드는 휫필드의 길로, 각각 다른 길로 가는 것 외에는 다른 방도가 없었다. 물론 이후에도 양자 간 화해의 노력은 있었지만[165] 별다른 결과를 만들어 내지 못하고 웨

---

161) Iain Murray, "On Whitefield and Wesley," *Whitefield's Journals* (The Banner of Truth Trust, 1960).

162) William Fitchett, *Wesley and His Century* (Cincinati: Jennings & Graham, 1912) p. 328.

163) George Whitefield, *A Letter from George Whitefield to the Rev. Mr. John Wesley*, December 24, 1740.

164) 휫필드와 웨슬리의 신학적 논쟁에 대하여는 J. D. Walsh, "Wesley vs. Whitefield," *Christian History* 12:2(1993) pp. 34~37과 Edwards M. Panosian, "The Awakener," *Faith for the Family* (January, 1976) pp. 16~18, 그리고 Irwin W. Reist, "John Wesley and George Whitefield: A Study in the Integrity of Two Theologies of Grace," *Evangelical Quarterly* 47 (1975) pp. 26~40 참조.

165) 두 사람은 결코 신앙적으로는 하나가 될 수 없었지만 인간적으로는 화해했다. 휫필드의 장례식에 웨슬리가 장례 설교를 했다는 것은 그들의 우정이 다시 회복되었음을 보여 준다.

슬리는 웨슬리안 메도디스트로, 휫필드는 칼비니안 메도디스트로 분리되고 말았다.[166]

사실 웨슬리와 휫필드 양자 간 분리는 가슴 아픈 사건이었다. 그러나 우리는 여기서도 또 다른 각도에서 이 문제를 바라보아야 한다. 이 시기는 웨슬리나 휫필드 모두에게 자신들의 목회 관점이 완성기에 이른 시점이었음을 고려할 때, 그들의 분리는[167] 필연적이었는지도 모른다. 물론 두 사람이 이 과정에서 서로의 사역을 지지하고 격려하며 협력할 방안을 찾지 못한 부분에 대해서는 아쉬움이 남지만, 그들은 각자가 확보한 목회적 내비게이션에 따라 각각의 길을 가야 할 때가 되었던 것이다.

특히 우리는 이 시기에 웨슬리의 신앙관과 목회관이 괄목할 만하게 성숙한 것을 볼 수 있다. 그가 작성 출판한 설교 '값없이 베푸시는 은혜'는 비록 예정론을 비판하기 위해 마련되었지만, 역설적으로 그는 예정론에 대한 비판적 사유 과정에서 선행은총-회개-칭의-거듭남-성화-완전에 이르는 전체 디비니티에 대한 내용과 그 실천 과정에 대해 보다 성숙한 이해에 도달하게 되던 것이다. 웨슬리의 예정론에 대한 비판의 요지는 명료했다. 하나님의 은총의 대상과 저주의 대상이 결정되었다는 이중적 예정론은 이미 하나님의 의지에 따라 모든 것이 결정되었다는 결정론으로 이끌며, 선행과 거룩한 삶을 무가치하게 만드는 율법폐기주의로 인도한다는 것이다. 웨슬리는 이러한 주장이 가져다줄 부작용에 대해 매우 심각한 어조로 지적한다. 즉 이런 가르침이 전도를 무용하게 만들 뿐더러 거룩한 삶에 대한 열망을 근원적으로 파괴시키며, 매 순간 구원의 확신을 통해 위로와 기쁨의 삶을 살도록 인도하는 성령의 사역을 근본적으로 부인하게 만들 것이라고 경고한다.

---

166) 휫필드를 따르던 이들이 런던 파운드리와 같은 거리에 'Tabernacle'을 세워 서로 경쟁하게 된 것은 이들의 분리를 상징적으로 보여 준다. 칼비니안 메도디스트의 발전과정에 대하여는 David Ceri Jones, *Glorious Work in the World: Welsh Methodism and the International Evangelical Revival, 1735~1750* (University of Wales Press – Studies in Welsh History, 2004); Richard Bennett, *Howell Harris and the Dawn of Revival* (Banner of Truth and Evangelical Press of Wales, 1909); S. M. Houghton, "George Whitefield and Welsh Methodism," *Evangelical Quarterly* 22 (1950) pp. 276~289 참조.
167) 나는 '분열'이라는 표현보다는 '분리'라는 표현이 더 타당하다고 본다.

웨슬리가 이런 비판을 할 수 있었던 이면에는 그의 성숙한 디비니티 관점이 이미 자리 잡고 있었기 때문이었다. 그에게는 하나님은 모든 인류를 구원하기를 원하신다는, 사랑의 하나님에 대한 믿음이 전제되어 있다. 그분은 우리가 아직 죄인 되었을 때, 우리가 죄 가운데 죽은 자 되었을 때, 자기 아들을 아끼지 않으시고 내주신 분이다. 이 아들을 내주시는 은총은 우리에게 어떤 값을 요구하지 않는다. 오직 하나님의 무한한 사랑으로 말미암은, 하나님의 '선행적 은총'일 뿐이다. 이 은총의 수용은 예정론자들이 흔히 말하듯 이미 결정된 것이 아니다. 그것은 그 은총을 받아들이는 이의 자발적 결단을 요청한다. 이렇게 은총 안에 거하는 이들은 성령께서 내주하시며 끊임없이 하나님의 자녀로 증거하시기에 온전한 확신에 거하며 참다운 행복을 매 순간 느끼게 된다.[168] 이 과정에서 거룩함에 대한 소망은 더욱 강해지며 실제로 그런 삶을 살아가게 되고 더욱 성장하게 된다. 이는 예정론자들의 견해처럼 하나님께 선택된 이들이 저절로 그렇게 성취할 수 있는 것이 아니다.[169] 성화를 완전히 이루어 가는 삶은 성령의 도우심으로 말미암아 믿음으로 이를 수 있는 끊임없는 영적 투쟁의 과정이다.[170]

우리는 여기서 웨슬리의 디비니티와 휫필드의 예정론 사이의 서로 건널 수 없는 간격을 보게 된다. 물론 구원의 내용에서 양자가 갖는 견해 사이에는 머리카락 한 올만의 차이만 보일지 모르지만 하늘 가는 길에 이르는 방법, 곧 그 출발점과 과정에 관한 차이는 결코 무시할 수 있는 차이가 아니다. 웨슬리와 휫필드가 각각 그들 나름대로 '하늘 가는 길'에 대한 자신들만의 기본 그림을 완성해 나감에 따라 야기되는 차이는 점점 확대 심화되었다. 이런 상황에서 양자 사이에 이루어진 갈등과 분리는 어쩌면 당연했는지도 모른다.

어쨌든 웨슬리는 그의 디비니티가 확정되어 감에 따라 모라비안과 휫필드와의 분리라는 매우 아픈 경험을 겪어야만 했다. 이는 다른 의미에서 그의 새

---

168) *Sermons*, Free Grace, 14~16.
169) 칼빈주의는 이것을 '성도의 견인'으로 부른다.
170) *Sermons*, Free Grace, 1~3.

출발을 의미하기도 한다. 그는 이제 명실 공히 그만의 디비니티를 완성했고 이를 기반으로 많은 영혼들을 하늘에 이를 수 있도록 돕는 시간이 도래한 셈이다.

모라비안과의 결별과 휫필드와의 분리라는 매우 어려운 시기를 지내면서도 웨슬리는 지치지 않는 열정으로 메도디스트 운동을 이끌어 갔다. 메도디스트 운동이 본궤도에 올라감에 따라 메도디스트의 모태라 할 수 있는 영국 성공회가 날카로운 비판을 제기했다. 그 비판의 핵심은 바로 메도디스트가 '열광주의'(enthusiasm)라는 것이었다.[171] 성공회 주교들은 웨슬리가 주도하는 메도디스트 운동을 보며 1640년대와 1650년대에 영국을 불안정하게 만들었던 청교도 신앙의 대중화 같은 종교운동이 재점화되는 것이 아니냐는 두려움을 느꼈던 것 같다.[172] 이 때문에 성공회 측은 비교적 신속하게 메도디스트 운동에 대한 입장을 정리 발표했는데, 바로 1744년 출판한 깁슨(Edmund Gibson)의 「일반적으로 메도디스트라는 이름으로 구분될 수 있는 한 소종파의 활동에 관한 관찰 보고」(Observations upon the Conduct and Behaviour of a Certain Sect Usually Distinguished by the Name of Methodist)라는 비교적 긴 이름의 보고서다. 이 보고서에서는 "(메도디스트들이) 고함을 치고 비명을 내지르며 떨고 바닥에 쓰러져 뒹굴며 극단적이고 정신이 온전치 않은 이들"이라고 묘사한다.[173] 이는 초기 메도디스트 운동을 성공회가 어떻게 평가했는지를 단적으로 보여 준다. 점증하는 성공회 측의 비판적 시각에 대해 웨슬리는 어떤 형태로든 응답해야만 했다. 그리고 그 응답은 웨슬리의 디비니티에서 성령이 하는 역할에 대한 확고한 이해를 구축하는 데서 출발해야만 했다. 메도디스트가 열광주의자로 오해받은 까닭은 주로 칭의의 믿음으로 거듭난 영혼 안에서의 '성령의 증거'(The Witness of the Spirit)를 강조했기 때문이었다.

---

171) Outler(ed.), "Introduction," John Wesley, p. 19.

172) David Hempton, Methodism: Empire of the Spirit (New Haven & London: Yale University Press, 2005) p. 33.

173) Edmund Gibson, Observations upon the Conduct and Behaviour of a Certain Sect Usually Distinguished by the Name of Methodist (London, 1744) pp. 4~13. 괄호안의 내용은 독자의 이해를 돕기 위한 것임.

이 문제를 해명하기 위한 웨슬리의 주목할 만한 시도는 1743년 59쪽 분량의 소책자 형태로 출판된 「이성과 종교의 사람들에게 보내는 호소문」(An Earnest Appeal to Men of Reason and Religion)이다.[174] 이 호소문에서는 메도디스트 운동이 결코 성공회 전통 안에서 벗어난 것이 아니며 비정상적인 감정을 추구하는 열광주의적 종파가 아니라는 점을 강조했다. 이를 위해 메도디스트들이 가르치는 교리들의 개략적 스케치를 제공한다. 웨슬리가 요약하는 메도디스트의 핵심적인 가르침은 바로 '믿음'이며, 이 믿음은 바로 '영적 감각으로서의 믿음'을 의미한다. 이 같은 영적 인식론을 기초로 메도디스트가 결코 비이성적 열광주의자가 아니며 오히려 다른 누구보다도 이성적이라고 그는 논증한다.[175] 웨슬리에 따르면, 우리의 자연적 감각으로는 보이지 않고 들리지 않는 하나님의 신비를 포착할 수가 없다. 우리의 자연적 감각으로는 인식 불가능한 영역이다. 오직 믿음만이 이러한 인식을 가능케 하는 거룩한 영적 인식 기능인 것이다. 그런데 이 믿음은 하나님의 선물로 주어진다. 누구도 이것을 만들어 가질 수 없는 절대적인 하나님의 은총의 선물인 것이다.[176]

우리는 여기서 웨슬리의 디비니티를 실현 가능케 하는 성령의 역할과 더불어 그 안에서 응답하는 인간의 역할로까지 웨슬리의 사유 범위가 확장되어 있음을 발견하게 된다. 매튜(Rex Matthew)에 따르면, 웨슬리의 믿음의 개념이 원래부터 성령의 역할과 관련되어 나타난 것은 아니었다. 웨슬리의 믿음은 시간이 흐르면서 진전되어 가는데, 처음에는 진리에 대한 '동의'(assent)로서의 믿음 개념을 가졌으나 점차적으로 '신뢰'(trust)로서의 믿음으로 변모되었으며 마침내는 '영적 경험'(spiritual experience), 곧 영적 지각으로서의 믿음으로 정착되었다. 즉 동의로서의 믿음은 비교적 초기 웨슬리의 믿음 개념이고 신뢰로서의 믿음은 1738년 올더스게이트 체험 이후에, 그리고 영적 경험으로서의 믿음은 1740년 중반을 넘어선 이후에 주도적으로 등장하는 개념이

---

174) Wesley, *An Earnest Appeal to Men of Reason and Religion*.
175) *Ibid*., 6~7.
176) *Ibid*., 6~11.

라고 본다.177) 그러나 나의 견해로는 신뢰로서의 믿음 이해가 1738년 이후에야 확립되었다고 보기에는 어려운 점이 있다. 1733년 옥스퍼드에서 행했던 설교 '마음의 할례'에서는 웨슬리가 이미 동의로서의 믿음과 더불어 신뢰로서의 믿음 이해를 함께 가지고 있음을 보여 준다.178) 물론 이러한 믿음 이해는 1738년 거듭남의 체험 직후 설교에서 더욱 명시적으로 드러난다. 예를 들어, 1738년 6월 11일 옥스퍼드에서 행한 설교 '믿음으로 말미암은 구원'에서 웨슬리는 동의로서의 믿음에 대해 비판적 입장을 견지하며 이 믿음에서 완전히 벗어나 신뢰로서의 믿음으로 나아감을 알 수 있다. 즉 예수의 삶과 죽음, 부활의 공로를 마음으로 신뢰하고 우리를 위해 자기를 버리고 또한 우리 안에 사시는 우리의 대속과 생명이신 그리스도께 전적으로 의존하는 것이 구원에 이르는 믿음이라고 주장한다.179) 그런데 웨슬리의 주목할 만한 믿음 개념에 대한 변천이 그가 본격적으로 메도디스트 운동을 지도할 1740년대 초반부터 나타나며 1740년대 중반기에 거의 고정된다. 이 시기에 접어들면서 그의 믿음 개념은 '영적인 내적 경험'으로 수렴되어 나타난다.180)

이런 경향은 이미 앞서 살펴보았듯이, 메도디스트에 대한 영국 성공회의 비판, 곧 '열광주의'라는 비판에 직면해 이에 대한 적절한 응답을 찾는 과정에서 더욱 구체화되어 나타난다. 웨슬리에 따르면, 성령은 하늘 가는 길, 곧

---

177) Matthew의 분석은 Maddox, *Responsible Grace* (Nashville: Abingdon Press, 1994) p. 127 참조.

178) 웨슬리에 따르면, 동의로서의 신앙은 성경에서 하나님이 계시하신 모든 것에 대한 확고한 동의를 의미하는데, 특히 '그리스도 예수께서 죄인을 구원하시기 위해 세상에 오셨다'는 사실, '친히 나무에 달려 우리 죄를 자기 몸에 지우셨다'는 사실, '그분은 우리 죄를 대속하기 위한 화해의 제물이며 우리 죄뿐 아니라 온 세상을 위한 대속물'이라는 사실을 입으로 동의하는 것(accent)을 말한다. 그러나 이러한 '동의'로서의 신앙만으로는 부족하다. "믿음은 동의일 뿐 아니라 우리 마음에 보여 주시는 그리스도의 계시, 즉 죄인인 나를 향한 그리스도의 사랑, 받을 자격이 없는 우리에게 부어 주시는 그 무조건적인 사랑에 대한 거룩한 증거요 확신"이다. *Sermons*, The Circumcision of the Heart, I. 7.

179) *Sermons*, Salvation by Faith, I. 4~5.

180) 그렇다면 동의로서의 믿음과 신뢰로서의 믿음은 이런 믿음과는 분리되는가? 그렇지 않다. 오히려 이런 믿음의 형태들은 확신으로서의 믿음의 객관성을 담보하는 근거들이 된다. 매튜에 따르면, 존 웨슬리의 신앙 이해가 '확신', 즉 '영적 경험'으로 진전되어 가는 과정에서 '동의'와 '신뢰'로서의 신앙 이해가 내포되어 있으며 또 이들에 의해 개인적이고 영적 경험으로서의 확신이 객관적 경험으로 지지된다는 점에서, 신앙의 삼중적 의미는 여전히 그의 신앙 이해에서 기반이 되고 있다. Maddox, *Responsible Grace*, p. 128. 참조

디비니티를 주도하는 분이시며 우리는 그분의 도우심 안에서 매 순간 하나님의 은총을 믿음으로 수용하며 디비니티의 길을 걸어가야 한다. 웨슬리는 이 과정을 1744년 8월 24일 성 마리아(St. Mary) 교회에서 설교한 '성경적 기독교'(Scriptual Christianity)에서 일목요연하게 진술한다.

성령은 우리 죄를 깨닫게 하며 믿음을 갖도록 도우신다. 이때 우리는 양자의 영을 받고 그 영으로 말미암아 '아빠 아버지'라 부를 수 있게 된다. 이때 성령은 친히 우리 영과 더불어 우리를 하나님의 자녀로 증거하신다. 우리는 이제 "내가 그리스도와 함께 십자가에 못 박혔나니 그런즉 이제는 내가 사는 것이 아니요 오직 내 안에 그리스도께서 사시는 것이라 이제 내가 육체 가운데 사는 것은 나를 사랑하사 나를 위하여 자기 자신을 버리신 하나님의 아들을 믿는 믿음 안에서 사는 것이라"(갈 2:20)고 외칠 수 있게 된다.[181] 웨슬리는 참된 그리스도인이라면 성령 충만해야 하며, 증거하시는 성령의 역사를 경험할 수밖에 없다고 본다. 이 가운데 특별한 은사, 곧 신유와 기적, 능력 행함과 예언, 영 분별과 방언, 방언 통역 등의 은사들을 맛볼 수도 있다. 그러나 이러한 특별한 은사들을 모든 사람이 받아야 하는 것처럼 여기는 데에는 반대한다. 즉 그는 아우틀러의 지적대로 '열광주의 기질'(enthusiasm proper)과 '우리 안에서 역사하시는 성령의 증거에 대한 진실한 갈구'를 구분한 것이다.[182]

웨슬리가 힘주어 강조하는 것은 성령의 인도하심에 따라 우리가 하나님의 의롭다 하시는 은혜와 그 안에서 새로이 거듭나 완전한 거룩함으로 성장해 나가는 과정에서 주어진 믿음의 역할이다. 디비니티 전 과정에서 성령은 끊임없이 주도적으로 우리 영혼을 이끄신다. 그런데 이러한 성령의 역사는 우리의 영적 지각 능력, 곧 성령을 통해 일하시는 하나님의 신비한 구원의 역사를 인지하는 믿음의 성장에 따라 더 깊이 인식하며 더 깊이 뿌리내린다. 이것이 바로 웨슬리가 1746년에 작성한 설교 '성령의 증거'에서 말한 대로, "성령

---

181) *Sermons*, Scriptual Chrisitianity, I. 1.
182) Outler(ed.), *John Wesley*, p. 30. *Sermons*, Scriptual Chrisitianity, 2, 3.

이 우리 영으로 더불어 우리가 하나님의 자녀인 것을 증거하는"(The Witness of the Spirit) 것을 의미한다. 원래 이 설교를 작성한 목적은 두 가지였다. 하나는, 메도디스트들을 열광주의자로 몰아가는 비판가들을 향해 메도디스트의 답변을 제시하기 위해서였고, 다른 하나는 참된 성령의 증거와 내적 기분 혹은 감정 사이를 혼동하는 메도디스트를 가르치기 위해서였다.[183]

왜 열광주의자가 되는가? 웨슬리의 분석은 간단하다. 성령의 증거보다 우리 영의 증거를 앞세우기 때문이다. 이렇게 할 때 우리는 미혹에 빠져 들고 내적 감정에 사로잡히게 되며 열광주의의 함정에 빠지게 된다. 성령의 증거가 우리 영의 증거보다 선행해야 한다. 우리는 그 분의 영이 우리에게 증거하시기까지는 우리를 향한 그분의 용서하시는 사랑을 알 수 없다.[184] 하나님의 영은 우리 영의 증거 이전에 오며 하나님의 증거를 우리에게 준다. 우리는 그분이 우리를 사랑하심으로 그 아들을 우리를 위한 화목제물로 주시고 또 그아들이 우리를 사랑하사 그의 보혈로 우리 죄를 씻었다고 증거할 때에야 비로소 그분을 사랑하게 된다.

그렇다면 그분의 증거를 우리가 어떻게 알 수 있는가? 하나님의 영의 일은 너무도 놀랍고 탁월해 알 수가 없다. 마치 바람이 불되 어디에서 오고 어디로 가는지 알지 못함과 같다.[185] 그것을 알 수 있는 길은 오직 '영적 감각', 곧 '믿음'밖에는 없다.

"신령한 것은 영적 감각으로밖에 알 수 없다."[186]

그러므로 믿음은 성령의 증거를 우리 영에게 알리며, 또 우리 영에게 알려진 그 성령의 증거를 확증하게 하는 '핵'(core)이다. 성령이 우리 영과 더불어

---

183) 이 문제는 웨슬리에게 지속적으로 대두되었다. 1767년에도 같은 제목으로 작성한 설교는 이 문제를 보다 정교하게 다룬다. 또한 1746년의 '우리 자신의 영의 증거'(The Witness of Our Own Spirit) (1746), 그리고 1750년의 '열광주의의 본성'(The Nature of Enthusiasm) 설교에서도 이 문제를 정면으로 다룬다.
184) *Sermons*, The Witness of the Spirit, Discourse 1, I. 8.
185) *Sermons*, The Witness of the Spirit, Discourse 1, I. 12.
186) *Sermons*, The Witness of the Spirit, Discourse 1, II. 11.

증거하는 일, 곧 믿음이 자라날수록 그 영혼은 더욱 하나님의 영의 일을 사랑하며 그 안에 머물고 싶어 한다. 이런 영혼은 성령의 열매 맺기를 갈망한다. 열광주의의 문제는 이런 믿음이 없이 성령의 증거들을 자신의 영으로 확증하려는 데서 기인한다. 그러나 웨슬리가 추구했던 메도디스트의 믿음은 성령의 증거를 향한 열린 영적 인식이다. 따라서 믿음을 통해 알려지는 성령의 증거는 하나님에 대한 윤리적 응답을 요구하게 마련이다. 즉 우리 영혼은 성령의 열매 맺기를 소원하게 되는 것이다. 웨슬리에게 성령론은 윤리적 당위가 빠진 단순한 영적 사건을 묘사하는 것이 아니다.[187]

여기에는 거짓 확신으로부터 참된 확신을 구분해 내는 윤리적 표징들이 있다. 첫째, 죄의 증거 이전에 지속적으로 존재하는 죄에 대한 회개 둘째, 어둠에서 빛으로의 강력한 변화 셋째, 하나님의 계명을 준수하는 것 넷째, 성령의 열매들을 맺는 것 등이다. 이 표징들은 믿는 이들의 영과 함께 일하시는 성령의 증거에 수반된다. 즉 성령의 증거가 거듭남을 확증할 때 믿음 안에서 우리 영은 성령의 열매들을 맺고 우리 안의 열매들은 우리가 진실로 하나님의 자녀임을 확증한다.

웨슬리에 따르면, 참된 기독교라고 한다면 이처럼 성령의 내적 증거와 함께 외적 열매로서 증거를 보일 수 있어야 한다. 메도디스트는 바로 이런 삶을 추구하는 이들이며, 그렇기 때문에 성공회가 메도디스트를 향해 열광주의자라고 비판하는 것은 그 근거가 없는 일이다. 메도디스트를 향한 성공회 주교들의 지속적인 비판에 응답하는 일은 웨슬리를 매우 힘들게 했다. 그들의 끈질긴 비판에 지친 웨슬리는 1751년 11일 19일자 일기에서 이렇게 적었다.

"나는 메도디스트를 교황추종자(Papists)로 비유해 비난한 이에게 편지를 쓰려 한다. 이 일은 내가 결코 선택한 적 없는 무거운 짐이지만 때때로 해야 할 일이기도 하다. 어떤 이가 제대로 표현했듯이, 하나님은 실제적인 구원의 길

---

187) Outler, "Spirit and Spirituality in John Wesley," p. 168.

(practical divinity)을 필요한 것으로 만드시지만 마귀는 이를 논쟁으로 만들어 버린다."[188]

그러나 이 논쟁의 과정은 결코 무익한 것이 아니었다. 웨슬리는 영국 성공회의 비판에 대해 답변을 모색하는 동안 그의 디비니티를 더욱 세밀하고 견고하게 만들어 가고 있었다.

5) 디비니티와 웨슬리의 올더스게이트 이후

웨슬리의 올더스게이트 경험은 칭의와 성화가 거듭남을 통해 어떻게 내적으로 관련되는가를 인식하도록 하는 계기가 됨으로써, 웨슬리 디비니티에 내포된 오랜 난점, 곧 칭의와 성화 사이의 분리라는 문제를 해결할 돌파구를 제시했다는 점에서 그 의의가 크다. 다시 말해, 웨슬리의 올더스게이트 체험은 칭의-거듭남-성화-완전으로 이어지는 디비니티 내용에 대한 총체적인 인식을 제공했다는 점에서 매우 중요한 의의를 갖는다. 그러나 웨슬리가 디비니티의 전체 그림을 갖춘 것만으로는 아직 부족한 점이 남아 있었다. 바로 웨슬리의 디비니티 내용이 구체적으로 어떻게 내적으로 기능하여 실현되는가 하는 문제였다. 이 문제에 대한 구체적 답변을 얻기까지는 적어도 10여 년 가까이 세월이 필요했다.

웨슬리가 찾아 낸 해답은 바로 디비니티에서의 '성령의 역할'이었다. 웨슬리는 이 시기에 성령이 선행적 은총과 회개, 칭의와 거듭남, 성화 그리고 완전에 이르는 디비니티 전체를 이끌고 실현케 하는 근원적인 힘임을 인식하게 되었다. 그런 의미에서 쿠쉬만(Cushman)이 성령을 웨슬리의 실천적 디비니

---

188) 웨슬리가 여기서 언급한 이는 당시 엑시터(Exeter) 지역의 주교 조지 라빙톤(George Lavington)이다. 그는 웨슬리와 메도디스트들을 교황추종자(Papists)로 비유하며 광신자요 열광주의자라고 몰아붙였다. 그의 메도디스트에 대한 비판은 *The Enthusiasm of Methodists and Papists Compar'd* (London, 1749~51) 참조.

티의 첫 번째 원리(first principle)로 본 것은 매우 타당한 지적이다.[189] 웨슬리에 따르면, 이 성령의 사역은 우리 영의 반응 없이는 이루어지지 않는다. 성령과 우리 영은 더불어 일하는데, 웨슬리는 이 과정이 '믿음'을 통해 구체적으로 실현되어 간다는 사실을 명확히 알게 되었다. 웨슬리에게 믿음은 단지 어떤 교리나 신조 등을 동의하는 것이 아니라 보이지 않는 하나님의 구원의 신비에 대한 영적 감각이다. 성령은 이 영적 감각을 통해 하나님의 구원의 신비를 증거하며, 우리 영은 이 영적 감각으로 말미암아 성령이 증거하는 바를 확증해 나간다. 즉 믿음 안에서 성령은 우리 영으로 더불어 하나님의 비밀스러운 구원을 증거하게 되는 것이다. 이런 과정에서 우리는 칭의에 대한 확신을 소유하며 이 끊임없는 확신 가운데 성령의 열매를 맺어 가는 삶을 살게 된다.

웨슬리의 설교 '성령의 증거'를 출판한 1746년쯤에는 웨슬리의 하늘 가는 길, 곧 디비니티의 전체 개요가 마무리되어 나타난다. 앞서도 언급했듯이 이 설교는 특히 디비니티에서의 성령의 역할을 비교적 명료하게 진술한다. 웨슬리가 이 시기에 디비니티 전체, 즉 그 내용과 실천을 포괄하는 전체 구도를 완성했다는 사실은 1746년 6월 17일, 세인트 폴 교회 목사 토마스 처치(Thomas Church)에게 보낸 편지에 잘 나타나 있다. 이 편지는 원래 메도디스트 운동에 대한 처치 목사의 비평을 반론하는 식으로 작성되었는데,[190] 웨슬리는 여기서 회개와 칭의 그리고 성화의 관계를 일목요연하게 설명하며, 영적 감각으로서의 믿음을 통한 성령 사역에 대해 매우 조직적인 설명을 덧붙인다.[191] 즉 이 시기에 웨슬리의 디비니티는 완숙 단계에 이르렀음을 보여준다.[192]

이제 그의 디비니티는 내용적으로 완비되었다. 디비니티는 먼저 두 가지

---

189) Cushman, *John Wesley's Experimental Divinity*, p. 43. 스토크스(Mack Stokes)는 한 걸음 더 나아가 구원에서의 성령의 역할을 깊이 수용하는 것은 메도디스트라 불리는 이들의 특징이라고까지 말한다. Mack B. Stokes, *The Holy Spirit in the Wesleyan Heritage* (Nashville: Abingdon, 1985) p. 45.
190) 처치의 메도디스트에 대한 비평은 주로 모라비안과의 관계, 열광주의 색채가 너무 짙다는 것이었다.
191) *Letters*, June 17, 1746.
192) Cell, 「존 웨슬리의 재발견」 p. 115.

중심 축, 즉 칭의와 성화로 구성된다. 칭의는 우리의 내적 성결에 관한 영역이고 성화는 우리의 외적 삶에 관한 영역이다. 칭의의 사건에 이르려면 하나님의 선행은총과 회개하는 과정이 동반되어야 하며, 성화는 완전을 향한 과정 자체다. 웨슬리의 디비니티는 이 두 축, 칭의와 성화 양자의 내적 연결고리로서 거듭남을 포함한다. 다시 말해, 웨슬리의 디비니티는 선행은총과 회개, 칭의와 거듭남, 성화와 완전에 이르는 전 과정을 의미한다. 많은 이들은 이 과정을 '구원의 순서'(The Order of Salvation)라고 부른다. 사실 이 말은 디비니티와 동의어다. 그러나 디비니티는 '순서'라는 기계적인 용어로는 포착할 수 없는 유기적이고 역동적인 과정을 의미한다.

웨슬리는 이 유기적이고 역동적인 과정을 해명함으로써 디비니티의 또 다른 부분, 곧 디비니티가 구체적으로 어떻게 실현되는가 하는 문제를 해결함으로써, 디비니티의 실천적인 부분을 완성하기에 이른다. 웨슬리의 디비니티는 무한한 창조성의 근원인 성령의 주도적인 사역과 우리 영이 더불어 빚어내는 유기적이고 역동적인 조화의 과정을 통해 실현된다. 이 조화는 바로 영적 감각, 곧 믿음을 매개로 이루어진다. 성령은 우리가 포착할 수 없는 하나님의 세계를 우리 영에 나타내며 우리 영은 믿음의 눈과 믿음의 귀를 통해 그 세계를 보고 들으며, 이렇게 열린 영적 인식 기관은 더욱더 성령이 증거하는 하나님의 신비로운 세계에 노출되면서 그분을 닮아 가기를 점점 더 갈망한다. 이 과정에서 우리 삶은 거룩하신 하나님을 닮아 가며 성령의 풍성한 열매를 맺는다.

웨슬리의 전체 디비니티가 완성됨에 따라 그는 마침내 그 자신의 독창적인 목회 길로 나아간다. 웨슬리는 자신만의 목회 길을 걷기 시작하면서 수많은 어려움에 직면한다. 때로는 가족들로부터도 의심을 받고[193] 친한 친구들과 결별해야 하는 어려움을 겪기도 하며,[194] 그동안 자신이 몸담았던 교회로

---

[193] 특히 웨슬리의 형 사무엘은 웨슬리의 믿음생활과 목회 방식에 큰 불만을 품었다. 당시 성공회의 고교회적 성향이 강했던 사무엘은 웨슬리의 올더스게이트 체험 이후의 변화에 대해, 잘못된 길로 가고 있다고 확신하고 지속적으로 웨슬리를 견책했다.
[194] 모라비안 친구들과 휫필드를 의미한다.

부터 배척을 받기도 한다. 그러나 웨슬리의 준비된 디비니티는 그를 그 모든 도전과 시련 속에서 굳건히 지켜 냈으며, 결국 그의 디비니티로 수많은 영혼들을 하늘 가는 길로 이끌었다.

그는 진정으로 성공한 목회자였으며 참으로 행복한 목회자였다. 나는 이런 목회의 길을 걸었던 웨슬리의 삶의 배경에는 약 20여 년 동안 준비된 그만의 목회적 내비게이션, 곧 디비니티가 준비되었기 때문이라 확신한다. 이제 우리는 그의 디비니티에 대해 구체적으로 배우려 한다. 그의 디비니티가 구체적으로 무엇을 말하며 또 그것이 어떻게 그의 목회 안에서 실현되었는지 세밀하게 살펴봄으로써, 우리는 성공적이고 행복한 목회에 필요한 많은 것들을 웨슬리로부터 배울 수 있을 것이다.

웨슬리의 디비니티 전개

CONTENTS

- 디비니티 사유 vs. 신학적 사유
- 디비니티와 '구원의 순서'(*Ordo Salutis*)
- 디비니티 전개의 실마리: 믿음
- 디비니티의 전개: 믿음의 순서 (*Ordo Fidei*)

디비니티 사유 vs. 신학적 사유

지금까지 우리는 웨슬리목회의 마스터 플랜이라 할 수 있는 그의 디비니티 형성 과정을 살펴보았다. 이제는 그의 디비니티가 구체적으로 무엇을 의미하는지, 또 그것이 어떻게 전개되는지를 자세하게 살펴볼 차례다. 웨슬리의 디비니티를 직접 다루기 전에 우리는 먼저 그의 디비니티를 바라보는 시각을 새롭게 해야 한다. 지금껏 우리가 살펴봤듯이 웨슬리의 디비니티는 이론적이고 철학적인 사색을 통해 도달한 '신학적 지식'이 아니라 생생한 삶의 현장에서 목회 현실에 맞닥뜨리며 축적해 온 '몸으로 형성한 산 경험의 지혜'다. 이는 디비니티 자체가 '하늘 가는 길'이라는 구체적이고 살아 있는 목표를 지향하는 데서 연유된 결과이다.

그러므로 웨슬리의 디비니티는 그 이해하는 방식에 있어 '신학적 사유'와는 다른 '디비니티적 사유'를 요청한다. 이 둘은 어떻게 다른가?

첫째, 신학적 사유는 대상을 객관화시키고 거리를 두는 데 반해 디비니티적 사유는 오히려 대상과의 관계를 바탕으로, 그 안에서 사유한다. 신학은 모든 가치판단과 전제로부터 자유로운 상태에서 '보편타당하며' '객관적인 진술'이라는 학문적 태도를 견지하지만, 디비니티적 사유는 주관적 가치판단을 배제하지 않고 오히려 그 가치판단을 전제로 한다. 물론 신학자라 하여 주관적 가치판단에서 절대적으로 자유로울 수는 없다. 그 또한 나름대로 논점을 가지고 신학 주제들을 대할 수밖에 없다. 그러나 그 주제들을 진술하는 과정 자체는 어느 누가 봐도 납득할 수 있는 학문적 엄밀성을 유지해야만 한다. 반면에 디비니티적 사유는 이런 신학적 사유와는 달리 오히려 분명한 가치판단을 전제하며, 그 진술 과정 또한 이 가치판단에 종속되는 것을 자연스럽게 받아들인다. 다시 말해, 디비니티적 사유는 '하나님같이 거룩한 존재로의 변형'(being divine)을 목표로 삼으며, 그 내용들을 진술할 때 끊임없이 설정된 목표와의 연관성 안에서 묻는다. 말하자면 신학은 사유 대상과 일정한 거리를 유지하는, 이른바 '밖으로부터의 사유'이지만 디비니티는 사유 대상과 '더불어' 혹은 '그 대상 안에서' 이루어지는 '안으로부터의 사유'를 한다.

둘째, 신학적 사유는 이성적 사유이지만 디비니티적 사유는 이성을 포함한 감성 의지 등 전인격적 요소들을 통해 체득하는 사유 방식이다. 신학은 그것이 '학'(-logy)인 한에는 '이성적인'(logical) 논의 방식을 전제로 할 수밖에 없다. 여기에는 사유를 하는 이의 감정이라든가 의지 같은 다른 인격적 요소들은 배제시켜야만 한다. 예를 들어, 하나님과의 관계에서 수반되는 내적 감정과 같은 주제를 다룰 때조차도 신학적 사유자는 자신의 감정이입을 주의하며 '심리학' 같은 이성적 학문의 도움을 받아 이성적 논의를 관철해야 한다. 그러나 디비니티적 사유는 전인격적인 개입을 오히려 요청한다. 거룩한 존재로 변형되는 사태를 진술하는 것은 이성적 사유로만 가능한 일이 아니다. 여기에는 다양한 감정의 흐름이 내재되어 있고 매 순간 이를 관철해 나가야 하는 의지적 행위의 개입이 반드시 있어야 하기에 이성과 감성, 의지 같은 인간의 전인격성이 개입하는 사유 방식이 필요하다. 즉 디비니티적 사유는 바로 전인격적 사유 방식이다.

셋째, 신학적 사유는 정교한 이론적 진술에 집중하지만 디비니티적 사유는 이론적 진술을 넘어 이를 실제로 경험하고자 하는 이론–실천(theoria-praxis)의 변증법적 사유방식이다. 웨슬리의 디비니티의 실천적 성격은 '실제적 경험'과 떼려야 뗄 수 없는 관계를 갖는다는 점에서 'experimental'이라는 수식어와 함께 사용되기도 한다.[1] 즉 웨슬리에게 'practical divinity'는 'experimental divinity'와 거의 동일한 의미다. 그러나 여기서 주의해야 할 점은 웨슬리가 사용하는 '경험적'이라는 용어는 존 로크(John Lock) 학파가 사용

---

1) Cushman, *John Wesley's Experimental Divinity*, pp. 62~63.

한 의미와는 다르다는 사실이다. 로크의 경험에서 '나'라는 존재는 외부의 객관적인 경험을 수동적으로 수용하는 피동적 존재지만, 웨슬리의 '나'는 외부 경험(신적 증거)을 주체적으로 수용하고, 그 수용한 경험 안에서 자기를 지속적으로 변화시켜 가는 그런 경험이다.[2]

넷째, 신학적 사유는 논의 대상에 대해 개별적이고 분석적인 사유에 주로 기초를 두지만 디비니티적 사유는 통합적인 관점을 유지한다. 예를 들어, 신학은 '하나님'에 관한 논의를 할 때 그것은 '신에 관한 논의'가 되고 이는, 곧 하나님의 본질과 속성, 사역 등으로 그 논의가 개별화된다. 또한 이 같은 각각의 주제를 따라 과학적이고 분석적인 논의를 전개해 나간다. 그러나 디비니티는 이와는 달리 개별적이고 분석적 접근이 아닌 통합적인 접근에 기초를 두는데, '하나님의 거룩함에 이르는 것'은 하나의 '전체'이기 때문이다. 즉 디비니티적 접근은 '전체는 모든 것의 합'이라는 수학적 공리에 기초해, 전체를 부분으로 쪼개고 그 쪼개어진 것들을 각기 분석하고 합산하여 전체를 이해하는 식의 방식을 지양한다. 디비니티적 관점에서는 하나님에 대해 물을 때, 우리가 하나님의 거룩한 성품을 닮아 갈 때 하나님이 어떻게 관여하시는가를 묻는다. 즉 하나님의 개별성을 묻지 않고 이른바 '총체적 시각', '통전적 시각'에서 하나님을 묻는다.

끝으로, 신학적 사유는 사유 대상을 정적 상태(static)로 대하며 다양한 변화나 흐름을 좇기보다는 그 안에 내포된 고정된 본질을 찾는 것이 중요 과제지만, 디비니티적 사유는 사유 대상을 동적이고 유기적인 관점에서 접한다. 예를 들어, 예수 그리스도의 삶의 궤적은 하나의 연속적 흐름이다. 신학적 사유는 이 연속적 흐름 자체에 관심을 두기보다는 그 연속적 흐름 가운데서 포착할 수 있는 고정 불변의 '의미'나 '본질' 등을 찾는 일에 관심을 둔다. 즉 무

---

2) 웨슬리는 이를 '믿음'이라 부른다. 곧, 믿음은 신적 증거들을 체험하고 현실화시켜 가는 과정이다. 그의 믿음 이해에 대해서는 이 책의 '디비니티 전개의 실마리-믿음'을 참조하라. 어떤 학자들은 이를 영적 세계를 파지하는 '인식론'(Epistemology)으로 이해한다. 웨슬리의 인식론에 관해서는 Laurence W. Wood, "Wesley's Epistemology," Wesleyan Theological Journal 10 (Spring 1975); Mitsuo Shimizi의 박사학위 논문, "Epistemology in the Thought of John Wesley" (Drew University., 1980) 참조.

엇을 했느냐 하는 질문보다는 그 행위들의 의미나 본질이 무엇인가를 묻는 해석학적 도구다. 그러나 디비니티적 사유는 대상을 정지된 실체가 아닌 '유기적이고 동적인 흐름'의 과정으로 받아들인다. 이런 관점에서 예수 그리스도에 대한 사유는 그 의미나 본질을 묻기보다 지금 여기에 살아 계신 그리스도로서 대하는 것이다.

나는 웨슬리의 디비니티를 제대로 포착하려면 신학적 시각이 아닌 디비니티적 시각이 반드시 전제되어야 한다고 본다. 그의 디비니티는 그의 신학적 사유의 소산이 아니라 그의 삶 전체의 반영이며 구체적 경험의 소산이기 때문이다. 그렇기에 나는 디비니티적 사유만이 그의 삶과 경험으로 형성된 유기적이고 역동적인 디비니티를 통합적 시각에서 생생한 모습 그대로 드러낼 수 있다고 확신한다.

디비니티와 '구원의 순서' (Ordo Salutis)

웨슬리의 디비니티는 하늘 가는 전 과정을 포함한다. 곧, '하늘 가는 길'이다. 그에게는 하나님 안에서 우리가 새로운 삶을 얻는 일이야말로 우리에게 '필요한 단 한 가지'이기에, 지적 토론이나 신학 체계를 세우는 등의 일보다는, 어떻게 해야 우리가 구원에 이를 수 있는 길을 제시할 수 있는가 하는 현실적이고 구체적인 문제에 깊은 관심을 기울였다.

웨슬리는 구원을 어떻게 이해했는가? 웨슬리의 저작물들을 검토하면, 그의 구원이해가 크게 두 가지 범주와 관련 있음을 발견할 수 있다. 첫째는, '구원이 무엇이냐' 하는 구원의 본질에 관한 내용이고 둘째는, '어떻게' 이 구원에 이를 수 있는가 하는 구원에 이르는 방법에 관한 내용이다.

웨슬리는 1765년 출판한 '성경적 구원의 길'(The Scripture Way of Salvation)이라는 설교에서 이 두 주제를 집중적으로 다룬다. 그에 따르면, 기독교의 최종 목표는 '구원'이며 이를 성취하는 방법은 '믿음'이고, 이 두 단어들은 "성경 전체의 실체"요 "모든 성경의 핵심"이다.[3] 그렇다면 '구원'은 무엇을 의미하는가? 웨슬리에게 구원은 영혼이 낙원에 들어가는 것이나 죽음 다음에 누리는 행복을 의미하지 않는다. 바로 "우리 영혼에 처음으로 은혜의 동이 틀 때부터 시작해서 영광으로 완성될 때까지의 하나님의 전체 사역"[4]을 의미하는데, 포괄적으로는 "선행은총(Preventing grace)으로 우리 영혼 속에 역사한 것 전부"를 의미하고, 보다 압축해 보면 "칭의와 성화"를 의미한다.[5] 그리고 이

---

3) *Sermons*, The Scripture Way of Salvation, 1~2.
4) *Ibid.*, I. 1.
5) *Ibid.*, I. 3.

구원은 '믿음'으로 주어진다. 웨슬리는 이 믿음을 히브리서 11장 1절의 정의에 따라 "보이지 않는 것들의 증거"로 이해하며, 특히 "하나님께서 그리스도 안에 계셔서 세상을 하나님과 화목하게 하셨으며" "그리스도께서 나를 사랑하시고 나를 위하여 자신을 주셨다"는 증거요 확신으로 이해한다.[6]

웨슬리의 구원에 관한 이해는 바로 구원의 사건이 실제로 어떻게 영혼에게 일어나는가에 대한 구체적인 설명이며, 이 설명이 바로 '구원의 순서'라는 관점에서 이루어진다.[7] 웨슬리는 그의 신학, 특히 구원론이 충분히 성숙했을 무렵인 1785년에 작성한 설교 '우리 자신의 구원을 이룸에 관해서'(On Working Out Our Own Salvation)에서 구원이 선행은총으로 시작하여 회개와 칭의 그리고 성화를 거쳐 완성에 이르는 과정이며, 이는 믿음을 통해 성취될 수 있다고 주장한다.[8]

사실 이러한 '구원의 순서'에 입각한 구원론 전개는 웨슬리의 독창적인 발명품은 아니다. 이 용어는 종교개혁 이전에는 발견되지 않았지만 이미 많은 신학자들이 구원에는 일련의 순서가 있음을 인식했으며, 이런 논의들이 1720년대 루터교 신학자들에 의해 '구원의 순서', 곧 '오도 살루티스'(ordo salutis)라는 용어로 자리 잡으면서 본격적으로 중요한 신학적 논쟁의 주제로 취급된다.[9] 많은 웨슬리 연구가들은 이런 신학적 범주를 웨슬리에게 적용함

---

6) *Ibid.*, II. 1~2.
7) Collins는 웨슬리신학의 핵심(axis)을 '구원론'(soteriology), 특히 '구원의 순서'(the order of salvation)로 인식하는 대표적인 학자들 중 하나이다. Collins, *The Theology of John Wesley*, p. 3.
8) *Sermons*, On Working Out Our Own Salvation, II. 1.
9) S .B. Ferguson, "Ordo Salutis", *New Dictionary of Theology* (Downers Grove: IVP Academic, 1988) p. 480. 역사적 논쟁을 도표로 정리해 보면 다음과 같다. http://en.wikipedia.org/wiki/Ordo_salutis, p. 1 참조.

가톨릭	루터교	아르미니안	칼빈주의
선행은총/부르심	부르심	미리 아심	예정
섭리/협력	조명	예정	선택
신앙과 회개/참회	회개	선택	부르심
세례	거듭남	선행은총	거듭남
확증	칭의	외적 부르심	신앙
성체	신비적 합일	회개와 신앙	회개
속죄	성화	거듭남	칭의
종부성사	보존	칭의	성화
(유아들에게 이 과정은		성화	견인
세례로부터 시작된다)		영화	영화

으로써 그의 구원론을 다루어 왔다. 즉 구원의 순서라는 전형적인 신학적 틀 안에서 웨슬리의 구원에 대한 이해를 다루었다.

웨슬리는 비교적 초기부터 구원을 어떤 정적인 고정점(a static point)으로 이해하지 않고 하나의 '과정'(process, *a via salutis*)으로 이해한 것 같다. 예를 들어, 1733년 옥스퍼드에서 했던 설교 '마음의 할례'에서 이미 구원에는 "어떤 일련의 연속적인 과정"(a successive stage in a process of salvation)이 있음을 암시한다.[10] 이런 과정이 바로 웨슬리의 '오도 살루티스'이다. 1765년 했던 설교 '구원의 길'(The Way of Salvation)에서는 이 과정을 '구원의 순서'(the order of salvation)라고 묘사하기도 한다. 그런데 웨슬리의 *Ordo Salutis*를 말할 때, '*Ordo*'라는 말, 즉 '순서'라는 단어가 주는 선입견 때문에 웨슬리 구원에 나타나는 제 요소들(parameters)을 시간적 혹은 직선적 시각으로 바라보려 한다는 단점이 지적되어 왔다.[11] 웨슬리에게 *Ordo Salutis*는 이런 평면적·해석학적 시각으로만은 담을 수 없는, 보다 복합적이고 역동적인 요소들을 내포하고 있다. 그러므로 매덕스(Maddox)는 웨슬리가 말하려 했던 것을 제대로 표현하려면 '구원의 순서'라는 표현보다는 그의 설교 제목처럼 '구원의 길'(비아 살루티스, *via salutis*)이라고 하는 편이 낫다고 제안한다. 매덕스에 따르면, 웨슬리의 구원에서 나타나는 순서들은 "어떤 상태의 급작스런 전이"(abrupt transition in status)라기 보다는 "하나님과의 관계에서의 상호작용"을 의미하기 때문이다.[12]

그렇다면 웨슬리의 '*Ordo Salutis*'를 어떻게 이해할 수 있을까? 그러기 위해서는 '*Ordo Salutis*' 안에 포함되어 있는 구조적인 특징들에 주목해야 한다. 이 구조적인 특징들을 이해하는 것이야말로 웨슬리의 구원의 순서를 이해하는 실마리이며 더 나아가 그의 구원론 전체, 곧 디비니티를 조망하는 기초가 된다. 그 특징들은 다음 세 가지로 요약할 수 있다.

---

10) Clarence I. Bence, "Processive Eschatology: A Wesleyan Alternative," *Wesleyan Theological Journal* 14(Spring, 1979) p. 54.
11) 이후정, "존 웨슬리와 새 창조의 텔로스", 「존 웨슬리의 역사신학적 조명」 p. 436.
12) Maddox, *Responsible Grace*, p. 157.

1) 유기적 과정(Organic process)이다

웨슬리의 구원의 순서에 내재된 일련의 연속성은 '시간적 연속성'이 아니다. '유기적 연속성'이라고 해야 한다. 웨슬리는 이를 설명하기 위해 빈번하게 인간의 '몸'을 구원의 과정을 설명하기 위한 이미지로 활용한다. 예를 들어, 인간을 멸망으로 이끄는 죄를 '질병'으로 인식하고 이런 상태로부터의 구원을 '치유를 통한 회복'이라는 "치유적 관점"(therapeutic perspective)으로 이해할 뿐 아니라[13] 몸의 '성장'이라는 측면에서 구원의 전체 과정을 그려 내기도 한다.

즉 타락한 인간은 불치병에 걸린 몸처럼[14] 영혼의 죽음에 직면한 존재이며,[15] 새로운 생명의 탄생만이 구원을 가능케 한다. 이 새로운 탄생이 웨슬리에게는 바로 칭의와 거듭남을 의미하며,[16] 이는 인간 육신의 새로운 탄생과

---

13) 매덕스(Maddox)는 웨슬리의 구원론은 서방 교회의 죄와 용서라는 법정적(juridical) 관점의 구원론과 동방 교회의 치유적(therapeutic) 관점의 구원론을 종합한 것이지만 후자, 즉 치유적 관점의 구원론에 훨씬 무게를 두었다고 평가한다. 그의 논문 "John Wesley's Therapeutic Understanding of Salvation," http://findarticles.com/p/articles/mi_qa4044/is_200207/ai_n9140532/ 참조.

14) 웨슬리는 때때로 죄에 기인한 인간의 비참한 현실을 심각한 질병에 걸린 상태로 비유한다. 이 견해는 비교적 초기 웨슬리에게서도 발견된다. 예를 들어, 1734년의 설교 '한 가지만으로도 족하다'(The One Thing Needful)에서는 인간의 본질적 상태를 치명적 질병인 "문둥병"에 걸린 상태로 이해하면서 "상처투성이"나 "악취 나는 종기투성이"라고 묘사한다. *Sermons*, The One Thing Needful, I. 4.

15) 웨슬리는 이 죽음을 놓고 두 가지 형태의 죽음을 말한다. 첫째는, 육체적 죽음이요 둘째는, 영적 죽음이다. 그의 초기 설교, '하나님의 형상'(The Image of God)에서는 이 육체적 죽음에 관심을 둔 반면, '거듭남'(The New Birth)에서는 영적 죽음에 더 관심을 집중한다. '하나님의 형상' 설교에서 육신의 죽음에 대해, 선악과에 함유된 어떤 액체가 혈관에 침착해 다른 물질의 축적을 가져오고 이 때문에 점차로 인간의 육신이 죽게 된다고 묘사한다. 영혼의 죽음은 이런 육체의 죽음과 더불어 온다. 먼저, 하나님의 자연적 형상이 파괴되는데, 이해력 상실로 인식의 치명적 오류가 일어나고, 이 때문에 의지는 방향을 잡지 못하고 비통함과 분노, 증오와 두려움의 감정이 오히려 의지를 지배한다. 의지는 화려해 보이는 세상 오락에 빠져 들고 인간의 자유는 오히려 악의 노예가 된다. 설교 '거듭남'에서는 이보다 더 근원적인 죽음, 곧 영적 죽음을 더욱 치밀하게 묘사하는데, 웨슬리에 따르면, 하나님이 경고를 통해 말씀하신 죽음은 육체적 죽음이 아닌 바로 하나님으로부터 영의 분리, 곧 영적 죽음을 일컫는다. 이 영적 죽음은 자연적 형상들의 치명적 손상뿐 아니라 도덕적 형상의 완전한 상실을 의미한다. 즉 인간은 하나님의 형상인 의와 거룩함에 이르는 길을 완전히 상실하고 마귀의 형상인 교만과 자기고집에 빠지고 멸망할 짐승의 형상인 육욕에 빠져 들게 된다. *Sermons*, The Image of God II. 2~4; The New Birth, I. 2~3.

16) 웨슬리에게 칭의와 거듭남은 동전의 양면과 같다. 바로 칭의는 "하나님께서 우리 죄를 사하시는 가운데 우리를 위해 행하신 위대한 사역"과 관계있고, 거듭남은 "하나님께서 우리의 부패한 본성을 새롭게 하시는 가운데 우리 안에서 행하신 위대한 사역"과 관련 있다. 즉 그리스도의 십자가 은총을 믿음으로 칭의를 받으며, 또 이는 하나님의 자녀로서 신분이 변화됨을 의미한다. 동시에 성령의 역사로 말미암아 거듭남으로써 하나님의 자녀의 성품, 곧 그리스도의 성품을 본받기 시작한다. *Sermons*, The New Birth, I.

직접적으로 유비된다. 그러니까 영혼의 거듭남, 곧 "위로부터", "하나님으로부터", "성령으로부터"의 탄생은 어린아이의 탄생과 "매우 가깝게 유비되는 것"이다.[17] 즉 웨슬리의 거듭남은 자연적 출생과 비교될 수 있으며, 무엇보다도 영적 감각의 회복으로 이해한다. 하나님으로부터 태어난 영혼은 "이해의 눈이 열리며" "그리스도의 얼굴에 있는 영광의 빛을 보며" "죄를 사하신다는 주님의 음성을 듣는다."[18]

웨슬리의 성화 또한 인간의 유기적 인체 성장과 비교되는데, 이는 바로 새로이 탄생한 어린아이가 지속적으로 성장해 청년기로 나아가는 것과 매우 유사하다.[19] 어린아이의 탄생은 결코 청년기로의 성장과 단절될 수 없듯이 거듭난 영혼의 성화 과정도 그러하다. 그는 '성경적 구원의 길' 설교에서 이 양자 간 관계를 설명한다.

"우리가 칭의를 입는 그 순간에 성화는 시작된다. 그 순간 우리는 거듭나게 된다. 위로부터 성령으로 나는 것이다. 여기에는 실질적 변화와 상대적 변화가 있다. 우리는 하나님의 능력에 힘입어 내적으로 새로워지는 것이다."[20]

또 그는 '거듭남' 설교에서 양자 간 관계를 다음과 같이 규정한다.

"거듭남은 성화의 일부이며 그 전체가 아니다. 거듭남은 성화로 들어가는 입구이고 통로이다. 우리가 거듭날 때 우리의 성화, 곧 우리 안과 밖의 성화는 시작된다."[21]

---

17) *Ibid.*, II. 3.
18) *Ibid.*, II. 4.
19) 또한 그는 이러한 새로운 생명의 탄생은 한순간으로 그치는 것이 아니라 몸의 경우처럼 끊임없이 성장해 나가야 한다고 주장한다. *Sermons*, The Great Privilege of Those That Are Born of God, 5~6.
20) *Sermons*, The Scripture Way of Salvation, I. 4.
21) *Sermons*, The New Birth, IV. 4.

물론 성화와 완전 또한 분리될 수 있는 것이 아니다. 완전은 성화의 완성을 의미한다. 웨슬리에게 완전은 '온전히 이룬 성화', 곧 갓 태어난 어린아이가 청년기를 거쳐 어른의 단계로 자연스럽게 나아가듯 성화에 이른 상태의 영혼은 자연스럽게 그 완성을 소원한다. 즉 "그리스도의 장성한 분량이 충만한 데까지" 이르기를 소원하는 것이다.[22] 이는 마치 청년이 어른으로의 성장을 향한 동기가 자기 본성 안에 내재해 있는 것처럼, 웨슬리에게 있어 완전을 향한 동기가 성화 자체에 내재되어 있다고 보는 것이다. 곧, 성화가 참다운 성화라면 유기체의 성장처럼 완전을 향해 자연스럽게 성장해 나아가야 한다는 의미다. 다시 말해, 웨슬리는 구원의 과정을, 거듭남을 시작으로 성화가 시작되고 이는 또한 완전을 향해 끊임없이 나아가는 유기체적 성장 과정으로 이해한다.

2) 목적 지향적(*telos*)이다

린드스트롬(Harald Lindström)이 올바르게 평가했듯이, 웨슬리의 구원이해는 일련의 연속적 과정이며 하나의 목적을 지향하고 있다. 이는 마치 계단을 통해 올라가는 것과 같다.[23] 벤스(Bence)는 그의 박사 학위 논문 "존 웨슬리의 목적론적 해석학"(John Wesley's Teleological Hermeneutic)에서 웨슬리의 구원론은 목적을 향해 "전진해 나가는"(Go Forward) 성향이 분명이 드러난다고 지적한다. 그러면서 하나의 목표가 이루어지면 그 목표가 또다시 새로운 목표 설정의 근거가 되고 이를 향해 또다시 전진하는 "점진적 발전 과정"(gradation)으로 묘사할 수 있는 역동적인 전진 과정 측면으로 구원을 이해하려 했다고 본다.[24] 이러한 벤스의 평가는 웨슬리가 *Ordo Salutis*를 설명하기 위해 인간 성장을 모델로 삼았다는 사실을 고려할 때 정당하다고 할 수 있

---

22) *Sermons*, Christian Perfection, II. 1.
23) Harold Lindström, *Wesley and Sanctification* (Wilmore: Francis Asbury Publishing Co., 1980) p. 122.
24) Clarence Luther Bence, "John Wesley's Teleological Hermeneutic"(Ph.D., Dissertation, Emory University, 1981) pp. 7, 98.

다. 즉 인간의 몸처럼 구원은 일련의 연속적이고 유기적인 과정이며 궁극적
목적을 향해 성장해 나가는 목적 지향적 운동인 것이다.

웨슬리의 이런 목적론적 구원이해는 초기 저작들에게서 발견된다. 예를
들어, 1733년의 설교 '하나님의 형상'에서는 하나님의 형상을 지닌 완전한 인
간의(타락으로 본래의 인간성을 상실함) 하나님 형상을 회복하기 위한 하나님의
은총의 역사, 곧 완전한 인간성의 회복이라는 구원의 비전을 피력한다. 1734
년의 설교 '한 가지만으로도 족하다'에서는 '하나님의 형상' 설교에서와 마찬
가지로 사라진 하나님의 형상 회복이라는 구원의 목적론적 이해를 유지한다.
우리가 타락한 상태에서 벗어나 우리의 본래 상태로 회복되는 것, 즉 "사탄의
형상에서 하나님의 형상으로, 속박에서 자유로, 질병에서 건강으로 회복되는
것"이 바로 우리에게 유일하게 필요하다고 보는 것이다.[25]

웨슬리는 여기서 좀 더 나아가 구원이 지향해야 할 목표점을 '하나님과의
합일' 차원으로 확대해 나간다. 바로 인간은 타락에도 불구하고 우리에게 필
요한 유일한 것, 곧 하나님의 형상이 회복되었을 때 우리 영혼은 "사랑"으로
충만해지며, 이 사랑으로 말미암아 인간은 "하나님과의 일치"를 갈망하고
또 그 일치를 이루어 가게 된다는 것이다.[26] 웨슬리의 목적론적 구원이해는
1738년 올더스게이트 체험 이후 그리고 그의 삶 후반기에 그의 '완전' 사상 안
에서 더욱 정교하게 체계화된다. 즉 웨슬리에게 구원은 완전을 향해 나아가
는 끊임없는 성장 과정이다. 그렇다면 *Ordo Salutis*의 궁극적 지향점, 곧 '완
전'은 무엇을 의미하는가?

웨슬리는 사도 요한의 말을 빌어 '완전'의 의미를 이해한다. 이는 바로 '삼
위 하나님의 충만한 임재 상태'이다. 또한 '그리스도의 사랑의 길이와 높이,
깊이를 알아 하나님의 모든 충만하신 것으로 충만케 된 상태'이다.[27] 이 상태

---

25) *Sermons.* The One Thing Needful, I. 5.
26) 웨슬리는 이 과정을 요 14:23; 요일 3:24; 고전 6:17 성경구절을 인용하여 묘사한다. "만일 사람이
하나님을 사랑하면 하나님께서도 그를 사랑할 것이며 그가 하나님께 가까이 나아갈 때 하나님께서도
그에게 나아가 그와 함께하실 것이다. 사람이 하나님 안에 거하면 하나님께서도 그 안에 거하신다.
주님과 하나 되는 자는 주님과 동일한 영의 소유자다." *Ibid.*, II. 2.
27) *Sermons*, On the Discoveries of Faith, 17.

는, 곧 하나님을 향한 사랑으로 가득 찬 영혼, 그러니까 "마음을 다하고 목숨을 다하고 뜻을 다하여 하나님을 사랑하는" 그런 상태이다.[28] 다시 말해, 회개와 칭의, 성화를 거쳐 완숙한 경지에 이르러 그 최종 목적인 사랑의 충만함에 이른 상태를 가리킨다.

이것은 무지도 없고 실수도 없으며 연약성도 없고 유혹도 없는 그런 상태가 아니다. 영혼이 육체에 머무는 동안 사람이 얻을 수 있는 최상의 완전은 무지와 실수, 그리고 수많은 결함을 회피할 수 없는 상태를 배제하지 않는 그런 완전이다.[29] 웨슬리의 *Ordo Salutis*가 궁극적으로 지향하는 바는 마음을 다하고 혼과 정성을 다해 하나님을 사랑하는 것, 이웃을 내 몸과 같이 사랑하는 것이다. 이는 곧 그리스도의 마음을 품는 것이며 성령의 열매들을 맺는 삶을 의미한다. 결국 한 마디로 요약하면, 하나님의 형상, 곧 의와 거룩함을 회복하는 도덕적 완전인 '성결'을 뜻한다.[30] 이런 의미에서 '완전한'과 '성결'은 동어반복일 뿐이다. 그런데 완전한 성결은 이 땅에서는 존재하지 않는다. '정도의 완전'이란 없다. 어느 수준에 도달했든지 그는 아직도 은혜 안에서 자라야 한다.[31]

3) 평행/ 트랜스 평행적이다

웨슬리의 *Ordo Salutis*는 하나님과 인간이라는 두 개의 초점을 중심으로 전개된다. 웨슬리에게 이 두 초점은 근본적으로 화해 불가능한 영원한 평행(parallel) 구조이다. 다시 말해, 타락 이후로 인간은 하나님께 나아갈 수 없는 '영원한 타자'이다. 이러한 구조는 웨슬리의 원죄 이해에서 명백히 드러난다. 그는 인간이 개신교 전통에 따라 전적으로 타락하여 하나님께 나아갈 수 있는 길을 완전히 상실했다고 본다. 인간은 원래 하나님의 형상에 따라 지음 받

---

28) *Ibid.*, 16.
29) *Sermons*, On Perfection, I, 3.
30) *Ibid.*, I. 1~7.
31) *Sermons*, Christian Perfection., I. 9.

앗기에 자유의지를 소유했고 따라서 타락에 맞설 수도 있고 또한 타락할 수도 있었다. 그러나 인간은 그 경고를 무시하고 하나님께 불순종했고,32) 그 결과는 '죽음'이었다. 웨슬리는 여기서 두 가지 형태의 죽음을 말한다. 바로 육체적 죽음과 영적 죽음이다. 그에 따르면, 하나님이 애초에 경고하신 죽음은 육체적 죽음이 아닌 바로 하나님으로부터 영의 분리, 곧 영적 죽음을 일컫는다.33)

이 영적 죽음은 자연적 형상들의 치명적 손상뿐 아니라 도덕적 형상의 완전한 상실을 의미한다. 즉 인간은 하나님의 형상인 의와 거룩함에 이르는 길을 완전히 상실하고 마귀의 형상인 교만과 자기고집에 빠지고 멸망할 짐승의 형상인 육욕에 빠져 든다.34) 웨슬리는 이러한 영혼의 죽음은 그 이후로 모든 인류에게 적용된다고 본다. 설교 '원죄'(Original sin)에서는 시편 14편 4절과 이사야 1장 5~6절을 인용하며 모든 인류의 자연적 상태가 죽음의 상태에 놓여 있다고 논증한다.35)

웨슬리는 처음 인간은 타락으로 말미암아 이처럼 '죽은 자'요 그 죽음에서 벗어날 가능성을 상실한 그야말로 구원의 희망을 찾을 수 없는 자가 되었다고 말한다.36) 이 상태가 바로 처음 타락 후 인간 아담이 처한 현실이었다. 인류는 이 아담의 죄를 이어받았고 그래서 인간은 더 이상 거룩한 삶을 살 수가 없고 어리석고 불행한 삶을 살 수밖에 없게 되었다.37) 죽음의 상태에 이른 인간은 하나님께 나아갈 어떤 수단도 갖고 있지 않다. 하나님은 인간에게, 인간

---

32) *Sermons*, The New Birth, I. 2.

33) *Ibid.*, I. 3.

34) *Ibid.*, I. 2.

35) *Sermons*, Original Sin, II. 1; Justification by Faith, I. 5.

36) 웨슬리는 인간의 영적 죽음을 하나님의 형상이 파괴된 것과 동일한 것으로 본다. 그에 따르면, 그 도덕적 형상은 완전히, 그리고 그 자연적 형상은 부분적으로 파괴되었다. 도덕적 형상의 완전한 상실은 하나님께 대하여 죽은 자가 됨을 의미한다. 자연적 형상의 왜곡은 하나님을 하나님으로 알아보지 못하며(불신앙), 하나님의 뜻으로부터 독립하여 자기의지(self-will)를 추구하고(교만), 하나님이 기뻐하시는 것을 좇는 것이 아니라 내가 기뻐하는 것을 좇는 것으로(육신의 정욕) 나타난다. 여기서 자유라는 것은 이 세 가지 기능들이 움직이는 선악간의 방향을 인간 스스로 선택하는 기능인데, 위와 같이 늘 악으로 치우치는 방식으로 사용된다. *Sermons*, The Way to the Kingdom, II. 1.

37) *Sermons*, On the Fall of Man, II. 7.

은 하나님에게 영원한 타자이다. 양자 사이에는 영원히 건널 수 없는 심연이 존재하며 접점 없는 평행선이다. 이 점에서 웨슬리는 다른 종교개혁자들과 기본 노선을 같이한다. 실제로 웨슬리안들 중 많은 이들과 칼빈주의자들 중 많은 이들이 웨슬리가 전적 타락설을 고수했거나 최소한 그에 가까운 입장을 취했다고 보기도 한다.[38]

하지만 웨슬리는 그 원죄 해결에 대한 실제 적용 면에서는 다른 종교개혁자들, 특히 루터나 칼빈과 기본 입장을 달리한다. 루터나 칼빈 같은 경우 인간은 말 그대로 완전한 타락에 이르렀으며 하나님의 주도적인 구원 행동 없이는 인간의 구원은 불가능하다. 그것이 영혼을 부르시는 하나님의 선택적 행위(칼빈)이건 그분의 절대적인 은총이든 간에 전적으로 타락한 인간에게는 구원의 어떤 역할을 기대할 수 없다는 말이다. 그러나 웨슬리는 이 견해와는 다른 견해를 개진한다. 즉 인간은 전적으로 타락하여 스스로 어떤 의를 이룰 수 없지만, 다른 한편으로 그 의를 이룰 수 있는 능력을 가지고 있다. 다시 말해, 인간은 전적으로 타락한 존재지만 의를 이룰 수 있는 가능성을 가진 존재라는 뜻이다. 이 가능성은 그의 구원론 전체에서, 특히 그의 완전론에서 필연적으로 요청되는 중요한 요소 중 하나이다.

이것은 분명 모순이다. '전적으로 타락되었다'는 사실과 '가능성이 있다'는 말은 상호 존립 불가능한 모순적 언사다. 이런 모순적 언사 때문에 웨슬리가 말하는 전적 타락설은 때때로 진실한 의미의 전적타락설이 아닌 가상적인 것이라거나[39] 혹은 아담의 원죄 전가설을 부인하고 그 결과 부분적인 타락을 주장할 수밖에 없었던 아르미안주의의 하나라는 평가를 받기도 한다.[40] 그러

---

38) H. Orton Wiley, *Christian Theology*, vol.2 (Kansas City: Beacon Hill Press, 1940~1943) p. 128;
   Charles Webb Carter, R. Duane Thompson, Charles R. Wilson, *Contemporary Wesleyan Theology*,
   vol. 2 (Grand Rapids: Zondervan Publishing House, 1983) pp. 266~267. 또한 R. W. A. Letham(ed.),
   "Arminianism," *New Dictionary of Theology* (Downer Grove: IVP. 1988) p. 46.

39) Harald Lindström, *Wesley and Sanctification,* pp. 44~50.

40) 실제로 웨슬리의 원죄이해는 아르미니우스(Arminius)에게 크게 빚을 졌다. 웨슬리는 스스로
   아르미니안이라는 평가를 받아들였고 'Arminian Magazine' 설립자이기도 했다. 홋지(Hodge)는
   웨슬리를 웨슬리 추종자들보다 더 순수하게 아르미니안적이라고 평가한다. C. Hodge, *Systematic
   Theology*, vol. 2 (Grand Rapids: Wm. B. Eerdmans Publishing Co., 1946) p. 329; A. A. Hodge,

나 웨슬리가 이해하는 인간의 원죄 문제와 그 전적인 타락은 루터와 칼빈과 다를 바 없다. 인간의 죄가 아담으로부터 모든 인류에게 전가되었으며 그 타락은 전적인 것이어서 인간 스스로 구원을 찾기란 불가능하다고 본다. 하나님과 인간 양자가 '영원한 평행적 관계'라고 주장하는 데에는 루터와 칼빈과 마찬가지로 양보하지 않는다.

그러나 그럼에도 웨슬리는 이 평행적 관계에 머무르지 않고 '상호 연결할 수 있는 다리'를 상상한다. 말하자면 '접점 있는 평행'(trans-parallel)이라는 모순된 그림을 그려 낸다. 하나님과 인간 사이의 영원한 분리를 말하면서도 만남이 가능한 그런 그림을 염두에 둔 것이다.[41] 그렇다면 웨슬리는 이 모순을 어떻게 해소하는가? 그가 택한 이 문제의 해결 방식이 바로 그의 '선행은총론'이다. 헨리 락(Henry D. Rack)에 따르면, 웨슬리는 인간의 자유의지가 타락으로 말미암아 가능성을 상실한 절망적인 인간의 상태와 화해할 수 있는 길을 제시했다. 웨슬리가 말하는 그 길은 바로 '선행은총'이다. 락은 "이 같은 신학적 장치로 웨슬리는 펠라기우스(인간은 자신들의 노력을 통해 구원받을 수 있다고 봄)와 칼빈주의(자유의지의 전적인 부정과 선택과 유기를 말함) 사이의 양극

Outlines of Theology (Grand Rapids: Zondervan Publishing House, 1976) p. 106. 주지하다시피 아르미니우스는 칼빈의 사위 베자(Theodore Beza, 1519~1605)의 학생이었으며, 처음엔 엄격한 칼빈주의자로 출발했지만 종국엔 칼비니즘의 반대자가 되었다. 아르미니우스와 그의 추종자들은 전적 타락에 대해서는 칼비니스트와 별다른 이견이 없어 보인다. James Nichols and W. R. Bagnall(ed.), *The Writings of James Arminius*, vol.1 (Grand Rapids: Baker Book House, 1977) pp. 486, 526. 그러나 또 다른 진술에서는 전적 타락에 대한 다른 이해가 보인다. *Ibid.*, pp. 374~375 참조. 아르미니우스에게 아담의 원죄는 실제적인 것이 아니다. 그는 인간의 타락이 아담의 죄에 대한 형벌 차원의 결과(penal consequences of Adam's sin)라고 인정하지 않는다. 실제적 죄(actual sin)는 아담으로부터 전가된 죄의 결과가 아니라, 아담으로부터 인간에게 내재되어 온 본래적 의의 결핍이라는 본성으로 인한 인간 개개인의 범죄를 의미한다. Carter, *Contemporary Wesleyan Theology*, vol.2, pp. 262~263 참조.

41) 웨슬리 당시에는 천국에 이를 수 있는 이들이 미리 정해졌다는 칼빈주의 입장이 지배적이었다. 이런 분위기에서 웨슬리는 모든 인간이 하나님의 은총을 선택할 수 있는 자유의지를 가졌다고 주장했다. 이 때문에 그 당시 주류 복음적 교회들과 관계를 단절해야 했고, 친한 친구 휫필드와도 결별해야 했다. 그러나 모든 인류를 구원하시기를 원하는 하나님의 사랑을 믿었기 때문에 어떤 이들이 이미 심판에 예정되었다는 예정론과는 타협할 수 없었다. 웨슬리에게는 만일 하나님이 진정 사랑의 하나님이시라면 어떤 이들은 구원하고 어떤 이들은 저주한다는 것은 있을 수 없는 일이었다. 하나님은 우리 인간을 사랑하시기에 아들을 아끼지 아니하시고 '모든 이들을 위해' 내어주셨다. 이 은총과 사랑은 "모든 이에게" 그리고 "모든 이를 위해" "값없이 주신 것이다." *Sermons*, Free Grace, 1.

단을 극복할 수 있었다."고 말한다.[42]

그렇다면 웨슬리의 선행은총은 구체적으로 무엇을 말하는가? 그에게 선행은총은 인간을 구원으로 인도하기 위한 하나님의 선행적 행위이다. 하나님은 인간을 향해 먼저 선행적으로 구원 의지를 가지셨다. 하나님은 인간을 구원하고 싶어 하시며 이를 위해 선행적으로 무엇인가를 해야만 하셨다. 이것이 바로 웨슬리가 말하고 싶은 선행은총이다. 즉 선행은총은 아직 인간이 죄인일 때, 죄와 사망으로 죽은 자일 때, 그리고 인간이 구원을 위해 아무것도 할 수 없을 때, 인간이 처한 문제를 근원적으로 해결하려고 하나님이 '선행적으로' 인간을 위해 베푸신 '은총'이다.

선행은총을 받아들이는 이에게 하나님은 영원한 타자가 아니다. 그분은 영원히 만날 수 없는 심연 건너에 위치한 평행선이 아니다. 이제 그분은 여전히 평행선에 위치해 있지만 만날 수 있는 길이 있는 평행선(trans-parallel)이다. 그렇다면 웨슬리의 선행은총은 구체적으로 인간에게 어떻게 나타나는가? 웨슬리의 말을 들어보자.

"구원은 보통 (그리고 매우 올바르게) '선행(先行)하는 은혜'라고 지칭하는 거기서부터 시작한다. 이 선행하는 은혜는 하나님을 기쁘시게 해드리고자 하는 최초의 소원, 하나님의 뜻에 관해 비추는 빛의 최초 여명, 하나님께 거역해 죄를 범했다는 사실에 대해 최초로 대수롭지 않게 일시적으로 뉘우치는 것을 포함하며 이들은 모두 생명을 향한 어느 정도의 경향성, 어느 정도의 구원, 하나님과 하나님의 일들에 대해 완전히 감지하지 못하는 눈멀고 무감각한 마음으로부터 건짐을 받기 시작하는 시작 단계를 암시한다."[43]

이러한 은혜는 웨슬리에 따르면, 전적으로 삼위일체 하나님의 '선행적' 구

---

42) Henry D. Rack, *Reasonable Enthusiast* (London: Epworth Press, 2002) p. 389. Outler도 이 입장을 지지한다. 그에 따르면, 웨슬리는 펠라기우스적인 낙관주의와 어거스틴적 비관주의의 양극단에 대한 제3의 길을 모색했다. Outler, Evangelism and *Theology in the Wesleyan Spirit* (Nashville: Discipleship Resources, 1975) p. 35.

43) *Sermons*, On Working Out Our Own Salvation, II. 1.

원 의지에서 발현된다. 즉 선행은총은 모든 '성부(聖父)의 이끄심의 역사들', 곧 '하나님께로 가고자 하는 마음'과 '하나님의 아들이 세상 사람들을 교화하는 빛', 곧 '각 사람에게 공의를 행하며 인자를 사랑하고 겸손히 하나님과 동행하는 것', 그리고 '성령께서 때때로 모든 사람에게 역사하셔서 깨닫게 하시는 것'으로써 가능하다고 본다.[44]

그렇다면 여기서 한 가지 질문을 제기할 수 있다. 삼위일체 하나님이 구원의 여명을 여셨다면 인간의 역할은 무엇인가? 선행은총으로 말미암아 회복된 자유의지는 무슨 의미를 갖는가? 이 자유의지를 통해 구원에 있어 인간의 주체적 역할을 담보하는가?

일부 웨슬리 연구가들은 웨슬리 사후에 그 계승자들이 구원의 문제에서 인간의 역할을 더욱 강조한 경향이 있다고 본다. 예를 들어, 차일즈(Robert Chiles)는 이 입장을 지지하는 대표적 인물이다.[45] 그러나 나이트(John Knight)는 웨슬리 후반기에, 구체적으로는 그가 사망하기 20여 년 전부터 이런 경향이 뚜렷이 나타났다고 본다. 나이트에 따르면, 1770년 이후 격화된 '칼빈주의적 메도디스트'들과의 논쟁에서 웨슬리는 "믿음과 하나님의 은총보다는 자유와 인간의 행위"를 더 강조했다.[46]

그러나 웨슬리가 후반기에 들어 인간 의지를 강조하면서도 구원의 문제에서 하나님의 선행은총의 주도적 역할을 지속적으로 견지한다는 점에서, 이런 나이트 견해에 동의하기 어렵다. 예를 들어, 1785년의 설교, '우리 자신의 구원을 이룸에 관해서'에서 이런 경향이 확실히 드러난다. 이뿐 아니라 그의 중기 혹은 후기 저작물에서 자유의지에 대해 언급한 내용을 보면, 구원에 문제에서 하나님의 은총으로부터 독립된 인간의 주체적 역할을 강조하고 있지 않음을 알 수 있다. 웨슬리에게 회복된 자유의지란 하나님의 자연적 형상

---

44) *Sermons*, The Scripture Way of Salvation, I. 2.
45) Albert E. Chiles, *Theological Transition in American Method sm. 1790~1936* (Nashville: Abingdon Press, 1965) p. 144 이하.
46) John Allan Knight, "John Fletcher's Influence on the Development of Wesleyan Theology in America," *Wesleyan Theological Journal* 13(Spring, 1978) p. 21.

에서 왜곡된 자유의지[47]가 아니라 "초자연적으로 회복된 자유의지"(free will supernaturally restored)를 의미한다. 1752년에 작성한 논문 '침착하게 숙고된 예정론'(Predestination Calmly Considered)에서 웨슬리는 이 점을 명확히 한다.

"나는 모든 이에게 주어진 초자연적으로 회복된 자유의지만이 있다는 사실을 주장할 뿐이다. 이 초자연적 빛이 세상 모든 이들을 비추고 있다."[48]

1772년에 작성한 '힐즈 씨의 관점에 관한 숙고'(Remarks on Mr. Hill's Review)에서도 하나님이 모든 인간에게 하나님의 '은총을 통해 회복된 자유의지'를 확고히 한다고 말한다.[49] 여기서 초자연적으로 회복된 자유의지는 인간의 본연적(자연적)인 것이 아니라 하나님의 선행은총으로 말미암아 새로이 '회복된 자유의지'임을 주목해야 한다. 여기서 말하는 자유의지는 나 자신 안에 부여된 능력을 가지고 하나님의 구원 사역에 파트너로서 협력할 수 있는 그런 역할을 하는 것이 아니다. 다시 말해 하나님의 선행은총으로 인식하게 된 나 자신의 진실한 모습 앞에서 하나님의 은총을 수용할지 안 할지를 결단하는, 다시 말해 삼위일체 하나님이 선행적으로 마련하신 희미한 구원의 여명을 보며 믿음으로 나아갈지 그렇지 않을지를 결단하는 역할을 한다. 콜린 윌리엄스(Collin Williams)가 지적했듯이, 웨슬리에게 있어 자연적 인간은 하나님에 대해 죽은 자요 원죄 때문에 하나님에 대해 응답할 수 없는 존재였지만 선행은총의 능력과 사역으로 인간은 "응답을 하거나 거절을 할 수 있는"(response or resist) 존재, 곧 "믿음을 받아들이거나 거절할 수 있는 존재"가 된 것이다.[50]

---

47) 로마 가톨릭이나 동방 교회의 이해는 처음 인간이 소유한 자유의지가 타락함으로써 부분적으로 약화되긴 했지만 소실되거나 사라지지는 않았다고 본다. Wiley, *Christian Theology*, vol.2, p. 104.

48) Wesley, *Predestination Calmly Considered*, 45 (2), http://evangelicalarminians.org/files/Wesley.%20PREDESTINATION%20CALMLY%20CONSIDERED.pdf

49) *Ibid*., p. 392.

50) Collin W. Williams, *John Wesley's Theology Today*, p. 41. 웨슬리의 선행은총론은 그의 원죄론과 타락설이 그러하듯 때때로 어떤 면에서는 아르미니안 사상의 한 부분이라고 오해를 받는다. 사실

요약하자면, 웨슬리의 *Ordo Salutis*에서 하나님과 인간이라는 두 초점은 상호 건널 수 없는 영원한 평행적 관계이지만 하나님의 선행적 은총으로 이들 두 평행선 사이를 건널 수 있는 '트랜스-평행'의 길이 준비된 것이다. 성령의 사역을 통해 인간을 구원으로 인도하시는 하나님의 선행은총으로 이제 인간은 죄로 말미암아 구원에 이를 수 없었던 처지에서 구원으로 나아갈 수 있는 길을 얻게 된 것이다. 즉 웨슬리에게 구원은 하나님과 인간이라는 상호 조화될 수 없는 두 초점이 하나님의 선행은총으로 말미암아 일치의 가능성이 열리는, 일종의 '반대의 일치'라는 모순적 구조를 바탕으로 한다. 그런데 이 모순적 구조는 단지 죄인들을 회개로 초대하는 구원의 예비 단계에만 나타나는 것이 아니라 완전에까지 이르는 구원의 전체 과정에서도 계속되는 구조이다. 즉 하나님께서는 성령을 통해 '선행적으로' 은총을 베푸시며, 우리는 이 '선행적 은총'을 믿음으로 받아들임으로써 완전의 자리로 나아간다. 트랜스-평행적 구조는 유기적이고 목적론적인 구조와 더불어 웨슬리의 *Ordo Salutis* 전반에 지속적으로 등장하면서 역동적인 구원을 이루어 나간다. 그렇다면 웨슬리는 이러한 *Ordo Salutis*의 내적 구조가 빚어내는 구원의 역동성을 구체적으로 어떻게 설명하는가?

그의 선행은총론은 아르미니안의 이해에 크게 빚을 졌다. 총체적으로 보면, 웨슬리의 선행은총론과 아르미니안의 그것을 구분하기 어려울 정도다. 그러나 웨슬리는 그 구체적인 부분, 특히 선행은총을 하나님의 정의 차원에서 다루려는 아르미니안적 시각에는 동의하지 않는다. 아르미니안에게 인간의 죄는 아담이 지은 죄 때문이 아니라 그와 같은 죄의 본성을 동일하게 지닌 인간의 타락된 본성에서 연유된다. 인간은 바로 이 타락된 본성 아래서 죄와 분투하기에, 하나님은 이 죄에서 승리하기 위해 충분한 도움을 제공하는 은혜를 예비하실 의무가 있다. 따라서 아르미니안들에게는 이 선행은총이 '하나님의 정의의 문제'(a matter of God's justice)인 셈이다. 이러한 은총론은 명백히 구원에 있어서 '신인협력적'(synergistic) 요소를 띤다. 즉 아르미니안에게 있어서 하나님의 선행은총은 정의적 관점에서 요청되는데, 이는 아담의 원죄, 더 엄밀히 말해 아담이 범한 죄가 아닌 그 안에 내재된 죄를 저항할 수 있는 자유의지의 회복이 모든 인류에게 주어졌고 이 자유의지를 통해 인간은 믿음으로 응답하도록 요청받는다는 것이다. Wiley, *Christian Theology*, vol.2, p. 108, 355.
웨슬리의 선행은총론의 기본 틀은 이 같은 아르미니안의 이해와 별 차이가 없어 보인다. 그 또한 하나님의 선행은총이 아담의 원죄, 특히 내적 죄를 해결하기 위해 인간의 자유의지를 회복하게 했다는 데 동의한다. 그러나 이를 '하나님의 정의의 차원'이 아닌 '하나님의 구속적 사랑의 차원'에서 이해한다는 점에서 분명히 그 방향을 달리한다. 요컨대 웨슬리에게 선행은총은 하나님의 구속적 사랑과 그 아들을 통한 완성으로부터 근거된 은총이요, 이 은총을 통해 회복된 인간의 자유의지가 성령의 도우심 가운데 믿음으로 인도하게 되는 삼위일체적 은총이다.

디비니티 전개의 실마리: 믿음

웨슬리의 *Ordo Salutis*는 선행은총과 회개, 칭의와 거듭남, 성화와 완전 등의 제 요소들이 연속적 혹은 유기적이고 목적 지향적이며, 하나님과 인간이라는 두 초점의 평행 및 트랜스 평행적인 관계 속에서 만들어지는 하나의 총체적이며 역동적인 운동이다.

그러므로 웨슬리의 *Ordo Salutis* 이해는 이런 운동을 어떻게 포착해 내느냐에 따라 그 내용을 달리할 수밖에 없다. 어떤 경우는 이 특징들 가운데 한 가지에 천착할 수도 있겠고, 또 어떤 경우는 이보다 더 나아가 *Ordo Salutis*에 내포된 세 가지 특징 가운데 두 가지를 복합적으로 인식하면서 해석을 시도할 수도 있다. 윙쿱(Wynkoop)은 아마도 첫 번째 경우에 천착한 것으로 보인다. 그는 웨슬리의 *Ordo salutis*의 유기적인 내적 연관성을 주목하면서 하나의 '원형운동'(rotunda) 이미지로 인식한다.[51] 그러나 벤스(Bence)는 웨슬리의 *Ordo salutis*에 내포된 진행적 특성(forward processive nature)이 빠졌다는 이유로 이런 윙쿱의 원형적 순환 모델에 동의하지 않는다. 아마도 벤스는 두 번째 경우에 해당하는 것 같다. 즉 웨슬리의 *Ordo Salutis*에 나타나는 연속적이고 유기적인 특징과 목적론적 특징에 강조점을 두면서 해석을 시도한다.[52] 매덕스는 이보다 약간 더 진전된 이미지로서 '나선형'(spiral) 모델을 제시한다.[53] 그러나 콜린스(Kenneth Collins)가 정당하게 평가했듯이, 이들 모델에는 웨슬리의 *Ordo Salutis* 안에 내포된 평행과 트랜스 평행 사이의 긴장과 조

---

51) Mildred Bangs Wynkoop, *A Theology of Love: The Dynamic of Wesleyanism* (Kansas City: Beacon Hill Press of Kansas City, 1972) p. 61.
52) Bence, "John Wesley's Teleological Hermeneutic," pp. 80, 153.
53) Maddox, *Responsible Grace*, p. 151.

화에 대한 충분한 설명을 찾을 수 없다.[54] 콜린스는 웨슬리의 *Ordo Salutis* 안에 내포된 구조적 특징들을 통합적이고 입체적으로 이해하기 위해 이전과는 전혀 다른 형태의 이미지를 구상하려고 한다. 그리고 이 같은 진전된 해석학적 이미지를 '현대적인 서스펜션 브리지'(modern suspension bridge)에서 찾는다. 이것은 오직 한 방향으로만 이동할 수 있는 일방통행이며(목적론적) 두 주요 기둥(칭의와 성화)을 중심으로 다리가 놓여 있는데 나중 것(성화)의 끝이 바로 목적지(완전)이다. 이 두 기둥은 평행으로 이루어졌고 떨어져 있지만 연결되어(트랜스 평행) 있다.[55]

콜린스의 서스펜션 브리지 이미지를 통한 웨슬리의 *Ordo Salutis* 해석학은 웨슬리의 *Ordo Salutis*를 입체적이고 통합적으로 보여 준다는 점에서 매우 유용한 해석적 틀임은 분명하다. 그러나 나는 콜린스의 해석학적 이미지가 웨슬리의 *Ordo Salutis*를 조망할 수 있는 하나의 구조 설명에 머무른다고 생각한다. 즉 웨슬리의 *Ordo Salutis*에 내포된 역동성, 즉 이런 구조 속에서 어떻게 인간 구원이 펼쳐지는가에 대한 해석학적 설명이 결여되어 있다고 판단된다. 동일한 이미지를 활용해 말한다면, '서스펜션 브리지'는 건설했는데 이를 실제로 이용하는 이들의 역동적 진행 과정에 대한 설명이 결여되어 있다.

나는 콜린스가 제안한 웨슬리의 *Ordo Salutis*의 해석학적 이미지, 곧 서스펜션 브리지를 수용하면서도 이 서스펜션 브리지의 외적인 모습보다는 이 다리를 실제적으로 건너가는 사람들의 역동적 움직임에 더 많은 관심을 기울여야 한다고 본다. 웨슬리의 *Ordo Salutis*의 궁극적 관심이 '다리 자체'가 아니라 '그 다리를 어떻게 건너는가?' 하는 데 초점이 맞춰져 있다고 믿기 때문이다.

---

54) Kenneth Collins, "A Hermeneutical Model for the Wesleyan Ordo Salutis", *The Wesleyan Theological Journal*, 1984, http://evangelicalarminians.org/node/297, II.
55) *Ibid.*, III.

1) *Ordo Salutis*의 원천은 믿음

웨슬리의 *Ordo Salutis*에서 '서스펜션 브리지'를 '어떻게' 건너는가에 대한 웨슬리의 답변은 단순하고 명료하다. 바로 '믿음'이다. 즉 웨슬리에게 믿음은 하나님과 인간 사이의 건널 수 없는 간극을 이어 주는 '브리지'이다. 이 믿음이라는 '브리지'를 통해 타락한 인간과 하나님 사이에 놓여 있는 영원한 간극을 건너 본래의 '하나님의 형상', 곧 '완전'으로 나아간다. 이처럼 웨슬리에게 믿음이란 하나님과 인간이 만날 수 있는 유일한 '지성소'이다. 이를 통해 인간은 하나님을 만나며 하나님 또한 인간을 만나신다.

웨슬리의 믿음에 대한 이 같은 이해는 믿음으로 말미암아 구원을 얻는다는 종교개혁 노선에 철저하게 서 있음을 의미한다. 그러나 그의 믿음이해는 칼빈과 루터보다는 보다 포괄적이다. 마치 서스펜션 브리지의 그 '브리지'가 안전하고 올바르게 기능하기 위해, 이를 지지하는 모든 부분들이 적절하게 기능하고 또 이런 기능과 입체적으로 조화되어야 하듯 웨슬리의 믿음 또한 하나님의 은총의 지지와 이에 대한 인간 의지의 조화를 포괄한다.

웨슬리에게 믿음은 '보이지 아니하는 것들의 신적 증거요 확신'이다. 이러한 믿음이해는 바로 히브리서 기자의 입장과 동일하다.[56] 웨슬리에 따르면, 하나님의 세계는 인간에게 가려져 있다. 자연적 인간은 감각에 따라 세계를 지각한다. 이것은 외적이고 가시적 세계에 유용하다. 그러나 불가시적인 영원의 세계에 대해서는 소경이다. 자연적 인간의 감각으로는 극히 제한적으로 가능하거나 아예 불가능하다.[57] 하나님의 세계는 하나님의 자기 증거와 이를 확신하는 것, 곧 믿음 안에서만 소통이 가능하다. 믿음은 자연인에게 숨겨진 하나님의 영원의 세계의 '신적 증거'요 '확신'인 것이다.

여기서 말하는 보이지 않는 것들의 '신적 증거'란 무엇인가? 웨슬리가 말

---

56) *Sermons*, The Scripture Way of Salvation, II. 1.
57) *Sermons*, The Difference between Walking by Sight and Walking by Faith에서 이 문제를 집중적으로 다룬다.

하려는 '보이지 않는 것'들은 나 자신의 영혼의 진실한 상태,[58] 천사와 악마들을 포괄하는 영적인 세계,[59] 삼위일체 하나님의 존재와 그분의 사역,[60] 심지어 우리의 죽음 이후에 있을 일에 대한 소망을 가리킨다.[61] 그러나 무엇보다도 중요한 것은 하나님이 그리스도를 통해 이루고자 하신 구원의 경륜이다. 즉 하나님이 그리스도 안에 계셔서 세상을 하나님과 화목하게 하셨으며, 그리스도가 나를 사랑하셨고 나를 위해 죽으셨다는 사실에 대한 증거인 것이다.[62]

이러한 신적 증거들은 '확신'을 통해 비로소 믿음이 된다. 하나님의 신적 증거에 대한 '내적 확신'(conviction) 혹은 '영적 체험'(spiritual experience)이 바로 믿음이다. 즉 믿음은 증거와 확신의 상호작용의 결과인 셈인데, 이 결과는 바로 '영적 감각'이라는 인식론적 표현으로 묘사할 수 있다. 영적 감각으로서의 믿음은 인간의 자연적 감각세계로는 포착 불가능한 하나님의 증거를 영혼 안에서 확신하는 과정이다.

그런데 주지하다시피, 이러한 영적 감각은 하나님의 증거와 인간의 확신 사이의 상호작용으로 만들어 낸 결과다. 그렇다면 여기에는 하나님과 인간이라는 서로 본질적으로 다른 두 축의 조화를 상정하고 있는 셈인데, 이 조화가 어떻게 가능한가? 앞으로 살펴보겠지만 웨슬리에게 인간이란 다른 종교 개혁자의 전통에 따라 전적으로 타락했으며, 하나님의 형상을 상실하여 하나님께 도무지 받아들여질 수 없는 존재다. 말하자면, 하나님과 인간 사이에는 건널 수 없는 무한대 거리가 놓여 있다. 그런데 웨슬리는 믿음이라는 틀 안에서 하나님과 인간의 상호교류 가능성을 언급한다. 또 이를 위해 영적 감각으로서의 믿음이 영혼 안에서 이루어지는 일이기는 하지만 어떤 교육이나 수련을 통해 형성되는 것이 아니라 하나님이 그분의 은혜로운 경륜에 따라 주신 선

---

58) *Sermons*, On the Discoveries of Faith, 4.
59) *Ibid*., 5.
60) *Ibid*., 7.
61) *Ibid*., 8~10.
62) *Sermons*, The Scripture Way of Salvation, II. 2.

물이라는 점을 강조한다. 이처럼 웨슬리는 하나님의 신적 증거를 드러내심이나 그것을 확신하는 일은 바로 삼위일체 하나님의 은혜의 사역이 선행된 것이라고 본다.[63]

하나님의 신비의 세계 혹은 영적 세계의 증거는 무엇보다도 인류를 향한 하나님의 구속의 사랑에서 시작한다. 웨슬리는 설교 '우리 자신의 구원을 이룸에 관해서'에서, 빌립보서 2장 13절의 "너희 안에서 행하시는 이는 하나님이시니 자기의 기쁘신 뜻을 위하여 너희에게 소원을 두고 행하게 하시나니"라는 구절을 주석하면서 구원이 하나님께로부터 나오며 그러므로 사람에게 자랑할 것이 없음을 강조한다.[64] 이 같은 하나님의 구속의 사랑은 구체적으로 예수 그리스도를 통해 이루신 일을 우리 심령 안에 드러내시는 행위로 드러난다.[65]

하나님은 '자신을 드러내심'에만 머물지 않는다. 인간의 자연적 상태는 이런 하나님의 계시를 볼 수도 들을 수도 없기에 확신의 신앙에 이르기란 불가능하다. 하나님은 이런 상태의 인간에게 성령을 부으심으로 인간이 확신에 이르도록 도우신다.[66] 성령께서 하시는 일은 두 가지 기능으로, 마음의 눈을 여시고(open) 깨닫게 하시는(enlighten) 것이다. 이 기능들을 통해 우리는 눈으로 볼 수 없고 귀로 들을 수 없는 하나님의 증거들을 받아들이게 된다.[67] 이로써 믿음은 삼위일체 하나님의 선취 행위를 기반으로 하는 하나님과 인간의 상호협력 사건이며 하나님과 인간 사이의 '살아 있는 관계'가 된다. 바로 이 관계를 통해 하나님의 구원의 섭리, 곧 *Ordo Salutis*가 전개되는데, 칠코우트(Paul Wesley Chilcote)는 이를 다음과 같이 요약한다.

---

63) Maddox는 웨슬리에게 있어 확신으로서의 신앙은 인간 행위나 인간이 만든 창조물이 아니며 하나님의 은총에 대한 수동적 수용이라고 본다. 이러한 사실을 동의와 신뢰로서의 믿음의 터로 삼음으로써, 우리 삶 가운데서 하나님의 선행은총 행위에 대한 신앙의 반응으로 가능함을 역설한다. Maddox, *Responsible Grace*, p. 128.

64) *Sermons*, On Working Out Our Own Salvation, I. 1.

65) *Sermons*, The Difference between Walking by Sight and Walking by Faith, 11.

66) 웨슬리는 *Sermons*, On the Discoveries of Faith, 12에서 이 같은 성령의 역할을 상세히 서술한다.

67) *Sermons*, The Scripture Way of Salvation, II. 1.

"개신교 복음주의가 강조하는, 인간의 타락에 내재된 비관적 전망을 유지하면서 웨슬리는 로마 가톨릭의 주요 주장인 하나님의 은총의 잠재력에 대해서도 낙관적 견해를 가지고 있다. 웨슬리에게는 이 두 가지가 함께 수용되는데 그 중심에는 관계로서의 하나님의 은총 개념이 자리 잡고 있다. 이 관계는 항상 하나님이 주도하신다. 구원의 과정은 이 관계가 이루어지는 과정을 의미하며 그 목적은 우리 삶에서 전체성의 회복과 치유다."[68]

즉 웨슬리에게 구원의 여정은 하나님이 주도하시고 인간이 응답함으로써 형성되는 관계, 곧 믿음의 여정과 일치한다. 하나님은 성령을 통해 행하시고(act) 인간은 이에 믿음을 통해 응답하는(re-act) 끊임없는 과정을 통해 우리의 구원을 완성해 간다. 따라서 웨슬리의 구원 여정으로서 *Ordo Salutis*를 이해하려면 필연적으로 믿음의 여정이라는 창을 통해 들여다봐야 한다.

2) 믿음의 성장

웨슬리에게 믿음은 '보이지 않는 것들에 대한 신적 증거요 확신'이다. 그는 이런 믿음의 정의가 모든 형태의 믿음을 포용할 수 있다고 본다.[69] 믿음의 다양성에 대한 웨슬리의 이해는 플레처에 빚진 바 크다. 그는 플레처의 "하나님의 은혜의 섭리시대"(Dispensations of the Grace of God)라는 논문에 나타나는 네 섭리시대에 관한 이론을 통해, 시대마다 하나님이 그곳에 속한 사람들에게 주신 빛의 정도가 달라졌다는 사실을 받아들인다. 즉 이방인과 유대인, 세례요한 그리고 기독교시대가 그것이다. 이방인시대에 속한 이들은 '신이 계시며 그분을 찾는 이들에게 상주시는 분이심'을 믿는다. 유대인들에게는 더 높은 수준의 빛이 임했는데, 하나님의 본질과 속성, 그분에 대한 인간의 의

---

68) Paul Wesley Chilcote, *Recapturing the Wesley's Vision* (Downer's Grove: IVP Academic, 2004) p. 29.
69) *Sermons*, On Faith (I) 1.

무, 그리스도에 대한 하나님의 약속이 주어졌다. 세례요한시대는 그리스도를 직접 목도할 수 있는 훨씬 분명한 빛이 임했는데, 여자가 나은 이들 가운데 가장 큰 이라고 인정받을 정도였다. 그러나 세례요한조차도 아직 완전한 빛을 보지 못했고, 이는 기독교시대에 와서야 가능해졌다. 비로소 "양자의 영"을 받았고 "그의 영과 더불어 그가 하나님의 자녀임"을 증거하시는 하나님의 영을 받게 되었다.[70]

　웨슬리는 플레처의 이 관점을 바탕으로 여러 형태를 가진 믿음의 단계들을 서술한다. 첫째는, 유물론자의 믿음이다. 이 믿음은 말 그대로 가시적으로 보이는 물질을 신으로 섬기는 형태인데, 보이지 않는 것들에 대한 신적인 증거와 확신과는 거리가 멀어 믿음이라 할 수 없다.[71] 둘째는, 이신론자(deist)들의 믿음이다. 이들은 물질 너머의 하나님을 인정하기는 하나 성경을 믿지 않는다는 점에서 역시 믿음에서 벗어난 자들이다. 자연신론을 주장하는 이들도 이 범주에 속한다.[72] 셋째는, 이교도들의 믿음인데, 이슬람신앙을 이 범주에 놓는다. 웨슬리는 이 믿음을 자연신론자보다는 상위에 있다고 본다. 이들은 제한적이긴 해도 믿음의 진리들에 대한 더 깊은 이해를 가지고 있기 때문이다. 때때로 이들 중에는 하나님의 내적 음성에 따른 가르침에 충실한 이들도 발견된다.[73] 넷째는, 유대인의 믿음이다. 웨슬리는 이에 대한 평가를 주저하면서도 유대인들의 믿음을, 진리에 대한 증거들이 충분히 주어졌는데도 마음이 완악해 수건이 진리를 가린 상태라고 요약한다.[74] 다섯째는, 로마 가톨릭의 믿음이다. 웨슬리는 이 믿음을 옛날 유대인의 믿음보다 상위에 두었으며, 하나님이 이들에게 구원에 필요한 모든 것을 충분히 계시하셨다고 본다.[75] 여섯째는, 프로테스탄트의 믿음이다. 이들은 하나님의 말씀 안에 계시된 명확한 구원의 진리들을 보유하며, 신구약성경 안에 기록된 모든 것을 신

---

70) *Sermons*, On Faith (I) 2~3.
71) *Ibid.*, I. 1.
72) *Ibid.*, I. 2.
73) *Ibid.*, I. 3~4.
74) *Ibid.*, I. 6.
75) *Ibid.*, I. 7.

앙의 표지로 삼는다.[76]

웨슬리는 이 같은 믿음 가운데 로마 가톨릭의 믿음과 프로테스탄트의 믿음을 참된 믿음의 범주로 보지만, 이는 중요한 사실을 전제로 했을 때 일이다. 즉 참된 믿음은 보이지 않는 것들에 대한 신적 증거와 확신이라는 믿음의 실제적 내용을 충족해야만 한다. 가톨릭이든 프로테스탄트이든 이 믿음을 소유하지 않거나 이 진리들을 포함하지 않으면 이교도들이나 자연신교도들, 유물론자들의 믿음처럼 무용한 것이 되고 만다.[77] 웨슬리에게 구원에 이르는 믿음, 참 믿음의 기준은 바로 이 믿음을 소유했느냐, 아니냐이다. 이 믿음을 갖지 않는 한, 그것이 하나님과 그리스도에 대한 정보를 많이 알고 있으며, 혹은 귀신을 쫓아내고 병자를 고치는 능력이 있을지라도 참 믿음이 아니다.[78] 참 믿음의 시금석은 웨슬리가 여러 차례 강조하듯이 '하나님을 경외케 하고 의를 행하게 하는 믿음', 곧 하나님과 하나님의 것들에 대한 신적 증거와 확신이다. 이런 믿음을 가진 이들을 하나님은 기꺼이 받으시며 또 실제로 받아들여진다.[79] 그렇지만 웨슬리는 이 구원받을 믿음에도 두 가지 중요한 단계가 있다고 주장한다. 종의 믿음의 상태와 아들의 믿음의 상태이다. 종의 믿음의 상태는 참된 믿음을 소유하고 하나님께 받아들여졌지만 아직 유아기적 믿음의 상태다. 하나님께 받아들여진 영혼에 성령께서 빛을 비추심으로 우리 자신의 죄의 심각성을 보게 되고 그에 따른 형벌을 인식하면서 두려움에 떠는, 이른바 '두려움의 영'을 가진 단계다. 이런 깨달음에 이른 영혼은 영혼의 감옥에 단단히 속박되어 나올 수 없다는 사실에 대해, 그리고 자신의 죄와 그 죄에 대한 형벌 앞에서 무력감을 느낀다. 그에게 하나님은 '두려움'의 존재 그 자체이시다.[80]

웨슬리는 이 '종의 믿음'에서 나아가 '아들의 믿음'으로 성장해야 한다고

---

76) *Ibid*, I. 8.
77) *Ibid*, I. 9.
78) 이 거짓믿음에 대한 논의를 보려면 *Sermons*, Salvation by Faith, I. 2~3 참조.
79) *Sermons*, On Faith (I) 10.
80) *Sermons*, On the Discoveries of Faith, 12.

강조한다. 또한 거기서 멈추지 않도록 서로 권고해야 하며 아들의 믿음에 이를 때까지 쉬지 말아야 한다.[81] 이 여정을 멈추지만 않는다면, 그는 하나님의 '양자'로 받아들여지는데, 성령께서 그의 영과 더불어 그가 자녀임을 증거하며 하나님을 향해 아빠 아버지로 부르도록 인도하신다. 이 가운데서 그는 "나의 지금 삶은 나를 위하여 자기 몸을 버리신 하나님의 아들을 믿는 믿음 안에서 사는 삶"이라는 거룩한 확신에 이르게 된다.[82]

웨슬리는 이런 '아들의 믿음'에도 성장 단계들이 있다는 데 주목한다. 바로 '어린아이의 믿음'과 '청년의 믿음', '장성한 자의 믿음'인데, 어린아이의 믿음은 의심과 공포가 여전히 많이 남아 있는 단계이며, 청년의 믿음은 변치 않는 성령의 증거를 통해 의심과 공포가 사라지는 단계, 다시 말해 '충만한 믿음의 확신'을 누리는 단계이고, 장성한 자의 믿음은 의심과 공포로부터 벗어날 뿐 아니라 외적인 죄와 내적인 죄로부터 구원받는 단계요 마음과 목숨과 뜻을 다해 주 하나님을 사랑하는 단계다.[83]

이처럼 웨슬리에게 믿음은 '사랑으로 역사하는 믿음'으로 나아가야 한다.[84] 그에게는 칭의의 믿음과 사랑으로 역사하는 믿음 사이의 단절은 존재하지 않는다. 보이지 않는 영원한 하나님의 세계에 관한 거룩한 증거와 확신으로서의 믿음은 하나님으로부터 의롭다고 인정받는 믿음인 동시에 모든 순종과 거룩함을 낳는, 사랑으로 역사하는 믿음이다.

웨슬리는 '믿음으로 세워진 율법'(The Law Established through Faith) 두 번째 설교(II)에서 사랑의 믿음을 좀 더 강한 어조로 강조하는데, "믿음 자체나 기독교적인 믿음, 하나님의 선택으로 말미암은 믿음이나 하나님의 역사에 관한 믿음까지도 단지 사랑의 시녀에 불과하다."고 말한다.[85] 더 나아가 믿음은 영광스럽고 명예로우나 영속적이지 않으며 사랑이 커지면 커질수록 서서

---

81) *Ibid.*, 13~14.
82) *Sermons*, On Faith (I) I. 12.
83) *Sermons*, On the Discoveries of Faith, 15~16.
84) *Sermons*, Upon Our Lord's Sermon on the Mount V, III. 9.
85) *Sermons*, The Law Established through Faith (II), II. 1.

히 소멸된다고 말한다.

"사랑이 바로 하나님의 모든 계명의 목적이다. 그리고 하늘과 땅이 사라질지라도 '사랑'은 계속되며 영원히 남을 것이다. 믿음은 사라져 버릴 것이다. 하나님의 영원한 비전 속에서 삼켜질 것이다. 그러나 그때에도 사랑은 남을 것이다."[86]

요컨대, 웨슬리에게 믿음은 '사랑의 율법을 다시 세우기 위한' 하나님의 계획이다. 물론 그렇다고 그가 믿음을 과소평가하려는 의도는 아니다. 오히려 그의 관심은 "믿음의 진가를 드러내고" "제자리를 찾는 데" 있다.[87] 믿음에 관한 계획은 인간이 창조된 그 순간부터, 하나님을 향한 거룩한 사랑을 회복시키기 위한 수단으로 예비된 하나님의 위대한 섭리다. 그러므로 믿음은 비록 한시적 수단에 불과하지만 "우리 마음속에 하나님의 사랑의 율법을 새로이 세우는 목적"으로 인도하는 유일한 길이며 말할 수 없는 가치를 지닌 하나님의 은총이다.[88]

그런 의미에서 웨슬리의 믿음의 성장은 하나님의 은총이 다양한 형태로 전개되는 것과 그 궤도를 함께한다. 먼저, 하나님의 '선행하시는 은총'(Preventing Grace)은 모든 인간을 구원으로 가는 유일한 길, 믿음의 세계로 인도하는 초대장이다. '깨닫게 하시는 은총'(Convincing Grace)은 인간이 참된 자신을 돌아보게 함으로써 종의 믿음으로 인도한다. '칭의의 은총'(Justifying Grace)은 우리를 하나님의 자녀로 받아들이는 은총이며 이 은총으로 말미암아 우리는 아들의 믿음을 갖게 된다. 하나님의 은총은 여기서 멈추지 않는다. 하나님의 은총은 '성화의 은총'(Sanctifying Grace)으로 또다시 지속되며, 이는 어린아이의 믿음을 거쳐 청년의 믿음으로 성장케 하는 근원적 힘이 된다. 또한 계속되는 하나님의 은총은 '완전케 하는 은총'(Perfecting Grace)으로 나타

---

86) *Ibid.*
87) *Ibid.*, II. 6.
88) *Ibid.*

나고, 아들의 믿음은 장성한 믿음에 이르게 된다. 여기서 우리가 유의할 점은 이러한 하나님의 은총들이 다양한 모습을 갖지만 그 본질은 다르지 않다는 사실이다. 벤스(C. Bence)의 지적처럼 웨슬리는 여러 종류의 은총들, 즉 선행은총과 칭의의 은총, 성화의 은총 등을 언급하지만, 이는 은총이 여러 다른 형태로 존재한다는 의미가 아니라 믿는 자들에게 하나님의 형상을 회복시키시려는 단 하나뿐인 하나님의 은총이 가진 여러 다른 기능을 설명하기 위해서다.[89] 즉 웨슬리에게 하나님의 은총은 한 분 하나님으로부터 말미암은 하나의 은총이지만 그 나타나는 형태는 우리 영혼의 상태에 따라, 도우시는 성령의 역사에 따라 각기 다른 모습으로 나타난다. 우리의 믿음은 바로 이 하나님의 은총이 다양한 형태로 전개됨에 따라 함께 다양한 모습으로 성장해 나가는 것이다.

---

89) Bence, "John Wesley's Theological Hermeneutic" p. 104.

디비니티의 전개: 믿음의 순서(*Ordo Fidei*)

웨슬리에게 믿음은 하나의 고정된 실체 및 교리화할 수 있는 신학적 개념이 아니라 생명력을 가지고 성장하는 하나의 유기체와 같다. 웨슬리의 믿음의 참된 시금석은 '이방인의 믿음이냐' 혹은 '기독교의 믿음이냐' 하는 것보다는 '얼마나 하나님의 구속 섭리에 대해 열린 영적 감각(확신)을 소유했느냐'라는 것이다. 이는 하나님의 선행적 은총으로 예비되며, 성령의 끊임없는 도우심과 이에 대한 인간의 자유로운 응답으로 탄생되며 성장해 나가는데, 아직은 의심과 공포가 남아 있는 어린아이의 믿음의 과정과 굳건한 확신이 있는 청년의 믿음을 거쳐 마침내 사랑이 지배하는 완전한 믿음 상태에 이른다.

즉 웨슬리의 믿음이해는 바로 이런 신앙의 역동적 성장에 기반을 둔다. 이 과정에서 드러나는 일련의 과정들은 믿음의 최종 목적, 즉 하나님의 사랑의 계명 완성이라는 '완전'을 지향하면서 하나의 일련 된 순서(order)를 구성하는데, 어린아이의 상태와 청년의 믿음과 성년의 믿음 그리고 완성이라는 '믿음의 순서'(오도 피데이, *Ordo Fidei*)를 가리킨다.

여기서 유의할 사항은 웨슬리가 설정하는 *Ordo Fidei*는 기계적이고 고정된 순서가 아니라는 사실이다. 개인의 자유로운 의지에 근거한 응답에 따라 속도와 출발점이 달라질 수 있는, 직선 패턴이 아닌 나선형 패턴으로서 믿음의 순서인 것이다. 또한 웨슬리의 믿음의 순서는 완성으로 향해 갈수록 그 기능이 소멸되어 가는 특성을 갖는다. 즉 믿음을 통해 하나님의 사랑이 영혼에 더 충만할수록 믿음의 기능이 줄어드는, 말하자면 '나는 쇠하여야겠고'의 '세례요한적 완성'인 셈이다.

이런 점에서 *Ordo Fidei*로서의 신앙이해는 그의 구원론의 뼈대를 이루는

*Ordo Salutis*의 근거가 된다. 실제로 믿음은 구원의 전 과정에서 근원적이고 핵심적인 역할을 수행한다. 즉 회개와 칭의, 성화와 완전에 이르기까지 넓은 의미의 구원의 과정이나 칭의와 성화에 이르는 좁은 의미의 구원의 과정은 오직 '믿음'을 통해 가능하다. 그렇다면 믿음은 구원의 과정에서 어떤 역할을 하는가? 믿음의 순서, 곧 *Ordo Fidei*가 *Ordo Salutis*라는 서스펜션 브리지 안에서 어떻게 기능하는가? 이제 이 문제를 세부적으로 살펴보자.

1) *Ordo Fidei*의 첫째 단계: 종의 믿음

웨슬리에게 선행은총은 인간을 구원으로 인도하기 위한 하나님의 선행적 행위다. 그렇다면 웨슬리가 말하는 이 선행은총은 구체적으로 인간에게 어떻게 나타나는가?

찰스 로저스(Charles Rogers)는 웨슬리에게 있어 선행은총은 하나님의 속성에 관한 기본 지식과 심령에 각인된 도덕적 법, 양심과 자유의지 회복 등 네 가지 형태로 나타난다고 주장하지만, 콜린스(Collins)는 여기에 '인간의 악에 대한 억제'라는 항목 하나를 덧붙여 다섯 가지 형태로 나타난다고 제안한다.[90]

하나님이 주신 다섯 가지 형태의 선행은총 중에서 가장 주도적 역할을 하는 것이 바로 양심이다. 웨슬리도 선행은총의 다양한 형태들이 양심의 기능과 깊은 관련이 있음을 간파했고 선행은총이 양심 자체라고 여러 차례 말할 정도로 그 중요성을 강조한다. 일반적으로 양심이라 하면 '자연적 양심'(natural conscience)을 가리킨다. 양심은 생래적이며 본성적이라고 이해하기에 '자연적'이라는 수식어를 붙여 사용한다.

그러나 웨슬리에게 있어 양심이란 자연적인 것으로 이해되기보다 '초자

---

90) Charles Allan Rogers, "The Concept of Prevenient Grace in the Theology of John Wesley" (Ph.D., Dissertation, Duke University, 1967) p. 196; Kenneth, J. Collins, *The Theology of John Wesley: Holy Love and the Shape of Grace* (Nashville: Abingdon Press, 2007) pp. 77~80.

연적' 관점에서 이해되어야 할 것이다. 즉 양심은 원래 인간에게 주어진 것이 아니라 하나님이 초자연적으로 부여하신 선물인 선행은총이라는 말이다.[91] 웨슬리가 표현한 대로 "그것은 인간 본성이 아니라 세상 모든 사람에게 빛을 비추시고 계몽하시는 참 빛이 되신 하나님의 아들"이다.[92]

웨슬리는 '양심'이 하는 일을 좀 더 세부적으로 분석하는데, 기본적으로 두 가지 기능이 있다고 본다. 첫째는, 우리의 행동과 언어, 사고에 대한 자기 인식 기능이며, 둘째는 그 선악의 여부를 판단하는 기능이다.[93] 여기에 웨슬리는 한 가지 기능, 즉 잘하고 있는 일에는 만족감을, 못하고 있는 일에는 불쾌감을 일으켜 행동을 교정하도록 이끄는 기능을 덧붙여 세 가지 기능을 가진다고 본다.[94] 웨슬리는 이것을 기독교의 관점으로 재해석한다. 즉 양심을 '영혼의 기능'으로 이해하고 이를 통해 인간은 세 가지 사실을 깨닫는다. 바로 우리 자신의 진정한 상태와 우리가 추구해야 할 삶의 기준들 그리고 우리의 현재 삶이 이 기준에 적합한가, 그렇지 않은가 하는 것을 깨닫는다.

그런데 이 양심의 기능은 다른 선행은총의 형태들과 밀접한 관계를 가지면서 한 가지 중요한 역할을 수행한다. 즉 양심은 하나님의 속성을 아는 지식과 인간의 마음 판에 새겨진 신령한 법과의 끊임없는 상호작용을 통해 인간이 자신의 죄가 무엇인지, 얼마나 깊은 죄의 수렁에 빠져 있는지, 죄가 야기하는 치명적인 결과, 다시 말해 하나님의 진노의 심판이 무엇인지에 대해 정확하게 이해하도록 돕는다.[95] 또한 양심은 현재 삶을 돌아봄으로써 하나님은 인간이 더 이상 이러한 죄의 길에 머물기를 원치 않으신다는 사실을 인지하도록 돕는다.

웨슬리는 선행은총으로 양심의 기능이 잘 발현된 상태를 '선한 양심'이라 부른다. 다시 말해 선한 양심은 '하나님과 사람에게 거리낌 없는 양심'으로

91) *Sermons*, On Working Out Our Own Salvation, III. 4.
92) *Sermons*, On Conscience, I. 5.
93) *Ibid.*, I. 2.
94) *Ibid.*, I. 7.
95) 웨슬리는 '마음에 새겨진 율법'을 양심의 기준으로 본다. *Sermon*, The Witness of Our Own Spirit, 6.

서, 하나님이 '기름 부으신' 양심이며, 이 양심을 통해 하나님의 뜻을 알고 우리 자신의 진실된 현재 모습을 인식하며 하나님이 우리 심령에 새기신 '법'을 따라 사는 것이 참된 삶임을 자각한다.[96]

이 선한 양심을 소유한 자들은 '두려워하는 종의 영'을 받는다. 이들은 자신의 죄의 현실을 자각하며, 그에 따른 하나님의 무서운 죄의 형벌을 두려워한다. 뿐만 아니라 현재 삶에서조차도 반복되는 죄의 심각성에 직면해 좌절에 빠진다. 이는 바로 '종의 믿음을 가진 상태'를 말하는데, 웨슬리는 부정적으로 보지 않고 오히려 구원을 받기 위한 매우 중요한 국면으로 이해한다. 다시 말해 하나님의 선행은총은 죄로 말미암아 하나님으로부터 단절되어 '죽어 있는' 인간에게 자기가 처한 현실을 자각하게 하고 비록 그것이 심판에 대한 두려움일지라도 종의 믿음으로 인도해 주는 인도자다.

웨슬리는 종의 믿음과 주인의 믿음을 구분한다. 종의 믿음은 무엇인가? 바로 '두려워하는 종의 영을 받은 상태'를 의미한다. 이 믿음의 특징은 '하나님의 진노에 대한 두려움과 우리가 받아야 할 마땅한 형벌에 대한 두려움'을 느끼며, '우리를 사망으로 인도하는 죽음에 대한 공포'를 실감한다는 점이다. 그럼에도 이런 처지에서 스스로 벗어날 수 없음을 알기에 "자신들의 죄인 됨과 죄책감 그리고 무력감" 안에서 절망하는 믿음이다.[97] 이같이 부정적이고 절망적인 정황을 '믿음'이라 일컫는 이유가 무엇인가? 이것은 '보이지 않는 영원한 세계에 대한 거룩한 증거를 함축하고 있기' 때문이다.[98] 즉 죄인을 향한 하나님의 심판을 자각한다는 것은 보이지 않는 영적인 세계에 관한 일을 확신한다는 뜻이기에 이에 따른 부정적인 정서가 수반되는데도 불구하고 '믿음'이라 부른다.

그러나 비록 이런 믿음이 두려움에 기초했다 할지라도 결코 무시해서는 안 된다. 하나님을 향한 두려움 때문에 '아들의 믿음'으로 인도될 수 있기 때

---

96) *Sermon*, On conscience, I. 13.
97) *Sermon*, On the Discoveries of Faith, 12.
98) *Ibid.*, 13.

문이다. 웨슬리에 따르면, 종의 믿음에서 멈추지 않고 계속해서 아들의 믿음으로 나아간다면, 즉 "믿음에서 믿음에" 이를 때까지 계속 성장해 나가면 마침내 '아들의 믿음'으로 나아갈 수 있다.[99] 웨슬리는 '믿음에 관하여'(On Faith) 설교에서 이 과정을 설명한다.

"만일 당신이 이 종의 믿음을 가졌다면 이 믿음을 포기해서는 안 된다. 절대로 그 가치를 과소평가하지 말라. 오히려 그 믿음을 소유한 것을 감사하라. 뿐만 아니라 그 자리에 멈춰 서 있지 않도록 유의하라. 양자의 영을 받기까지 긴장을 늦추지 말고 성령께서 당신의 영과 더불어 당신이 하나님의 자녀임을 확증하실 때까지 지속하라."[100]

"분명 하나님의 종들이 그 걸음을 멈추지만 않는다면 그들은 하나님의 양자로 받아들여질 것이다. 하나님이 독생자를 그들 마음에 드러내심으로 그들은 아들의 믿음을 소유하게 될 것이고 이 믿음으로 인해 적절하고도 직접적인 거룩한 확신을 갖게 될 것이다. 이 확신으로 말미암아 하나님의 자녀들은 이렇게 증거하게 된다. '내가 지금 사는 것은 나를 위하여 자기 몸을 버리신 하나님의 아들을 믿는 믿음 안에서 사는 삶이다.'"[101]

웨슬리는 인간의 구원은 이렇게 아들의 믿음으로 나아가야 하며 이런 믿음으로 나아가기 위해서는 종의 믿음의 단계가 반드시 필요하다고 말한다. 그런데 이런 종의 믿음, 곧 자신의 죄의 심각성과 이에 대한 하나님의 심판을 깨닫게 되는 계기가 무엇인가? 웨슬리는 바로 이 계기가 하나님의 선행은총이라고 본다. 이처럼 선행은총은 종의 믿음으로 인도하는 안내자다. 이 안내자가 최종적으로 인도하는 것은 '종의 믿음'이라는 문 앞이다. 하나님이 비추

---

99) *Ibid.*, 14.
100) *Sermon*, On Faith (1) I. 13.
101) *Ibid.*, I. 12.

시는 희미한 빛은 이 문 앞까지다. 이제 인간이 그분을 넘어 들어갈 것인지를 최종 결정해야 한다. 인간의 자유의지는 이 문에 들어설 것인지를 최종 결정하라는 요청을 받는다. 그는 성령께서 우리 양심을 통해 말씀하시는 바를 무시할 수도 받아들일 수도 있다. 구원은 이 문에 들어서는 자의 것이다. 이 문에 들어서는 이는 믿음을 갖는다. 그리고 이 믿음은 종의 믿음이다.

이 종의 믿음을 소유한 사람은 더 이상 자연적 인간이 아니다. 자연적 인간은 하나님의 선행은총의 빛에 끊임없이 노출되어 있지만 영적 감각이 없어 전혀 앞으로 나아가지 않은 상태다. 그러나 이 빛에 순응해 다음 단계로 나아가는 사람은 더 이상 자연인이 아니다. 그에게는 보이지 않는 하나님의 세계가 알려졌고 이를 확신하는 '믿음'이 있기 때문이다. 이 믿음을 소유한 이에게 그것은 순간일 수도 있고 점차적일 수도 있으나 두려움으로 하나님께 다가선다. 아니 정확히 말하자면 하나님께서 다가오심을 인식하시고, 영혼은 '거룩한 두려움'에 빠져들게 된다. 웨슬리의 말을 들어보자.

> "두려운 빛이 그의 영혼을 향해 돌파해 온다. 밑이 없는 나락으로부터, 저 밑바닥 깊은 곳으로부터, 유황이 타고 있는 불 못으로부터 반짝여온다."[102]

그는 '소멸하는 불'의 하나님, '모든 사람에게 그 행위에 따라 갚으시고 불경건한 사람들을 심판하시는' 하나님, '자기에게 불순종하는 모든 이를 벌하시는' 하나님을 보게 되며 율법의 영적·내적 의미를 깨닫게 된다.[103] 또한 양날 선 칼보다도 더 날카로운 율법의 고발로 자신의 벌거벗은 모습을 알게 되는데, '그는 모두 죄의 덩어리'요, '만물보다 거짓되고 심히 부패한 존재'임을 자각하게 된다. 그의 마음속에는 조금도 선한 것이 거하지 않으며 다만 있는 것은 불의와 불경건뿐이며 그 모든 행동과 성격, 생각이 끊임없이 악하다는

---

102) *Sermon*, The Scripture Way of Salvation, I. 2.
103) *Sermon*, The Spirit of Bondage and of Adoption, II. 1, 2.

사실을 깊이 인식하게 된다.104)

자신의 철저한 부패성과 죄성을 알게 되고 죄를 심판하시는 두려운 하나님의 모습을 보게 된 인간은 이 상황에서 벗어날 길을 찾는다. 지난 일을 처절하게 반성하고 이 자리에 더 이상 머물 수 없다는 사실을 자각하며 새로운 삶을 모색한다. 웨슬리는 이것이 바로 '회개'라고 말하며, 이 회개를 두 가지 형태로 본다. 먼저, 율법적 회개(legal repentance)로서 율법의 가르침과 명령으로 죄를 깨닫는 것을 의미하고 또 하나는, 복음적 회개(evangelical repentance)로서 마음의 전환을 의미한다. 이는 자기 의에 의지하는 것으로부터 그리스도께 전적으로 의지하는 것으로 전환하는 단계다.105)

선행은총 직후 종의 믿음 상태에서 언급되는 회개가 바로 율법적 회개다. 이 회개는 우리 자신의 '죄악성과 무기력함'을 철저히 깨닫는 것으로서, 하나님의 선행은총으로 말미암은 자기인식으로의 초대, 자신의 비참함을 직시하도록 초대하는 것이다.106) 그러나 웨슬리는 이 회개가 인간에게 또 다른 절망을 가져다준다고 본다. 이제 죄로부터 탈출하기를 진심으로 바라고 죄와의 투쟁에 나서지만 곧 성공할 수 없다는 사실에 직면하면서 갖게 되는 절망이다. 죄로부터 자유하려고 노력하고 소원하면서 심신을 애쓰면 애쓸수록 더욱 옥죄어 들어오는 죄의 쇠사슬에 사로잡힌 자신을 발견하게 되는 절망이다. '회개하고 죄를 범하고 또 회개하고 죄를 범하는' 상황을 반복해 겪으며 마침내는 이렇게 고백할 수밖에 없는 절망이다. "아, 나는 얼마나 비참한 인간인

---

104) *Ibid.*, II. 3.
105) Wesley, *The New Testament Notes* on Matt. 3:8.
106) 그는 '믿는 자들의 회개'(The Repentance of Believers) 설교에서 이렇게 말한다.
"회개란 자주 어떤 내적 변화, 곧 죄로부터 거룩함으로 향하는 마음의 변화로 이해된다. 그러나 나는 그것을 상당히 다른 각도에서 이해한다. 즉 회개는 일종의 '자기인식'이다. 즉 우리 스스로를 죄인으로, 비참한 죄인으로 인식하는 것을 의미한다." *Sermons*, The Repentance of Believers, I. 1. 이 회개는 선행은총 이전의 양심의 가책과는 의미를 달리한다. 예컨대, 쿠쉬만은 인간이 자신을 스스로 구원할 수 없는 인간의 무능한 현실 앞에서 좌절하는 것을 선행은총의 현상으로 보는데, 이는 칭의 전에 있는 회개의 핵심으로서, '회개시키는 은혜'의 현상이다. Robert E. Cushman, "Salvation for All: Wesley and Calvinism," *Methodism,* ed., by W.K. Anderson (Nashville: The Methodist Publishing House, 1947) pp. 103~115.

가? 누가 이 사망의 몸에서 나를 건져 주겠는가?"107)

이 같은 회개 자체는 결코 하나님의 의를 얻는 수단이 아니다. 회개는 자신으로부터 말미암는 의의 불가능성을 깨닫고 그리스도를 통해 마련하신 하나님의 은혜를 갈망하는 참된 지혜 그 자체에 머무는 것이기 때문이다.108) 회개에 이른 사람은 참다운 삶에 대한 욕구를 가지며, 이는 칭의(Justification) 이전이라도 율법의 요구를 이루려는 삶을 지속하는 형태로 나타난다. 삭개오처럼 아직 율법 아래 상태요 종의 신앙 상태지만 회개와 회개에 합당한 행위들을 요청한다. 기도와 성만찬, 성경읽기 등 은혜의 수단들은 실질적으로 도움을 주는데, 이는 물론 칭의의 조건은 아니지만109) 간절히 사모하는 마음으로 인도한다.110)

이것은 바로 두려움과 종의 영을 가진 자, 곧 종의 믿음을 소유한 자의 모습이다. 내 속사람은 자유와 사랑을 갈망하지만 육체로는 여전히 죄의 법의 노예로 존재할 수밖에 없는 이 상황으로부터 '누가 나를 구원해 줄 것인가' 하는 부르짖음을 지속해야 하는 것이 종의 믿음을 가진 이들의 실존적 정황이다. 웨슬리는 이 믿음은 또 다른 믿음, 곧 아들의 믿음으로 나아가야 한다고 확신한다. 즉 종의 믿음을 소유한 자는 두려움의 영과 종의 영이 아닌 기쁨의 영과 아들의 영을 소유하는 믿음을 소유할 때까지 믿음 위에 믿음을 더하며 앞으로 나아가야 하는 것이다.111)

---

107) *Sermons*, The Spirit of Bondage and of Adoption, II. 8.
108) 웨슬리는 참된 회개란 "선한 것이 그에게 전혀 없고 그 자신은 모든 악에 물들어 있다는 의식 그 자체를 의미한다."고 한다. *Sermons*, Justification by Faith, IV. 2. 또한 *Sermons*, The Righteousness of Faith, II. 7. 참조.
109) 웨슬리는 거룩한 종교적 덕(성찬과 기도, 선행 등)이나 겸손의 덕(나는 충분히 선하지 않아 하나님께 받아들여질 자격이 없다고 말하는) 혹은 회개하는 마음(나는 충분히 회개하지 않았기에 더 회개가 필요하다)마저도 하나님의 의를 요청할 근거가 되지 않는다고 본다. *Sermons*, The Righteousness of Faith, III. 1~4.
110) *Sermons*, Hypocrisy in Oxford, I. 7.
111) *Sermons*, The Spirit of Bondage and of Adoption, II. 10.

2) *Ordo Fidei* 의 둘째 단계: 아들의 믿음

웨슬리는 '믿음의 재발견'(On the Discoveries of Faith) 설교에서 이렇게 말한다.

> "'믿음으로 믿음에' 이를 때까지는 모든 가능한 수단으로 전진하도록 그를 권고하십시오. 종의 믿음에서 아들의 믿음으로, 공포를 느끼는 종의 영에서 자녀와 같은 사랑의 영으로 나가도록 권고하십시오."[112]

여기서 웨슬리가 의미하는 '아들의 믿음'은 무엇인가? 그것은 하나님의 아들 그리스도를 믿는 믿음이며 이 믿음을 통해 '아들의 영', 곧 '그리스도의 영'을 우리 마음에 받아들여 하나님을 '아빠 아버지'라 부르게 되는 그런 믿음이다. 아들의 믿음을 가진 이는 자기 안에 증거를 가지게 되는데, 이는 성령께서 친히 우리 영으로 더불어 하나님의 자녀임을 증거하시기 때문이다.[113] 웨슬리에 따르면, 아들의 믿음을 소유한 이들에게는 뚜렷한 변화가 나타나는데, 외적으로는 하나님께로 나게 되고 내적으로는 하나님의 전능하신 능력으로 세상적이며 감각적이며 마귀적인 마음에서부터 그리스도의 마음으로 바뀌게 된다. 전자가 칭의라고 한다면 후자는 거듭남이다.[114]

칭의는 말 그대로 하나님으로부터 의롭다 함을 입는 것, 곧 원죄와 자범죄, 과거나 현재의 죄 등 모든 죄로부터 용서를 받는 것을 의미한다. 이는 곧 죄책과 죄의 종으로서 느끼는 두려움으로부터의 구원이며, 습관적 죄와 고의적 죄, 죄의 욕망 등 죄의 권세로부터의 구원이다.[115] 이 구원은 '그리스도의 대속으로 말미암아 지금 그분을 믿는 죄인에게 이루어지는 죄책과 형벌로부터의 궁극적인 승리'를 의미하며 또한 '그리스도로 말미암아 그 신자의 마음

---

112) *Sermons*, On the Discoveries of Faith, 14.
113) *Ibid.*, *Sermons*, On Faith(I), I. 12; The Spirit of Bondage and of Adoption, III. 1.
114) *Ibid*.
115) *Sermons*, Salvation of Faith, II. 1~6.

속에 형성된 죄의 세력으로부터의 승리'를 의미한다. 아들의 믿음으로 말미암아 죄에서 해방되어 마침내 의의 종이 된 것이다.[116)

이렇게 믿음을 통해 의롭다 함을 입은 이는 내면적으로 거듭난 사람이다. 웨슬리에게 칭의와 거듭남은 동전의 양면과 같으며, 기독교 진리의 기본 교리다. 그에 따르면, 칭의는 '하나님이 우리 죄를 사하시면서 우리를 위해 행하신 위대한 사역'과 관련 있고, 거듭남은 '하나님이 우리의 부패한 본성을 새롭게 하시면서 우리 안에 행하신 위대한 사역'과 관련 있다. 즉 그리스도의 보혈의 피에 의지함으로 칭의 사건이 일어났고 동시에 성령의 사역으로 거듭남의 은혜를 입었다. 칭의가 올바른 관계 회복이라면 거듭남은 올바른 속사람의 회복이다. 그리스도의 십자가 은총을 믿음으로 칭의를 받는데, 이것은 하나님의 자녀로 신분이 변화됨을 의미한다. 또 이와 함께 성령의 역사로 말미암아 거듭남으로써 하나님 자녀의 성품, 곧 그리스도의 성품을 본받기 시작한다.[117) 따라서 칭의가 객관적 은총이라면 거듭남은 주관적 경험이다. 의인이 우리 밖에서(*extra nos*) 이루어진 일이라면 거듭남은 우리 안에서(*in nos*) 이루어진 경험이다. 우리가 하나님 자녀로 받아들여진 것(양자)이 칭의라고 한다면 거듭남은 우리 안에 하나님 형상(아들의 탄생)이 시작된 것이다. 칭의로 인한 '의인화'(義認化, 의롭다 인정함을 받음)인 동시에 거듭남을 의미하는 '의인화'(義人化, 의롭게 됨)인 셈이다. 수동적 의와 능동적 의는 상호 분리되지 않는다.[118) 이 분리되지 않는 양자의 관계를 웨슬리는 설교 '성경적 구원의 길'에서 이렇게 정리한다.

"우리가 칭의를 입는 순간 성화가 시작된다. 이와 동시에 우리는 거듭난다. 위로부터 성령으로 나는 것이다. 여기에는 실질적 변화와 상대적 변화가 있다. 우리는 하나님의 능력으로 말미암아 내적으로 새로워지는 것이다."[119)

---

116) *Ibid.*; *Sermons*, The Spirit of Bondage and of Adoption, III. 3~5.
117) *Sermons*, The New Birth, 1.
118) *Sermons*, The Great Privilege of Those That Are Born of God, 2.
119) *Sermons*, The Scripture Way of Salvation, I. 4.

웨슬리는 내적 변화로서 거듭남은 구원의 문제에서는 필연적이라고 이해한다. 왜 그런가? 바로 우리는 이미 죄 안에서 죽은 자이기 때문이다. "아담으로부터 유래한 모든 이가 죽은 채 세상에 태어나 하나님에 대해 죽고 완전히 죄 가운데 죽었으며" 그에게는 "하나님의 생명과 하나님의 형상, 특히 중요한 도덕적 형상, 곧 의와 거룩함이 사라졌기 때문"이다.[120] 거룩함이 없이는 하나님을 볼 수 없다. 하나님은 '거룩함' 자체이시다. 구원은 바로 하나님의 현존 앞에 선다는 의미이기 때문에 구원을 받기 위해서 우리는 거룩해져야 한다. 거듭남은 바로 이 거룩함의 시작이다. 웨슬리에 따르면, 우리 마음의 형상이 새로워지기 전에는 거룩함이 존재하지 않으며, 그 변화가 이루어지기 전에는, 지극히 높으신 분의 능력이 우리에게 임하여 우리가 어두움에서 빛으로 그리고 사탄의 권세에서 하나님께로 돌아가기 전에는, 그 거룩함이 시작될 수 없다.[121] 이것이 바로 우리의 내적 영혼이 새롭게 태어나야 할 필연적 이유다.

웨슬리는 거듭남은 영의 일이라 신비에 속한다 해도 그것이 무엇을 의미하는지는 성경을 통해 이해할 수 있다고 본다. 그것은 자연적 출생과 비교될 수 있으며, 무엇보다 영적 감각의 회복을 의미한다. 하나님으로부터 태어난 영혼은 "이해의 눈이 열리며", "그리스도의 얼굴에 있는 영광의 빛을 보며", "죄를 사하신다는 주님의 음성을 듣는다."[122] 거듭남 전후의 차이, 특히 거듭난 후의 영적 감각 회복에 관해 웨슬리는 '하나님으로부터 난 자의 위대한 특권'(The Great Privilege of Those That Are Born of God) 설교에서 상세하게 설명한다.

"그의 영혼 전체가 이제는 하나님을 감각으로 느끼게 된다. … 하나님의 영 혹은 호흡이 새로이 탄생된 영혼 속에 불어 넣어짐으로 숨을 쉬게 된다. 그리고 이

---

120) *Sermons*, The New Birth, I. 4.
121) *Ibid.*, III. 1.
122) *Ibid.*, II. 4.

같은 새로운 영의 호흡으로 영적인 생명이 유지될 뿐 아니라 영적인 능력, 활동, 감각이 날마다 증가된다. 영혼의 모든 감각이 새로이 눈을 뜨게 됨에 따라 영적인 선과 악을 식별하게 된다."

"이제 그는 이해의 눈이 열려 보이지 않는 그분을 보게 된다. 그는 믿는 자들을 향하신 하나님의 능력과 그 사랑이 얼마나 큰 가를 보게 된다. 그는 죄인인 자기를 향한 하나님의 자비를 알게 되며, 자신이 하나님의 사랑하시는 그 독생자로 말미암아 하나님과 화해되었음을 알게 된다. 그는 하나님의 용서하시는 사랑과 모든 가장 귀하고 큰 하나님의 약속들을 확고히 느끼게 된다."

"그의 귀가 이제 열린다. … 그는 하나님의 부르심을 듣게 되고 그 음성을 따른다. … 이제 모든 영의 감각이 깨어나 있어 그는 눈에 보이지 않는 세계와 교제를 시작한다. … 그는 이제 하나님의 평강이 무엇인지, 성령 안에서 누리는 기쁨이 무엇인지, 그리고 그리스도 예수로 말미암아 하나님을 믿는 사람들 마음속에 부어지는 하나님의 사랑이 무엇인지를 안다."[123]

웨슬리는 '거듭남의 표지'(The Marks of New Birth) 설교에서 거듭남의 증거들에 대해 보다 정교하게 설명한다. 그에 따르면, 거듭남의 표지는 믿음과 소망, 사랑이다. 즉 하나님의 자녀가 된다는 것은 그리스도를 통해 하나님을 믿음으로써 죄를 짓지 않게 되고(죄를 이기는 능력), 언제 어디서나 '모든 지각에 뛰어난 하나님의 평강'을 누리게 되며, 하나님의 사랑하시는 아들을 통해 하나님을 소망하게 하여 선한 양심의 증거를 가지게 되며, 우리가 하나님의 자녀 됨을 증거하시는 하나님의 영 안에서 항상 즐거워하게 되고, 그 크신 사랑으로 사랑하신 하나님을 사랑함으로써 모든 사람을 자기 몸처럼 사랑하는 사랑으로 나아가게 되는 것이다.[124]

---

123) *Sermons*, The Great Privilege of Those That Are Born of God, 8~10.
124) *Sermons*, The Marks of New Birth, IV. 1.

웨슬리는 아들의 믿음을 통해 영혼에 일어나는 칭의와 거듭남의 사건이 어린아이의 탄생처럼 한순간의 일로 본다. 그러나 죄와 죽음에서 의의 생명으로 '외적'·'실제적'으로 옮겨지는 이 사건은 이 자리에서 종결되어서는 안 된다. '아들의 믿음'의 소유자라 해도 어린아이로 머무는 한 많은 '의심과 공포'는 현존한다.125) 아들의 믿음에서 떠나 다시 죄의 종으로 전락할 위험성도 항상 존재한다. 그러기에 아들의 믿음을 통해 새로운 삶은 굳건히 성장되어야 한다. 웨슬리는 이를 '성화'라 부른다. 그에 따르면, 어린아이의 연약한 믿음으로는 이 성화를 가능하게 할 수 없다. 아들의 믿음으로 갓 태어난 어린아이 수준의 믿음이 청년의 믿음으로 강건케 될 때 이 성화는 가능해진다.

3) *Ordo Fidei*의 셋째 단계: 청년의 믿음

웨슬리에게 믿음은 항상 동적이다. 마치 유기체와 같아 끊임없이 약동하고 성장해 나간다. 종의 믿음이 아들의 믿음을 향해 끊임없이 성장해 가듯 아들의 믿음 또한 처음 어린아이와 같은 믿음에서 청년의 믿음을 거쳐 장년의 믿음으로 성장해 나아가야 한다. 웨슬리에게 어린아이의 믿음은 보이지 아니하는 하나님의 영적 실재에 대한 자기증거의 확증을 의미한다. 이 믿음은 무엇보다도 그리스도를 통해 이루신 하나님의 구원 사역에 대한 확증을 뜻하는데, 이를 통해 우리는 우리 자신에게 덧씌워진 죄의 굴레로부터 외적(칭의)·내적(거듭남)으로 완전히 해방된다. 이로써 우리는 하나님의 자녀임을 성령을 통해 확신케 되는 신앙을 가지게 된다.

아들의 믿음을 가진 이가 거룩함을 추구하려는 열망을 갖는 것은 자연스러운 일이다. 아들의 믿음을 통해 하나님의 자녀로 받아들여진 이는 하나님의 품성을 닮고자 한다. 그런데 하나님의 품성은 거룩함이다. 그분에게 가까이 나아가려는 소원을 가진 이는 거룩하게 되고 싶은 열망을 가질 수밖에 없

---

125) *Sermons*, On the Discoveries of Faith, 15.

다. 이것이 바로 칭의와 성화의 내적 연관성이다. 그런데 웨슬리는 이 성화의 과정 또한 칭의의 과정처럼 믿음으로 성취된다고 본다. 즉 의롭다 함을 입는 칭의의 믿음이 우리 삶을 실제적으로 변화시키는 성화의 믿음으로 성장해 갈 때 성화에 이를 수 있다고 본다. 다시 말해, 칭의와 성화는 공히 믿음으로 성취되는 사건들이라고 믿는데, 하나님이 그리스도를 통해 전가하신 은총을 수용하는 칭의의 믿음과 이 믿음을 굳건하게 하고 우리 본성 안에 실제화시키는 성화의 믿음을 통해 구원의 핵심 과정들인 칭의와 성화가 성취된다. 그래서 웨슬리에게는 칭의가 '믿음만'으로 가능한 일이며 성화 또한 믿음으로만 가능한 일이다. 이는 웨슬리의 구원의 과정 전체가 이 '믿음'이 없이는 불가능함을 의미한다. 웨슬리는 '성경적 구원의 길' 설교에서 한결같이 이렇게 주장해 왔다고 밝히면서 다음과 같이 강조한다.

> "나는 공적으로나 사석으로나 우리가 믿음으로 의롭다 함을 얻는 것과 마찬가지로 성화도 믿음으로 말미암아 받는다는 것을 계속하여 증거해 왔다. … 그러므로 이 믿음은 성화의 전제조건이다. 칭의에서 그랬듯이 성화에서도 이 믿음이 유일한 조건이다. 그렇다. 믿는 사람은 성화를 받을 수밖에 없다. **믿음이 없이는 아무도 성화에 이르지 못한다.**"126)

그런데 성화가 칭의와 마찬가지로 믿음으로만 성취될 수 있다고 할 때 위험하고도 중대한 도전에 직면할 수 있다. 바로 '율법폐기론'이라는 난제다. 웨슬리는 성화 역시 믿음으로만 성취 가능하다는 주장을 할 때, 우리는 이제 은혜 아래 있으며 그래서 율법을 지킬 필요가 없지 않느냐는 율법폐기론이 자연스럽게 등장할 수 있음을 인식하고 있었다. 실제로 그는 어떤 이들이 믿음을 통해 칭의를 받기 이전 율법 아래에서조차 행하지 않는 일들까지 칭의 이후 자유라는 이름을 빌어 행하기도 한다는 사실을 보며 개탄하기도

---

126) 굵은 글씨체는 내가 강조하기 위한 것임. *Sermons*, The Scripture Way of Salvation, III. 3.

했다.[127]

웨슬리에게 성화의 믿음은 율법적 행위를 무용하게 하는 믿음과는 아무런 관련이 없다. 오히려 이 믿음은 '은혜 아래서' '율법을 성취케 하는' 믿음이다.

> "그는 믿는 순간부터 … 더 이상 율법 아래 있지 않다. 오히려 그는 이제 은혜 아래 있으며 자비롭고 은혜로운 하나님의 섭리 아래 있다. … 그는 노예의 두려움과 같은 두려움 때문에 순종하는 것이 아니라 보다 고상한 원리, 곧 하나님의 은혜가 그의 마음을 사로잡고 그의 모든 행위가 사랑으로 인해 나타나는 것 때문에 순종하는 것이다."[128]

이처럼 웨슬리의 성화의 믿음은 '사랑으로 역사하는 믿음'이다.[129] 성화의 믿음은 하나님의 은혜로 말미암아 우리 마음이 사랑으로 지배되고 이 사랑으로 율법의 요구를 성취하는 믿음인 것이다. 또 이러한 율법의 성취는 '율법 아래서' 이루어지는 것이 아니라 '은혜 아래서', 즉 '믿음 안에서' 사랑으로 역사함으로써 이루어진다. 따라서 선행이 우리의 믿음 그리고 심지어 모든 내적·외적 성화의 결과에 따라 나타나며, 만일 이런 선행의 열매가 없다면 우리 믿음은 가치가 없을 뿐 아니라 우리가 아직도 죄 가운데 있음이 명백하게 드러나는 셈이다.[130]

여기서 우리는 '사랑으로 역사하는 것' 자체가 '믿음'이 아닌 '공적'(merit)을 추구하는 행위가 아닌가 하는 의문을 가질 수 있다. 실제로 로마 가톨릭 교회는 이를 믿음과 분리해 '믿음'과 '행위'에 의한 구원론을 진술했는데, 웨슬리가 말하는 바가 이와 동일한 게 아닌가 하는 의문을 품을 수 있다. 그러나 웨슬리가 말하는 '사랑으로 역사하는 것'은 '믿음'의 또 다른 표현일 뿐이다. 그는 '성경적 구원의 길' 설교를 통해 이 사랑으로 역사하는 것을 '보이지 않는

---

127) *Sermons*, Law Established through Faith (1) III. 4.
128) *Ibid.*, III. 3.
129) *Ibid.*, II. 3.
130) *Ibid.*, II. 6.

것들에 대한 거룩한 증거요 확신'이라는 믿음의 정의 안에서 해석한다. 즉 첫째는, 우리가 믿음으로 죄에서 구원함을 입고 성화에 이르며 사랑 안에서 온전해진다는 사실에 대한 거룩한 증거요 확신이며, 둘째는 불결한 데서 깨끗한 것을 나타내고 모든 죄에서 정결케 하며 거룩한 것으로 채우는 것이 사람으로는 불가능하지만 하나님은 하실 수 있다는 사실에 대한 거룩한 증거요 확신이며, 셋째는 이 일들을 바로 '지금 여기서' 행하실 수 있다는 사실에 대한 거룩한 증거요 확신이다.[131]

성화가 이렇게 '믿음'으로만 가능하기에 웨슬리는 성화에 이르기 위해 선행이 아닌 믿음으로, '현재 모습'에서 '지금' 구할 수 있다고 확신한다.

"당신은 스스로 '나는 이러한 사람이 되겠다.' 또는 '이렇게 행해야겠다.'라고 생각하는가? 그러면 당신은 지금도 선행으로 이것을(구원을) 얻으려고 하는 것이다. 만일 당신이 믿음으로 구원을 얻으려 한다면 당신은 지금 그대로의 상태에서 그것을 기대할 수 있다. 그리고 당신의 지금 상태로 그것이 가능하다면 바로 지금 이것을 기대하라."[132]

이런 관점에서 본다면 성화의 믿음, 곧 청년의 믿음은 아들의 믿음으로 갓 태어난 어린아이의 믿음과 외형상 그 형태가 달라 보일 수도 있다. 어린아이의 믿음은 아무래도 십자가 은총으로 말미암아 주어지는 용서의 은총을 지향해 수동적인 믿음의 성격을 띠지만, (물론 이 또한 자유의지에 따른 수용을 전제로 하지만) 성화의 믿음은 이 은총으로 말미암아 생겨난 새로운 본성의 성장, 즉 하나님을 향한 사랑으로 가득 채워진 거룩한 심령을 추구한다는 점에서 '사랑으로 역사하는' 믿음이요 능동적인 믿음의 성격을 띤다.

그러나 이 양자는 '보이지 않는 것들에 대한 거룩한 증거와 믿음'이라는 점에서 본질상 차이가 없다. 둘 다 구원을 이루기 위해 하나님이 허락하신 믿음

---

131) *Sermons*, The Scripture Way of Salvation, III. 14~16.
132) *Ibid.*, III. 18.

이며, 이 각각의 믿음의 기능을 통해 우리가 궁극적으로 구원의 완성에 이르게 된다. 우리는 칭의의 믿음을 통해 전혀 없던 영적 감각을 새로이 획득함으로써 하나님의 의롭다 하심의 은혜를 감지하고 수용하게 되며, 성화의 믿음을 통해 이 감각을 더욱 훈련하여 성숙하게 함으로써 하나님의 거룩한 성품을 우리 안에 내재화하는 은총에 참예하게 되는 것이다.

그런데 웨슬리에 따르면, 이 성화의 믿음 또한 칭의의 믿음과 마찬가지로 삼위일체 하나님의 구원의 은총 가운데 주어진 선물이다. 이른바 '성화의 은혜'로서 하나님은 이 은혜를 성화의 믿음을 통해 베푸신다. 웨슬리는 '우리 자신의 구원을 이룸에 관해서' 설교에서 빌립보서 2장 13절의 "너희로 소원을 두고 행하게 하신다."는 문자의 의미를 깊이 관찰하면서, 성화의 믿음이 삼위일체 하나님의 값없이 주시는 은총으로 말미암는다는 사실을 밝힌다. 성화를 이루고자 하는 소원이나 이를 실행하는 모든 힘이 바로 하나님으로부터 값없이 주어지는 은총이라는 것이다.

"'소원하심'이란 말의 의미는 내적 믿음 전체를 뜻하고 '행하심'이란 말의 의미는 외적 믿음 전체를 뜻한다. 이렇게 이 단어들을 이해한다면 이 말씀은 곧 내적 거룩함과 외적 거룩함을 이룩하시는 분이 바로 하나님이시라는 사실을 의미한다."133)

만일 우리가 이 사실을 깊이 깨닫는다면, 즉 선을 이루고자 하는 생각조차 위로부터 오며 또 그 선을 끝까지 행하는 능력도 위로부터 왔음을 안다면, 더 말할 것도 없이 우리의 자랑은 '주 안에서' 자랑일 수밖에 없다.134)

성화의 믿음이 이렇게 값없이 주어진 은총일 때, 우리의 자유의지는 칭의의 믿음과 마찬가지로 이 은총을 수용할지 아니면 거부할지를 결정해야 한다. 이 같은 자유의지의 결단은 매 순간 이루어져야 하는데, 그 결단 여부에

---

133) *Sermons*, On Working Out Our Own Salvation, I. 1~2.
134) *Ibid*., I. 4.

따라 완전을 향해 더 나아갈 수도 있고 또 다른 타락의 가능성도 있다.

웨슬리에 따르면, 이처럼 하나님께로부터 난 자는 더 이상 죄를 짓지 않는다. 그는 설교 '하나님으로부터 난 자의 위대한 특권'에서 요한1서 3장 9절을 주석하면서 이 사실을 다음과 같이 확증한다.

> "… 하나님께로부터 난 자 [거듭난 자] … 이 사람은 그 상태를 보전하는 동안 단지 죄를 범하지 않을 뿐 아니라 이 씨가 그 사람 안에 있는 한 하나님께로 났기 때문에 죄를 지을 수 없다."[135]

그럼에도 웨슬리는 경험상 우리는 거듭난 상태에서도 죄를 범할 수 있고 실제로 죄를 범한다는 점을 인정한다. 그 실례로 다윗이 밧세바를 취하기 위해 살인과 간음을 저질렀던 일, 바나바가 마가 요한 때문에 사도 바울과 갈라섰던 일, 베드로가 이방인과 함께 음식을 먹다가 유대인들이 나타나자 자리를 피하는 위선을 보인 일 등이 그것이다.[136]

거듭난 이들이 왜 범죄에 이르는가? 웨슬리는 '하나님의 은혜로써 자기를 지키지 않았기 때문'이라고 답한다. 부여된 자유의지를 그릇되게 사용함으로써 처음엔 소극적인 성향의 내적인 죄, 곧 자기 속에 주어진 하나님의 선물을 불일 듯 일으키지 않고 항상 깨어 기도하지 않으며, 하나님이 위를 향해 부르신 그 부르심의 상을 얻으려고 목표를 향해 달려가지 않는 죄를 범하다가 점차적으로 적극적인 성향의 내적인 죄, 곧 자기 마음이 사악함으로 기울어져 어떤 악한 욕구나 기질에 양보하는 죄에 빠져들다가 마침내 "믿음을 잃고" 결국 외적인 범죄에 이른다는 것이다.[137] 요약하자면, 거듭난 자도 외적인 죄를

---

135) [ ]는 이해를 돕기 위해 내가 첨부한 것임. *Sermons*, The Great Privilege of Those That Are Born of God, II. 1.
136) *Ibid*., II. 3~6.
137) *Ibid*., II. 7. 웨슬리는 성령으로 난 이들이 타락에 이르는 단계들을 8단계로 나누어 면밀히 묘사한다. ① 성화의 삶 ② 유혹 ③ 성령의 경고 ④ 유혹에 넘어짐 ⑤ 성령의 탄식과 더욱 뒷걸음질 ⑥ 성령의 질책 ⑦ 유혹자에 귀 기울임 ⑧ 외적 행위의 죄를 범함. 이 단계들을 거쳐 우리에게서 하나님의 능력이 완전히 떠나는 것이다. *Ibid*., II .9.

범할 수 있는데, 바로 믿음의 상실에서 연유된다. 이 믿음의 상실은 스스로를 지키는 파수꾼 역할에 대한 태만, 곧 소극적이고 적극적인 내적 죄들에 자신을 내어 맡김으로써 일어나는 일이다. 즉 범죄는 내적 죄악에서 연유되며 이 때문에 믿음이 파괴되고 외적 범죄에 이르게 된다.[138]

이는 의롭다고 인정받았지만 아직도 죄지을 가능성이 있다는 사실을 웨슬리가 인정하고 있음을 의미한다. 이 생각은 '의인이면서 죄인'(simul Justus et peccator)이라는 루터의 논리와 일맥상통한다. 그러나 루터는 이 땅에서 이 상태가 지속된다고 보았고, 웨슬리는 완전한 삶으로 진행 가능하다고 보았다는 점에서 서로 견해를 달리 한다. 웨슬리는 칭의와 거듭남으로 모든 죄의 행위가 용서는 받지만 그 죄악을 향한 성향은 그대로 있다고 믿는다. 마치 담배를 끊은 사람에게도 여전히 그 성향은 남아 있는 것과 유사하다. 여기에 자유의지의 역할이 중요하다. 회복된 자유의지는 죄를 범할 가능성과 죄를 범하지 않아야 하는 당위성 사이에서 갈등하게 되는데,[139] 루터나 칼빈에게는 이 갈등이 없다. 이들은 인간의 의지가 칭의 이후 성령의 노예의지로 바뀌었다고 보기 때문이다.

그러나 웨슬리는 하나님은 인간에게 믿음을 통해 은총에 응답할 수 있는 자유의지를 허락하셨다고 보기 때문에 인간은 성화의 길을 선택함으로써 내적 죄를 정복해 나갈 수 있다고 본다. 즉 두렵고 떨림으로 구원을 이루어 가야 하는 것이다. 이 말은 인간의 연약한 본성에 깨어 있는 것, 곧 회개가 지속되어야 함을 의미한다. 웨슬리에게 회개는 단지 칭의 과정에만 필요한 것이 아니다. 성화의 믿음을 갖게 하는 데도 여전히 필요하다. 성화의 과정에 필요한 회개는 '죄책이나 정죄, 하나님의 진노에 대한 의식' 같은 소위 칭의 이전의 회개와는 본질적으로 다르다. 이것은 "성령의 역사로 일어나는 깨달음이며 우리 마음속에 아직도 남아 있는 죄를 깨닫는 것"을 의미하는데, 여기서 말하는 죄란 거듭난 사람들을 지배할 수는 없지만 그들 마음속에 아직도

---

138) *Ibid*., III. 1.
139) 신약성경 로마서 7장 참조.

남아 있는 "육에 속한 마음" "악으로 기울어지는 성질" "타락하기 쉬운 마음" "성령에 거스르는 육의 경향성"을 의미한다.[140] 이 죄를 깨달을 때 우리 삶에 남아 있는 죄, 곧 우리의 말과 행위에 아직도 남아 있는 죄에 대한 깨달음 또한 생기게 되며, 또 이 깨달음으로 우리는 스스로의 한계를 철저히 느끼게 되고 하나님의 은혜만을 기대하게 된다. 이처럼 회개는 우리의 거룩한 삶이 우리 자신의 의지나 공로로 가능한 것이 아니라 단지 "하나님이 값없이 주시는 전능하신 은혜가 먼저 우리에 앞서서 역사하시고 매 순간 우리와 동행하시기 때문에 가능하다"는 사실을 일깨워 주는 것이다.[141]

웨슬리는 기도와 성만찬, 성경말씀을 듣는 것과 금식, 절제와 이웃에게 자비를 베푸는 것 등 일반적으로 널리 알려진 선행들이 회개의 기능과 동일하다고 이해한다. 다시 말해 이런 선행들은 우리의 연약성과 하나님의 은총에 대한 끊임없는 각성을 자극한다는 점에서 '회개'이며 동시에 '회개의 열매'라는 것이다. 이것들은 "성화가 온전히 이루어지기 위해" 반드시 필요한 선한 행위인 셈이다.[142]

요컨대 웨슬리에게 성화는 모라비안의 견해처럼 한순간 완료되는 것도 아니며, 칼빈의 견해처럼 인간의 의지는 노예상태로 속박된 채 인간 본성의 변화가 아닌 성령의 절대적 인도함으로 이루어지는 것도 아니라, 매 순간 죄의 경향성을 직면하면서 인간 자신의 한계와 하나님의 은총을 믿음으로 받아들임으로써 지속적으로 성장해 가는 그런 과정이다. 그렇다면 웨슬리에게 성화란 정지된 것이 아니라 최종 목적을 향해 나아가는 지속적인 운동이라고 할 수 있다. 그렇다면 이것의 목적은 무엇인가? 바로 '완전'이다. 성화는 이 완전을 향한 과정이며, 완전은 웨슬리 구원론에서 추구하는 궁극적인 종착점이라 할 수 있다.

---

140) *Sermons*, The Scripture Way of Salvation, III. 6.
141) *Ibid*., III. 8.
142) *Ibid*., III. 9~10.

4) *Ordo Fidei*의 넷째 단계: 장년의 믿음

웨슬리에게 믿음은 성장을 지향하는 동적인 운동이다. 청년의 믿음, 곧 성화의 믿음이 참다운 믿음이라면 성장해 나아가야 한다. 이 믿음이 지향하는 바는 '장년의 믿음'이다. 웨슬리에게 청년의 믿음은 바로 '사랑으로 역사하는 믿음'을 의미한다. 우리가 이 믿음을 진실로 소유했다면 하나님을 더욱 사모하게 된다. "그리스도 안에 나타난 하나님을 사랑한다는 감정"이 하나님을 더욱 사랑하도록 이끌고 이웃을 진심으로 사랑하게 이끄는 가장 강력한 "동기"가 되기 때문이다.[143] 웨슬리는 이런 믿음이 자연스럽게 성장해 어른의 믿음에 이른다고 본다. 그렇다면 웨슬리가 말하는 장년의 믿음은 무엇을 의미하는가?

웨슬리는 사도 요한의 말을 통해 '어른'이 의미하는 바를 이해한다. 그는 '삼위 하나님의 충만한 임재 상태'에 있다. 또한 '그리스도의 사랑의 길이와 높이와 깊이를 알아 하나님의 모든 충만하신 것으로 충만케 된 사람'이다.[144] 곧, 하나님을 향한 사랑으로 가득 찬 영혼, 다시 말해 "마음을 다하고 목숨을 다하고 뜻을 다하여 하나님을 사랑하는" 그런 상태에 있다.[145] 이런 사람의 믿음은 우리가 그리스도 교리의 초보적 원리, 다시 말해 '회개와 믿음'의 수준을 떠난 완전에 이르는 믿음을 의미한다. 회개와 칭의의 믿음, 성화의 믿음으로 이어지는 믿음이 완숙한 경지에 이르러 성화의 최종 목적인 사랑의 충만함에 이른 상태를 의미하는 것이다.

웨슬리는 사실 이 단계에서는 '믿음'이라는 용어가 적합하지 않다고 본다. 처음 이 세상이 창조되었을 때, 즉 하나님의 사랑만이 충만했을 때는 믿음이 필요하지 않았다. 하나님과 인간 사이에는 사랑 그 자체만이 존재했고 그 자체만으로 충분했다. 처음 아담을 보라. 그는 하나님과 얼굴을 맞대고 이야기

---

143) *Sermons*, The Law Established through Faith (2), III. 3.
144) *Sermons*, On the Discoveries of Faith, 17.
145) *Ibid*., 16.

할 수 있었기 때문에 보이지 아니하는 하나님을 인식하는 기능인 믿음이라는 과정이 필요할 이유가 없었다.[146] 믿음을 "인간이 본래적으로 창조되었을 때 그 속에 있었던 거룩한 사랑을 회복시키는 위대한 수단"[147]이라고 본다면, 사랑으로 충만한 '어른'의 경우 믿음이 설 자리는 없다. 믿음은 사라지고 사랑만이 남는 것이다.

> "사랑은 곧 모든 하나님의 계명이 지향하는 최종 목적이다. 하늘과 땅이 사라질지라도 사랑은 계속되며 영원할 것이다. 이와 달리 믿음은 결국은 완전히 사라지게 된다. 하나님 앞에서, 하나님의 영원한 비전 안에서 사라진다."[148]

즉 어른의 믿음은 믿음이라는 용어가 불필요한, 사랑으로 충만한 상태를 의미한다. 이런 믿음에 이를 때 우리는 비로소 완전에 이르게 된다. 하나님 자녀의 완전은 믿음이 사라지고 사랑으로 가득 채워진, 바로 이 같은 믿음으로 이루어지는 완전이다.

요컨대 기독자의 완전은 웨슬리 구원론의 정점이다. 그렇다면 이 정점은 어떻게 이루어지는가? 주지하다시피 웨슬리에게 구원은 '믿음'을 통해 이루어진다. 하나님은 인간의 구원에서 이 외 방법을 제시한 적이 없다. 완전을 향한 여정도 마찬가지다. 믿음은 여전히 이 여정에서 유일하고도 완전한 길이다. 웨슬리는 이렇게 완전에 이르는 믿음을 '어른의 믿음'이라 부른다. 어른의 믿음은 완전이 구원의 순서에서 그 정점이듯, 믿음의 순서에서도 그 정점이다. 그렇다면 웨슬리가 말하는, 이 어른의 믿음을 통해 이를 수 있는 완전이란 무엇을 의미하는가?

이러한 완전은 천사나 아담이 죄를 범하기 전의 상태와는 같지 않다.[149] 그리스도인들은 완전하진 않다. 첫째, 지식에서 완전하지 않다. 물론 영적 지

---

146) *Sermons*, The Law Established through Faith (2), II. 4.
147) *Ibid*., II. 6.
148) *Ibid*., II. 1.
149) *Sermons*, On Perfection, I, 1~2.

식이 생겨 하나님의 사랑과 성령의 인도하심, 하나님의 섭리와 지혜, 하나님이 그들에게 원하시는 바와 양심을 어떻게 지켜야 하는지를 알지만 완전한 지식은 아니다. 하나님과 하나님의 섭리와 경륜, 성경에 대해 완전하게 알지는 못한다.[150] 둘째, 실수로부터 완전하지 않다. 구원에 치명적인 근본적인 실수는 범하지 않더라도 지엽적인 부분에서 실수와 오류를 경험한다. 성경해석에 대해서도 이 실수는 반복된다. 셋째, 연약성으로부터 자유하지 못하다. 웨슬리는 연약성을 말할 때 우리가 범하는 일상적 죄의 핑계로 언급하는 것을 비판한다. 그가 말하는 이런 도덕적 성격과는 다른 육신의 연약함과 이해력의 약함, 언어와 행동에서의 결함 등을 의미한다. 넷째, 유혹에 대해 완전하지 않다.[151] 즉 그리스도인의 완전은 무지도 없고 실수도 없으며 연약성도 없고 유혹도 없는 그런 상태가 아니다. 영혼이 육체에 머무는 동안 사람이 얻을 수 있는 최상의 완전은 무지와 실수, 그리고 수많은 결함을 회피할 수 없는 상태를 배제하지 않는 그런 완전이다.[152]

그렇다면 웨슬리가 말하고 싶어 하는 완전은 무엇인가? 마음을 다하고 혼과 정성을 다해 하나님을 사랑하고 이웃을 내 몸과 같이 사랑하는 것이다. 곧 그리스도의 마음을 품는 것이며 성령의 열매들을 맺는 삶을 의미한다. 한마디로 요약하면, 하나님의 형상, 곧 의와 거룩함을 회복하는 도덕적 완전인 '성결'을 의미한다.[153] 이런 맥락에서 '완전한'과 '성결'은 서로 동일한 의미를 갖는다. 그런데 이 같은 완전한 성결은 이 땅에서는 존재하지 않는다. '정도의 완전'이란 없다. 어느 수준에 도달했든 그는 여전히 은혜 안에서 자라야 한다.[154]

웨슬리는 완전한 성화에 이른 상태를 "깊은 영혼으로부터 삼위일체 하나님을 알고 있으며", "그리스도의 장성한 분량이 충만한 데까지 성장한" 상태

150) *Sermons*, Christian Perfection, I. 1~3.
151) *Ibid.*, I. 4~8.
152) *Sermons*, On Perfection, I, 3.
153) *Ibid.*, I. 1~7.
154) *Sermons*, Christian Perfection, I. 9.

로 묘사한다.155) 이들은 왜 완전한가? 바로 죄를 짓지 않기 때문이다. 웨슬리는 참 그리스도인들은 '외적인 죄에서 해방된' 완전한 자들임을 성경적 증거들을 기초로 선언한다.

> "이 말씀 속에 함축되어 있는 뜻은 … 참 그리스도인 혹은 그리스도를 믿는 자들은 외적인 죄로부터 해방되었다는 것이다."156)

즉 그리스도인의 완전은 죄가 없는 상태이며 완전한 성화 상태이다. 이는 단지 고의로 짓는 죄나 습관적으로 짓는 죄로부터의 자유나 전에 짓던 죄보다는 덜 짓게 되는 그런 형태의 완전이 아니라,157) 죄의 뿌리까지 소멸된 상태 및 내적인 죄가 소멸된 상태이며 죄의 지배를 받지 않는데다 남아 있지도 않은 상태를 의미한다. 물론 연약함과 실수, 유혹 등으로 무의식적 죄의 가능성은 여전히 남아 있다. 그러나 웨슬리는 그럼에도 그리스도인은 그리스도의 은총 때문에 죄를 정복할 수 있다고 한다. 사실 구약시대에는 은혜의 불완전한 계시 때문에 하나님의 자녀들 가운데 죄의 유혹에 넘어가 죄를 범하는 실례들이 있었다. 그러나 그리스도가 오신 후는 다르다. 그리스도인들은 구약의 어떤 성인들보다도 위대한데, 위대한 선지자여서가 아니라 그리스도를 아는 지식이 그들보다 크기 때문이다.158) 그리스도를 아는 이는 율법의 자녀가 아니라 복음의 자녀요, 이들에게는 죄를 정복하고도 남을 성령의 은사가 약속되었기 때문이다. 이처럼 죄에서 구원받는 은혜가 예수 그리스도의 은혜 안에서 완전히 주어졌다. 이 사실에 대해 웨슬리는 이렇게 요약한다.

> "그리스도인들이 부여받은 특권은 … 구약성경 기록으로는 평가될 수 없다. 지금은 때가 찼고 성령이 임하신 바 되었으며 하나님의 크신 구원이 예수 그리

---

155) *Ibid.*, II. 1.
156) *Ibid.*, II. 4.
157) *Ibid.*, II. 6.
158) *Ibid.*, II. 8.

스도의 계시로 인간에게 이르렀기 때문이다. … '그 중에 약한 자가 그날에는 다
윗 같겠고 다윗의 족속은 하나님 같고 무리 앞에 있는 여호와의 사자 같을 것이
라.'(슥 12:8)"**159)**

뿐만 아니라 이렇게 죄로부터 완전한 이는 불의로부터도 완전한 삶을 이
룬다. 웨슬리는 그리스도인의 완전을 요한일서 1장 9절에서 이르는, "죄가 사
해지며" "불의로부터 깨끗하게 된" 그런 모습을 염두에 둔 것이다. 다시 말해
웨슬리는 모라비안들 경우처럼 완전을 '칭의' 사건에만 국한시키지 않는다.
그것은 성화의 완전을 포함한 것이어야 한다. 그러므로 "이 세상에서 모든 죄
와 불의에서 구원함을 받은 것이요, 죄를 짓지 않고 악한 생각과 성품에서 자
유함을 얻는다는 의미에서" 그리스도인은 완전하다고 말한다.**160)**

여기서 칭의와 성화의 완전은 현재 사건이라는 점에서 완전 또한 현재 사
건일 수밖에 없다. 웨슬리에게 완전은 미래 사건이 아니다. 어디까지나 '지금
여기' 사건이다. 웨슬리는 우리의 죄가 사해진 사건이나 모든 불의에서 깨끗
해진 사건을 우리가 죽었을 때 혹은 심판 날에 이루어질 미래 사건이 아니라
고 본다. 그것들은 바로 '우리'의 이야기이며 지금 여기에서 '살아 있는' 이야
기이다.**161)**

죄로부터 완전하며 사랑의 실천을 완성한다는 의미로서 완전을 이 땅에서
완성할 수 있다는 생각은 루터나 칼빈, 어거스틴 입장보다 더 나아갔다고 할
수 있다. 이 웨슬리의 완전론은 동방 교회 전통을 흡수한 데 힘입은 바 크다.
동방 영성은 이 땅에서 완전이 가능함을 말하며, 개인의 은둔을 통한 완전이
아니라 성령 충만으로 그리스도의 장성한 분량에 이르는 것을 의미하고 또
그분의 삶을 이 땅에 재현해 내는 것을 그리스도인의 삶의 궁극적인 목표로
삼는다.

---

159) *Ibid.*, II. 13.
160) *Ibid.*, II. 28.
161) *Ibid.*

그렇다면 웨슬리의 구원론은 철저하게 현세적인 '지금 여기' 구원론인가? 내세적이며 종말론적 구원의 비전은 없는가? 그렇지 않다. 웨슬리는 우리 영혼의 종국적 지향점이 '영화'(glorification)임을 부인하지 않는다. 영화는 그의 구원의 순서 마지막에 자리한다. 칭의 없이 성화가 없듯 성화 없이 이 단계에 이를 수는 없다.[162] 무엇이 영화인가? 이는 절대적 완전이다. 지상에서 완전이 상대적 완전이라면 부활과 함께 주어지는 완전은 절대적 완전이다. 영화된 그리스도인은 의식적·무의식적 죄로부터 벗어나 완전한 자유에 이르며, 실수나 연약함 등으로부터도 자유한다. 이는 그리스도의 부활과 동일한 완전을 의미한다. 즉 웨슬리에게 완전 개념은 이중 의미를 갖는다. 하나는, 이 땅에서 이룰 수 있는 현재의 완전이요, 또 하나는 궁극적으로 종국적인 부활이 이루어지는 미래의 완전이다. 이런 이중적인 완전 개념은 웨슬리의 종말론에서도 여전히 견지되는데, 이는 웨슬리의 하나님 나라 이해에서 명확하게 드러난다. 웨슬리는 1773년경에 했던 설교에서 이렇게 주장한다.

> "'아직 의롭다 하신 그들을 또한 영화롭게 하셨느니라.' 하는 성경의 약속이 남아 있다. 이것이야말로 마지막 단계이다. 하나님은 그들을 '빛 가운데서 성도의 기업의 부분을 얻기에 합당한 사람으로' 인도하실 것이며 '세계가 시작되기 전부터 그들을 위하여 예비해 놓으신 나라'를 그들에게 주실 것이다."[163]

이 같은 웨슬리의 완전은 장성한 믿음으로만 도달할 수 있다. 그런데 이 장성한 믿음은 '믿음이 소멸되고 사랑만이 지배하게 된' 그런 믿음을 의미한다. 죄 때문에 인간이 하나님께 나아갈 수 없을 때 하나님의 은혜 가운데 주어진 유일한 길인 믿음은, 인간이 완전에 이를 때, 즉 하나님의 형상 회복이 완전히 이루어지고 새로운 나라에 합당하도록 사랑으로 충만해졌을 때에는 그 효용 가치가 사라지고 존재 이유를 상실해 가는 특성을 갖는다. 다시 말해

---

162) *Sermons*, On Predestination, 14.
163) *Ibid.*, 10.

'믿음 없는 믿음' 혹은 '사랑으로 충만해진 믿음'으로 말미암아 구원의 궁극적 목적인 완전을 성취하게 된다.

지금껏 논의해 온 내용들을 잠깐 정리하고 넘어가야 할 것 같다. 웨슬리의 디비니티는 한마디로 말해 구원론이다. 그의 궁극적 관심은 '하늘 가는 길', 곧 '구원'이라는 주제이기 때문이다. 그러나 그는 구원의 문제를 '분석적인 논의 대상'으로 삼지 않았다. 그에게는 구원에 관한 이론적 틀을 구성하려는 조직적인 '구원신학'이 드러나지 않는다. 구원에 대한 그의 관심은 구원에 관한 실천적이고 목회적인 관심, 곧 '어떻게 인간이 절망적 상황에서 구원에 이를 수 있는가' 하는 질문에 집중되어 있다.

그러므로 웨슬리의 디비니티를 이해하려면 바로 웨슬리가 제기했던 동일한 질문, 다시 말해 인간 구원에 관한 실천적이고 목회적인 질문에서 출발해야 한다. 이런 의미에서 아우틀러를 중심으로 한 주류 웨슬리 연구가들의 공헌은 이중적으로 평가할 수 있겠다. 하나는 긍정적인 평가인데, 그들은 웨슬리 사상을 연구하면서 웨슬리의 구원에 깊은 관심을 기울였다는 점에서 기본방향 설정이 옳았다. 또 다른 하나는 부정적인 평가인데, 이들이 웨슬리의 구원에 대한 이해를 시도하면서 웨슬리의 근원적인 질문, 즉 '어떻게 구원에 이를 수 있는가' 하는 문제보다는 그 구원이 '무엇을 의미하는가' 하는 '구원에 관한 이론'을 구성하려는 데 더 많은 관심을 기울였다는 점이다. 예를 들어, 아우틀러는 '어떻게'라는 구원에 관한 구체적이고 실천적 질문보다는 '구원의 순서'(*Ordo Salutis*)에 내포된 구원의 내적 본질 규명에 더 많은 관심을 기울이는 것 같다. 나는 웨슬리의 디비니티는 그의 원초적인 질문 '어떻게'에 집중함으로써 그 본래 의미에 더 근접할 수 있다고 믿는다. 이것은 곧 그의 *Ordo Salutis*가 무엇을 의미하는가 하는 개념적 이해보다는 그것이 어떻게 구체적으로 전개되는가 하는 그 역동적 전개 과정 자체에 관심을 더 기울여야 한다는 의미이다.

내 견해로는 이러한 전개과정을 가장 잘 드러낼 수 있는 이미지가 바로 '서스펜션 브리지'이다. 이 브리지는 하나님의 선행적인 은혜 가운데 설계되고 건설되었다. 이제 이 브리지를 건설함으로써 철저하게 타락해 죄로 물든 인간이 지극히 거룩한 하나님 나라에 갈 수 있는 길이 열린 것이다. 믿음은 바로 이 서스펜션 브리지의 '브리지'에 해당한다. 웨슬리에게 '믿음'은 하나님의 은총과 그 은총에 응답하는 인간의 끊임없는 상호작용이 빚어내는 결과물이다. 즉 삼위일체 하나님이 은총 가운데 주도적으로 준비하신 구원의 길이며, 인간의 자유의지를 가지고 선택되어야 할 살아 있는 관계다. 그러므로 고정된 실체가 될 수 없고 살아 있는 유기적 생명체와 같다. 또한 하나의 씨앗으로 출발해 싹이 트고 성장해 가며 열매 맺는 유기적 생명체와 같은 어떤 것이기에 항상 개방적이고 역동적이다. 여기서 분명한 사실은 웨슬리에게 나타나는 구원의 역동적 전개는 바로 이러한 믿음의 성장과 밀접한 관련이 있다는 점이다. 다시 말해 '믿음으로 구원을 얻는 과정'인 것이다. 이 구원의 역동적 전개 가운데 나타나는 '순서들' 또한 이 믿음의 역동성이 빚어내는 구원의 드라마적 지점들이다. 이 말은 곧 *Ordo Salutis*는 *Ordo Fidei*의 빛 아래서 이해되어야 한다는 의미이다.

종의 믿음-아들의 믿음-청년의 믿음-장년의 믿음으로 이어지는 *Ordo Fidei*는 회개-칭의-거듭남-성화-완전으로 이어지는 *Ordo Salutis*와는 달리 확장 지향적이 아니라 축소 지향적이라는 면에서 그 성격을 달리한다. 구원은 성숙될수록 점점 충만함으로 나아가는 '흥하는 과정'이지만 믿음은 성숙될수록 자신을 상실해 가는 '쇠하는 과정'이다. 즉 웨슬리의 *Ordo Salutis*는 *Ordo Fidei*의 자기 상실의 끊임없는 과정을 통해 완성되어 간다. 이런 의미에서 *Ordo Fidei*는 *Ordo Salutis*의 역동적인 움직임을 이해하는 하나의 해석학적 프레임이 된다.

PART

4

디비니티 목회 실천의 준비

CONTENTS

지금까지 우리는 웨슬리의 디비니티가 무엇을 의미하며 또 실제로 어떻게 전개되는지를 살펴보았다. 웨슬리는 디비니티에 대한 확고한 인식을 갖고 목회에 임했다. 그의 성공적이고 행복한 목회 비결은 바로 이같이 확고한 자기만의 목회 플랜을 가진데 있다고 나는 확신한다. 이것은 단지 웨슬리가 디비니티에 대해 '지식적으로' 알고 있었다는 의미가 아니다. 웨슬리는 디비니티의 삶을 직접 살았고 그것을 뼛속 깊이 체득했다. 그에게는 디비니티가 목회 그 자체였고 목회는 디비니티 그 자체였다. 그는 이 디비니티 목회를 통해 수많은 영혼을 '하늘'로 인도할 수 있었다. 이제부터 우리는 디비니티가 실제로 웨슬리목회에 어떻게 적용되었는가를 살펴보려 한다. 이를 위해서는 먼저 디비니티가 갖는 목회적 의의에 대해 논의해야 한다. 말하자면, 우리가 지금까지 살펴왔던 웨슬리의 디비니티가 과연 목회에 어떤 의미를 갖는지 묻는 작업이 될 것이다. 다음으로 디비니티 목회 원리를 살펴볼 생각이다. 웨슬리는 디비니티 목회를 전개하면서 그의 디비니티를 효과적으로 펼치기 위해 나름대로 원리를 구축했는데, 이 원리가 무엇인지를 알아보려는 것이다.

디비니티의 목회적 의의

웨슬리의 구원의 순서(*ordo salutis*)는 그가 찾은 하늘 가는 길, 곧 디비니티다. 이는 인간의 경험에서 추출된 것이 아니다. 그가 힘주어 강조했듯이 오직 한 책, 성경에 계시된 하나님의 자비로우신 구원의 방식이다. 디비니티가 추구하는 구원은 단지 우리가 죄로부터 구원을 받았다는 사실만이 아니라 처음 하나님의 형상을 회복하는, 아니 어쩌면 이보다 더 나아가 하나님의 형상을 온전히 닮는(likeness) 차원까지를 포함하는 새로운 창조다.

이것은 어느 한순간 이루어지는 일이 아니다. 지속적이고 연속적으로 앞을 향해 나아가야 하는 과정이다. 이 과정을 주도하는 이는 어디까지나 하나님이시다. 하나님은 성령을 통해 은총을 베푸시되 필요에 따라 다양한 형태로 베푸신다. 때로는 우리가 아직 죄인 되었을 때 우리에게 회개할 기회를 열어 주시는 선행은총으로, 구체적으로 회개케 인도하시는 깨닫게 하는 은총으로, 하나님 자녀로 인도하시는 칭의의 은총으로, 하나님 자녀로서 하나님의 거룩함을 닮도록 인도하시는 성화의 은총으로, 그리고 우리를 온전케 하시는 완전의 은총으로 임하신다. 하나님의 다양한 형태의 은총이 이루고자 하는 일은 우리에게 유일한 구원의 길인 믿음을 불러일으키는 일이다. 우리는 믿음으로 하나님의 은총에 응답하며 믿음이 성장함에 따라 우리 영혼은 하나님의 온전하신 거룩함에 점점 가까워진다. 이것이 바로 웨슬리 디비니티의 전체 개요이며 그의 *Ordo Salutis*가 빚어내는 구원의 모습이다.

웨슬리는 이런 디비니티를 자신의 목회 근간으로 삼았다. 그래서 그의 목회는 디비니티 목회이며, 이 디비니티 목회야말로 웨슬리목회를 단적으로 표현해 주는 독특한 패러다임이다. 그런데 이 디비니티를 목회의 근간으로 삼을 때 기존 목회 패러다임의 수정은 불가피하다. 기존 목회 패러다임이 의존하는 인간 구원에 대한 비전은 디비니티와 유사한 부분이 있는 것도 사실이지만 서로 상이한 부분도 간과할 수 없다. 이 상이성은 목회의 내용과 방향에 깊은 영향을 끼치기 때문에 웨슬리의 디비니티 목회에는 기존 목회 패러다임으로부터의 과감한 전이(轉移, paradigm shift)라는 모험을 감행해야 하는 급진적(radical)인 요소가 포함되어 있다. 이제 웨슬리의 디비니티에 내포된 목회적 함축성이 무엇인지 구체적으로 살펴봄으로써 웨슬리목회의 특성을 살펴보기로 하자.

1) 성경적 목회(scriptural ministry)이다

웨슬리의 하늘 가는 길은 그의 목회가 시종일관 추구했던 길이요, 그의 디비니티는 바로 이 길을 정교하게 다듬은 것으로서 일종의 목회 내비게이션이다. 그런데 이 내비게이션이 제대로 작동하기 위해서는 모든 내비게이션 정보의 원천인 '위성'을 준비해야 한다. 웨슬리의 목회 내비게이션인 디비니티도 마찬가지다. 웨슬리의 목회 디비니티를 가능하게 하는 위성 같은 역할을 하는 '원천'(source)이 존재하는데, 바로 '성경'이다. 성경은 웨슬리의 목회 디비니티 내용과 그 전개에 관한 모든 것들을 알려 주는 근원이다. 즉 웨슬리에게 성경은 전체가 "하나의 몸" 처럼 함께 "거룩한 진리"(divine truth)의 길을 드러내며, "모자람이나 넘침이 없는" 완벽한 "하나님의 지혜"를 담고 있는 참으로 고귀한 하나님의 말씀이다.[1]

웨슬리가 성경을 원천으로 하는 목회 디비니티를 결심했던 것은 비교적 젊은 시절부터였다. 1729년 「그리스도인의 완전에 관한 평이한 설명」에서 이미 성경을 "유일한 진리의 표준"으로 삼게 되었다고 고백한다.[2] 1765년 6월 2일자 일기에서는 성경이 자신의 목회의 표준이요 원천이라고 기록한다.

---

1) Wesley, *Preface to the New Testament Notes*.
2) Wesley, *A Plain Account of Christian Perfection*, 5.

"내 근원은 성경이다. 그렇다. 나는 정말 성경에 붙잡힌 사람(a Bible bigot)이다. 나는 작은 일이든 큰일이든 모든 일에서 성경을 따른다. … 나는 잉글랜드에서 활동하든 혹은 스코틀랜드에서 활동하든 간에 모든 설교자들이 나와 같이 내가 걸어간 길을 걷기를 바란다."[3]

월리엄즈(Williams)가 올바르게 지적했듯이, 웨슬리가 성경을 자신의 목회 원천으로 삼았다고 해서 다른 저술들을 무가치하다고 생각했던 것은 아니다. 그들은 다만 구원의 길을 안내하는 단 한 번의 유일한 계시인 성경의 빛으로 그들을 비출 때 유용해지는 것이다.[4] 이 같은 의미에서 성경을 다른 세 가지 요소, 즉 이성과 전통, 경험과 더불어 병렬 배치시킨 사변형적(quadrilateral) 모델을 웨슬리안 전통이라 말하는 것은 심각하게 재고해야 한다. 웨슬리에게 성경은 하늘 가는 길을 드러내는 유일한 빛(lantern)이요, 다른 요소들을 병렬 배치시킬 수 없는 모든 것의 궁극적 원천(end)이기 때문이다.[5] 오히려 이성과 전통, 경험은 이런 성경을 이해하기 위한 보조물이며 성경의 조명하는 빛을 가지고서만이 그 정당성과 효용성을 인정받을 수 있다.

웨슬리는 설교 '은총의 수단'(The Means of Grace)에서 디모데후서 3장 16절 말씀을 인용하여 다음과 같이 강조한다.

"모든 성경은 하나님의 감동으로 된 것이기에 오류가 없이 진실하며 교훈과 책망과 바르게 함과 의로 교육하기에 유익하다. (성경의 가르침에 충실한 이는) 완전하게 되어 모든 선한 일에 온전하게 된다."[6]

이처럼 웨슬리의 디비니티 목회는 성경적 목회이다. 성경이라는 원천을

---

3) *Journals*, June 2, 1766.
4) Williams, *John Wesley's Theology Today*, pp. 24~25.
5) Wesley, *Preface to Sermons on Several Occasions*, 5; *Sermons*, On Faith(I), I. 8.
6) *Sermons*, The Means of Grace, III. 8.

통해 그의 디비니티는 그 갈 바를 조명 받고 인도되었다. 그러나 웨슬리안 전통에 서서 목회하는 많은 이들이 웨슬리목회로부터 성경의 역할을 축소시키거나 무시하는 경향이 있음은 참으로 안타까운 일이다. 이런 현상은 19세기 전체와 20세기 초반에 불어 닥친 '성경 비평'의 유행과도 깊은 관련이 있다.

웨슬리는 자신의 생애 후반부터 시작되었던 성경 비평학에 관심을 두지 않았다. 콜만(Robert Coleman)의 연구 결과가 말해 주듯 하나님은 성경학자들에게 하나님 말씀을 판단하는 권한을 주지 않았다고 그는 믿었다.[7]

만일 우리가 웨슬리목회로부터 성경의 역할을 무시 혹은 경시한다면 웨슬리목회에 대한 이해는 근본적으로 불가능하게 되거나 심히 왜곡될 수밖에 없을 것이다. 그의 목회는 바로 성경적 목회였기 때문이다. 웨슬리는 성경을 기록된 글자가 아닌 살아 있는 하나님의 말씀으로 인식했기에, 성경 안에서 하나님의 은총 사건들을 만날 수 있으며 믿음의 성장을 이룰 수 있고, 마침내는 디비니티 최종 단계인 완전에 이를 수 있다고 확신했다.

2) 연계적 목회(connexional ministry)이다

웨슬리 디비니티의 핵심 요소 중 하나는 하나님의 선행은총이다.[8] 성령의 역사를 통해 역사하는 이 은총은 우리가 인식하기 이전에 이미 주어진 은총이라는 의미에서 선행적인 은총이다. 이 은총은 우리가 아직 죄인 되었을 때 우리가 믿음으로 응답하게끔 끊임없는 동기를 부여한다. 은총은 모든 이에게 열려 있으며 믿음으로 응답하는 이는 누구나 그 은총을 맛보게 된다는 웨슬리의 메시지는, 성스러운 것과 속된 것을 인위적으로 나누려는 성속(聖俗)의 이원적 구조에 강력한 도전이 된다. 이 메시지는 무엇보다 교회 목회 안에 오랫동안 뿌리박아 온 성속의 이분적 구조를 향해 근본적인 의문을 제기한다.

---

7) Robert E. Coleman, *Nothing to Do but Save Souls: John Wesley's Charge to His Preachers* (Grand Rapids: Francis Asbury Press, 1990) pp. 29~30.

8) 런연은 선행은총을 웨슬리신학 이해의 열쇠로 파악한다. Runyon, *The New Creation: John Wesley's Theology Today*, p. 26.

특히 목회자와 평신도, 목회하는 자와 목회의 대상, 성직자와 돌봄을 받는 양이라는 이분적 구조를 전제로 하는 '목양적 돌봄'(pastoral care)으로서의 목회 패러다임의 정당성을 묻는다.

목회자는 '이미' 거룩하게 구별된 하나님의 대언자이고 교인들은 죄악으로 만연한 사람들이라는 이원론적 의식을 목회에 반영할 때, 성직자와 교인들 사이에는 건널 수 없는 질적 차이가 발생한다. 성직자는 성스런 교회 대언자로서 교인들은 목회 '대상'이 되는 것이다. 그러나 웨슬리의 디비니티는 이런 전통적인 목회이해, 곧 '목양적 돌봄'으로서의 목회에서 벗어나 '연계적 돌봄'(connexional care)으로서의 목회로 전환을 이루는 계기를 마련했다.

일반적으로 '목회'(牧會)는 그 문자적인 의미가 암시하듯 '양'을 돌보는 '목자'(pastor)의 일이라고 이해한다. 영어로도 'pastoral care'라는 말로 사용된다. 말하자면 목회는 '목자'(pastor)와 '양'(lamb)과의 상호관계를 기반으로 하며, 목(회)자가 양을 대상으로 돌보는 행위를 의미한다. 만일 목회를 이 같은 방식으로 정의한다면, 여기에는 두 가지 중요한 가정(假定)들이 전제된다. 그중 하나는 목회란 교인들을 향한 목회자의 어떤 '의도적이고 조직적인 행위'가 되고, 이는 목회가 목회자 자신과 분리될 수 있는 어떤 객체가 될 수 있다는 것이다. 즉 '목회자'와 '목회'는 상호 분리되어 목회자가 어떤 사람이든, 어떤 삶을 지향하든 관계없이 '목회' 자체는 객관적인 형태를 갖추어 진행할 수 있다는 것이다. 이는 목회자 자신이 목회의 대상에서 제외되어 있음을 의미한다. 즉 목회자는 목회 대상의 일부분이 아니라 목회를 행하는 주체이기에 목회자는 자신의 목회로부터는 소외된 셈이다. 또 다른 하나는 목회자와 교인 상호 간에는 건널 수 없는 단절이 있게 된다. 이 같은 목회에서는 교인들은 목회자가 돌보아야 할 '대상'이 될 수밖에 없다. 목회 대상으로서 교인은 늘 목회자의 목회 계획에 따라 양육되어야 할 '피동적 존재'가 된다.

결국 '양을 치는 목자'의 이미지를 갖는 목회 구조에서는 목회자 자신과 교인 모두 목회로부터 소외되는 상황을 피할 길이 없다. 불행히도 많은 한국 목회자들이 이런 목회관에 깊이 몰두함으로써 목회로부터, 그리고 교인들로부터 스스로 분리되는 경험을 한다. '목회를 한다'는 의미는 자신의 영적 순례와 관계없이, 그리고 교인들과 관계없이 어떤 다른 실체가 있는 것처럼 여기는 이들이 너무나 많다. 이들은 더 나은 목회를 하기 위해서는 고도의 목회 기술들(skills)이 있어서 이런 기술들을 익혀야 한다고 자연스럽게 생각한다. 이 상황이 부정적인 방향으로 극단화된 것이 '권위적인' 목회자의 등장이요 '군림하는 목회'의 범람이다. 이런 목회 형태를 갖춘 목회는 목회자를 교인과는 질적으로 다른 존재로 인식하게 한다. (어떤 경우에는 의도적으로 이렇게 만들어 나가기도 한다.) 목회자는 이미 구원의 진리에 이른 자로 인식되며, 교인은 이런 목회자를 따르고 배워야만 하는 양 무리와 같은 수동적 대상이 된다. 심지어 목회자는 교회 안에서 '축복과 저주를 선포할 수 있는' 무소불위 존재로까지 추앙되기까지 한다.

만일 우리가 이 같은 목회 관념으로 웨슬리의 디비니티 목회를 이해하려 한다면 웨슬리목회는 하나의 수수께끼가 되고 말 것이다. 웨슬리는 이런 목회관을 가진 적도, 추구한 적도 없다. 웨슬리의 디비니티 공동체 경험은 이런 목회 패러다임을 근본적으로 재조명하는 단초가 된다. 웨슬리의 디비니티 공동체는 애초부터 하나의 '조직체'가 아니다. 모임이긴 하지만 인위적 혹은 의도적으로 만들어진 모임이 아니라 참여자 모두가 그 주체가 되어 참된 신앙을 추구하기 위해 자발적이고 자연스럽게 형성한 모임이다. 여기에는 어떤 조직 강령이나 신조 같은 것은 없었다. 모임에 가입하기 위해 치러야 할 특정 의식이나 조건을 부여하지도 않았다. 그저 그리스도를 주로 고백하고 그분의 삶을 닮고자 열망하는 이들의 모임이었을 뿐이다. 공동체 구성원들은 다양한 인종적·사회적·종교적 배경을 가진다. 이런 다양성이 그들 모임의 성격을 제한하지 않았고 오히려 그 모임을 풍요하게 했다. 그들은 모임 안에서 차이를 바라보기보다는 그리스도 안에서 하나 됨 혹은 형제 됨의 의미가 무엇인지 배워 나갔다.

여기에는 그룹 '지도자'와 그 지도 '대상'이라는 이원적 구조가 없다. 지도자나 그룹 구성원이나 모두 하늘 가는 길을 함께 가는 동반자들일 뿐이다. 이 그룹의 지도자 웨슬리 역시 하늘에 이르기를 갈망하는 '한 사람의 순례자'였다. 그의 목회 지도력은 이 순례의 길과 결코 분리된 적이 없다. 그 또한 다른 이들처럼 쉬지 않고 하늘에 이르기를 추구했던 한 사람의 순례자요 구도자였으며, 이러한 삶의 여정 자체가 목회였다. 그는 '이미 이룬 자' 혹은 '진리를 이미 획득해 더 이상 보탤 것이 없는 완전한 자'라고 생각한 적이 없다. 언제나 스스로를 부족한 죄인으로 여겼으며[9] 부단히 하늘 가는 길을 소망했고 스스로 그 길을 걸어간, 진리를 향한 순례자였다. 그의 목회는 바로 이런 순례의 길 자체였다.

디비니티 공동체의 다른 구성원들 또한 이 과정에서 만나는 이웃이었다. 그들은 '하늘 가는 길의 동반자'이며 '한 몸의 다른 지체'였다. 지도자나 그 구성원 간의 질적인 차이나 벽은 존재하지 않았다. 그들 모두는 '하늘'이라는 같은 목적을 향해 나아가고 있었다. 그 걸어가는 과정은 때때로 힘들고 고독하기도 하다. 그렇기에 무엇보다도 서로의 지지와 격려가 필요한데, 이것이 바로 웨슬리가 연계(connexion)를 강조한 이유다.[10] 공동체 모든 구성원들은 서로가 서로에게 영향을 미치는 상호 연계적 구조에 놓여 있다. 한 몸의 지체들처럼 그들은 직간접적으로 서로 깊은 영향을 주고받는다. 하늘 가는 길의 동반자들은 이 같은 연계 관계 속에서 서로 고충과 기쁨을 나눈다. 이런 과정을 통해 하늘 가는 순례자들은 성장하고 강건해진다. 목회는 바로 이러한 과정을 격려하고 지지하는 일이며, 목회자는 이 같은 일을 돕는 자들이다. 동시

---

9) 웨슬리는 임종의 순간까지도 겸비함을 잃지 않았다. 임종의 순간에 그는 이렇게 외쳤다. "나는 죄인 중의 괴수이다. 예수께서 나를 위해 죽으셨구나!"(I the chief of sinners am, but Jesus died for me.) Henry Moore, *The Life of the Rev. John Wesley, A.M.: Fellow of Lincoln College*, vol.2 (New York, 1826) p. 389.

10) 웨슬리의 '연계'(connexion)에 대한 견해는 1743년 2월 28일 웨슬리가 초안을 잡고 그해 5월 1일 동생 찰스가 함께 서명한 메도디스트 연합회(United Society) 총칙(General Rules)에 메도디스트의 성격을 설명하는 데서 잘 표현되고 있다. "이 모임은 경건의 능력을 도모하고 추구하는 모임으로서, 함께 기도하고 권고의 말씀을 나누며 사랑 가운데 서로를 돌아보고 구원을 이루기 위해 서로 돕는 모임이다." 이러한 연계 정신은 지금도 영국 메도디스트 안에서는 매우 중요하게 여기는데, 그 흔적 중 하나는 영국 메도디스트 본부를 'head office'나 'headquarter'로 부르지 않고 'connexion'으로 부르는 데서 찾아볼 수 있다. 그러나 내가 평가하기로는, 영국 메도디스트의 연계정신은 웨슬리와는 달리 지나치게 제도적 연계에 치중하는 경향이 있다. 웨슬리의 경우 연계는 어디까지나 하늘 가는 길의 순례자들이 서로 지지하고 격려하기 위한 것으로서 그 제도적 연계제도와는 달랐다.

에 목회자 자신도 다른 이들과 마찬가지로 이 연계 구조 속에서 격려와 지지를 받는다.[11]

많은 이들이 웨슬리가 누구보다도 교회에서 평신도의 역할을 중요시했고, 그들의 역량을 효율적으로 활용했다는 데 동의한다. 실제로 그는 당시로서는 파격적이라 할 수 있었던 평신도들을 설교자로 강단에 세웠으며 클래스의 영적 지도자 역할을 감당토록 했다. 카아(John Henry Carr)와 윌더(James Simpson Wilder) 같은 이들은, 이런 평신도들의 활약이 없었더라면 웨슬리의 메도디스트는 역사상에서 사라졌거나 아주 작은 교회 안의 운동으로 머물렀을지도 모른다고 평가한다.[12] 그러나 나는 이들이 웨슬리가 평신도 지도력을 자신의 목회 안으로 받아들인 것을 높게 평가한다 해도 이 평가가 여전히 목회자와 평신도라는 이분적 구조 안에서 이루어졌다는 점에서, 웨슬리의 목회관에서 목회자와 평신도 관계에 대한 전체적인 이해가 결여되어 있다고 본다. 힐덴브란트(Hildenbrandt)가 언급했듯이, 웨슬리는 교회 목회에서 부분적인 변화만을 가져다준 것이 아니라 하나의 혁명적이고 획기적 계기를 가져다주었다고 보아야 한다.[13] 그의 목회는 오랫동안 교회 안에 자리 잡아 왔던 목회자와 평신도라는 교회의 이분적 구조의 뿌리부터 뒤흔드는 급격한 목회 패러다임의 변화를 가져온 것이다.

웨슬리의 선행은총에 기반을 둔 디비니티 목회에서는 목회자와 평신도 사이의 구분이 무의미하다. 그들은 모두 하늘 가는 길의 이웃이요, 함께 격려하고 도와야 할 서로 연계된 형제요 자매이기 때문이다.

그렇다면 이 디비니티 공동체 지도자로서 웨슬리의 역할은 무엇인가? 웨슬리가 이 모임 지도자로 활동한 것은 그가 질적으로 다른 이들과 다르다거

---

11) 웨슬리에 따르면, '메도디스트라 불리는 이들'의 가장 큰 특징 중 하나는 "구원을 위해 서로 격려하고 돕기 위해 연합하며" "사랑 안에서 서로를 돌아보는 것"이다. *Ibid*., p. 269.

12) John Henry Carr, *The Local Ministry: Its Character, Vocation, and Position Considered* (London: John Keys and Co., 1851) p. 105; James Simpson Wilder, "Early Methodist Lay Preachers and Their Contributions to the 18th Century Revival in England" *Proceedings of the Wesley Historical Society* 26~27 (1948) p. 51.

13) Franz Hildenbrandt, *Christianity According to the Wesley* (London: Epworth Press, 1956) p. 48.

나 혹은 기독교 진리 안에서 이미 완전해진 자였기 때문이 아니다. 지도자로서 그의 위치는 이 과정에서 습득한 순례의 길에 대한 보다 깊고 넓은 경험으로 다른 이들을 돕는 것이었다. 말하자면 그는 자신처럼 순례길에 참여한 이들 상호간의 연계 속에서 다른 이들이 순례를 완성할 수 있도록 지지하고 격려하는 일을 했다. 그의 지도력은 '목양적 돌봄'이 아닌 '동반자적 돌봄'(connexional care)이었던 것이다. 웨슬리는 이 같은 지도자의 모델을 웨슬리 자신뿐 아니라 모든 디비니티 공동체에 헌신하는 자에게 적용하고 싶어 했다. 실제로 메도디스트 평신도 설교자들(lay preachers)을 '돕는 이들'(Helpers) 혹은 '보조하는 이들'(Assistants)이라고 지칭함으로써, 목양적 돌봄의 지도력이 아닌 동반자적 입장에서 이웃 순례자들을 돕고 지지하는 자로서 그들의 정체성을 확고히 하도록 했다.[14]

3) 선교적 목회(missional ministry)이다

하나님이 우리가 아직 죄인 되었을 때 먼저 은총을 베푸셨다는 웨슬리의 선행은총은 교회 안에서 이분적 간극을 훼파할 뿐 아니라 교회와 세계라는 이분적 간극 또한 용인하지 않는다. 이 사실은 웨슬리 디비니티 목회가 선교적 초점(missional focus)에 기초해 있음을 말해 주는 명백한 증거다. 은총은 모든 이에게 열려 있으며, 믿음으로 응답하는 이는 누구나 그 은총을 맛보게 된다는 웨슬리의 메시지는, 교회는 성스러운 곳이며 세상은 속된 것이라고 인위적으로 구분하는 성속(聖俗)의 이원적 구조에 근본적으로 도전한다. 하나님이 세상을 거룩하게 하기를 원하셨는데 누가 이 세상을 속되다고 외면할 수 있겠는가.

그러나 웨슬리 당시 일반적인 교회에 대한 이해는 세상과 구분되는 성스러운 공동체였다. 교회는 거룩한 장소이기에 죄로 물든 세상을 향해 그 자리

---

14) Collins, *The Theology of John Wesley*, p. 252.

를 떠나 거룩한 곳으로 '나아오라'고 외쳤다. 목회자는 이렇게 교회 안으로 들어온 사람들이 교회가 만들어 놓은 각종 의식들에 참여하고, 교회 신조들에 동의하도록 종용함으로써, 그들도 거룩한 백성으로 인정받도록 돕는 역할을 했다. 이것이 바로 웨슬리 당시에, 그리고 어쩌면 지금도 흔하게 발견되는 일반적인 목회에 관한 이해였다.

그러나 웨슬리의 디비니티 목회는 이같이 교회와 세상, 세상과 교회 사이에 가로 놓인 견고한 이원론의 벽에 근본적인 의문을 제기한다. 웨슬리의 디비니티 목회는 이 벽을 허물고 세상 한가운데로 나가는 목회를 추구한 것이다. 믿음의 순례를 세상 안에서 감행함으로써, 세상 안에서 거룩한 삶의 실천이라는 새로운 형태의 믿음의 길을 제시한다. 그간 교회 혹은 수도원과 같이 거룩히 구별된 장소에서 몇몇 사람들에 의해 이루어지던 경건한 삶을 향한 순례의 길이 일상적 삶의 한가운데서 실현됨으로써, 속된 세상의 성화가 가능한 일임을 웨슬리의 디비니티 목회가 실례로서 보여 준 것이다.

'옥외 설교'(field preaching)는 가장 대표적인 실례가 될 것이다. 웨슬리의 디비니티 틀이 완성되어 갈 무렵 영국성공회는 그의 설교가 그들의 교회 안에서 들리기를 원치 않았다. 그러나 웨슬리의 디비니티는 이미 제도적 교회의 틀을 넘어 세상의 모든 이들을 포용하고 있었기 때문에 그의 메시지는 교회 밖에서 용납되었다. 바로 옥외 설교로 나타난 것이다. 이런 웨슬리의 디비니티 목회는 그 이후 더욱 강화되었다. 쉬플리(David Shipley)가 언급했듯이, 18세기 메도디스트들은 교회 건물에 머무는 사람들이 아니라, 사람들을 찾아 교회로부터 세상으로 나선 사람들로 이미 각인되었다.15) 그들은 시기를 따라 그리고 시기와 관계없이(in season and out of season), 교구 안에서 그리고 교구와 관계없이(in parish and out of parish) 복음을 전했다. 메도디스트 총회록(Minutes)에는 이런 웨슬리목회 원칙이 질의와 응답 형태로 잘 정리되어 있다.

---

15) David C. Shipley, "The Ministry in Methodism in the Eighteenth Century," *The Ministry in Methodism in the Eighteenth Century*, ed., by Gerald O. McCulloh (Nashville: The Board of Education of the Methodist Church, 1960) p. 15.

Q. 6. 설교자들은 어디에서 설교하도록 노력해야 하는가?

A. (1) 은혜를 잠잠히 사모하는 이들이 많이 모인 곳이면 어디서나

　　(2) 열매가 기대되는 곳이면 어디서나

Q. 7. 옥외 설교는 불법인가?

A. 우리가 알기로는 아니다. 우리는 그것이 하나님의 법이든 사람의 법이든 어느 것이든 저촉되지 않는다고 본다.[16]

다시 말해 웨슬리는 메도디스트 경험을 통해 교인들이 교회를 찾아오도록 기다리는 결정론적이며 수동적이고 수도원적이며 예전적 목회 이해와는 전혀 다르게, 고난과 고통이 현재하는 세상 속에서 그리스도를 발견하고 그분의 삶을 재현함으로써 하늘에 이르고자 하는 참여적이고 능동적이며 열린 목회의 단초를 발견한 것이다.

이 같은 목회는 바로 세상 가운데 몸을 던져 세상을 섬기고자 하는 '선교적 목회'요, 이는 또한 세상 모든 이들을 차별 없이 하늘나라로 인도하고자 하는 '대승적 목회'일 것이다.[17] 그의 세상을 품는 목회의 특성은 그의 목회에서 사용한 언어의 특성을 통해서도 잘 드러난다. 그는 자신이 목회할 때 사용했던 언어조차도 세상과 분리되는 것을 용납하지 않았다. 설교를 하거나 가르칠 때 결코 현학적이거나 수사학적 기교에 기대지 않았다. 그의 원칙은 보통 사람들이 이해할 수 있는 언어를 통해 진리를 선포하는, 이른바 "평범한 사람들을 위한 평범한 진리"(plain truth for plain people)를 선포했다.[18] 웨슬리의 디

---

16) Wesley, *Minutes of Several Conversations between the Rev. Mr. Wesley and Others from the Year 1744 to 1789*, Q6, Q7. 이 소책자는 소위 '대회의록'(Large Minutes)이라 부르는데, 웨슬리 생애 동안 메도디스트 컨퍼런스 기간 중 이루어졌던 대화들을 정리한 것이다.

17) 익히 알다시피, 여기서 말하는 '대승적'은 '소승적'이란 단어와 대치되는 용어다. 소승(小乘, 작은 수레)과 대승(大乘, 큰 수레)은 불교의 대표적인 수행방법이다. 소승적 수행방법은 속세와 연을 끊고 개인의 수도를 통해 열반에 드는 것을 최우선으로 여기는 방식이다. 이 방식은 지나치게 개인 구원을 위해 수행하며 민중의 고통을 외면한다는 등의 비판으로부터 자유로울 수 없었으며, 또 이런 점이 결국 대승적 수행방식의 발현으로 이어지게 되었다. 대승적 방식은 한 개인만의 구원을 목표로 한 것이 아니라 모든 사람들에게 구원에 이르도록 길을 열어 두는 것이다.

18) Wesley, *Preface to Sermons on Several Occasions*, 3.

비니티 목회는 교회라는 자리를 넘어 세계를 자신의 교구로 수용하는 선교적 초점을 지닌 목회(missional ministry)인 것이다.

4) 양육적 목회(cultivating ministry)이다

웨슬리의 디비니티는 하나님의 선행은총을 출발점으로 삼는 목회다. 그런데 이 은총은 우리가 믿음으로 응답하기를 격려하되 그 응답을 강제하지는 않는다. 성령을 통한 하나님의 역사를 믿음으로 받아들일지 아니면 거절할지는 전적으로 우리 의지에 달려 있다. 이런 의미에서 하나님의 은총은 우리의 협력이 필요한 협력적 은총이요(co-operant grace) 우리의 책임적 응답을 전제로 하는 책임적 은총(responsible grace)이다.[19]

웨슬리의 디비니티 목회가 하나님의 은총에 대한 인간의 책임적 응답을 전제한다는 사실은 웨슬리목회가 모라비안의 정숙주의와는 관련이 없음을 말해 주는 중요한 열쇠다. 웨슬리의 디비니티 목회는 하늘 가는 길을 위해 '아무것도 하지 않고 기다리는' 정숙주의의 길을 거부한다. 오히려 하늘 가는 길을 '찾아나서는' 적극적인 응답의 자세를 요청한다. 웨슬리가 모라비안과 결별한 결정적 동기가 바로 여기에 있다. 그는 모라비안으로부터 많은 도움과 깊은 영향을 받았던 것은 부인할 수 없지만, 그의 디비니티가 인간의 적극적이고 책임적인 응답을 중요한 요소로 삼았기 때문에 정숙주의를 표방하는 모라비안과 결별할 수밖에 없었다.

웨슬리목회에서 인간의 책임 있는 응답을 요청한다는 사실은 그가 '은총의 수단'을 강조한 데서 잘 드러난다. 은총의 수단이란, 웨슬리에 따르면, "하나님이 인간에게 선행은총, 칭의은총, 성화은총을 베푸시기 위한 일상적인 통로가 되도록 기름 부으신(ordained) 외적 표현들, 말씀, 행위들이다."[20] 여기서 우리는 '수단'(means)이라는 용어에 주의를 기울여야 하는데, 여기서 수

---

19) Maddox, *Responsible Grace*, p. 92.
20) *Sermons*, The Means of Grace, II. 1.

'목사 웨슬리'에게 목회를 묻다

194

단이란 하나님의 은총을 우리 임의대로 조절할 수 있다는 의미의 수단이 아니다. 그래서 반드시 '기름 부으신'(ordinance)이라는 용어와 함께 읽어야 한다. 즉 이때 수단은 하나님이 은총을 베푸시기 위해 인간에게 허락하신 '통로'라는 의미로 해석되어야 한다. 웨슬리의 디비니티 목회가 인간의 책임적 응답을 적극 요청한다는 말은 하나님이 우리를 위해 친히 준비하신 여러 가지 은혜의 통로들을 적극 활용하는 것을 의미한다.

그런데 이 은혜의 수단에 참여하는 것은 지속적인 '훈련'(discipline)을 수반한다. 매덕스에 따르면, 메도디스트의 가장 큰 공헌 가운데 하나가 하나님의 구원의 은총이 지속적인 훈련을 통해 열매를 맺게 된다는 사실을 보여 준 것이다.[21] 은혜의 수단을 통해 부어지는 은총이 훈련을 통해 내재화(內在化)된다는 뜻이다. 이 같은 사실은 웨슬리의 디비니티 목회에 훈련이라는 요소가 매우 중요한 위치를 차지한다는 것을 말해 준다. 디비니티가 하나님의 은총으로 말미암아 완전을 향해 지속적으로 성장하는 유기체적 특성을 가지고 있다면, 이 성장을 가능하게 하는 것이 바로 훈련이다. 웨슬리가 강조했듯이, "훈련이 없다면 … 거룩함에 이르는 성장도 없다."[22] 훈련의 궁극적 목적은 자기 성장이다. 이는 하나님 앞에 책임적인 존재로, 성숙한 어른으로 나 자신이 서는 것을 의미한다. 훈련을 통해 장성한 믿음으로 하나님 앞에 서는 것은 나 자신의 문제이지 누군가가 대신할 수 있는 것이 아니다. 그러므로 웨슬리의 디비니티 목회는 교인들을 마치 양떼들을 우리 안으로 불러 모아 목자가 돌보듯이 사람들을 교회로 불러 모아 악한 자들로부터 '돌보는' 그런 형태의 목회가 아니라, 한 사람 한 사람 하나님 앞에 장성한 자로 설 수 있도록 돕는 그런 목회이다. 그렇기에 이 목회의 주체는 하나님과 믿는 자 양자이지 목회자가 아니다. 여기서 목회자의 자리는 다만 돕는 자요 협력자일 뿐이다.

---

21) Maddox, *Responsible Grace*, p. 211.
22) David Lowes Watson, *The Early Methodist Class Meeting: Its Origins and Significance* (Discipleship Resource, Nashville, 1987) pp. 143~144에서 재인용.

5) 전인적 목회(holistic ministry)이다

웨슬리의 디비니티는 때때로 서방과 동방 기독교 전통의 구원 이해를 모두 포괄한다고 알려져 있다.[23] 여기서 말하는 서방적 구원 이해는 구원의 법정적(forensic) 이해이며 동방적 구원 이해는 구원의 치유적(therapeutic) 이해를 의미한다. 서방 기독교는 죄(sin)를 범죄(guilt)로 받아들였고 또 이 죄를 용서(forgiveness)받는 것을 구원으로 이해해 왔다. 사실 이 '용서'라는 용어는 매우 법정적인 용어다. 한편 동방 기독교는 죄를 병(sickness)으로 받아들였으며 구원은 바로 이 병으로부터 고침을 받는 것(healing)으로 이해했다. 웨슬리의 디비니티는 이 두 가지 양상 모두를 포용하는 양상으로 나타난다.

예를 들어 그는 설교 '성경적 구원의 길'에서 칭의를 용서의 다른 말로 표현한다.

"그것은 우리의 모든 죄가 용서함을 받았다는 것이다. 그것은 우리가 하나님께 받아들여졌음을 의미한다. … 칭의의 즉각적 효과는 하나님과 누리는 화평이며 이것은 우리의 모든 이해 너머에 있는 화평이다. 그리고 그것은 하나님의 영광의 소망 안에서 누리는 기쁨을 의미한다."[24]

설교 '인간의 타락에 관하여'에서는 이와는 달리 치유로서의 칭의를 말한다.

"그분은 홀로 이 모든 악에 대한 치유 방법을 제공하지 않았던가? 그렇다. 그분은 이 일을 행하셨다. 그것도 완전한 치유 방법을, 그 질병에 대한 모든 적절한 방식을 주셨다. … 여기에 우리의 모든 죄를 치유할 방법이 있다. 그분은 나무에 달려 그 몸으로 우리의 모든 죄를 담당하셨다. … 하나님은 이같이 그의 아들의 중보를 통해 우리에게 성령을 주셨고 이로써 우리는 그분의 자연적 형상 안에

---

23) Runyon, *The New Creation*, p. 29.
24) *Sermons*, The Scripture Way of Salvation, I. 3.

있는 지식에서, ⋯ 그리고 그분의 도덕적 형상, 곧 의와 진실한 거룩함 안에서 새롭게 되었다."[25]

이는 웨슬리의 디비니티가 단순히 의롭다 함을 입는 칭의 사건만이 아니라 죄로 말미암은 모든 부패로부터 치유함을 받고 그리스도를 온전히 닮는 전 과정을 포함한다는 사실을 의미한다. 웨슬리는 「이성적이고 종교적인 사람들을 향한 간절한 호소문」(*Farther Appeal to Men of Reason and Religion*)에서 이 같은 사실을 분명한 어조로 지적한다.

"구원은 일반적으로 알고 있듯이 지옥으로부터 건져냄을 받는다든가 천국에 간다든가 하는 의미가 아니다. 이는 죄로부터의 현재적 구원이며 영혼이 본래의 건강으로 회복되는 것이며 ⋯ 하나님의 형상을 따라 의와 참된 거룩함, 올바름, 진리로 새로워지는 것이다."[26]

그런데 웨슬리의 디비니티는 이것을 비단 '영적이고 도덕적인 차원'에만 국한시키지 않는다. 인간의 육체적 건강까지 포함하는 전인적 차원으로 확대시켜 나간다. 많은 이들이 간과하는 것 중 하나가 웨슬리가 사람들의 육체적 병을 치유하기 위해 많은 애를 썼다는 사실이다. 그는 조지아에서 약초들에 대한 깊이 있는 독서를 했으며 영국에 돌아온 이후에도 많은 의학 관련 저술들을 접했다.[27] 또한 병을 전문으로 다룬 의사는 아니었지만 목회 과정에서 여러 환자들을 직접 치료하기까지 했으며, 심지어 「기초의학」(*Primitive Physick*)이라는 책자를 저술하기까지 했다.[28] 웨슬리의 이 같은 의학적 관심

---

25) *Sermons*, On the Fall of Man, II. 8.
26) Wesley, *Farther Appeal to Men of Reason and Religion* 1, I. 3.
27) Wesley, *Plain Account of the People Called Methodists*, XI.
28) 웨슬리의 의료 관련 저술은 비단 그의 「기초의학」에만 국한된 것이 아니라 다양한 형태로 나타났다. 다음 목록들을 참조하라. *A Letter to a Friend Concerning Tea* (1748); *The Desideratum, or Electricity Made Plain and Useful* (1760); *Thoughts on the Sin of Onan* (1767); *Advices with Respect to Health* (1769); *An Estimate of the Manners of Present Times* (1782).

은 그의 인간 구원에 대한 전인적 이해에 기인한다. 그에게 구원은 죄로부터의 용서를 포함하여 영육 간에 온전한 모습을 이루는 것이다. 물론 이 같은 온전한 구원의 모습은 '부활의 때에' 완성될 것이지만, 종말론적 기대에만 머무는 것이 아니라 지금 여기에서 경험될 수 있는 사건이다.[29] 이 같은 사실은 웨슬리의 디비니티 목회에서 매우 중요한 의미를 갖는다. 목회란 단순히 사람들을 죄로부터 돌이키게 하는 일, 즉 회심자(convert)들을 불러 모으는 일이 아니라 사람들의 삶 가운데서 치유하시는 성령의 활동에 협력하는 일, 그리고 인간의 몸의 온전함을 포함하는 전인적인(holistic) 사역을 의미한다. 이 같은 웨슬리의 목회관(牧會觀)은 녹스(Alexander Knox)에게 보낸 목회서신에 잘 요약되어 있다.

"만일 당신이 위대한 치유자가 되시는 주님께 의뢰한다면 그것은 축복을 두 배나 누리는 일이 된다. 그는 영혼과 육체를 함께 치료하는 분이기 때문이다. 또한 말할 것도 없이 치유는 그의 뜻이다. 그는 당신에게 … 내적이고 외적인 건강 모두를 주고 싶어 하신다."[30]

웨슬리의 전인적 목회에 관한 강조는 그가 메도디스트 사역자들에게 두 가지 책을 비치하라고 권유한 데서도 잘 나타난다. 첫째는, 그가 토마스 아 켐피스의 「그리스도를 본받아」를 발췌 요약한 책이고 둘째는, 자신이 저술한 「기초의학」이다.[31] 첫 번째 책은 영의 건강을 위한 책이며 두 번째 책은 육체의 건강을 위한 책임을 고려할 때, 그가 영육 간에 균형 잡힌 온전함에 많은 관심을 두었음을 알 수 있다. 다시 말해, 웨슬리의 디비니티 목회는 단지 죄로부터 용서함을 받아 거듭남에 이르고 하나님의 거룩함을 온전히 닮아 가는 영혼의 온전함뿐 아니라 육신도 함께 온전함에 이르는 영육 간에 균형 잡힌

---

29) Maddox, "John Wesley on Holistic Health and Healing," *Methodist History*, 46:1 (October, 2007) p. 7.
30) *Letters*, October 26, 1778.
31) 예를 들어 Wesley, *Large Minutes*, Q. 42; *Letters*, November 20, 1769; September 9, 1782 등이 있다.

온전함, 곧 전인적 구원을 지향하는 목회다. 이는 웨슬리가 디비니티의 어떤 특정한 부분, 예를 들어 회심이나 성화 혹은 영적인 구원이나 육체적인 건강 등 한 요소에 집중하여 절대화시키는 파편화된 목회 패러다임에 머물지 않고, 전인적인 목회(holistic ministry) 패러다임으로 이동하게 되었음을 말해 준다.

구원에 대한 이해에 따라, 특히 어느 부분에 강조점을 두는가에 따라 목회의 초점은 달라진다. 웨슬리 시대에도 예외는 아니었다. 다양한 의견들이 제시되었지만 거칠게 보면 믿음만으로 이를 수 있다는 종교개혁 입장과 믿음과 사랑의 실천으로 이를 수 있다는 가톨릭 입장(웨슬리 당시 성공회 입장은 가톨릭 입장에 가까웠다)으로 요약할 수 있다. 이 문제를 좀 더 깊이 파고들면 칭의와 성화 문제로 환원될 수 있는데, 종교개혁 입장은 전자에, 가톨릭과 성공회 입장은 후자에 방점을 두고 있다. 사실 웨슬리의 경우, 성공회 사제의 한 사람으로서 성공회의 시각에 기울어 있었다. 그는 '성화'(sanctification)에 천착해 '거룩한 삶'을 통해 구원에 이르기를 소망했고 그 일환으로 메도디스트의 삶에 헌신했다. 그러나 웨슬리의 디비니티가 완성됨에 따라 이런 관점을 넘어서는 데 중요한 계기를 가져다주었다. 바로 칭의와 성화뿐 아니라 성화의 완성(완전), 더 나아가 육신의 온전함까지도 단면적 시각이 아닌 전체적이고 통합적인 시각, 그리고 이들 상호간의 관계를 유기적인 시각으로 보게 되었다는 사실이다. 즉 웨슬리는 진리란 한 부분에 매이는 것이 아니라 진리를 구성하는 제 요소들의 통합적이고 유기적인 관점 안에서 자신의 목회를 전개해 나갔던 것이다.

6) 공동적 목회(communal ministry)이다

웨슬리의 디비니티는 '나'(self) 개인의 구원 문제를 주요 주제로 삼는다. 구원에 이른다는 말은 어떤 공동체가 한꺼번에 하늘 가는 길에 이르렀다는 의미가 아니라 개인적으로 나의 마음과 삶이 하나님처럼 닮아 가 하늘에 이른다는 의미이다. 이 길은 어느 누가 대신할 수 없다. 오직 내가, 나만이 나의 구원을 결정짓는다.

무엇보다 칭의의 문제에서는 그러하다. 칭의는 개인적으로 나의 심령 안에 일어나는 내면의 사건이다. 하나님의 은총이 모든 이에게 값없이 주어졌다고 할 때(free for all), 그것은 온 우주에 적용되는 우주적인 사건이지만, 이를 받아들이고 그 은총이 현재화되는 것은 바로 오직 '내 안에서 일어나는' 나만의 사건이다.

그러나 이 '나'가 새로운 '나'로 거듭날 때, 그리고 어린아이로부터 어른으로 성장해 나갈 때 사태는 달라진다. 이 '나'는 이제 다른 '너'와의 관계 속에 놓인다. 그렇기 때문에 웨슬리의 디비니티에서는 언제나 '나'는 '너'와 관계하는 존재로 이해된다. 즉 웨슬리의 디비니티에는 '너' 없는 '나'가 없다. 나를 말할 때는 언제나 너와의 관계 속에서 나를 말한다. 특히 성화의 여정에서 이 관계는 필연적이다. 웨슬리에게 성화란 '사회적 성화'(social holiness)이다. 그의 말을 직접 들어보자.

> "그리스도의 복음은 이 같은 것(사막 신비주의와 같은 것)과 전적으로 반대이다. 고독한 경건(solitary religion)은 그리스도의 복음에는 찾을 수 없다. '거룩한 고독자들'(holy solitaries)이라는 말은 '거룩한 간음자들'(holy adulterers)이란 말보다도 더 복음에 배치되는 말이다. 그리스도의 복음은 '경건'이란 말은 몰라도 '사회적'(social)이라는 말은 안다. 즉 성화라는 말은 몰라도 '사회적 성화'라는 말은 안다."[32]

웨슬리에게 성화는 결국 '사회적'이라는 말과 관련해서만 의미가 있다. 여기서 우리는 '사회적'(social)이라는 용어에 주의를 기울여야 한다. 일반적으로 '사회'라는 용어는 개인이라는 말과 대비해 국가와 같은 '전체 조직'이라는

---

32) Wesley, *Preface to 1739 Hymns and Sacred Poems*. ( )는 이해를 돕기 위해 첨부했음.

의미로 사용한다. 그래서 '사회적 성화'는 '개인적 성화'와 대비되는 개념으로 사용할 때가 많다. 즉 사회적 성화란 개인의 구원에 머무는 것이 아닌 사회 전체의 구원을 가져오는 거룩한 행위들로 이해된다. 윔즈(Lovett H. Weems, Jr.)는 이를 '사회적 책임'(social responsibility)과 연결시키면서, 웨슬리가 가난한 이들과 노예들, 죄수들과 알코올중독자들, 정치와 전쟁, 교육 등 일곱 가지에 집중했다고 말한다.[33] 그러나 적어도 이곳에서 사용하는 웨슬리의 '사회적 성화'는 이런 의미와는 다르다. 웨슬리의 언급에서 알 수 있듯이 사회적 성화란 '개인적 성화'에 대비되는 의미가 아니라, 세상을 떠나 홀로 고독한 경건의 길을 추구하는 사막 신비주의자와 대비되는 의미이다. 즉 웨슬리의 '사회적 성화'는 '하나님의 은총에 주체적으로 응답한다는 의미'의 '개인적 성화'를 배척하는 것이 아니라 사막 신비주의자들의 '신비주의적 고립'에 반대하는 것이다.

웨슬리의 디비니티에는 나와 너의 단절이 없다. 오히려 '너'라는 존재는 '나'와 함께 디비니티의 길을 걸어가며 서로 지지하고 격려해야 할 동반자다. 사회적 성화는 바로 이렇게 '함께' 성화를 이루어 간다는 의미다. 이것이 바로 웨슬리가 성화를 함께 이루어 갈 '공동체'를 끊임없이 강조한 이유다. 그는 '공동체' 없이는 성화가 이루어질 수 없다고 보았다. 그에게 성화는 '공동적'[나는 웨슬리가 사용한 'social'이라는 의미가 공동적(communal)이란 용어에 더 가깝다고 본다.] 성화인 것이다. 그렇기 때문에 웨슬리는 개인이 성화를 이루어 갈 수 있도록 돕기 위한 공동체에 끊임없는 관심을 기울였을 뿐 아니라 실제로 신도회와 클래스, 밴드 등의 유용한 공동체들을 만들어 성화를 실천하는 데 많은 목회적 노력을 기울였다.

이 같은 웨슬리의 공동적 성화는 공동체에 속한 개개인의 성화를 이루는 데 매우 중요한 역할을 할 뿐 아니라 보다 나은 사회로 이끄는 데 큰 동력이 된다. 성화 공동체가 지향하는 바는 한 가지다. "마음을 다하고 생각을 다하

---

33) Lovett H. Weems, *John Wesley's Message Today* (Nashville: Abingdon Press, 1991) pp. 64~70.

고 힘을 다하여 하나님을 사랑하는 것"이며, "하나님만을 기쁨이요 소원으로 삼는 것"이다.[34] 이 마음은 깊어지면 깊어질수록 인류를 향한 하나님의 사랑을 이해하고 공감하게 되며, 그 영혼 속에는 "하나님을 사랑하는 이는 자기 형제도 사랑하라"는 가르침이 뿌리내린다. 따라서 성화 공동체는 "자기 이웃을 자기 몸처럼 사랑하게 되며, 모든 이들을 자기 자신처럼 사랑하게 된다." 심지어 "원수까지도" 사랑하게 된다.[35] 이 사랑 때문에 모든 사람에게 선을 행하는 것을 기뻐하며 가능한 모든 힘을 다해 사람들을 돕는 것을 기뻐한다. 이는 "주린 자들을 먹이고 헐벗은 자들을 입히며 병든 이들과 감옥에 갇힌 이들을 살피는" 일 등의 육신을 돌보는 일, 그리고 "잠든 영혼을 깨우고 깨어난 영혼들이 칭의와 성화, 완전으로 인도되도록 보살피는" 일 등의 영혼을 돌보는 일까지 포함한다.[36]

웨슬리의 성화를 향한 목회 비전은 이처럼 '나'와 '너', 그리고 '이웃'을 포함한다. 더 나아가 그의 시야는 모든 피조물들에게까지 머문다. 제닝스(Theodore W. Jennings, Jr.)가 지적했듯이, 웨슬리의 "성화의 지평선은 이미 창조된 세계와 새로이 창조된 세계 전체"를 포함한다.[37] 이러한 성향은 웨슬리 후기에 속하는 1780년대 이후 매우 구체적으로 나타나는데, 특히 1781년의 설교 '보편적 구원'(The General Deliverance)과 1785년의 설교 '새 창조'(The New Creation)에서 두드러진다. 이 두 설교에서 웨슬리는 무생물과 생물, 심지어 동물들까지도 구원에 동참하도록 그날을 소망하고 있다.[38] 이처럼 웨슬리의 디비니티 목회가 의미하는 바는 분명하다. 웨슬리목회는 '나'의 구원이라는 자리를 넘어 '너'와 '이웃', 그리고 피조물 전체까지 포함하는 매우 광범위하고 전체적인 목회를 지향한다. 여기에는 개인구원이냐 아니면 사회구원이냐 하는 선택의 문제가 자리 잡을 공간이 없다. 내 구원이 먼저냐 이웃사랑

---

34) Wesley, *The Character of a Methodist*, 5.

35) *Ibid.*, 9.

36) *Ibid.*, 16.

37) Theodore W. Jennings, Jr., *Good News to the Poor: John Wesley's Evangelical Economics* (Nashville: Abingdon Press, 1990) p. 152.

38) *Sermons*, The General Deliverance, III, 6; The New Creation, 17.

이 먼저냐 하는 고민스런 문제도 논쟁거리가 되지 않는다. 웨슬리의 디비니티 목회는 이들 모두를 통합하는 전체적인 목회이기 때문이다.

디비니티 목회 실천의 구성 요소

웨슬리의 디비니티 목회는 앞에서 살펴본 바와 같이 여러 면에서 목회 패러다임의 급격한 변화를 예고한다. 그렇기 때문에 이 변화를 담아낼 '새로운 용기'(容器), 곧 '새로운 부대'가 반드시 필요하다. 이 새 부대가 적절하게 준비되지 않고서는 새로운 내용물들은 버려지고 짓밟힐 수 있기 때문에 웨슬리는 이 새 부대 마련에 많은 시간과 노력을 기울였다.

웨슬리는 1786년 8월 4일 작성한 소논문 "메도디즘에 대한 숙고"(Thoughts upon Methodism)에서 이 문제에 대한 생각을 정리했다.

> "나는 Methodist라 불리는 이들이 유럽이나 아메리카에서 다 사라진다 해도 두려워하지 않을 것이다. 내가 정말 두려워하는 것은 그들이 경건의 능력은 상실한 채 경건의 모습만 남은 하나의 죽은 공동체(a dead sect)로 전락하는 것이다. 만일 그들이 **처음부터 경험했던** 성경적 진리(doctrine), 그것을 실제화시키는 영의 능력(spirit), 그리고 이를 지속적으로 실천하는 훈련(discipline), 이 **전체를 꽉 붙들지 않는다면** 의심의 여지없이 그렇게 되고 말 것이다."39)

웨슬리가 이 글을 쓸 때는 자신의 디비니티 목회의 열매를 보고 있을 때였다. 그가 표현한 대로 당시는 메도디스트가 '새파란 월계수'(a green bay-tree)마냥 한창 번성할 때였다.40) 그러나 경험 많고 사려 깊은 지도자는 결코 자신의 성공에만 안주하지 않고 '다음'을 깊이 마음에 둔다. 웨슬리가 그랬다. 웨

---

39) Wesley, *Thoughts upon Methodism*, 1. 굵은 글씨는 내가 내용을 강조하기 위한 것임.
40) *Ibid.*, 10.

슬리는 자신의 목회가 본궤도에 오르면서 많은 이들이 메도디스트가 되고자 했을 때 위험성을 감지하기 시작했고, 이런 위험에 대비해야 할 필요성을 절실히 느끼기 시작했다. 웨슬리가 감지했던 위험성은 바로 '부요함'이었다. 메도디스트들이 가는 곳마다 삶의 태도가 바뀌었고 이는 필연적으로 '부요함'을 창출했다. 이것은 자연스런 일이지만 부요함으로 생겨나는 다른 심각한 부작용을 웨슬리는 고민하지 않을 수 없었다.

그 부작용은 사람들이 영적으로 나태하게 되어 결국은 '경건의 모양은 있으되 경건의 능력은 없는' 껍데기만 남는 그런 죽은 공동체로의 전락이다. 이런 일들은 교회 역사상 늘 있어왔고 웨슬리 당대에도 경험했던 사실이 아니었던가. 메도디스트의 출발은 바로 이러한 죽은 신앙으로부터 벗어나 살아 있는 신앙으로 회복되는 것이 아니었던가. 웨슬리는 자신의 성공에 취해 이런 위험성을 감지 못하는 어리석은 지도자가 아니었다. 오히려 성공의 끝단에 연결되어 있는 메도디스트의 근본정신을 흔드는 위험 요소들을 감지하고 그에 대한 대비책을 신중히 준비했다. 그가 마련한 대비책은 단지 앞으로 올 위험성에 대한 준비만은 아니었다. 그것은 그의 디비니티를 어떻게 하면 효과적으로 실현시킬 것인가 하는 기본 질문에서부터 출발하기 때문에 그의 디비니티 목회의 실천 요강이라 할 수 있다. 이는 완숙기에 들어간 성공한 목회자 웨슬리가 평생을 해온 목회의 결산이라는 점에서 우리에게 시사해 주는 바가 매우 크다.

그렇다면 웨슬리가 마련한 대비책은 무엇인가? 이것은 앞에서 언급한 웨슬리의 말에 함축적으로 잘 나타나 있다.

"만일 그들이 처음부터 경험했던 성경적 진리(doctrine), 그것을 실제화시키는 영의 능력(spirit), 그리고 이를 지속적으로 실천하는 훈련(discipline), 이 전체를 꽉 붙들지 않는다면 의심의 여지없이 그렇게 되고 말 것이다."

웨슬리는 여기서 디비니티 목회 실천의 세 가지 구성요소들을 밝히는데,

바로 성경적 진리(doctrine)와 영(spirit), 훈련(discipline)이다. 그는 이 세 가지 구성요소를 꽉 붙드는 목회를 하는가 그렇지 않은가에 따라 디비니티 목회의 승패 혹은 메도디스트의 존속 여부가 결정될 것이라는 강한 신념을 갖고 있었다. 그렇다면 이 세 가지는 구체적으로 무엇을 의미하며, 이들의 상호 관계는 무엇을 의미하는지 살펴보기로 하자.

1) 성경적 진리(Doctrine)

웨슬리가 언급한 '독트린'(doctrine)은 교회가 일반적으로 지켜 온 '정통적 견해'(orthodoxy)를 의미하지 않는다. 웨슬리는 논문 「메도디스트를 위한 평이한 해설」(*A Plain Account of the People Called Methodist*)에서 자신도 '정통적 견해'를 보존해야 할 중요한 요소라고 생각하지만 어디까지나 '참된 정통'인 한에서 그렇다고 강조한다.

> "정통 혹은 올바른 견해들(right opinions)은 … 부정적인 것들이나 해악을 끼치는 것들 혹은 외적인 것들로 이루어진 그런 것들과는 구분된다. 그것은 선행이나 은총의 수단을 통해 혹은 이른바 경건의 일과 자비로운 일들을 통해 이루어지는, 그리스도 안에 있는 마음 자체요 우리 심령에 각인된 하나님의 형상 그 자체이며 하나님의 평강 안에 참여하는 내적 의이며 성령 안에서의 기쁨이다."41)

웨슬리는 비록 교회가 보존해 온 정통적 견해들이라 해도 그것 자체가 자신이 생각하는 doctrine은 아니며 그것은 '견해들'(opinions)로 이해해야 한다고 말한다. 이런 견해들은 옳거나 그릇될 수 있기에 '견해들'은 반드시 검증되어야 하고, 또 이런 검증을 거쳐 올바른 견해라고 판명되어야만 비로소 doctrine으로 고려될 수 있다. 이러한 웨슬리의 입장은 1765년 5월 14일 뉴턴

---

41) Wesley, *A Plain Account of the People Called Methodist*, I. 2.

(John Newton)에게 보낸 편지에 잘 나타나 있다. 웨슬리는 이 편지에서 '꼭 필요하지 않은'(nonessential) 견해와 '꼭 필요한'(essential doctrine) 견해로 구분한 뉴턴의 견해를 수용한다.[42] 그렇다면 웨슬리가 기준으로 삼은 '꼭 필요한 것'의 의미가 무엇인가? 이는 그 필요한 것의 대상이 무엇인지 물을 때 분명해진다. 우리는 이 시점에서 웨슬리의 최종 관심이 '하늘 가는 길', 곧 디비니티였음을 상기해야 한다. 웨슬리의 궁극적 질문은 '우리가 어떻게 해야 구원을 얻는가'에 집중되어 있어 웨슬리의 doctrine은 바로 그의 디비니티에서 꼭 필요한 것이 무엇인가 하는 문제로 귀착된다.

웨슬리 시대에 이미 구원과 관련된 doctrine은 교파에 따라 거의 완성되어 있었다. 그런데 왜 웨슬리는 이 문제를 새삼 끄집어내는가? 그는 구원에 있어 꼭 필요한 내용들이 결여되어 있다고 보았기 때문이다. 특히 그의 디비니티 시각에서의 구원 이해로 그 당시 구원에 관한 여러 doctrine들을 바라보면, '꼭 필요한 것들'이 전체는 아니더라도 부분적으로 빠져 있었기 때문이다. 예를 들어 웨슬리 당시 개신교는 믿음으로만 구원을 얻는다는 이신칭의론에 매여 있는 바람에 칭의 후의 거룩한 삶에 대해 정교하게 이해하지 못했고, 가톨릭은 이와는 달리 사랑을 실천하는 삶은 강조했지만 이신칭의라는 구원에 꼭 필요한 요소가 결여되어 있었다. 경건주의자들의 부흥운동은 이신칭의에 기반을 둔 성령의 증거에 강점이 있었지만, 웨슬리의 디비니티가 가졌던 전체적이고 포괄적이며 역동적인 구원 이해의 시각에서 보면 무엇인가 부족한 점들을 내포하고 있었던 것이다.

웨슬리는 교회의 정통 견해를 충분히 존중했지만 그렇다고 무비판적으로 수용하지는 않았다. 그들을 자신의 디비니티 시각에서 새로이 바라보았고 필요하다면 수정을 가해 자신의 디비니티에 적합한 doctrine을 창안했다. 그 대표적인 예가 영국 성공회의 핵심 doctrine이라 할 수 있는 '기독교 신앙의 39개 조항'(The 39 Articles of Religion)을 자신의 시각으로 개정한 일이다. 웨슬리

---

42) *Letters*, May 14, 1765.

는 영국 성공회를 지상에서 가장 완벽한 교회라고 칭할 만큼 존중했고 사랑했다. 영국 성공회의 doctrine 또한 말할 것도 없었다. 그러나 그럼에도 영국 성공회의 근간에 해당하는 doctrine을 그대로 수용하지는 않았다. 그 39개조 가운데 자신의 디비니티와 상충되는 15개 조항들을 삭제, 24개 조항으로 만들어 메도디스트들에게 적용했다.

그렇다면 웨슬리는 그의 doctrine을 구성하기 위한 시금석, 곧 디비니티를 위해 꼭 필요한 것들이 무엇이라고 생각했는가? 1746년에 작성했던 그의 논문 「보다 상세하게 설명된 메도디스트 원리」(*The Principles of the Methodist Farther Explained*)에서는 꼭 필요한 내용들로 회개와 믿음과 성화, 이 세 가지를 꼽는다.[43] 그러나 그의 다른 논문 「이성과 종교의 사람들에게 보내는 호소문」에서는 원죄(original sin), 이신칭의(justification by faith), 거듭남(the new birth), 마음과 삶의 성화, 네 가지를 꼽는다.[44] 웨슬리의 저작들을 면밀히 살펴본 웨슬리 연구가들은 여기에다 '성령의 증거'를 덧붙여야 한다고 제안하기도 한다.[45] 이들 견해에는 내용상 약간씩 차이가 있더라도 모두 웨슬리의 디비니티 내용에 해당하는 구원의 순서와는 다르지 않다는 점에서 서로 일맥상통한다. 웨슬리에게는 구원에 꼭 필요한 것들, 다시 말해 웨슬리의 doctrine은 '구원의 순서' 그 자체였던 것이다. 그런데 우리가 앞서 살펴봤듯이 구원의 순서는 웨슬리의 독창적인 발명품이 아니다. 웨슬리 시대 거의 모든 교단들은 나름대로 구원의 순서를 지니고 있었다. 이런 관점에서 볼 때 웨슬리의 doctrine은 다른 이들과 같은 신앙 전통을 기반하고 있음을 알 수 있다. 그러나 데쉬너(John Deschner)가 지적한 것처럼, 웨슬리의 디비니티 내용, 곧 구원의 순서는 내용상 다른 것이 아니라 그 영성과 도덕성을 훨씬 깊게 만들었다는 데 차이가 있다.[46] 이 때문에 웨슬리는 때때로 자신의 doctrine이

---

43) Wesley, *The Principles of the Methodist Farther Explained*.
44) Wesley, *An Earnest Appeal to Men of Reason and Religion*, 12.
45) Skevington Wood, *The Burning Heart* (London: Epworth Press, 1967) pp. 250~259; Gordon Ruff, *Religion in England* (London: Claredon Press, 1986) pp. 423~428 참조.
46) John Deschner, "Foreword," in reprint of *Wesley's Christology: An Interpretation* (Dallas: Southern Methodist University Press, 1985) xii.

다른 누구보다도 더 '정통적'이라는 자부심을 드러내기도 했다.[47]

웨슬리는 자신의 doctrine이 메도디스트 신도회 안에서 유지되기를 바랐다. 이런 바람은 자신의 doctrine과 현저히 다른 가르침이 메도디스트 신도회 안에 기승을 부리기 시작한 시점과 관련이 있다. 초기 런던 메도디스트 신도회를 세울 때부터 아주 큰 역할을 담당했을 뿐 아니라 웨슬리가 세운 최초 평신도 설교자 가운데 하나였던 맥스필드(Thomas Maxfield)와 왕실 호위병 출신 벨(George Bell)은 그릇된 성화관을 설교했으며 신유은사를 주장하면서 사람들을 끌어 모았다.[48] 끝내 그들은 세상의 종말이 1763년 2월 28일에 올 것이라는 종말적 예언을 했고, 그것이 거짓 가르침임이 드러나게 되었다.[49] 웨슬리는 어쨌든 이들과의 관계에 대해 명확한 입장을 취해야만 했다. 그래서 1763년 컨퍼런스에서 메도디스트 신도회의 모든 건물에 대해 부동산 등기(Model Deed)를 하고, 이 건물에서는 웨슬리에게 임명받은 설교자만이 설교할 수 있으며, 또 그들은 웨슬리의 「신약성경 주해」와 웨슬리 자신이 정한 '44편의 표준설교'에 포함된 doctrine 외에는 설교해서는 안 된다는 규정이 명문화되었다. 웨슬리의 doctrine을 보존하고 있다고 간주되던 자료는 이 외에도 있었는데, 바로 동생 찰스의 찬송집이었다. 웨슬리는 찬송집이 자신의 doctrine을 유지하고 전달하기에 매우 유용하고 효과적인 매개임을 알고 있었다. 그는 1780년에 출판한 「메도디스트들을 위한 찬송가 모음」(A Collection of Hymns for the Use of the People Called Methodist) 서문에서 "가장 고귀한 믿음의 이론과 실천을 모두 포함한 것", "성경적 믿음에 대한 알기 쉬운 설명으로 가득 차 있는 것"이라고 평가하기도 했다.[50] 다른 교단들이 신조들이나

---

47) Wesley, *The Character of a Methodist*, 1; Wesley, *Advice to the People Called Methodist*, 9 and Wesley, *A Farther Appeal to Men of Reason and Religion*, III, I. 9 참조.

48) 웨슬리의 입장은 처음엔 다소 소극적인 무마 쪽이었다. 웨슬리의 메도디스트 부흥운동에서 '신유'는 필요한 요소라고 간주했기 때문이다. Henry D. Rack, "Doctors, Demons and Early Methodist Healing," *Studies in Church History* 19 (1982) pp. 137~152.

49) 벨은 런던에 소재한 St. Luke 병원 근처 언덕에서 휴거가 일어날 거라고 말하면서 추종자들에게 휴거를 준비하도록 했다. 그러나 그는 당국에 체포되고 만다. 또한 맥스필드는 다른 추종자들과 함께 '천사장의 나팔소리'를 듣기 위해 한 장소에서 기다렸지만 그 기다림은 실패로 돌아가 사람들에게 비웃음을 샀다.

50) Wesley, *Introduction to a Collection of Hymns for the Use of the People Called Methodist*.

고백문들을 믿음의 기초로 삼았다고 한다면 메도디스트는 성경주해와 설교, 찬송집을 믿음의 기초로 삼은 것이다.

자신의 doctrine을 공고히 하려던 웨슬리의 의도는 이를 통해 메도디스트 안에서 자신의 위치를 확고하게 하려고 했던 것이 아니었다. 그는 자신의 가르침의 핵심이었던 하늘 가는 길에 대한 안내, 곧 디비니티가 어떤 왜곡이나 훼손 없이 메도디스트 안에서 보존되고 지속되기를 바랐다. 요약하자면, 웨슬리의 doctrine은 그의 목회의 초점이요 중심이었다. 여기서 그의 doctrine은 다름 아닌 디비니티의 내용, 즉 역동적인 구원의 순서 그 자체였다. 웨슬리의 관점에서는 이 초점을 상실한 목회는 열매가 있을 수도, 지속될 수도 없었다. 결국 그럴듯한 경건의 모습은 갖출 수 있어도 그 능력을 갖출 수는 없는 죽은 목회로 전락할 뿐이었다. 웨슬리의 디비니티 목회는 어떤 난관이 있어도 이 초점을 잃지 않았던 목회였다. 웨슬리는 1776년경 기록했다고 추정하는 소논문 "복음을 전하는 목회자들에 관한 단상(斷想)"(Thoughts Concerning Gospel Ministers)에서 참된 목회란 시종일관 성경적 doctrine을 기반으로 한다는 것을 강조한다. 웨슬리가 지향하는 참된 목회는 칭의와 성화, 완전 등 구원의 순서의 그 내적 연관성과 역동성을 전체적인 관점에서 이해하고 증거하는 것이다. 다시 말해 참된 목회란 회개로 초청하는 것만도, 죄 용서의 복음을 부드러운 목소리로 전하는 것만도, 이신칭의 가르침을 전하는 것만도 아니다. 이들 모두와 더불어 성화와 믿음의 모든 열매를 맺도록 돕는 전체적인 행위를 의미한다.51)

2) 영(Spirit)

웨슬리는 경건의 외양만 갖춘 믿음이 아닌 능력을 갖춘 믿음의 공동체가 되려면 doctrine과 함께 또 다른 중요한 요소 '영'(spirit)을 꽉 붙들어야 한다고

---

51) Wesley, *Thoughts Concerning Gospel Ministers*, 3.

강조한다. 여기서 언급한 'spirit'은 무엇을 의미하는가? 이에 대해서는 아직 일치하는 견해가 없다. 나는 매덕스가 제안한 대로 이 spirit은 이중 의미를 갖는다고 본다.[52] 하나는, 메도디스트라 불리는 사람들의 보편정신이고, 또 다른 하나는 성령이다. 그러나 내가 보기에는 여기서 의미하는 spirit의 의미는 후자 곧 성령의 인도함에 따라 메도디스트 안에 형성되었기 때문에 spirit을 성령으로 이해하는 것도 무리는 아니라 생각한다.

웨슬리에게 doctrine은 우리 믿음의 핵심이다. 이는 단순히 우리의 믿음의 내용을 정리한 신조(article)나 신경(credo)이 아니다. 우리의 믿음이 이 doctrine에 뿌리내려야 하고 이 doctrine은 다시 우리 삶 가운데 실제화되어야 한다. 이것이 웨슬리가 doctrine과 함께 또 다른 중요한 성령이라는 요소를 꽉 붙들어야 한다고 강조한 이유다. 스타키(Lycugus Starkey)는 웨슬리가 성경을 통해 깨닫게 된 하나님의 뜻, 곧 우리가 일상의 삶 가운데서 어떻게 하나님 형상을 닮는 삶을 살 수 있는가에 대한 답을 성령의 사역에 대한 이해를 통해 마침내 알게 되었다고 지적한다.[53] 오늘날 영국 메도디스트 교회에서 널리 사용되는 「예배서」(The Methodist Worship Book)에는 여러 형태의 성찬식을 언급한다. 그런데 모든 성찬식 가운데 성령의 임재에 대한 항목에 "당신의 영을 부으소서. 그럼으로써 이 떡과 포도주가 그리스도의 몸과 피가 되옵나이다."[54]라고 언급되어 있다. 이러한 사실은 교회의 모든 은총의 수단들, doctrine에 기반을 둔 설교나 성례전 등은 실제로 우리 삶에서 체험되고 실제화되어야 하며, 또 이는 성령의 사역을 통해 이루어진다는 웨슬리 입장을 잘 반영하고 있다.

웨슬리는 논문 "메도디즘에 대한 숙고"에서 '내적 원리'(inward principle)로서, '그리스도 안에 있는 마음'으로서, 그리고 '하나님 형상이 회복되는 영혼의 새로움'으로서의 doctrine은 결코 "우리 안에서 이루어지지 않고" "오직 성

---

52) Maddox, "Methodist Doctrine, Spirit, and Disciple," http://methodistthinker.com/2010/05/04/podcast-randy-maddox-doctrine-spirit-discipline/
53) Starkey, The Work of the Holy Spirit, p. 15.
54) Methodist Publishing House, The Methodist Worship Book (England: Peterborough, 1999)

령의 능력으로만 이루어진다."고 강조한다.[55] 스테이플즈(Rob Staples)가 정당하게 평가했듯이, 웨슬리의 성령이해는 '구원'이라는 주제와 언제나 연결되어 있고,[56] 또 아우틀러의 지적처럼, 우리는 성령의 능력으로 새로운 창조와 거룩한 삶으로 인도된다는 것을 그는 확신했다.[57]

그런데 웨슬리에 따르면, 이런 성령의 사역은 네 가지 기능을 통해 doctrine을 현실화시킨다. 첫 번째 기능은 '영혼의 내적 조명'(internal illumination of the soul)이다. 그는 성령은 '진리'를 조명하며, 우리에게 '하나님의 깊은 것'을 드러낸다고 말한다.

"성령은 모든 것을 살핀다. 하나님의 깊은 것들이라도 말이다. 성령이 인간에게 비출 때 이들은 인간에게 밝히 드러난다. 인간을 둘러싸고 있던 무지의 어두움은 사라지고 하나님의 깊은 것들은 하나님의 지식으로 말미암아 밝히 알려지는 것이다. … 완전함에 더욱 가까이 갈 수 있는 것은 우리 영혼에 대한 성령의 내적 조명 때문이다."[58]

성령의 조명하는 사역은 웨슬리 형제의 찬송 모음집에서 매우 빈번히 언급된다. 특히 찬송 83번은 조명하시는 성령의 은총을 간절히 간구한다.

"성령이여 오소서. 하나님의 깊숙한 비밀을 밝히시고 당신을 알게 하소서. … 우리 눈을 여사 누가 죄인들을 위해 죽으셨는지, 나를 위해 죽으셨는지 보게 하옵소서."[59]

---

55) Wesley, *Thoughts upon Methodism*, 2.
56) Rob L. Staples, "John Wesley's Doctrine of the Holy Spirit," *Wesleyan Theological Journal* 21 (Spring-Fall, 1986) p. 961.
57) Outler, "A Focus on the Holy Spirit: Spirit and Spirituality in John Wesley," *The Wesleyan Theological Heritage*, p. 166.
58) Wesley, *A Farther Appeal to Men of Reason and Religion* 1, V. 23.
59) Wesley, *A Collection of Hymns for the Use of the People Called Methodist*, No. 83. 이 찬송은 지금도 영국 메도디스트들이 애창한다. 영국 메도디스트들은 현재 1983년 인쇄 배포된 Hymns & Psalms를 사용하는데, 웨슬리 형제의 찬송 83번은 Hymns & Psalms 325번으로 되어 있다. Methodist Publishing

성령의 두 번째 기능은 '새롭게 하는 능력'(renewal power)이다. 웨슬리는 「이성적이고 종교적인 사람들을 향한 간절한 호소문」에서 성령의 새롭게 하는 능력을 이렇게 적는다.

"성령의 두 번째 기능은 모든 측면에서 인간을 새롭게 하는 것이다. 타락한 본성으로 인한 의지의 왜곡이나 감성의 퇴락 등은 우리 안에서 일하시는 성령으로 말미암아 하나님의 뜻을 지향하게 된다."[60]

그렇다면 이 같은 새롭게 하는 성령의 사역은 어떻게 우리 영혼에 실현되는가? 웨슬리는 이것을 바로 '믿음'에서 찾는다. '마음의 할례' 설교에서는 성령이 우리의 영적 감각들을 새롭게 함으로써 우리의 믿음을 고양시키고 이 믿음으로 말미암아 우리가 성령의 새롭게 하시는 사역을 경험하게 된다고 강조한다.

"믿는 자에게 모든 것은 가능하다. … 그는 이제 하나님의 능력이 크다는 것이 무엇인지 느낀다. … 그분은 그리스도를 죽음에서 다시 살리신 것처럼, 우리 안에 거하시는 성령을 통해 죄에서 죽었던 우리를 일으키신다."[61]

성령은 새롭게 하는 영이다. 웨슬리는 스미스(John Smith)에게 보낸 편지에서 이렇게 선언한다.

"성령의 활동으로, 죽은 자를 살리시는 그 능력과 동일한 능력으로, 우리는 철저히 그리고 내적으로 새롭게 된다."[62]

House, *Hymns & Psalms* (London, 1983). 2010년 연회에서 영국 메도디스트는 새로이 찬송가를 편찬하기로 결의했고, 현재(2011년 12월)는 새로운 찬송가 *Singing the Faith*를 편찬해 사용하고 있다.
60) Wesley, *A Farther Appeal to Men of Reason and Religion* 1, V. 23.
61) *Sermons*, The Circumcision of the Heart, I. 7.
62) *Letters*, June 25, 1746.

웨슬리는 「이성적이고 종교적인 사람들을 향한 간절한 호소문」에서 성령이 일하시는 방식에 대해 세 번째 기능, 곧 '이끄시고 인도하시며 가르치시는'(leading, directing, and governing) 사역을 언급한다.

"성령의 세 번째 기능은 우리의 행위와 대화에서 이끄시고 인도하시며 가르치시는 사역이다."[63]

웨슬리에 따르면, 만일 우리가 성령 안에서 살게 되어 새롭게 되면 우리는 자연스럽게 성령의 이끄심과 인도하심, 가르치심에 순응하게 된다. 이 같은 성령의 사역은 깊은 하나님의 뜻을 아는 데서 가능해진다. 성령은 하나님의 깊은 것도 헤아리기 때문에 우리 영혼을 어디로 어떻게 이끌고 인도하며 가르칠 줄 안다. 이것이 요한 사도가 성령을 '보혜사'(Paraclete)라 부른 이유다. 웨슬리는 '보혜사'로서 성령의 주된 역할을 '중보'(intercession)라고 본다. 중보는 하나님의 깊은 것을 아시는 성령께서 우리를 대신해 가장 필요한 은혜를 하나님께 간구하시는 행위이며 하나님의 뜻에 합당하게 살아가도록 우리를 돕는 행위이다.[64]

웨슬리는 이제 성령의 네 번째 기능으로 나아간다. 그에 따르면, 이것은 바로 '확신의 능력'(the power of assurance)이다. "하나님의 영에 의해 인도함을 받는 우리는 하나님의 자녀다." 그리고 "우리가 그분의 자녀이기에 우리에게 아들의 영을 부어 주셨고 우리는 그분을 '아빠 아버지'라 부를 수 있다.[65] 웨슬리는 '성령의 증거'(The Witness of the Spirit)라는 제목으로 설교 두 편을 작성했다. 아우틀러는 이 설교들에 서문을 붙이면서 그 주요 주제는 성령의 증거가 그리스도인의 확신에 대한 객관적 근거임을 주장하는 것이라고 보았다.[66] 스타키가 지적했듯이, 웨슬리는 성령의 중요한 여러 사역들 가운데 하

---

63) Wesley, *A Farther Appeal to Men of Reason and Religion* 1, V. 23.

64) *Ibid.*

65) Wesley, *A Farther Appeal to Men of Reason and Religion* 1, V. 23.

66) Outler, "An Introductory Comment to the Witness of the Spirit," *John Wesley's Sermons: An Anthology*, ed., by Albert C. Outler & Richard P. Heitzenrater (Nashville: Abingdon Press, 1991) p. 145.

나는 확신을 가져다주는 역할로 보았던 것이다.[67] 이러한 웨슬리 입장은 '성령을 근심케 하는 일에 관하여'(On Grieving the Holy Spirit) 설교에서 매우 명확히 언급된다.

"우리 안의 성령은 우리 구원의 확증이다. 그는 구원의 참된 증인으로 우리가 영원한 복락을 누리도록 예정되었음을 확증시킨다. 성령은 우리가 하나님의 자녀인 것을 우리 영으로 더불어 증거한다."[68]

콜린스(Kenneth Collins)는 웨슬리가 두 가지 형태의 그리스도인의 확신을 말한다고 지적하는데, 성령의 직접적인 증거와 우리 자신의 영의 간접적인 증거가 바로 그것이다.[69] 스타키는 이를 더 명료하게 설명한다. 스타키에 따르면, 이 직접적 증거는 '확신의 내적 인상'(inner impression of assurance)을 의미하며 간접적 증거는 '변화된 삶의 증거'(testimony of a changed life)이다.[70]

웨슬리는 이러한 성령의 기능들을 통해 doctrine이 이론적 체계나 신조 혹은 신경(credo)에 머물지 않고 끊임없이 우리 삶 가운데 실제화된다고 보았다. 즉 웨슬리 구원의 전체 그림인 디비니티로 요약할 수 있는 웨슬리의 doctrine은, 성령의 끊임없는 조명으로 그 의미가 밝히 드러나며, 또 우리는 그 새롭게 하는 능력으로 말미암아 드러난 의미들을 실제로 삶 한가운데서 체득하게 된다. 또한 보혜사 성령의 이끄시고 인도하시며 가르치시는 은총으로 말미암아 새로운 삶을 계속 유지하여 doctrine의 궁극적인 열매를 맺게 되고, 성령이 우리 영과 더불어 우리가 하나님의 자녀임을 확신케 함으로써 이 구원의 여행이 기쁨 속에서 진행될 수 있게 한다. 결국 성령은 웨슬리의 doctrine에 생명을 불어넣고 그 생명이 약동하게 하는 근원적인 힘의 원천인 셈이다.

---

67) Starkey, *The Work of the Holy Spirit*, p. 63.
68) *Sermons*, On Grieving the Holy Spirit, III. 2.
69) Kenneth J. Collins, "Assurance," *The Oxford Handbook of Methodist Studies*, ed., by William J. Abraham and James Kirby (Oxford: Oxford University Press, 2009) p. 603.
70) Starkey, *The Work of the Holy Spirit*, p. 64.

3) 훈련(Discipline)

웨슬리 디비니티 목회에서 doctrine은 디비니티의 내용이요 핵심이다. 그런데 이 doctrine이 실체화되려면 성령(Spirit)의 사역이 전제되어야 한다. 성령이 doctrine에 생명을 부여하고 열매를 맺게 하는 동인(動因)이다. 그러나 이렇게 실체화된 doctrine도 부단한 연습으로 체질화되고 습관화되지 않으면 겨우 생명의 싹만 틔운 채 결국은 죽고 만다. 이것이 바로 웨슬리가 doctrine과 spirit에 이어 discipline(자기 단련, 훈련)을 꽉 붙잡아야 한다고 했던 이유다. 매덕스에 따르면, 웨슬리는 하나님의 자녀들이 처음 구원의 도리를 지켜나갈 때 죄의 교묘함과 기만성이 큰 위협이 된다는 것을 알았으며, 또 그래서 그들은 완전한 거룩함에 도달하기 위해 끊임없이 discipline을 필요로 한다는 사실을 깊이 인식했고,[71] 이 discipline을 위한 구체적인 프로그램들을 그의 디비니티 목회에 적용했다. 아마 웨슬리의 괄목할 만한 목회적 공헌은 영적 건강을 유지할 수 있는 discipline을 강조하고 실제적이고 유용한 discipline 프로그램들을 실천했다는 데서 찾을 수 있을 것이다.[72] 왓슨(David Lowes Watson)은 이 discipline이야 말로 메도디스트의 가장 중요한 특징 가운데 하나라고 강조한다. 그는 "이 discipline이 없었더라면 처음 메도디스트 운동은 지속될 수 없었을 것"이라고 단언한다. 그들은 사랑으로 서로를 돌아보았고 깊은 영적 체험으로 나아갔으며 discipline을 통해 그들에게 소중한 것들을 꽉 붙들었다.[73]

웨슬리가 제안하고 발전시킨 discipline은, 프랑크(Thomas Edward Frank)가 지적했듯이, 다른 교단들에서 찾을 수 없는 매우 독특한 특성을 보여 준다. 다른 개신교 교단들은 교회의 discipline을 교회 교인들의 행동양식에 어떻게 적용시킬 것인가 하는 데 국한시키는 경향이 있지만, 웨슬리의

---

71) Maddox, *Responsible Grace*, p. 212.
72) *Ibid.*, p. 211.
73) Watson, *The Early Methodist Class Meeting*, pp. 143~144.

discipline은 doctrine, 곧 구원을 실천하고 연습하는 구원론적인 discipline으로 그 지평을 넓혀 간다는 점에서 보다 광범위하고 본질적인 성격을 띤다.[74] 즉 웨슬리는 discipline을 단지 교회에 적합한 '훌륭한 교인' 혹은 '능력 있는 일꾼'을 만들기 위한 수단으로 생각하지 않고, 구원을 이루기 위한 실천으로 파악했다.

웨슬리가 discipline을 구원의 관점과 결부시켰다는 사실은 discipline이 목적론적 초점(teleological focus)을 갖는다는 것을 의미한다. 웨슬리는 discipline을 '마음과 삶의 성화', '하나님의 형상을 온전히 회복하는 것', 곧 '완전'이라는 목표에 도달하기 위한 부단 없는 연습 과정으로 보았다. 물론 이 과정은 인간이 홀로 감당할 수 있는 것이 아니다. 성령의 도우심이 없다면 discipline은 가능하지도, 결실을 기대할 수도 없다. 1738년 이후 디비니티에서 성령의 역할에 대한 뚜렷한 인식을 갖기 전에는 웨슬리의 discipline은 거룩한 습관(holy habits)을 형성하는 데 머물렀던 것 같다.

그러나 그가 성령에 대한 인식이 드라마틱하게 확장되던 시기와 맞물려 그의 discipline은 더 이상 단순한 '거룩한 습관'이 아니라 성령의 끊임없는 도우심에 믿음으로 응답하는 부단한 연습을 의미하게 되었다. 1773년 웨슬리가 베니스(Elizabeth Bennis)의 믿음의 삶을 격려하기 위해 쓴 편지에 "우리가 하나님이 마련하신 방식으로 그분께 가까이 나아가려 할 때, 그분은 우리에게 가까이 다가오신다."[75]고 적고 있는데, 이는 웨슬리가 discipline이 하나님의 영과 인간의 상호 협력적 사건임을 의식하고 있다는 하나의 반증이다.

웨슬리의 discipline과 관련해 또 하나 지적해야 할 중요한 사실은 그의 discipline은 사막과 같은 고독한 곳에서 홀로 행할 수 있는 것이 아니라는 점이다. 웨슬리는 구원의 여정은 혼자의 길이 아님을 알고 있었다. 웨슬리의 회심을 깊이 있게 관찰했던 라텐버리(J. Ernest Rattenbury)의 지적처럼, 웨슬리시절에 널리 퍼져 있던 경구(警句) "인간은 홀로는 하늘나라에 갈 수 없다"(a

---

74) Thomas Edward Frank, "Discipline," *The Oxford Handbook of Methodist Studies*, p. 246.
75) *Letters*, February 12, 1773.

man could not go to heaven alone)를 염두에 두고 있었는지 모른다.[76] 웨슬리는 '산상설교 IV'에서 이렇게 강조한다.

> "기독교는 본질적으로 사회적(social) 종교다. 만일 기독교가 고독한 종교로 방향을 전환한다면 기독교가 망가지는 순간이 될 것이다."[77]

웨슬리는 믿음 생활에서 '공동적 관계'(communal relationship)의 중요성을 어린 시절 아버지 사무엘로부터 누누이 들었으며 옥스퍼드 메도디스트 모임에서 실제로 체험했다. 개인의 믿음은 공동체 안에서 성장한다고 확신했기 때문에 그의 일생은 이런 공동체를 부단히 세우는 일로 점철되었다. 그렇기에 그의 discipline은 바로 공동적(communal) discipline이요 사회적 (social) discipline이다. 즉 하나님의 형상을 온전히 회복하는 것, 온전한 거룩함으로 완성되는 것, 완전에 이르는 것 등의 목표에 도달하려면 나 혼자만의 discipline이 아닌 함께 모여 서로를 격려하고 도움으로써 만들어 가는 공동적 discipline이 필요하다.

4) 디비니티 목회의 삼겹줄

웨슬리 디비니티 목회는 세 가지 구성 요소들의 조합이다. 즉 doctrine과 spirit, 그리고 discipline이다. 웨슬리는 이들 셋이 메도디스트를 화석화되는 것을 막는 유일한 길이라 강조한다. 만일 그들이 "처음부터 경험했던 성경적 진리(doctrine)와 또 그것을 실제화시키는 영의 능력(spirit), 그리고 이를 지속적으로 실천하는 훈련(discipline), 이 전체를 꽉 붙들지 않는다면 의심의 여지 없이 그렇게 되고 말 것이다."[78] Doctrine은 성경이 내포하고 있는 구원의 진

---

76) J. Ernest Rattenbury, *The Conversion of the Wesleys: A Critical Study* (London: The Epworth Press, 1938) p. 45.

77) *Sermons*, Upon Our Lord's Sermon on the Mount: Discourse IV, I. 1.

78) Wesley, *Thoughts upon Methodism*, 1.

리다. 이 진리는 웨슬리에게서 '구원의 순서' 전체를 포함하는 것이며 디비니티의 내용 그 자체다. 그런데 Spirit은 이 디비니티 내용을 실제화로 이끄는 근원적인 힘에 해당한다. 성령은 doctrine을 조명하고, 영혼들을 새롭게 하며, doctrine에로 영혼들을 이끌고 인도하며 가르친다. 이 과정을 통해 디비니티는 우리에게 살아 있는 진리가 된다. 그러나 이로써 모든 완성은 아니다. 성령의 도움으로 우리는 디비니티의 삶을 끊임없이 실천해야 한다. 이 끊임없는 삶, 곧 discipline을 통해 우리는 디비니티의 삶을 체질화시키며 완성으로 나아간다.

웨슬리 디비니티 목회는 바로 이 doctrine과 spirit, discipline의 단단한 결합이다. 웨슬리는 이들 "전체를 꽉 붙잡아야"(holding fast to) 한다고 강조한다. 이는 마치 전도서 4장 12절에 출현하는 '삼겹줄'(cord of three strands)을 연상하게 한다. 세 개의 줄은 서로 단단하게 결합될 때 쉽게 끊기 어려운 든든한 줄이 된다. 웨슬리의 디비니티 목회는 꽉 붙잡힌 세 개의 구성요소들, 곧 doctrine과 spirit, discipline의 끊임없는 순환이다. 그런데 이 끊임없는 순환이 웨슬리에게는 분리된 순환이 아니라 상호 유기적으로 작용하는 통합된 순환임을 기억해야 한다. 통합된 순환 과정은 한순간에 머물지 않으며 지속적으로 진행된다. 목회는 doctrine과 spirit, discipline이 지속적으로 순환함으로써 빚어내는 조화(harmony)다. 이 조화가 가능한 원천은 성령의 사역이다. 말하자면 성령은 두 개의 'D', 즉 doctrine과 discipline의 상호 연결을 가능하게 하는 근원적 힘인 셈이다. 런연(Theodore Runyon)은 웨슬리로부터 그리스도인의 믿음과 새로운 삶을 가능케 하는 두 가지 핵심 요소들을 찾아냈는데, 바로 '정도'(orthodoxy, 이 용어는 보통 정통이라 번역하지만 웨슬리의 본래 의도를 살린다는 의미에서 나는 바른 길을 의미하는 正道라 번역한다.)와 '정행'(orthopraxy, 正行)이다. 여기서 '정도'는 doctrine에 대응하는 개념이고 '정행'은 discipline에 대응하는 개념이다. 런연은 이 둘은 각각 그리스도인의 믿음과 새로운 삶을 이루어 가는 데 답이 될 수 없으며 또한 불충분하다고 본다. 이 둘을 함께 나란히 두는 것도 완전하지 않다고 말한다. 제3의 요소가 필요하다고 인식했던 것이다.[79] 이미 언급했듯이 웨슬리는 이미 이에 대한 명확한 답을 준비했다. 바로 성령의 사역이다. 성령은 정도와 정행을 연결하는 근원적 힘이다. 그는 '정도'로서 doctrine과 '정행'으로서 discipline을 성령(spirit)으로 하나로 묶고, 끊임없는 순환작용을 해 나가는 그런 목회를 구상했다.

그렇다면 웨슬리의 이 같은 디비니티 목회는 구체적으로 현장에서 어떻게 전개되었는가? 그는 어떻게 doctrine과 spirit, discipline의 지속적인 순환과정이 가능하도록 할 수 있었는가? 이에 대한 답은 하나다. 바로 성령이 일하실 수 있도록 길을 예비하는 것이다. 성령의 사역만이 doctrine과 spirit, discipline을 삼겹줄로 단단히 매고 역동적인 순환작용을 할 수 있게 할 것이기 때문이다. 그런데 성령은 하나님의 영으로, 그분의 무한하신 은총으로 우리에게 임하신다. 하나님의 은총을 입지 않고서는 그분의 영 또한 우리에게 머물지 않는 것이다. 결국 doctrine과 spirit, discipline의 지속적이고 역동적인 순환과정은 하나님이 성령을 통해 부으시는 은총을 누릴 수 있는가, 그렇지 않은가에 달려 있다. Doctrine을 실제화하고 discipline을 통해 이를 완성하는 것은 성령을 통해 부으시는 하나님의 은총을 우리가 믿음으로 응답함으로써 가능하게 된다. 그러므로 웨슬리의 디비니티 목회의 구체적 전개는 우리가 하나님의 은총을 어떻게 수용할 것인가 하는 문제와 밀접한 관련성을 갖는다.

웨슬리는 이 문제를 '은총의 수단'이라는 주제로 다뤘다. 그런데 웨슬리가 이 은총의 수단 주제를 다룰 때 결코 이론적인 논의 대상으로 다룬 것은 아니었다. 웨슬리에게 은총의 수단 문제는 우리가 어떻게 하나님의 은총 앞에 다가설 수 있는가, 그리고 그럼으로써 이 하나님의 은총으로 어떻게 구원의 도리(doctrine)를 실현하며, 더 나아가 이를 어떻게 매일 지속적으로 실천(discipline)하여 마침내 구원의 완성까지 이를 수 있는가를 묻는 목회학적 주제다.

---

79) Runyon, *The New Creation*, p. 149.

디비니티 목회의 실천

CONTENTS

디비니티와 은총의 수단

웨슬리의 디비니티 목회는 doctrine과 spirit, discipline이라는 단단한 삼겹줄을 바탕으로 지속적이고 역동적인 순환운동을 추구한다. 이를 가능케 하는 근원적인 힘이 성령의 사역이다. 그런데 이 성령의 사역은 하나님의 은총의 역사와 동일한 주제이기 때문에, 웨슬리목회는 바로 어떻게 하면 하나님의 은총의 자리에 나아갈 수 있는가 하는 문제에 집중할 수밖에 없었고, 이는 결국 '은총의 수단'이라는 문제로 압축되었다. 은총의 수단은 우리에게 허락하신 하나님의 은총의 하나이다. 그분은 우리를 위해 그분의 은총을 베푸시기 위한 통로를 마련해 둔 것이다. 그러나 그것은 어디까지나 어떤 실체를 가리키는 표지(sign)일 뿐이지 그 실체 자체는 아니다. 우리는 은총의 실체인 하나님을 직시하고 그분을 향해 나아가야 한다. 웨슬리의 은총의 수단이 하나님을 향하게 돕는 '표지'요 '수단'인 한 그것은 무한한 가치를 지닌다. 즉 웨슬리의 디비니티 목회의 전개는 바로 하나님이 제정하신 은총의 수단을 적절히 그리고 유용하게 실천하는 과정이다. 그렇다면 우리가 하나님의 은총의 보좌에 나아갈 수 있도록 돕는다고 웨슬리가 말하는 이 은총의 수단에는 어떤 것들이 있는가? 웨슬리는 이런 은총의 수단들을 어떻게 자신의 목회 과정에서 적절하고도 유용하게 활용했는가?

1) '은총의 수단'의 역사적 발전 과정

웨슬리 저작들에서 '은총의 수단' 개념의 등장이 구체화되기 시작한 것은 그의 설교 '은총의 수단'에서다. 이 설교는 모라비안과 갈등이 첨예화되었던 1739년부터 1741년 사이 작성되었지 싶다.[1] 이 설교에서 웨슬리는 은총의 수단을 은밀히 혹은 청중들과 함께 행하는 기도와 성경탐색(searching the Scriptures, 성경읽기와 듣기, 성경묵상을 의미함), 그리고 성만찬 이 세 가지로 말한다.[2] 이로부터 몇 년이 지난 1743년 웨슬리는 연합신도회 회원들이 지켜야 할 '일반 규칙'(총칙, General Rules)을 발표하는데, 여기서 우리는 은총의 수단에 대한 보다 발전된 웨슬리의 견해를 발견하게 된다. 신도회 총칙은 크게 세 부분으로 나뉘는데, 그 첫째는 '모든 종류의 악을 피하는 것'(by avoiding evil in every kind)이고, 두 번째는 '모든 선한 일을 행하는 것'(by doing good)이며, 세 번째는 '하나님이 정하신 규례들에 참여하는 것'(attending upon all the ordinances of God)이다. 일반적으로 이 세 번째가 은총의 수단으로 간주하는데, 여기에는 하나님께 드리는 공적 예배(The Public Worship of God), 말씀을 선포하거나 강해하는 등의 말씀 사역(the ministry of the word), 성만찬, 가족 및 개인기도, 성경탐색, 금식 혹은 절제(abstinence) 등이 포함된다. 이는 '은총의 수단' 설교에서 거론한 세 가지(기도와 성만찬, 성경탐색) 외에 공적 예배와 말씀 사역, 금식 혹은 절제 이 세 가지를 추가한 것이다.

은총의 수단에 대한 매우 정교한 웨슬리의 진술은 1763년 '대회의록'(Large minutes)에서 나타난다. 여기서 웨슬리는 두 가지 형태의 은총의 수단들을 진술한다. 하나는 '제도화된'(instituted) 은총의 수단이고 다른 하나는 '상황적인'(prudential) 은총의 수단이다. 제도화된 은총의 수단은 성경으로부터 시작됐고 교회 전통 안에서 언제 어디서든 오랫동안 지켜 오던 은혜의 수단들을 의미하고, 상황적인 은총의 수단은 성경에서 유래하진 않았지만 메도디스트라는 특정 상황(context)에서 개발한 은총의 수단들을 의미한다.

제도화된 은총의 수단들 목록은 기도와 성경탐색, 성만찬과 금식, 크리스천 컨퍼런스에서의 대화 등 다섯 가지다. 또한 상황적인 은총의 수단은 대상에 따라 내용이 달라진다. 즉 모든 그리스도인들에게는 악을 피하고 선을 행

---

1) Ted A. Campbell, "Means of Grace and Forms of Piety," *The Oxford Handbook of Methodist Studies*, p. 281.
2) *Sermons*, The Means of Grace, II. 1.

하라는 규칙과 은총 안에서 성장하는 것, 거룩한 삶의 실천 등을 의미하고, 모든 메도디스트들에게는 신도회와 클래스, 반회에 참여하는 것이, 설교자들에게는 신도회와 지도자반, 반회 참여는 물론 병자와 건강한 이들에 대한 방문 등이, 설교 보조자들에게는 신도회와 반회 참여, 도서목록들 읽고 관리하기, 철야기도회와 애찬회 등에 참여하기, 분기별로 점검 받는 일과 설교자들에 대한 평가서를 웨슬리에게 통보하기 등이 포함된다. 또한 열매가 풍성한 이들에게는 깨어 있는 것(watching)과 자기 부정, 자신의 십자가를 지는 것과 하나님의 임재를 느끼기 등이 은총의 수단이 된다.[3] 제도화된 수단 가운데 기도와 성경탐색, 성만찬과 금식 항목은, 1743년 신도회 총칙의 항목과 일치하나 여기에 있었던 공적 예배와 말씀사역은 '대회의록' 목록에는 생략되었다. 또한 총칙에서 은총의 수단 목록 외의 것이었던 '악을 행하지 않고 선을 행하라'는 항목이 '대회의록'에는 상황적 수단 목록으로 들어와 있다.[4]

이 내용들을 정리하면 다음 도표와 같다.

출 처	은총의 수단		
설교 '은총의 수단' (1739~1741년 사이)	기도 성경탐색 성만찬		
신도회 총칙 (1743년)	기도 성경탐색 성만찬	공적 예배 말씀사역 금식(절제)	
대회의록 (1763년)	제도적인 은총의 수단		상황적인 은총의 수단
	기도 성경탐색 성만찬	금식 크리스천 컨퍼런스	악을 행하지 않고 선을 행하기

그런데 웨슬리는 그의 후기에 속하는 1781년 작성한 설교 '열심에 관하여'(On Zeal)에서는 이전과는 다른 방식으로 은총의 수단을 논한다. 웨슬리의

---

3) Wesley, *Large Minutes*, Q. 48. 나이트(Henry H. Knight III)는 열매가 풍성한 이들을 위한 은총의 수단들을 '일반적'(general) 은총의 수단이라 칭하여 따로 분류한다. Henry H. Knight III, *The Presence of God in the Christian Life: John Wesley and the Means of Grace* (Metuchen: The Scarecrow Press, Inc., 1992) p. 5.
4) Campbell, "Means of Grace and Forms of Piety," p. 282.

말을 직접 들어보자.

　"그리스도인에게 사랑은 보좌를 차지한다. 인간의 영혼 가장 중심부에 자리
잡는다는 것인데, 바로 하나님과 이웃을 사랑하는 것이다. 이 사랑은 심령 전체
를 채우고 이에 필적할 만한 어떤 경쟁자도 없이 홀로 차지한다. 이 보좌 바깥에
위치한 원은 모든 거룩한 성품들이다. 즉 오래 참음과 자비와 양선, 충성과 온유
와 절제이다. 이를 달리 표현하면 예수 그리스도의 마음이라고 표현할 수 있다.
이 원 바깥의 원은 사람들의 육적인 필요 혹은 영적인 필요를 채우는 모든 자비
의 실천들(The Works of Mercy)이다. 이들은 일반적으로는 은총의 수단으로
인식되지 않았지만, 이들 때문에 우리는 모든 거룩한 성품들을 훈련하고 성장하
게 한다는 의미에서 본다면 이들은 실질적인 은총의 수단이다. 그 다음 원은 소
위 경건의 실천들(The Works of Piety)로 알려져 있는데, 말씀을 읽고 듣는 일,
공적으로나 가족 단위 혹은 개인적으로 드리는 기도, 성만찬, 금식이나 절제하
는 것 등이 여기에 포함된다. 끝으로 맨 마지막 원은 믿음의 사람들을 더 효과적
으로 사랑과 거룩한 성품들, 선한 행위들로 나아가도록 자극하는 것인데, 이는
그리스도께서 이들 모두를 한 곳으로 연합하게 함으로써 가능하다. 그것은 바로
전 세계에 퍼져 있는 교회인데, 이것은 모든 믿는 자 안에 있는 보편적 교회의 한
작은 상징이다."[5]

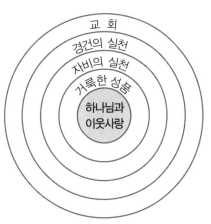

　웨슬리는 은총의 수단을 설명하
기 위해 하나의 이미지를 만들어 내
는데, 바로 '하나의 중심을 갖는 네
개의 원'이다. 다음 그림은 하나님
과 이웃을 사랑하기 위해 웨슬리가
설정한 수단들을 요약한 그림이다.

---

5) *Sermons*, On Zeal, I. 5.

이 그림에서 언급하는 경건의 실천들과 자비의 실천들은 '대회의록'에 나타나는 은총의 수단들과 많은 부분 겹친다. 특히 경건의 실천들은 제도화된 수단들과 대동소이하다. 자비의 실천은 상황적 수단들 중 모든 그리스도인들을 위한 은총의 수단, 곧 '악을 피하고 선을 행하라는 규칙'과 동일하다. 가장 바깥 원에 위치한 교회는 '대회의록'의 상황적인 수단에 해당하는데, 특히 모든 메도디스트들을 위한 수단, 다시 말해 신도회와 클래스, 반회 같은 공동체 모임에 해당한다.

웨슬리는 여기서 은총의 수단을 단순히 분류하는 단계를 넘어선다. 그는 이제 은총의 수단을 중심으로 하는 자신의 목회 비전을 매우 구체화하려 한다. 먼저, '열심'은 믿음 생활에서 필수라고 인식한다. "열심이 없이는 믿음의 진보를 이룰 수 없기 때문이다."[6] 웨슬리에게 하나님의 은총은 가만히, 아무 것도 하지 않는 이들에게 거저 주어지는 것이 아니라 이를 갈망하고 열심히 추구하는 이에게 주어지는 것이기에 하나님의 은총을 바라는 이들은 전심으로 은혜의 보좌 앞으로 나아가야 한다.

그러나 웨슬리는 모든 종교적 열심이 다 좋은 것은 아니라고 지적한다. 그릇된 종교적 열심은 "믿음을 파괴하고 인류에 심각한 해악을 가져다줄 수 있다는 점에서" 매우 주의해야 한다.[7] 그렇다면 참된 열심은 어떤 것인가? 웨슬리는 참된 열심은 '사랑'이며, 더 구체적으로 말하면 '하나님과 이웃을 향한 사랑'이라고 말한다.[8] 여기서 우리는 웨슬리목회의 근본 구조를 발견하는데, 웨슬리목회는 한마디로 '사랑의 열심으로 가득 찬 목회'이며 이를 위해 그가 전개했던 목회 방법론으로서 은총의 수단은 '하나님과 인간을 사랑하기 위한 것'이다. 이 목표는 바로 웨슬리가 디비니티를 통해 추구하고자 했던 '완전'의 상태와 일치한다는 점에서 그의 목회가 바로 디비니티 목회라는 사실을 다시금 목격하게 된다.

---

6) *Ibid.*, 1.
7) *Ibid.*
8) *Ibid.*, 2.

웨슬리의 주장은 단순하다. 하나님의 은총의 보좌에 나아가기 위해 우리는 '하나님과 이웃을 향해 열심 있는 사랑'을 해야 한다는 것이다. 웨슬리는 네 원의 이미지를 통해 어떻게 이것이 가능한가를 설명한다. 웨슬리에 따르면, 교회는 하나님을 사랑하고 이웃을 열심히 사랑하도록 격려와 지지를 받을 수 있는 그리스도의 몸이다. 웨슬리에게는 보편적 교회(the church universal)나 개체 교회 사이의 구분이 없다. 개체 교회는 보편적 교회의 한 표상이고, 양자의 근원은 모두 그리스도께서 하나되게 함으로써 모인 믿는 자들의 공동체이기 때문이다.

신도회와 클래스, 반회 같은 모임 또한 보편적 교회라는 범주에 포함할 수 있다. 이러한 모임은 경건의 삶과 자비의 삶을 실천하고 거룩한 열매들을 맺어 마침내 하나님과 이웃을 사랑하는 데에 이르도록 격려 받고 지지 받는다. 그럼으로써 경건의 실천들을 행하게 하고 또한 자비의 실천들을 기꺼이 수행하게 한다. 이는 자연스럽게 거룩한 성품들을 열매 맺게 하며, 결국은 하나님을 마음과 정성 다해 사랑하게 되고 이웃을 내 몸과 같이 사랑하기에 이른다. 이것은 바깥 원에서 중심으로 향하는 끊임없는 구심적 운동이다. 그런데 웨슬리는 은총의 수단들을 인간이 하나님의 중심에 도달하기 위한 '인간적 수단'으로만 이해하지 않는다. 그에 따르면, 은총의 수단은 하나님의 은총의 물결이 우리에게 도달할 수 있도록 하나님이 사용하시는 '하나님의 수단'임을 강조한다. 즉 웨슬리는 원심적 방향을 지향하는 하나님의 은총을 주목한다. 이는 하나님과 인간을 향한 깊은 사랑이 거룩한 성품들을 만들어내고 자비의 실천들을 산출하며 경건의 실천을 자극하고, 결국은 개별 교회에까지 미쳐 세상을 변화시키는 운동을 의미한다.[9]

웨슬리의 디비니티 목회는 은총의 수단을 통한 쌍방향적 운동의 성격을 띤다. 그 하나는 은총의 수단들을 통해 거룩한 열매들을 맺어 마침내 하나님

---

9) K. Steve McCormick, "The 'Silent Orthodoxies' of God's Mission: Rethinking Wesley's 'Means of Grace' as the 'Marked-Practices' of the Missio Dei," *12th Oxford Institute of Methodist Theological Studies* (August 12~23, 2007) p. 20. http://divinity.duke.edu/oxford/docs/2007papers/2007-2McCormick.pdf 참조.

과 이웃을 사랑하는 데에 이르게 되는 구심적 운동이고, 또 다른 하나는 이 사랑이 은총의 수단들을 통해 모든 교회에 번져나가는 원심적 운동인 것이다. 전자가 인간의 책임적 응답의 행위라면 후자는 하나님의 성령을 통한 은총의 역사다. 그런데 구심적 방향이든 원심적 방향이든 이들은 동일한 경로(pathway)를 갖는다. 바로 경건의 실천들과 자비의 실천들, 그리고 교회의 공동체이다. 이들은 바로 은총의 수단들이다. 성령을 통한 하나님의 은총의 길과 이에 대한 인간의 책임적 응답은 은총의 수단에서 교통한다. 웨슬리의 디비니티 목회는 바로 이 은총의 수단을 통한 성령의 인도하심과 인간의 책임적 응답이라는 상호교통이다.

2) 디비니티 목회와 은총의 수단

웨슬리의 디비니티는 '하늘 가는 길'이다. 디비니티 목회란 바로 이 하늘 가는 길을 안내하는 것을 의미한다. 그렇다면 디비니티 목회의 핵심 주제는 사람들이 하늘에 이를 수 있도록 어떻게 도울 수 있는가 하는 문제일 것이다. 지금까지 우리가 보아 왔듯이 이 하늘에 이를 수 있는 방법은 오직 하나님의 풍성하신 은총 외에는 없다. 그분의 선행하시는 은총과 칭의의 은총, 거듭나게 하시는 은총과 성화와 완전에 이르게 하는 은총 등의 다양한 형태의 은총으로 우리는 믿음을 갖게 되고 이 믿음에 믿음을 더하여 우리가 하늘에 이르도록 하는 것이다. 그렇다면 디비니티 목회의 초점은 자연스럽게 사람들이 하나님의 은혜를 받도록 어떻게 도울 수 있는가 하는 문제로 집약될 수밖에 없다. 즉 사람들이 하나님의 은총의 보좌 앞으로 어떻게 나아갈 수 있도록 하겠는가 하는 문제로 압축된다.

웨슬리는 이 문제를 '은총의 수단'이라는 주제와 관련시켰다. 그에 따르면, 은총의 수단이란 "하나님이 기름 부으신 외형적 표징들, 말, 행위들"인데, 하나님이 "자신의 선행하는 은총과 성화의 은총 등을 사람들에게 전달하기 위한 통상적인 통로(ordinary channels)"로 준비하신 것이다.[10] 말하자면 하나님이 제정하신 은총의 수단을 통해 우리는 하나님이 우리를 디비니티의 완성으로 이끄는 여러 형태의 은총을 만나게 된다. 이런 웨슬리의 은총의 수단에 대한 이해는 그의 디비니티 목회에서 은총의 수단을 얼마나 중요하게 간주하는가를 보여 주는 대목이다. 사실, 웨슬리의 디비니티 목회의 실제적인 전개는 은총의 수단과 동의어라 볼 수 있다. 즉 웨슬리의 디비니티 목회는 은총의 수단을 통해 디자인되고 실천되었다.

그러나 웨슬리는 이 은총의 수단을 자신의 목회에 적용시킬 때 매우 신중한 태도를 보였다. 은총의 수단에 대한 그릇된 이해가 가져올 목회의 폐단을 누구보다도 잘 알고 있었으며, 또 그런 그릇된 목회로부터 벗어나고자 스스로 노력했던 사람이었기 때문이다. 웨슬리에 따르면, 은총의 수단에 대한 그릇된 이해는 두 가지 형태로 나타난다. 첫째는, '과신(過信)'이다. '수단'을 '수단' 이상으로 받아들이는 것이다. 예를 들어 초대교회 사람들은 물건을 서로 나누어 쓰고 사도의 가르침을 받으며 서로 교제하고 기도하는 등 은총의 수단에 충실하며 하나님의 충만한 은총을 맛보며 살아갔지만, 시간이 경과하면서 목회는 이 수단에만 집중하게 되었다. 마침내 이 수단이 목적이 되었고 믿음 생활은 이 외적 수단들을 실천하며 사는 것이 되고 말았다.[11] 이처럼 수단이 목적을 대치해 버릴 때 나타날 수 있는, 경계해야 할 목회 유형은 두 가지다. 그 하나는 '율법주의'(legalism)다. 수단 자체가 목적이 되는 순간 수단은 '필연성'을 띠게 되고 '반드시 행해야만 하는 법적 의무'로 발전된다.[12] 우리는 이러한 양상을 유대교 발전 과정을 통해 발견할 수 있다. 하나님은 이스라엘에게 다양한 형태의 은총의 수단들을 주심으로써 이스라엘이 자신에게 더 가까이 나아오길 원했지만, 그들은 그 수단들을 사람들이 반드시 수행해야 하는 법조문으로 만들어 반드시 지켜야만 하는 율법을 탄생시켰다. 다른

---

10) *Sermons*, The Means of Grace, II. 1.
11) *Ibid*., I. 2.
12) *Ibid*.

하나는 '자연주의'(naturalism)다. 수단은 눈에 보이고 만질 수 있는 '가시적' 대상이다. 세상 안에서 경험할 수 있는 자연의 영역이다. 수단을 다른 어떤 것보다 우선적으로 여기는 순간, 수단을 넘어선 목적, 보이지 않고 들리지 않는 하나님의 세계는 외면되고 무시된다. 아니, 보이지 않는 하나님조차도 자연의 수단에 종속시키고 만다. 율법주의가 되었던 자연주의가 되었든 이 둘 사이에는 공통점이 있다. 바로 수단을 목적으로 대치시켜 수단 자체를 공로로 삼아 은총의 축복을 누릴 수 있다고 생각하는 '그릇된 꿈'을 꾸는 것이다. 즉 자신들이 은총의 수단을 사용함으로 그것이 공로가 되어 스스로 하나님의 거룩함에 도달할 수 있다고 꿈을 꾸는 것이다.[13]

둘째는 '무시하는 것'이다. 이는 첫 번째 그릇된 이해와는 정반대로, 수단을 무가치하다고 평가하는 것이다. 이런 이해를 하는 이들은 목표, 곧 마음과 삶의 거룩함을 이루는 데 있어 수단은 아무런 영향을 미치지 못하며 오히려 제거해야 한다고 본다. 웨슬리에 따르면, 이런 실수를 저지르는 이들 중에는 경건한 믿음을 가진 이들도 많다. 그들은 수단에 의지해 하나님의 거룩함에 이를 수 있다고 주장하는 이들의 잘못을 지적하며, 우리가 하나님의 온전한 형상에 도달하려면 수단에 대한 과신으로부터 벗어나야 한다고 주장한다.[14] 모라비안의 정숙주의가 대표적인 예다. 정숙주의는 하나님의 은총을 입기 위해 우리가 할 수 있는 일은 아무것도 없다고 주장한다. 은총을 입기 위한 '어떠한 수단'도 의지해서는 안 된다는 입장이다. 웨슬리가 배격했던 신비주의의 입장도 모라비안 입장과 다르지 않다. 신비주의는 어떠한 매개 없이 하나님과 직접적인 만남을 추구했다는 점에서 은총의 수단을 근본적으로 거부하는 입장을 견지한다.

웨슬리는 은총의 수단에 대한 '과신'과 '무시' 양자의 극단을 경계한다. 웨슬리의 관점에서 은총의 수단은 목적을 이루기 위한 '방편'이어야지 목적을 대신할 수는 없다. 웨슬리는 은총의 수단이 "목적에서 분리되는 순간 아무것

---

13) *Ibid.*, I.4; II. 5.
14) *Ibid.*, I. 5.

도 아니며 헛것이 된다.”고 말한다.15) 하나님의 거룩한 본성을 온전히 닮는다는 목적에 부응하지 않는다면 오히려 하나님께 가증한 것이 되고 마는 것이다. 그렇다고 웨슬리가 은총의 수단이 필요 없다고 주장하는 이들과 견해를 같이하는 것은 아니다. 은총의 수단은 우리가 하나님의 은총을 입기 위해 하나님이 제정하신 참으로 유익한 도구이기 때문이다. 그렇기에 웨슬리는 “하나님이 정하신 수단을 소망해야 한다.”고 강조한다.16) 여기서 웨슬리는 율법주의(혹은 자연주의)와 정숙주의(혹은 신비주의) 양자의 길을 거부하고 자신의 고유한 입장을 세운다. 이는 은총의 수단을 과신도 무시도 않는 제3의 길이다. 그리고 이 제3의 길은 바로 은총의 수단을 과신도 무시도 하지 않는, 은총의 수단 그 자체로 받아들임으로써 율법주의나 정숙주의라는 극단으로 빠지지 않고 마침내 이루어 냈던 디비니티의 길이었다. 즉 웨슬리의 디비니티 목회는 바로 은총의 수단을 적절하고 유용하게 사용함으로써 하나님의 은총의 보좌 앞에 더욱 가까이 나아가는 목회이며, 그분이 부으시는 은총으로 우리의 하늘 가는 길, 곧 디비니티를 완성해 나가는 목회이다.

그렇다면 웨슬리는 은총의 수단을 어떻게 적절하고 유용하게 사용했는가? 웨슬리가 은총의 수단을 적절하고 유용하게 사용하게 된 데는 그 나름의 원칙을 가지고 있었기 때문이다. 웨슬리가 고수했던 원칙들은 다음과 같다.17)

첫째, 은총의 수단을 사용할 때, 하나님은 모든 수단에서 자유롭다는 점을 기억해야 한다. 은총의 근원이신 하나님은 어떤 일을 행하시건 “자신이 원할 때 하실 수 있다.” 그분은 결코 어떤 수단에 매이지 않는다. 그분은 자신이 제정하신 수단이나 그 수단을 넘어서 은총을 베풀고자 하실 때에 베푸실 수 있다. 그분의 의지를 좌지우지할 수 있는 것은 이 세상에 아무것도 없다. 하나님은 모든 피조물로부터 절대적으로 자유롭기 때문이다. 그러므로 우리는 은총의 수단을 사용할 때 이 수단에 구애됨 없이 역사하시는 하나님을 직시해야 한다. 그분은

---

15) *Ibid*., II. 2.
16) *Ibid*., III. 1.
17) *Ibid*., V. 4.

"언제나 은총을 베풀고 싶어 하시며 또 그리할 수 있으시기 때문이다."

둘째, 수단 자체에는 아무 힘이 없다는 사실을 깊이 명심해야 한다. 수단에 능력이 있는 것은 아니다. 그 자체는 "아무것도 아니요 죽은 것이요 공허한 것"이다. 그것이 의미가 있는 까닭은 바로 하나님이 그 수단과 함께하기 때문이다. "하나님께로부터 떨어지는 순간, 그것은 마른 잎사귀요 그림자일 뿐이다." 은총의 수단은 '행위 그 자체'(opus operatum)이지 그 이상이 아니다. 이 수단이 수단을 넘어 은총으로 인도하는 것은 하나님을 신뢰하는 그 믿음이다. 은총의 수단이 "비록 하나님이 정하신 것이라 해도 하나님만을 신뢰하는 믿음이 없다면 은총은 영혼에게 전달될 수 없다." 반대로 "하나님을 참으로 신뢰하는 이는 그가 모든 은총의 수단으로부터 단절되었다 해도 … 하나님의 은혜는 그와 함께할 것이다."

셋째, 모든 수단을 사용할 때는 하나님만을 집중해야 한다. "모든 외형적 행위로부터 하나님의 영의 능력, 그리고 그 아들이 이루신 일로 그 시선을 집중시켜야 한다." 은총의 근거는 수단이 아니라 삼위일체 하나님에 있음을 기억해야 한다. 선후가 바뀌어 수단에 집착하느라 근원을 망각해서는 안 된다. 수단은 목적에 봉사할 때만이 참된 가치가 있다. 은총의 수단은 "그 자체를 위해서가 아니라 의와 참된 거룩함으로 영혼을 새롭게 하기 위해 사용할 때만" 의미가 있다.

넷째, 은총의 수단 자체를 기쁨으로 삼는 것을 경계해야 한다. 은총의 수단을 사용한 후, 스스로 그 기쁨에 빠지는 것을 경계해야 한다. 수단으로 기쁨을 삼는 이는 스스로 교만한 자의 자리에 앉은 것이기 때문이다. 은총의 본질을 안다면 은총을 베푸신 자 앞에서 겸손할 수밖에 없다. 하나님이 원하지 않으신다면 그 어떤 수단으로도 하나님의 은총을 취할 수 없다는 사실도 안다. 그리고 그는 은총의 수단을 통해 큰 기쁨을 맞이한 그 순간에도 하나님을 바라보며 그분이 한 일을 찬미하게 된다. 진실로 "내가 여호와의 인자하심을 영원히 노래하며 주의 성실하심을 내 입으로 대대에 알게 하리이다."라고 외칠 수밖에 없다.

은총의 수단과 디비니티 목회 전개

웨슬리에게 은총의 수단들은 하나님의 은총과 인간의 책임적 응답이 서로 만나는 공간이다. 이 만남을 통해 거룩한 열매들이 맺어지고 궁극적으로는 하나님을 마음과 뜻과 정성을 다해 사랑하며 이웃을 내 몸과 같이 사랑하는 단계로 나아가게 되는데, 이것이 바로 웨슬리의 디비니티 목회이다. 다시 말해 웨슬리의 목회는 은총의 수단들을 실천하는 것과 동일한 의미를 갖는다. 웨슬리의 은총의 수단들은 크게 세 가지 형태로 실천되었다. 우리가 이미 살펴본 바와 같이, 그 첫째는 '교회'의 삶을 통해, 둘째는 '경건의 삶'을 통해, 그리고 셋째는 '자비의 삶'을 통해 이루어졌다. 이제부터 웨슬리가 은총의 수단들을 어떻게 구체적으로 목회 현장에서 실천해 나갔는지 그 내용을 살펴보고자 한다.

1) 교회(공동체)의 삶

웨슬리에게 교회는 '영국 성공회'(The Church of England)를 의미했다. 웨슬리는 사도직 계승을 통해 설립되고 성례전적 예전으로 그 전통을 계승해 온 제도적 교회(instituted church), 곧 성공회를 참된 교회로 인식했다. 그도 그럴 것이 그는 성공회 사제 아들로 태어났고, 성공회의 품 안에서 자랐으며, 그 또한 성공회 사제가 되어 성공회 교회를 섬겼기 때문이었다. 그렇기에 그는 "나는 성공회의 한 사람으로 살고 죽을 것이다."라고 말했는지 모른다.[18]

---

18) Wesley, *Farther Thoughts on Separation from the Church*; Jackson(ed.) *Works*, vol.8. p. 274.

그러나 그의 믿음의 여정이 진행됨에 따라 이 같은 제도적이고 '가시적 교회'(visible church) 이외에도 '비가시적 교회'(invisible church)에 대한 이해를 점차 갖기 시작했다. 그는 복음으로 새롭게 되어 그리스도의 삶을 재현하고자 모인 이들의 '믿음의 교제'로서 교회를 바라보기 시작한 것이다. 믿는 이들의 교제로서의 교회이해는 조지아 선교와 올더스게이트 체험을 거치면서 더욱 구체화되어 등장했다. 가시적이고 제도적인 교회, 성례전적 교회보다는 비가시적 교회, 믿는 이들의 교제로 그 강조점이 옮겨 갔다. 폴(Robert Paul)의 지적처럼, 웨슬리는 교회를 제도적 측면보다는 복음의 기능적 측면에서 이해하려는 "복음적 실용주의"(evangelical pragmatism)에 경향이 농후해졌던 것이다.[19] 한 예를 들자면, 웨슬리가 휫필드로부터 옥외 집회를 해달라는 강력한 요청을 받았을 때 처음엔 매우 망설였는데, 그가 이해했던 교회 사역과는 크게 달랐기 때문이었다.[20] 그러나 그가 옥외 집회 중 제도적 교회를 넘어 구원을 베푸시는 하나님의 사역을 목도했을 때, 그는 "내가 이보다 더 낮아져 비천하게 보일지라도 나는 길 한복판에서 넘치는 구원의 기쁨을 증거할 것이라"고 외친다.[21] 성경은 웨슬리가 새로운 교회관을 환영할 수 있도록 확고한 기초를 제공해 주었다. 사도행전 5장 11절을 주석하면서 웨슬리는 교회를 "복음으로 부름 받고, 세례를 통해 그리스도와 연합하며, 사랑으로 생동하고, 모든 종류의 교제로 하나가 되며, 아나니아와 삽비라의 죽음으로 교훈을 받은 사람들의 모임"(a company of men, called by the Gospel, grafted into Christ by baptism, animated by love, united by all kind of fellowship, and disciplined by the death of Ananias and Sapphira)으로 이해한다.[22]

웨슬리의 이 같은 교회이해는 '교회에 관하여'(Of the Church) 설교에서 포괄적이고도 논리 정연하게 설명한다. 원래 이 설교는 웨슬리가 미국에서 사역할 이들에게 안수식을 거행한 후 메도디스트가 영국 교회로부터 이탈할 거

---

19) Robert Paul, *The Church in Search of Itself* (Grand Rapids: Wm. B. Eerdmans Publishing Co., 1972) p. 123.
20) *Journals*, March 31, 1739.
21) *Journals*, April 2, 1739.
22) Wesley, *The New Testament Notes* on Acts 5:11.

라는 소문이 확산되었을 무렵 작성되었는데, 여기에서 자신이 생각하는 참된 교회가 무엇인지 명료하게 밝힌다.

"그렇다면 '교회란 무엇인가'에 대한 명료하고도 분명한 답이 여기에 있다. 보편적인 교회 혹은 우주적인 교회는 하나님이 이 세상으로부터 불러낸 모든 이들이다. 하나님은 그들에게 한 영을 부으셔서 하나의 몸으로 만드셨다. 그러므로 그들은 '한 믿음, 한 소망, 한 세례'를 소유하게 되었고 모든 것 위에, 모든 것을 통해, 그리고 그들 모두 안에 계시는 아버지를 섬기게 되었다."[23]

웨슬리에게 참된 교회의 표지는 그 안에 "얼마만큼의 수가 모였는가"가 아니다.[24] 또한 "어디에 위치해 있는가"도 아니다.[25] 바로 "거룩한 사람들이" "하나님 아버지와 그 아들 예수 그리스도께 예배하기 위해 모인 이들"을 의미한다.[26] 웨슬리는 이러한 자신의 교회에 대한 이해가 영국 성공회의 교회 이해와 다르지 않다고 보았다. 심지어 그의 교회관과 성공회의 교회관 사이에는 차이가 없이 "정확히 일치한다."고 말하기까지 하면서 영국 성공회 39개 조 신조 중 19번째 위치한 교회에 대한 성공회 신조를 분석해 들어간다.

"그리스도의 가시적 교회는 신실한 믿음을 가진 이들의 모임이다. 그 교회 안에서 하나님의 순전한 말씀을 선포하며 성례전을 올바로 집행해야 한다."(The visible church is a congregation of faithful [persons] in which the pure Word of God is preached and the sacraments are duly administered.)[27]

여기서 웨슬리가 참된 교회의 표지로 삼는 것은 두 가지다. 첫 번째, 교회

---

23) *Sermons*, Of the Church, I. 8.
24) *Ibid.*, I. 9.
25) *Ibid.*, I. 1.
26) *Ibid*.
27) *Ibid.*, I. 10.

란 '신실한 믿음을 가진 이들의 모임'이라는 것과 두 번째, 이 교회에서 '순전한 말씀 선포가 이루어지며' '올바른 성례전이 집행된다는 것'이다. 첫 번째 것이 비가시적이고 비제도적인 교회, 곧 믿는 자들의 교제로서 교회라면, 두 번째 것은 가시적이고 제도적인 교회를 의미한다. 성공회는 교회에 대한 두 가지 형태의 이해들을 동시에 포함한다. 그러나 웨슬리에게 첫 번째 것은 참된 교회냐 아니냐를 판가름 짓는 시금석과 같은 것으로 두 번째 것에 비해 보다 본질적이라고 간주되었다. 웨슬리에게 교회란 "영도 하나요 소망도 하나요 주도 하나요 믿음도 하나"이며 "세례도 하나요 하나님이 우리 모두의 아버지가 되시는 곳"을 의미하며, 이는 곧 믿는 이들의 모임 자체를 말한다.[28] 순전한 말씀 선포와 올바른 성례전 집행이 이루어지는 것 또한 매우 중요하다. 그러나 웨슬리에게 이 부분은 첫 번째에 비해 융통성을 갖는다. 예를 들어, 그는 가톨릭교회에서는 이 두 번째 항목, 곧 순전한 말씀과 올바른 성례전 집행이 제대로 이루어지지 않는다고 여겼다. 그러나 그들도 "한 성령과 한 소망과 한 주님과 한 믿음과 한 하나님과 한 아버지를 가졌기 때문에" 다소 부족하더라도 교회로 인정할 만하다고 보았다.[29] 베이커(Frank Baker)의 언급처럼 웨슬리는 교회를 "첫째, 반드시 보존해야만 하는 믿음의 선조들의 제도"이고 "둘째, 세상을 복음으로 섬기는 소수 사람들의 모임"으로 이해했지만 그 강조점은 믿는 이들의 교제에 있었던 것이다.[30]

교회는 웨슬리목회에서 매우 중요한 위치를 차지한다. 그는 교회를 중요한 은총의 수단 중 하나로 평가하고 이 교회에서 사람들이 경건의 삶과 자비의 삶으로 나아가도록 자극하며, 이로 인해 성령의 열매들(거룩한 성품들)을 맺도록 하고, 마침내는 하나님과 이웃을 사랑하는 데로 나아가게 한다고 확

---

28) *Ibid.*, I. 11.
29) *Ibid.*, I. 13.
30) Frank Baker, *John Wesley and the Church of England* (New York: Abingdon Press, 1970) p. 137. 물론 웨슬리의 교회관이 이처럼 복음을 믿는 자들의 교제로서 교회를 강조하는 쪽으로 많이 기울어졌음에도 불구하고, 그의 제도적 교회에 대한 신뢰, 특히 성공회에 대한 신뢰는 변함없이 계속되었다. 그는 영국 성공회로부터 분리해야 한다고 주장하는 이들을 향해 그런 행동은 죄악된 일이며 결코 받아들일 수 없다는 입장을 취했다.

신했다. 웨슬리에게 믿음은 홀로 고립된 곳에서 추구할 수 있는 것이 아니다. 믿음의 목표가 단지 믿음을 갖는 것이 아닌 하나님의 형상을 닮는 데까지 나아가는 것이라면 더더욱 그러하다. 이것은 다른 믿음의 사람들과 상호 연계하는 상황에서만 가능한 일이다. 웨슬리는 맥비(William MacVey)가 평가했듯이, 하나님의 말씀을 어떤 개인이나 어떤 교회가 배타적으로 소유하거나 해석할 수 있다는 견해에 명백히 반대한다. 그것은 보편적 교회에 의해 '공유되고' '공인되어야' 한다.31) 그렇기 때문에 웨슬리는 믿음의 공동체를 세우는 데 많은 노력을 기울였으며, 그 공동체를 통해 그의 디비니티 목회를 실천해 나갔다. 맥비는 웨슬리안 전통에서 발견되는 네 가지 형태의 믿는 이들의 모임을 언급하는데, 다음과 같다. 첫째는, 공개적인 복음집회들(public evangelistic services)이다. 채플이나 가정집, 옥외 혹은 그 외 다른 장소에서 여는 공개 집회들이다. 둘째는, 일반적인 신도회들(general societies)이다. 셋째는, 클래스들(classes)과 반회들(bands)이다. 끝으로 넷째는, 분기마다 열린 애찬회들(love feasts)이다.32) 베트(Henry Bett)는 여기에 워치나잇 모임들(Watch nights)을 덧붙여 애찬회들과 함께 묶는다.33) 알빈(Albin)은 공개적 집회, 신도회와 클래스, 반회, 선발 신도회, 참회반, 이 다섯 가지 범주로 구분한다.34) 웨슬리의 믿음의 모임들은 그 성격과 내용이 서로 다르다. 그러나 이런 다양한 형태의 모임들은 결국 모두 하나의 목표를 수행하기 위한 것들이다. 말하자면 웨슬리 모임들의 다양성은 하나의 목표를 수행하기 위한 기능적 다양성을 의미한다. 그 하나의 목표는 하나님의 형상을 온전히 닮아 가는 것, 하나님을 뜻과

---

31) William Pitt MacVey, *The Genius of Methodism: A Sociological Interpretation* (Cincinnati: Jennings & Pye, 1903) p. 29.

32) MacVey, *The Genius of Methodism*, p. 71.

33) 애찬회와 워치나잇 모임들은 모라비안으로부터 빌려왔는데, 모라비안은 이들을 초대교회로부터 빌려와 자신의 것으로 만들었다. Henry Bett, *The Spirit of Methodism* (London: The Epworth Press, 1937) p. 57. 알빈(Thomas Albin)은 웨슬리의 '편지의 날'(Letter Day)을 중요하게 생각했다. 이날은 영적 체험을 한 사람들의 편지를 집회 중에 읽어서 그들의 경험을 나누게 했다. Thomas Albin, "An Empirical Study of Early Methodist Spirituality," *Wesley's Theology Today: A Bicentennial Theological Consultation*, ed., by Theodore Runyon (Nashville: Kingswood Books, 1985) p. 277.

34) Albin, "An Empirical Study of Early Methodist Spirituality," p. 278.

마음과 정성을 다해 사랑하고 이웃을 내 몸과 같이 사랑하게 되는 완전을 향해 성장해 가는 것이다. 웨슬리는 1745년 10월 10일 작성한 소논문 「메도디스트라 불리는 사람들을 향한 권면」(*Advice to the People Called Methodist*)에서 이렇게 적고 있다.

> "만일 구원을 이루어 갈 때 서로를 격려하고 돕기 위해 함께 연합하며, 구원을 위해 서로를 사랑으로 권면한다면, 당신은 바로 내가 메도디스트라 의미하는 바로 그 사람들이다."[35]

웨슬리가 바라보는 참된 믿음의 공동체는 '구원을 이루어 가는 과정'(being worked out)에서 '함께 연합하여'(unite together) '서로 격려하고 도우며'(encourage and help each other) '사랑 안에서 서로를 권면하는'(watch over one another in love) 그런 공동체다. 모임의 다양성은 이런 일들을 서로 다른 조건과 상황 속에서 성취해 나갈 수 있도록 만든 데서 유래한 다양성인 셈이다. 알빈은 이 다양성은 우리가 하나님의 온전한 형상을 본받도록 이끄시는 하나님의 은총의 여러 형태들과 매우 밀접한 관계가 있다고 본다. 즉 공개적 집회에는 하나님의 선행적 은총(Prevenient Grace)이 주된 역할을 하고, 신도회와 클래스에는 회개케 하시는 은총(Convincing Grace)이, 반회는 칭의의 은총(Justifying Grace)이, 선발 신도회는 성화의 은총(Sanctifying Grace)이 그리고 참회반(Penitent Bands)에는 구속하시는 은총(Redeeming Grace)이 주된 역할(active)을 한다.[36] 알빈의 이 같은 분석은 웨슬리의 다양한 믿음 공동체들의 성격을 규명하는 데 유용한 도구를 제공한다. 웨슬리는 실제적으로 다양한 믿음 공동체들을 통해 우리를 완전으로 이끄시는 하나님의 은총의 보좌에 더 가까이 갈 수 있는 그런 목회를 추구했기 때문이다.

물론 여기서 유의할 것은 이러한 분류가 하나의 모임에 하나의 특정한 은

---

35) Wesley, *Advice to the People Called Methodist*.
36) Albin, "An Empirical Study of Early Methodist Spirituality," p. 278.

총만이 활동했다는 것을 의미한다고 오해해서는 안 된다. 하나님의 은총은 본질적으로 동일하기 때문에 우리가 은총을 종류별로 세분화하는 것도 임의적일 수밖에 없다. 뿐만 아니라 이렇게 임의적으로 은총을 분류하더라도 어떤 모임에서는 어떤 은총만이 활동했다고 말하기가 어렵다. 예를 들어 공개적 집회의 경우 그곳에 선행적 은총만이 적용되었다고 볼 수 없다. 그곳에 모인 이들 중에는 각기 다른 형태의 은총을 경험했을 개연성이 충분히 있기 때문이다. 다만 공개 집회에 모인 이들 중 많은 이들이 죄를 '회개'하는 경험을 했다는 점에서, 하나님의 은총 중에서도 영혼을 죄의 고백과 회개로 인도하는 '선행적 은총'이 그 주도적인 역할을 했다고 볼 수 있다는 것이다. 다시 말해 모임의 종류에 따른 각기 다른 은총의 주도적 역할이라는 구도는 기계적으로 고정된 관계라기보다는 유기적이고 유연한 관계라는 입장에서 바라봐야 할 것이다.

나는 다양한 공동체들이 각기 다른 형태의 주도적인 하나님의 은총과 관계한다는 알빈의 기본 생각에는 동의한다. 하지만 그 구체적인 설명에서는 조금 다른 견해를 가진다. 나는 우선 웨슬리에게 가장 활동적이고 효과적이었던 '믿는 이들의 교제'를 다섯 가지 유형으로 나눈다. 공개적 집회, 신도회, 클래스, 반회, 선발 모임들이다. 알빈과 다른 점은 참회반(penitent bands)을 따로 분류하지 않고 반회(bands)의 일종으로 간주해 반회 안에서 다룬다는 것이다. 각 공동체에서 주도적으로 역사하는 은총의 종류에서도 나는 알빈과 약간 다른 입장인데, 공개적 집회의 경우 죄를 깨닫게 하는 '선행적 은총'이, 신도회에서는 죄를 회개케 하는 '회개의 은총'이, 클래스에서는 회개의 은총과 함께 죄의 용서함에 이르게 되는 '칭의의 은총'이, 반회에서는 죄를 정복하여 거룩한 삶을 살아가도록 돕는 '성화의 은총'이, 선발 모임에서는 완전으로 인도하는 완전케 하는 은총(Perfecting Grace)이 주도적 역할을 한다고 본다.

이 같은 믿음의 교제들을 통해 하나님의 은총의 역사가 일어나면 그 교제에 참여한 이들의 믿음은 성장할 수밖에 없다. 그들은 선행은총을 통해 죄를 깨닫고 회개케 하시는 은총으로 인해 '종의 믿음'으로 나아간다. 또한 칭의의 은총으로 죄 용서함을 얻어 '아들의 믿음'에 이르고, 성화의 은총으로 말미암아 '청년의 믿음'으로 나아가며, 마침내 완전케 하시는 은총을 통해 장성한 믿음으로 나아간다. 여기서 우리는 웨슬리의 믿음의 공동체들은 각기 그 형태는 달라도 모두 하나의 목적, 곧 영혼들이 온전하게 하나님의 거룩성을 닮게 하려는 목적을 두고 각기 자신의 역할을 하고 있음을 볼 수 있다. 다시 말해 웨슬리 공동체들은 웨슬리가 그리고 있는 구원의 전체 그림, 곧 디비니티를 이루어 가기 위한 살아 있는 다양한 모습의 현장들이었다. 이제 우리는 웨슬리가 여러 종류의 모임들을 어떻게 자신의 디비니티 목회에서 은총의 수단으로 활용했는지 좀 더 자세히 알아봐야 할 때가 되었다.

(1) 공개적 집회들

웨슬리의 '믿는 자들의 모임'으로서 교회는 특정 건물이나 특정 지역에 국한하지 않는다. 그것은 보편적이고 우주적이다. 예수 그리스도를 주님으로 믿는 이들이 모이는 곳이면 어디나 교회가 된다. 그러므로 가정이건 어떤 특정 건물이건 심지어 옥외(field)이건 모든 곳이 교회가 될 수 있다. 이 중에서 특히 관심을 두었던 것은 옥외 집회였다. 원래 웨슬리는 옥외 집회에 대해 여느 성공회 성직자들과 마찬가지로 호의적이지 않았다. 그가 처음 휫필드로부터 브리스톨에서 옥외 집회를 인도해 달라는 요청을 받았을 때는 그 집회를 '이상한 방식'(a strange way)로 생각했고, 심지어 교회 규례를 깨뜨리는 '죄'라고까지 여겼다.[37] 그러나 그의 실질적인 옥외 집회 경험이 거듭되고, 교회에 대한 이해가 깊어짐에 따라 그는 옥외 집회를 매우 긍정적으로 바라보기 시작했다.

'대회의록'에는 옥외 집회에 대한 웨슬리의 변화된 입장이 문답형식으로 구체적으로 기록되어 있다. 여기서 웨슬리는 옥외에서 행하는 집회와 설교를 불법적이라고 보는 세간의 시각에 대해 단호하게 말한다. "[여기에서] 우리는

---

37) *Journals*, March 31, 1739.

하나님의 어떠한 법이나 사람의 어떠한 법에 저촉되는지 알지 못한다." 오히려 그는 설교자들에게 좀 더 옥외 집회에 나서라고 촉구하는데, 세 가지 이유를 들고 있다. 첫째, "그들의 소명이 잃어버린 자를 찾는 것이기 때문이다. 그들이 우리를 찾기를 기대할 수는 없기 때문에 우리가 그들을 찾아나서야 하는 것"이다. 둘째, "다른 이들은 사람들을 강권해서 데려오도록 하는 소명을 받지 않았기 때문"이다. 셋째, "제도권 교회들이 모든 이들을 포함할 수 없기 때문"이다. 그 교회들은 기득권이나 헌금이 줄어들까 염려하여 옥외 집회를 반대하지만 옥외 집회를 기다리는 이들은 이들 이외에도 얼마든지 있다. 그러므로 웨슬리는 이렇게 선언한다. "하나님의 이름으로 광장에 나가 회개하고 복음을 믿도록 사람들을 초청해야 한다."[38]

웨슬리는 여기서 옥외 집회를 '제도권 교회를 넘어서는' 보편적이고 우주적인 교회 사역으로 인식하고 있다. 하나님의 선행적 은총은 제도화된 교회라는 경계에 국한하지 않는다. 아니, 교회가 그런 관점에 머무는 한 오히려 참된 교회의 자리를 이탈하는 결과를 가져온다. 웨슬리의 마음속에 자리 잡은 교회의 모습은 하나님의 선행적 은총이 미치는 모든 세상을 교구 (parish)로 인식하는 그런 것이었다. 교회 목회란 바로 이런 하나님의 은총을 온 세상에 증거하고 그들을 그 은총의 자리로 초대하는 것이다. 그러므로 웨슬리가 보는 목회자의 소명은 제도권 교회들이 고수하던 그런 형태에 머물 수 없었다. 예를 들어 옥외 집회는 기존 목회 관점에서는 도저히 수용하기 어려운 비정상적인 행태였지만 '세계를 교구로 삼는' 목회 관점에서는 정상적 목회의 하나로 간주되어야만 했던 것이다.[39] 웨슬리는 이를 '특별한 소

---

38) Wesley, *Large Minutes*, Q. 8.
39) '세계를 교구로' 삼는 웨슬리의 목회 관점이 명확히 드러난 것은 웨슬리의 링컨 칼리지 제자 허비(James Hervey)에게 보낸 편지에서다. 1739년 3월 20일자로 된 이 편지는 허비가 앞서 웨슬리에게 보낸 편지에 대한 답변이다. 허비는 웨슬리 형제에게 늘 호의적이었으며, 그 당시 제도권 교회를 뛰어 넘는 웨슬리의 목회 방식에 대해 우려하고 있었다. 그래서 그는 웨슬리에게 편지를 써서 자신의 우려를 전하고 교구(parish) 목회를 하든지 아니면 옥스퍼드에서 가르치는 일을 하든지 둘 중 하나를 택하라고 권면했다. 이에 웨슬리는 믿음이나 그 실천에서 성경을 원리로 삼기 때문에, 또 어디서나 복음을 전하는 것이 하나님의 뜻이기 때문에, 사람이 자기에게 교구를 허락하지 않아도 자신은 어디에서나 설교해야만 한다고 역설했다. *Letters*, March 20, 1739. 웨슬리와 허비의 관계에 대해서는 Tyerman, *Oxford*

명'(extraordinary call)이라고 부르면서 자신의 디비니티 목회 안으로 수용한다. 동생 찰스가 옥외 집회에 대해 명확한 인식을 갖지 못했던 시점에[40] 웨슬리는 동생에게 편지를 써서 다음과 같이 설명한다.

"하나님은 내게 모든 이들에게 선한 일을 하라고 명하셨단다. 그들의 무지를 일깨우고, 사악한 이들을 새롭게 하며, 좋은 덕들을 강화하는 일들이지. 사람들은 내게 이런 일들을 다른 교구(parish)에서 행하면 안 된다고 하지. 그러나 만일 사람의 말을 듣고 하나님의 뜻을 순종하지 않는다면 내가 심판받을 것이야. … 내게는 두 가지 종류의 소명이 있어. 하나는 일상적인 소명(an ordinary call)이고 다른 하나는 특별한 소명(an extraordinary call)이야. 나의 일상적 소명은 주교에게서 인정받은 것인데, '하나님 말씀을 전할 권위를 취하라는 것'(take thou authority to preach the word of God)이고 특별한 사명은 내 사역 가운데 행하시는 하나님으로 말미암아 증거되는 것이지. 이 특별한 소명은 그분이 내가 이런 직임을 행할 때 나와 함께 하심으로 증명하시는 것이지."[41]

웨슬리의 이런 입장은 목회의 경계에 있어 제도화된 교회를 넘어 세상 전체를 포용한다는 의미 이외에도 전문 목회자와 평신도라는 전형적인 이원적 목회 구조에 대한 근본적인 의문을 제기한다는 점에서 매우 중대한 의미를 갖는다. 그의 죽음이 그리 멀지 않은 시점이었던 1789년경 설교 '목회자의 직분'(The Ministerial Office)에서는 일상적 소명을 가진 사람들과 특별한 소명을

Methodists, p. 215 참조.

40) 웨슬리의 동생 찰스도 처음엔 옥외 집회에 상당히 회의적이었다. 1739년 6월 24일 런던 무어필즈(Moorfields)에서 일만 명으로 추산되는 군중들을 대상으로 직접 옥외 집회를 이끈 후에는 이 일이 하나님이 예비하신 일이라고 확신하게 되었다. Richard P. Heitzenrater, *Wesley and the People Called Methodists* (Nashville: Abingdon Press, 1996) p. 100. 찰스의 옥외 집회에 관련한 초기 입장에 대해서는 W.L. Doughty, "Charles Wesley, Preacher," *The London Quarterly and Holborn Review* (October 1957) p. 264 참조. 설교자 찰스에 관해서는 John R. Tyson, *Charles Wesley: A Reader* (Oxford: Oxford University Press, 1989) p. 137; 155; 159; 240; 246 참조. 설교자, 복음전도자, 성직자로서 찰스의 삶에 대한 스케치는 Leslie F. Church, "Charles Wesley-the Man," *The London Quarterly and Holborn Review*, p. 251 참조.

41) *Letters*, June 23, 1739.

가진 사람들의 역할에 대해 성경을 기초로 진술한다. 여기서는 먼저 두 종류의 선지자를 언급한다. 하나는 특별한 소명을 받은 선지자들인데, 예를 들어 아모스 같은 경우다. 그는 선지자도, 선지자의 아들도 아닌 양치기였지만 이스라엘에게 가서 예언하라는 사명을 받고 나아갔다. 또 하나는 일상적인 선지자다. 이들은 선지자 학교에서 배운 이들이다. 사무엘 시대에는 라마라는 곳에 이 학교가 있었다. 웨슬리는 이 같은 틀을 성공회 성직자들과 메도디스트 설교자들에게 적용시킴으로써 메도디스트 설교자들의 정당성을 확보한다. 메도디스트 설교자들은 성직자가 되기 위해 전문적인 공부를 했거나 영국 성공회로부터 인정받은 일상적 의미에서의 소명을 받은 이들은 아니지만, '설교 사역'을 위해 특별한 소명을 받은 사람들이라는 것이다. 이 둘은 제도화된 교회에서 성례를 집행할 사명이 주어진 사람과 그렇지 않은 사람 사이의 차이점은 존재한다 하더라도 하나님의 은총으로 사람들을 초청하고 그들이 그 은총에 응답하도록 부름 받았다는 점에서는 차이가 없다.[42]

옥외 집회를 비롯한 공개적 집회들이 웨슬리의 디비니티 목회에 가져다주는 가장 큰 의미는 이 목회의 범위가 특정 장소에 제한되지 않는다는 것이다. 하나님의 선행적 은총이 미치는 곳이면 모두 다 목회 현장이 된다는 의미다. 야외이든 도시이든, 사회이든 가정이든, 학교이든 직장이든, 모든 곳이 목회 현장이요 이 현장 안에서 사람들이 하나님의 은총을 발견할 수 있도록 도와야 한다. 그런데 이 일은 정식으로 교육받고 안수 받은 전문적인 성직자가 해야만 하는 일은 아니다. 하나님은 성직자나 평신도 모두를 부르신다. 웨슬리는 바로 이러한 점들을 분명히 인식했기에 기꺼이 공개적인 집회들을 하나님의 은총의 수단으로 사용했고, 또한 평신도들을 특별 소명을 수행하는 파트너로 삼았다.

(2) 신도회(Society)
공개된 집회는 불특정 다수를 대상으로 한다는 점에서 많은 이들에게 하

---

42) *Sermons*, The Ministerial Office, 6, 18.

나님의 은총에 초대할 수 있는 기회가 된다. 이때 주도적인 은총은 아무래도 선행적 은총이 된다. 그러나 이러한 집회를 통해 하나님의 은총으로 초청된 사람들은 은총 안에서 양육되어야만 한다. 웨슬리는 누구보다도 이 점을 잘 알았고 이를 위해 매우 유용한 조직들을 만들었다. 웨슬리의 친구이자 라이벌이었던 횟필드는 웨슬리가 소유했던 탁월한 조직 구축 능력을 높이 샀을 뿐 아니라 부러워했던 것 같다. 초기 메도디스트 역사가이자 웨슬리 사역을 이어 받았던 클라크(Adam Clarke)는 자신이 전해 들었던 횟필드의 고백을 이렇게 적는다.

> "웨슬리는 바른 방향으로 나아가는 것 같다. … 그는 복음을 전함으로 깨어난 영혼들을 클래스로 인도했고 그의 노력은 열매로 계속 나타났다. 나는 이 일을 하는 데 실패했다. 결국 나를 따르던 이들은 모래로 엮은 밧줄처럼 흩어지고 말았다."[43]

실제로 횟필드와는 달리 웨슬리는 공개적 집회에서 맺은 결실을 사장시키지 않고 지속해서 가꾸어 나가기 위해 매우 힘썼다. 단지 설교를 통해 사람들을 회개로 인도하는 것만으로는 온전한 믿음의 삶을 살도록 할 수 없다는 사실을 깊이 인식했기 때문에 이들을 양육하고 돌볼 목회 구조를 준비했다. 그것이 바로 신도회를 비롯한 믿음의 공동체들이다.

랙(Rack)에 따르면, 웨슬리 시대 성공회는 중세 교구 시스템(parish system)으로 상당 부분 믿음의 생동감이 사라져 가고 있었다.[44] 성공회 내에서 이런 상황을 우려하며 자체적으로 경건한 삶을 회복하고자 하는 움직임들이 있었다. 그중 하나가 '경건의 모임'(Religious Society)이었다. 성 가일즈(St. Giles)의 사제였던 스미디즈 박사(Dr. Smithies), 성 피터의 사제였던 베버리지 박사(Dr.

---

43) D. Michael Henderson, *John Wesley's Class Meeting: A Model for Making Disciples* (Indiana: Francis Asbury Press, 1997) p. 30에서 재인용.
44) Henry D. Rack, *The Future of John Wesley's Methodism: Ecumenical Studies in History* 2. (Richmond: John Knox Press, 1965) pp. 14~15.

Beverage), 그리고 젊은 날 루터교 목사였다가 성공회로 옮겨 오랫동안 런던의 사보이 교회(Savoy Church)를 섬긴 호네크 박사(Dr. Horneck)가 이 운동을 처음 이끌었다.[45] 첫 번째 경건의 모임은 1678년 런던에서 형성되었고 이후 여러 곳에 생겨났다. 이 모임은 서로 조금씩 달랐지만 기본적으로 경건의 삶을 돌아보기 위해 한 주에 한 번씩 모이고, 지역 일에 깊이 관여하며, 가난한 이들과 빚 때문에 감옥에 갇힌 이들을 돌보는 일들은 거의 모든 경건의 모임들이 공통으로 행한 일이었다. 몇몇 모임들은 자선금으로 운영하는 학교들을 지원하거나 경건 도서들을 제작 배포하는 일, 술 취한 이들과 방탕한 이들을 순회 판사에게 알리는 일을 하기도 했다.[46] 이런 경건의 모임들의 활동은 점차 사람들의 신망을 얻었고, 특히 성공회 내에서 전폭적인 지지를 받게 되었다. 이 모임들은 마침내 영국과 세계 선교에 큰 역할을 담당한 두 개의 큰 단체들을 설립하는 결실을 맺는데, 그중 하나가 SPCK로 널리 알려진 '크리스천 지식을 증진하기 위한 모임'(The Society for Promoting Christian Knowledge)이고, 다른 하나는 '해외 선교를 위한 모임'(The Society for the Propagation of the Gospel in Foreign Parts)이다. 웨슬리의 아버지 사무엘은 이 경건의 모임에 많은 관심을 가졌다. 그가 시무하던 엡윗 지역에 그 같은 모임을 직접 만들어 주도적으로 활동하기도 했다.[47] 1699년 그는 '경건의 모임들에 관한 편지'(A Letter Concerning Religious Societies)에서 "모든 그리스도인의 목표인 하나님의 영광과 그들 자신의 구원을 추구하기 위해" 그 같은 경건의 모임들은 "모든 곳에" 설립되어야 한다고 강조하기도 했다.[48]

경건의 모임들에 관한 성공회 안에서의 관심 그리고 아버지 사무엘의 관심은 웨슬리가 그리스도인의 삶에서 경건의 모임의 중요성을 인식하게 했다. 실제 그는 어디에 가든 경건의 모임을 본뜬 모임을 만들었고, 이를 통해 자신의 목회 이상을 실천하려 했다. 옥스퍼드 메도디스트 모임은 그 대표적인 예

---

45) Bett, *The Spirit of Methodism*, pp. 45~46.
46) Rack, *The Future of John Wesley's Methodism*, pp. 46~47.
47) 이에 대한 자세한 설명은 Watson, *Early Methodist Class Meeting*, p. 72 참조.
48) Tyerman, *The Life and Times of Samuel Wesley*, pp. 227~228.

다. 또한 옥스퍼드 메도디스트 경험을 통해 성공회 경건의 모임을 실제로 실천해 보았을 뿐 아니라 자신의 창의적인 요소들을 여기에 덧붙임으로써 앞으로 본격화될 자신만의 경건의 모임, 곧 '메도디스트 신도회'를 준비했다.[49] 타이어만(Tyerman)은 옥스퍼드 메도디스트 모임과 함께 조지아 사반나에 있을 때 자신의 집에서 형성했던 모임 또한 웨슬리의 고유한 신도회 실험으로 간주한다.[50] 이런 경험들은 점차 웨슬리만의 고유한 신도회를 구축하는 데 큰 밑거름이 되었다.

첫 공식적인 신도회는 1739년 말경 만들어졌다.

"1739년 말경이었다. 여덟에서 열 명 정도의 사람들이 런던에 머물던 내게 찾아왔다. 그들은 자신들의 죄를 깊이 깨닫고 있었으며 진심으로 구원받기를 갈구했다. 다음 날에는 두세 사람이 더 추가되었는데, 그들은 내가 그들을 위해 기도해 주기를 원했고 또한 끊임없이 그들 영혼을 짓누르던 '다가올 진노'(the wrath to come)로부터 어떻게 하면 벗어날 수 있을지 권면해 주길 바랐다. 우리는 이 중요한 문제를 추구하기 위해 함께 더 많은 시간을 가져야만 했다. 그래서 나는 그들이 모두 함께 내게 올 수 있는 적절한 때를 정해 주었으며, 그때부터 우리는 매주 목요일 저녁에 모이게 되었다."[51]

이제 모임은 규칙적으로 진행되었다. 그러자 모임 참석자의 수효는 날로 늘어갔다. 웨슬리는 그들에게 필요한 충고를 했고 모든 모임은 참석자들을 위한 기도로 끝을 맺었다. 이렇게 시작한 신도회는 영국 전역에 퍼져 나갔다. 가장 핵심 지역이 런던과 브리스톨(Bristol), 뉴캐슬(New Castle)이었다. 이들 세 지역을 지도에서 찾아 위치를 확인해 보면 흥미롭게도 삼각형을 이루

---

49) Philip F. Hardt, *The Soul of Methodism: The Class Meeting in Early New York City Methodism* (Lanham: University Press of America, 2000) p. 9; 153.
50) Tyerman, *The Life and Times of Samuel Wesley*, p. 224.
51) Wesley, *The Nature, Design, and General Rules of Our United Societies*, 1

는데, 이를 교회 역사가들은 '웨슬리 삼각거점'(Wesley triangle)이라 부른다.52) 웨슬리는 이들 세 지역을 주요 거점으로 활용, 복음전도활동에 박차를 가했다. 이런 와중에서도 점차로 전국 신도회를 하나로 묶을 연합신도회를 결성할 필요성을 느꼈다. 마침내 1743년 5월 10일 '연합신도회'(United Societies)를 결성했다. 그는 이날 신도회의 본성과 목적, 회원 자격, 구체적인 규칙들 등을 명문화한 총칙(General Rules)을 선포했다.

왜 신도회가 필요한가? 웨슬리는 이렇게 대답한다.

"신도회는 경건의 모양을 가질 뿐 아니라 능력을 추구하기 위한 사람들의 모임이다. 이들은 함께 기도하기 위해(to pray together), 권고의 말씀을 받기 위해(to receive the word of exhortation), 그리고 사랑 안에서 서로를 돌아보기 위해(to watch over one another in love) 하나가 된 이들이다."53)

누가 신도회 회원이 될 수 있는가? 웨슬리는 이렇게 대답한다.

"오직 한 가지 조건만 있다. … 다가올 진노를 피하고 그들의 죄로부터 구원함을 입고자 갈망해야 한다."54)

신도회 회원들이 지켜야 할 규칙들은 무엇인가? 웨슬리는 신도회에서 실행해야 할 것들을 세 가지 범주로 제시하는데, 첫째는 모든 종류의 악을 피하는 것(avoiding evil of every kind)이고, 둘째는 선한 일을 행하는 것(doing good)이며,55) 셋째는 하나님이 정하신 규례들을 준수하는 것(attending upon all the

---

52) Anthony Armstrong, *The Church of England: The Methodists and Society, 1700~1850* (London: University of London Press, 1973) p. 73.

53) *Ibid.*, 2.

54) *Ibid.*, 4.

55) *Ibid.*, 4~5. 구체적인 항목들에 대해서는 곧 이어질 '은총의 수단을 통한 디비니티 목회'의 '자비의 삶'(The Works of Mercy)에서 소개함.

ordinances of God)이다.56) 좁 감독(Bishop Rueben Job)은 이 세 항목을 보다 명료하고 단순한 용어들로 재해석해서 많은 사람들에게 호응을 얻었다. 그는 이 셋을 각각 '악을 금하기'(Do no harm), '선을 행하기'(Do good), '하나님 안에서 머물기'(Stay in love of God)라고 부른다.57) 이 규율들은 엄수(discipline)해야만 했다. 비록 입회할 때는 큰 제한이 없었지만 일단 입회한 이후에는 믿음의 성장이 반드시 뒤따라야 했기 때문에, 그 자격을 유지하려면 매우 엄격하고 치열한 훈련이 필요했다. 여기에 대해 웨슬리가 신도회 총칙에서 언급한 바를 직접 들어보자.

"우리 중에 규칙들을 위반하거나 습관적으로 깨뜨리는 이가 있다면, 그는 견책을 받아야 할 것이며 우리는 그의 잘못을 지적해야만 할 것이다. 우리는 당분간은 그를 용납할 수 있지만 만일 회개치 아니하면 그는 더 이상 우리와 함께 있질 못할 것이다."58)

실제로 웨슬리는 이 원칙을 고수했다. 실제로 연합신도회가 발족되기 이전인 1743년 3월경 뉴캐슬의 신도회에서 신도회 규칙을 엄수하지 못한 이들 64명을 축출하기도 했다.59)

신도회 규칙들은 회원들이 반드시 지켜야 하지만 그렇다고 율법 조항들로 이해해서는 안 될 것이다. 세 가지 범주의 규칙들은 모두 하나님의 은총의 수단들과 매우 밀접한 관련이 있다. 첫째와 둘째는 '대회의록'에서 상황적인 은총의 수단에 해당하고, '열심에 관하여' 설교에서는 자비의 실천에 해당한다. 셋째는 '대회의록'에서 제도화된 은총의 수단들에 해당하며, '열심에 관하여'

---

56) 이 항목에 해당하는 것들은 하나님께 드리는 공적 예배(The Public Worship of God), 말씀을 선포하거나 강해하는 등의 말씀 사역(the ministry of the word), 성만찬, 가족 및 개인기도, 성경탐색, 금식 혹은 절제(abstinence) 등이 있다. *Ibid.*, 6.

57) Reuben P. Job, *Three Simple Rule: A Wesleyan Way of Living* (Nashville: Abingdon, 2007) pp. 10, 21~63.

58) Wesley, *The Nature, Design, and General Rules of Our United Societies*, 7.

59) *Journals*, March 12, 1743.

설교에서는 경건의 실천에 해당한다. 이렇게 보면 신도회 규칙들은 은총의 수단 전체를 포함하고 있음을 알 수 있다. 즉 웨슬리는 신도회를 경건의 일과 자비의 일을 훈련할 수 있는 장(場)으로 판단한다. 이 사실은 그가 신도회를 하나님의 은총의 수단이요 또한 우주적이고 보편적인 교회라는 관점으로 바라보고 있음을 의미한다. 물론 웨슬리는 신도회를 제도적 교회와 동일시하는 것은 극구 반대했다. 그럼에도 신도회에서 경건의 실천과 자비의 실천을 연습하고 거룩한 성품들을 맺도록 격려하며 궁극적으로 하나님과 이웃을 온전히 사랑하는 완전을 지향한다는 점에서 신도회는 교회의 역할을 하고 있었다고 봐야 한다.

그러나 보편적이고 우주적 교회로서 신도회의 역할은 공개적인 집회들과는 성격을 달리한다. 공개적인 집회들은 사람들을 하나님의 보편적인 선행 은총으로 초대하는 데 주안점을 두는 교회의 한 형태였다. 그러나 이들은 이런 집회들을 통해 자신들의 죄를 알게 되고 깨닫는 데까지는 이를지라도 여기서 더 나아가기는 쉽지 않다. 선행적 은총으로 인도된 이들이 하나님의 자녀임을 확신하고 거룩한 삶을 살아가도록 도와주는 그런 모임이 필요했던 것이다. 바로 이런 모임에서 가장 우선적으로 필요한 것은 자신의 죄를 깨닫고 하나님으로 말미암아 그 죄의 심각성을 알게 된 이들에게 그 죄를 진실로 회개케 하여 종의 믿음으로 안내하는 일이다. 웨슬리는 바로 신도회를 통해 이같은 사역을 감당했다. 즉 '죄를 깊이 깨닫고' '진심으로 구원받기를 갈구하는' 사람들을 위해 기도하고 권면하며 사랑 안에서 돌아보는 그런 공동체가 바로 신도회였다.

그러나 신도회의 수가 늘어나고 그 구성원들이 늘어감에 따라 원래 목적했던 그런 일을 감당하기가 쉽지 않았다. 다가올 진노를 피하기 원하는 사람은 누구든 입회할 수 개방된 모임이었기 때문에 웨슬리가 처음 구상했던 그런 역할을 감당하기에는 적절한 구조가 되지 못했다. 이렇게 되자 웨슬리는 신도회의 초기 목적을 감당할 또 다른 형태의 공동체를 창안해야만 했다. 즉 신도회는 이제 모든 사람들에게 열린 개방된 공동체(open community)인 동시에 공동체 안 구성원들의 거룩한 삶을 향한 성장을 돕는 닫힌 공동체(closed community) 역할을 수행해야 했던 것이다. 후자의 역할, 곧 신도회의 새로운 회원들의 믿음의 성장을 돕기 위한 작은 모임이 바로 '클래스'(class)다. 클래스는 신도회 내부의 작은 모임으로, 원래 신도회가 감당하고자 했던 것을 감당하기 위한 대안적 공동체로 출발했다. 그러나 이 대안적 공동체의 결과는 기대 이상이었다. 신도회가 추구했던 종의 믿음을 넘어 그 이상의 믿음, 즉 칭의를 통한 아들의 믿음으로 안내하는 매우 효과적인 공동체로 자리 잡게 된 것이다.

(3) 클래스(Class)[60]

클래스의 출현은 우연한 일이었다. 그러나 하나님의 섭리로 준비된 우연이라 보는 편이 옳을 것 같다. 신도회 회원 수가 크게 늘어남에 따라 그에 대한 부작용도 점차로 나타나기 시작했다. 무엇보다 회원들의 삶을 심도 있게 관찰하고 그들이 거룩한 삶을 살도록 도울 수 있는 통로가 없었다. 웨슬리는 이때 상황을 이렇게 기록한다. "모이는 사람의 수가 점점 늘어감에 따라 그들을 결속시키고 돌보는 일이 어려워졌다. 그들은 자꾸 모임으로부터 이탈하려 했고 우리는 그것을 막을 방법을 알지 못했다."[61] 이렇게 웨슬리가 심각한 문제에 봉착했을 때, 그 문제를 해결할 방법이 "불현듯" 나타났다.[62] 그러나 그것은 웨슬리가 후에 스스로 규정지었듯 '하나님이 예비해 주신 방법'이었다.[63] 바로 브리스톨에서 신도회 모임을 위한 건물 구입 때문에 지게 된 채무를 갚기 위해 만들어진 모임을 신도회 회원들의 믿음을 증진시키기 위한 모임, 곧 클래스로 전환시키는 것이었다. 이 모임의 첫 시작은 은퇴한 선장 캡틴 포이(captain Foy)의 제안으로 이루어졌다. 1742년 2월 15일 채무 해결을 논의하기 위해 모인 모임에서 그는 '1주일에 1페니(penny)' 운동을 제안했다.

---

60) 나는 class를 '속회'로 번역하는 것에 반대한다. 한국감리교의 속회는 웨슬리공동체들 중 하나인 class로만 국한할 수 없는, 상당히 포괄적이고 심오한 성격을 내포하기 때문이다. '속회'에 대해서는 나의 다음 글을 참조하라. 기독교대한감리회, 「기독교세계」(2013년 1월호) pp. 46~50.

61) Wesley, *Thoughts upon Methodism*, 5.

62) Wesley, *A Plain Account of the People Called Methodists*, II. 3.

63) Wesley, *Thoughts upon Methodism*, 5.

신도회 각 회원이 1주일에 1페니씩 모금하는 것인데, 이 일을 한 사람이 12명 씩 맡아 책임지고 진행하는 것이었다. 가난한 회원의 경우에는 그룹을 맡은 이가 대신 책임을 지는 그런 방식이었다. 흥미로운 일은 이 모임의 역할이 단지 모금만이 아니었다는 사실이다. 그룹 책임자가 모금을 하려고 회원들 집을 방문하는 과정에서 회원들의 삶의 실상을 알게 되고 자연스럽게 그들의 상담자 역할을 하게 된 것이다. 웨슬리는 이런 과정을 예의주시하면서 이것이 자신이 신도회와 관련해 고민하던 문제의 해결책임을 확신하게 된다.[64]

> "그룹 지도자들을 불러 모았다. 그들에게 매주 자신들이 돌보는 회원들의 특별한 사항들을 알아보도록 부탁했다. 얼마 후 많은 이들이 방탕하게 사는 것이 파악되었다. 그들 가운데 어떤 이들은 악한 행위로부터 돌이켰지만 어떤 이들은 신도회로부터 축출되었다. 이 과정에서 사람들은 많은 이들이 두려움으로 악한 삶에서 벗어나는 것을 목도하게 되었고 하나님을 더욱 경외하게 되었다."[65]

웨슬리는 이 모임을 클래스(class)라 이름 붙였는데, 이 이름을 사용하면서 '작은 모임'(little company) 혹은 '그룹'이라는 뜻을 가진 라틴어 'classis'를 연상했다.[66] 클래스는 말 그대로 작은 그룹으로 형성되었으며 그 지도자는 성직자가 아닌 평신도 가운데서 발탁했다. 그런데 왓슨(David Watson)이 지적했듯이, 웨슬리는 오직 통렬한 '자기점검'(account)이 있는 공동체에서 나누는 교제만이 사람들의 영적 성장을 이루는 데 봉사할 수 있다고 확고히 믿었다.[67] 여기서 'Account'라는 용어는 우리말 성경에서는 '직접 고하다'라는 의미의 '직고'(直告)로 번역된 말이다(롬 14:12 참조). 이 말은 다른 곳에서는 '회계한다'(예를 들어, 히 13:17)라는 의미로 사용된다. 즉 자기를 돌아보아 점검하는 것을 일컫는데, 스스로를 공동체의 사람들에게 개방함으로써 잘한 일은 격려

---

64) Wesley, *A Plain Account of the People Called Methodists*, II. 3.
65) *Ibid.*, II. 3.
66) Hardt, *The Soul of Methodism*, p. 150.
67) Watson, *The Early Methodist Class Meeting*, p. 67.

받고 잘못된 일을 수정해 나가는 것, 곧 일종의 '통렬한 자기점검'을 의미한다. 웨슬리는 클래스가 이 같은 자기점검의 공간이 되도록 하는 데 가장 중요한 요소 중 하나가 바로 클래스 지도자임을 믿었다. 그에게 클래스 지도자는 "헌금을 모아 오는 일만 하는 사람"이 아니라 "형제들의 영혼을 돌보는(watch over the souls of their brethren) 사람"이었기 때문이다.[68] 말하자면 웨슬리에게 클래스 지도자는 목회의 한 축을 담당하는 목회 파트너로서, 클래스의 성공과 실패 여부를 판가름 짓는 가장 중요한 요소로 간주했다. 이 때문에 웨슬리는 '대회의록'에서 클래스의 건강성을 상실했을 때 회복하는 가장 첩경을 "클래스 지도자를 바꾸는 것"(Change improper leaders)이라고 잘라 말한다.[69] 논문 「메도디스트를 위한 평이한 해설」에서는 외부로부터 어떤 클래스가 은혜와 은사가 부족하다고 비평을 듣는 것 또한 신뢰성을 생명으로 하는 클래스에 대한 심각한 도전이기에, 그에게 은혜와 은사가 결핍되었다고 판단되면 즉각 클래스 지도를 할 수 없도록 했으며 그가 지도하던 클래스는 다른 지도자로 교체하는 단호한 조치를 취할 것이라고 했다.[70] 웨슬리는 클래스 지도자의 영적 성장을 돕기 위해 많은 노력을 기울였다. 클래스 지도자는 신도회의 목회자를 돕는 보조자(The Assistant)와는 언제든 대화할 수 있었으며,[71] 목회자는 매주 화요일 시간을 마련해 그들을 위해 권면하며 기도하도록 했다.[72]

클래스 지도자들이 해야 할 일은 연합신도회 총칙에 잘 요약되어 있다. 첫째는, 적어도 일주일에 한 번은 클래스 회원들의 영혼 상태를 돌아보기 위해 그들을 방문해야 했다. 그들을 권면하고 책망하며 위로하고 권면한다. 때때로 가난한 이들을 위해 준비한 헌금을 모은다. 둘째는, 신도회의 목회자(Minister)와 유사(Stewards)와[73] 일주일에 한 번씩 정기적으로 만나야 했다.

---

68) Wesley, *Thoughts upon Methodism*, 6.
69) Wesley, *Large Minutes*, Q. 12.
70) Wesley, *A Plain Account of the People Called Methodists*, II. 11.
71) Wesley, *Large Minutes*, Q. 11.
72) Wesley, *A Plain Account of the People Called Methodists*, II. 11.
73) 영국 메도디스트는 전통적으로 '장로'(elder)가 없다. Stewards가 장로 역할을 거의 맡고 있다는 점에서 지금 한국 교회의 '집사'로 번역하기가 어렵다. 한국 초기 감리교회는 이를 '유사'로 번역해 사용했다.

목회자를 만나서는 클래스 회원 가운데 아픈 사람, 그릇된 길로 간 사람과 그러면서도 책망 받지 않은 사람이 있으면 알려야 하고, 유사를 만나서는 지난 주간 자신의 클래스에서 모은 헌금과 누가 얼마나 헌금했는지 그 내역을 전달해야 했다.[74]

이렇게 시작한 클래스는 런던을 비롯하여, 다른 모든 지역에 적용되었다. 그에 따라 클래스는 점점 더 그 역할과 목적이 분명해졌다. 무엇보다 웨슬리가 클래스를 통해 초기부터 힘을 기울였던 것은 신도회에서 유입된 회원들이 자기를 돌아보고 스스로 점검할 수 있는 기회(account)를 제공하는 일이었다. 이 일은 그들의 '죄를 책망하고 회개에 이르도록 돕는 일'로 압축되었는데, 곧 악한 이들을 "보호 관찰하며", 그들의 악행을 "주님의 가르침에 의거하여 권고하고", 자신들의 죄를 시인하고 회개할 때까지 그들을 "양육하는" 일이었다.[75] 이 과정에서 악행을 돌이키지 않는 이들을 축출하는 과정은 불가피했다. 매 한 분기(quarter)마다 각 클래스의 신실한 참가자들은 티켓을 교부받았다. 이 티켓은 다음 분기 동안 클래스 참가를 하기 위한 일종의 허가서였다. 이 티켓을 소지하지 못한 이들은 다음 클래스와 신도회에 참석할 수 없었기 때문에 사실상 축출을 선고 받은 것이나 다름없었다. 반면, 이 티켓을 소지한 이들은 어디를 가나 "신도회 정식 회원으로 인정되었고" "신도회의 다른 형제자매들로부터 환영을 받았다."[76]

죄에 대한 권고와 회개로 초청하는 일은 언뜻 보면 '가혹한 심판자의 역할'처럼 보인다. 그러나 죄의 본성과 그 결과에 대한 깊은 인식, 그리고 철저한 회개가 없이는 하나님 나라에 영원히 도달할 수 없기 때문에 죄를 깨우치고 회개에 이르게 하는 것은 가혹한 심판이 아니라 하나의 귀중한 은총에 속한다. 웨슬리는 이 일이 바로 클래스라는 작은 그룹을 통해 이루어질 수 있다고 확신하게 되었다. 즉 보다 친밀한 교제를 통해 서로의 죄를 고백하고 참된 회

74) Wesley, *The Nature, Design, and General Rules of Our United Societies*, 3.
75) Wesley, *A Plain Account of the People Called Methodists*, II. 4.
76) *Ibid.*, IV. 3.

개에 이르며, 또 이로 말미암아 하나님의 더 깊은 은총의 세계로 나아가는 그런 공동체의 가능성을 이 클래스를 통해 보게 된 것이다.

클래스에서 회원들의 '자기점검'은 서로 돌아가며 자기 영혼의 상태에 대해 이야기를 하는 과정에서 극대화되었다. 이는 일종의 자기 고백인 셈인데, 오늘날 우리가 이해하는 간증(testimony)과 유사하다. 어떤 이는 자신의 깊은 내면의 죄를 고백하기도 하고 어떤 이는 마음을 털어놓을 정도로 자신의 삶을 노출시켰다. 한 사람의 고백이 끝난 후에는 지도자의 충고와 견책, 위로가 뒤따랐다. 이렇게 해서 모든 회원들 순서가 종료되면 회원들은 함께 찬송을 부르고 이어 릴레이식 기도를 자유로이 했다. 이 릴레이식 기도는 한 사람의 기도가 끝나면 이어서 다른 사람이 기도하는 식인데, 사전에 특정한 순서를 준비하는 것이 아니라 성령께서 이끄시는 대로 진행했다. 때때로 몇몇 사람만 기도하는 경우도 있을 수 있었지만 아무런 문제가 되지 않았다. 기도 내용은 주로 영혼 구원을 위한 것이었으며 무엇보다 회개와 거듭남을 위한 하나님의 은총을 구하는 일에 집중했다.[77] 클래스에 임한 하나님의 은총은 실로 놀라왔다. 웨슬리는 클래스 공동체에서 일어나는 일을 직접 목도하면서 클래스라는 공동체가 만들어 내는 기적을 「메도디스트를 위한 평이한 해설」에서 이렇게 요약했다.

"수많은 이들이 이전에 알지 못했던 클래스를 통해 참된 믿음의 공동체의 교제를 지금 경험하고 있다. 그들은 서로의 무거운 짐을 나누어지기 시작했고 자연스럽게 서로를 돌아보게 되었다. 서로 더욱 깊이 알게 됨에 따라 서로를 더욱 사랑하는 데로 나아갔다. 그들은 사랑 가운데 진리를 말함으로 모든 면에서 머리가 되시는 그리스도를 닮으며 자랐다. 이제 그리스도로 말미암아 모든 사람들은 한 몸이 되었고, 그분으로 인해 각 지체가 하나가 되었다. 몸을 구성하고 있는 모든 지체들은 주어진 분량대로 자신의 역할을 함으로써 사랑 안에서 점점 전체의 몸을 세우고 있다."[78]

---

77) 더 상세한 클래스 모임에 관해서는 Watson의 *The Early Methodist Class Meeting*, pp. 96~97 참조.
78) Wesley, *A Plain Account of the People Called Methodists*, II, 7.

클래스는 웨슬리가 신도회를 통해 기대했던 것 이상으로 기적을 만들어냈다. 신도회가 아우를 수 없는, 개개인의 영혼을 깊이 있게 돌아보는 일을 감당하게 되었던 것이다. 클래스가 했던 가장 핵심적인 일은 회개의 은총으로의 초대와 칭의의 은총으로의 초대였다. 웨슬리의 디비니티에서 '회개'는 종의 믿음으로 인도하는 안내자이기에 이 문제를 회피하거나 보류할 수 없었다. 비록 아픈 살을 도려내는 아픔이 뒤따를지라도, 많은 이들이 이 고통을 감내하지 못하고 마침내 신도회를 떠나는 슬픔이 있을지라도 웨슬리는 클래스라는 믿는 자들의 교제를 통해 죄의 심각성을 전했고 회개를 촉구해 나갔다. 이것은 결코 심판을 선포하는 심판자의 행위가 아니라 더 깊은 은총으로 초대하는 복음전도자의 외침이었다. 또한 클래스는 웨슬리 디비니티의 두 기둥 중 하나인, 회개한 이들을 하나님이 자신의 자녀로 용납하시며 새로운 삶을 허락하신다는 칭의의 은총 앞으로 인도하는 공동체이기도 했다. 클래스 회원들은 클래스를 통해 다른 사람들로부터 용납되는 경험뿐 아니라 하나님의 무한하신 사랑으로 하나님의 자녀로 받아들여지는 경험을 하게 되었다. 말하자면 클래스 공동체는 하나님의 회개의 은총과 칭의의 은총이 주도적인 역할을 하는 공동체요, 이를 통해 종의 믿음과 아들의 믿음을 갖게 되고 하나님과 사람으로부터 '용서'와 함께 '용납'을 체험하는 공동체였다. 그런 의미에서 클래스는 웨슬리가 고백했듯이 "하나의 특별한 은총의 수단"이었다.[79]

(4) 반회(Band)와 참회반(Penitents Bands)

신도회의 견실한 운영으로 많은 결실이 나타났다. 그들 중에는 그리스도를 믿는 믿음으로 말미암아 칭의의 은총을 입고 하나님의 자녀 됨의 기쁨을 누리는 이들이 날마다 늘어났다. 그렇지만 그들의 구원의 여정은 여기서 멈출 수는 없었다. 그들은 여전히 앞을 향해 나아가야 했다. 그들은 하나님의 자녀로 거듭났지만 아직 어린아이 상태였기 때문에 하나님의 성품을 온전히

---

79) *Ibid*., II. 9.

닭기까지 지속해서 성장해 나아가야만 했다. 여기에는 많은 도전이 기다리고 있었고, 그들은 이런 도전들과 힘들게 씨름해야만 했다. 「메도디스트를 위한 평이한 해설」에서 웨슬리는 이때의 정황을 기록한다.

"믿음으로 의롭게 된 그들은 그리스도로 말미암아 하나님과 더불어 화평을 누리게 되었다. … 그들은 더 나아가야 할 필요성을 절감했다. 영적 전쟁은 아직 끝나지 않았고 혈과 육과의 씨름은 물론 정사와 권세자들과의 씨름도 계속되었다. 세상의 유혹은 어디든 기다리고 있었고 심지어 종종 클래스에도 어찌 말해야 할지 모를 유혹들이 있었다."[80]

날이 갈수록 이 유혹들은 정도가 심해졌다. 회원들은 이것들을 함께 극복해 나갈 수 있는 공동체를 갈망했다. 마음속 깊은 곳에 자리 잡은 죄의 유혹들에 대해서도 서로 이야기할 수 있는 그런 공동체를 원했던 것이다. 이런 상황에서 접한 야고보서 5장 16절의 "그러므로 너희 죄를 서로 고백하며 병이 낫기를 위하여 서로 기도하라 의인의 간구는 역사하는 힘이 큼이니라."라는 가르침은 이런 공동체에 대한 성경적 틀을 제공했고, 새로운 공동체를 형성하는 데 기폭제가 되었다. 마침내 웨슬리는 대여섯 명의 남성과 여성(여성은 기혼과 미혼)이 따로 모이는 공동체를 만들었다. 이 공동체가 바로 반회(band)다.[81] 남성 모임은 매주 수요일 저녁에, 여성 모임은 주일에 모였으며 이들의 연합모임도 따로 마련했다. 남성들의 연합모임은 첫 달 어떤 날 저녁에 있었고 여성 모임은 어떤 날에 있었다. 세 번째 달 어떤 날은 남녀 모두가 한데 모여 순전한 마음으로 떡을 떼며 기쁨을 나누었는데, 이것이 바로 애찬회(love-feast)였다.[82]

사실 이 반회는 웨슬리의 독창적 작품은 아니다. 반회는 이미 오래 전부터

---

80) *Ibid*., IV. 1.
81) *Ibid*., IV. 2~3. 또한 Wesley, *Thoughts upon Methodism*, 7.
82) *Ibid*., VI. 5.

모라비안들이 창안해 활용해 오던 믿는 이들의 교제방식이었다. 모라비안이 모이던 곳에는 언제나 반회가 있었다. 웨슬리는 조지아에서 돌아온 1738년 봄부터 런던에서 신도회에 적극 관여하기 시작하는데, 특히 깊은 열정과 애정을 가졌던 것은 페터레인 신도회다. 이 신도회 설립에 깊이 관여했고 지도자로서 신도회를 돌보았다. 그런데 이 신도회 주축 회원들은 모라비안들이었기 때문에 그들의 모임 방법을 활용할 수밖에 없었다. 이 신도회는 다른 모라비안 모임들처럼 반회들을 가장 기초 단위로 하는 모임이었기 때문에 그 안에는 여러 반회들이 있었다. 1738년 5월 1일 이 신도회를 시작하며 규칙을 정했는데, 이 규칙들은 다름 아닌 반회의 규칙들이었다.[83] 1738년 성탄절에 발표한 '신도회-반회에 관한 규칙'(The Rules of the Band-Society)은 바로 이를 명문화한 것이다. 이렇게 보면 웨슬리의 반회는 클래스보다 거의 4년 가까이 앞서 시작한 셈이다. 그러나 이 반회를 웨슬리가 재평가하여 메도디스트 신도회에 본격 적용한 때는 아마도 메도디스트 신도회가 본격화되고 클래스 도입으로 신도회 회원이 폭발적으로 증가한 1742년 이후일 것이다.

반회의 골격은 세월이 흘러도 거의 변함이 없었다. 반회는 처음부터 변함없이 뚜렷한 목적을 가지고 있었다. 바로 "하나님의 계명을 순종하고" "죄를 서로 고백하며" "서로를 위해 기도함으로써" "치유함을 얻는 것"이었다.[84] 그러기 위해 회원들은 "적어도 매주 한 번"은 모여야 했으며 "참석 시간을 엄수해야 했다." 모임은 "찬송과 기도로 시작했다." 이어서 한 사람씩 돌아가며 "자유롭고(freely) 솔직하게(plainly)" 자신의 영혼 상태를 있는 그대로 드러내되, 지난 모임 이후 "마음과 생각과 행동으로 범한 죄들"과 "느낀 유혹들"을 진술해야 했다. 이 단계에서는 네 가지 질문들이 주어졌다. 첫째, 지난 모임 이후 어떤 종류의 죄를 범했는가? 둘째, 어떤 유혹들이 있었는가? 셋째, 어떻게 해결했는가? 넷째, 마음과 말 행동 가운데 어떤 것들이 죄악된 것들이며 어떤 것들이 그렇지 않은가? 이런 대화가 끝난 후 서로를 위해 기도하고 모임

---

83) *Journals*, May 1, 1738.
84) Wesley, *The Rules of the Band-Societies*.

을 종료했다.[85]

반회에 입회하려는 이들은 다음 질문들에 답해야만 했다: 죄 사함을 받았는가? 그리스도로 말미암아 하나님과 화평을 누리는가? 성령은 당신이 하나님의 자녀인 것을 당신의 영과 더불어 증거하는가? 하나님의 사랑이 당신의 마음속에 부어졌는가? 내적 혹은 외적인 죄가 당신을 지배하는가? 당신이 범한 죄들을 드러내기를 원하는가? 당신이 범한 죄들을 솔직하고 정확하게(plain and home) 드러낼 수 있겠는가? 당신은 우리가 때때로 우리 마음속에 있는 당신에 관한 어떤 것을 말해야만 할 때 그것을 기꺼이 용납하겠는가? 당신은 우리가 당신에 관해 마음에 둔 것과 염려하는 것, 들은 것들이 무엇이든 말해야만 한다는 것을 기꺼이 받아들이겠는가? 당신은 우리가 이렇게 함으로써 가능한 한 당신에게 가까이 다가가고 당신의 밑바닥까지 면밀하게 들여다보는 것을 기꺼이 감수하겠는가? 당신은 마음에 담은 모든 것을 예외 없이, 가식 없이, 거리낌 없이 말하기 위해 전적으로 당신의 마음을 열 준비가 되어 있는가?[86]

반회의 이 같은 입회 조건은 반회가 어떤 사람들로 구성되었는지 말해 주는 중요한 단서다. 이는 두 가지로 요약할 수 있다. 첫째는, 반회 회원은 반드시 칭의의 은혜를 경험한 사람이어야 하며 둘째는, 그 자리에 머물지 않고 더 깊은 은총의 세계로 성장하고픈 갈망(desire)을 갖춘 사람 다시 말해, 성화의 은혜를 갈망하는 사람이어야 한다. 이렇게 반회에 입회한 이들은 반회원으로서 마땅히 시행해야 할 연습(discipline) 항목들이 있다. 신도회 규칙들과 거의 유사한데, 1744년 성탄절에 반회원에게 주어진 지시사항들(directions)이다.[87]

반회가 가져다준 결과는 놀라웠다. 웨슬리는 반회에서 믿음의 교제를 통해 관찰된 믿음의 성장을 다음과 같이 요약한다.

"이 모임은 참으로 크고 많은 유익을 회원들에게 가져다주었다. 그들은 서로

---

85) *Ibid*.
86) *Ibid*.
87) Wesley, *Directions Given to the Band Society*, http://www.godrules.net/library/wesley/274wesley_h9.htm

를 위해 기도했고 이로 말미암아 그들이 고백했던 죄악들이 치유되었다. 죄의 사슬은 끊어졌으며 영혼은 속박에서 벗어났다. 죄는 더 이상 그들을 지배하지 못했다. 많은 이들이 결코 벗어날 수 없을 것 같았던 시험에서 건짐을 받았다. 그들은 매우 고결한 믿음에 도달했으며 주 안에서 참으로 기뻐했다. 그들은 사랑 안에서 강건해졌으며 모든 선한 일들을 더욱 효과적으로 해낼 수 있었다."[88]

웨슬리의 이 같은 언급은 반회 모임을 통해 회원들이 칭의와 거듭남의 수준을 넘어 성화의 삶에 도달했음을 의미한다. 성화의 삶을 살아가는 반회 회원들이 늘어나면 늘어날수록 신도회는 더욱 건실해져 갔다. 웨슬리는 신도회의 건강함은 바로 신도회의 영적 근간인 반회의 건강함과 깊은 관련이 있음을 알았기 때문에 그의 말년, 곧 자신이 이 땅을 떠난 후의 메도디스트 미래를 진지하게 숙고하기 시작할 시점, 반회의 활성화에 대한 특별한 관심을 표명했다. 예를 들어, 1781년 1월 6일에 작성한 편지에서는 "어떠한 신도회도 반회들이 없다면 생동감 있게 진행될 수 없을 것"이라고 지적했으며,[89] 1788년 4월 그의 순회설교자들(travelling preachers) 중 한 사람에게 보낸 편지에서는 "큰 신도회들 안에 반회들이 없다면 어떠한 순회구역(circuit, 여러 신도회들을 지역에 따라 묶어 놓은 것)도 부흥할 수 없을 것"이라고 힘주어 말했다.[90]

그러나 성화의 은총으로 인도하는 중요한 기능을 담당했던 반회에서 늘 성공적인 사례만 있었던 것은 아니다. 거듭난 영혼이 성장해서 성화의 완성에 이르는 길에는 여전히 죄의 유혹이 존재하고 그 유혹을 이기지 못하고 다시 타락할 가능성이 있다. 실제로 반회에서 몇몇 사람들이 떨어져 나가는 경우도 발생했다. 그중 어떤 이들은 "고의적으로 단번에 죄의 덫에 빠지는 이들도 있었고" 어떤 이들은 "자기도 모르게 사소한 죄로부터 점점 큰 죄로 빠져드는 이들도 있었다." 이들의 타락은 "나태하거나 마음에 도사리는 죄에 굴복

---

88) Wesley, *A Plain Account of the People Called Methodists*, VI. 6.
89) *Letters*, January 6, 1781.
90) *Letters*, April 26, 1788.

하거나 혹은 기도로 깨어 있지 않은 데서" 연유했다.[91] 물론 그들은 위한 신중한 권고(exhortation)와 기도가 이루어졌다. 그러나 그들에게는 "아무런 효과가 없었다"(no profit). 웨슬리는 이 상황을 면밀히 관찰하면서 그들을 위한 특별한 방법이 필요하다는 결론을 내리게 된다. 먼저, 그는 이들이 참석하던 반회로부터 격리하여 별도로 도움을 주어야 한다고 판단했다. 그래서 만든 것이 바로 '참회자반'(penitent band)이다. 웨슬리는 참회자반을 통해 성화의 여정에서 낙오된(backsliding) 이들, 믿음의 파선을 당한 이들을 다시금 세울 수 있도록 했다.[92]

참회반은 매주 토요일 저녁 시간에 모였다. 그들을 돕기 위한 방법은 여느 반회와는 달랐다. "찬송과 권고, 기도는 그들의 특별한 상황을 고려해 적절한 내용으로 준비했다." 곧, "하나님을 만났지만 그분의 현존을 상실해 버리고 이를 슬퍼하며 하나님이 그들을 치유하실 때까지 어떤 위로도 거절하는 이들에게 가장 적합한 것들"로 세밀하게 준비했다.[93] 이 과정에서 웨슬리는 참회반 모임이 가톨릭의 고행과 같은 외형적(nominal) 참회로 진행되지 않도록 주의를 기울였다. 그의 관심은 이런 형식이 아니라 진실한 참회자들을 영혼의 목자와 감독이신 (The Shepherd and Bishop of the souls) 그리스도께로 직접 인도하는 일이었다.[94]

웨슬리는 이 과정을 통해 많은 이들이 상실했던 처음 사랑을 회복하는 것을 목도했다. 그는 참회반을 통해 이루어진 일들을 이렇게 요약한다.

"그들은 이전보다 더 나은 사람들이 되었다. 이전보다 더 깨어 있게 되었고 더 온유하며 겸손해졌다. 뿐만 아니라 더 큰 사랑으로 역사하는 믿음을 소유하게 되었다. 그들은 지금 그리스도인 형제들 중에서 더 큰 사역을 감당하고 지속적으로 성부와 성자와 함께 교제하며 하나님의 빛 안에서 걷고 있다."[95]

---

91) Wesley, *A Plain Account of the People Called Methodists*, VII. 1.
92) *Ibid.*, VII. 1.
93) *Ibid.*, VII. 2.
94) *Ibid.*, VII. 3.
95) *Ibid.*, VIII. 1.

반회와 참회반은 그 운영방식은 달라도 지향하는 바는 한 가지다. 바로 그리스도를 믿음으로 말미암아 의롭다 함을 입은 이들이 거룩한 삶을 살아갈 수 있도록 그들을 하나님의 성화의 은총 앞에 인도하는 일이다. 이 두 모임에 주도적으로 역사하는 성화의 은총으로 아들의 믿음을 가진 이들은 날마다 성장을 이루어 청년의 믿음에 이르며 거룩한 하나님의 품성을 실질적으로 닮아 간다. 이 과정에서 반회와 참회반은 그 역할을 달리한다. 반회는 앞을 향해 나아가도록 이끄는 하나님의 성화의 수단이다. 어린아이의 믿음을 가진 이들을 끊임없는 격려와 인도로 날마다 성장케 하는 그런 역할을 감당한다. 그러나 참회반은 이런 여정 가운데 생길 수 있는 낙오자들과 이탈자들을 다시 세워 그들이 다시금 성화의 행렬에 동참케 하는 또 다른 형태의 하나님의 성화를 위한 은총의 수단이다.

웨슬리가 언급했듯이 반회와 참회반 운영으로 많은 이들이 성공적으로 성화의 삶을 살아내기 시작했을 때, 이들 중에는 자연스럽게 '완전'을 지향하는 이들이 늘어나기 시작했다. 성화의 은총을 통해 청년의 믿음을 갖게 되고 성화의 삶을 경험하기 시작한 이들에게 온전한 하나님의 거룩한 형상을 회복하고 싶어 하는 간절한 소망이 생기는 것은 매우 자연스러운 일이었다. 웨슬리는 다시 이들을 위한 또 다른 공동체를 생각해야만 했다.

(5) 선발신도회(Select Societies or Select Bands)

"나는 하나님의 현존의 빛을 지속해서 추구하는 이들에게 조언을 주어야 한다고 판단했다. … 나는 이들을 위해 작은 그룹을 만들고 싶어 했다. … 이 그룹은 매주 월요일 아침 1시간가량 나와 시간을 보낼 것이다."[96]

웨슬리는 이 공동체를 '선발신도회'(select societies)라 이름 붙였다. 랙(Rack)

---

96) *Ibid.*, VIII. 2.

이 지적하듯이, 이 모임은 1740년 12월경 킹스우드(Kingswood)에 있었던 선발반회(select bands)와 어떤 연관이 있을 수도 있지만,[97] 정확히 언제 시작했는지는 알 수 없다. 이 모임의 총 회원 수는 적게는 6명에서 많게는 65명 혹은 77명까지 이르렀다.[98] 대부분 메도디스트 신도회 지도자들이었고 모임이 있을 때에는 소그룹으로 나누어 운영했다.[99] 선발신도회는 두 가지 목적으로 계획되었다. 첫째는, 완전한 성화를 이룰 수 있도록(to press after perfection) 돕기 위해서이고 둘째는, 모든 경우에 웨슬리가 추구하는 바를 거리낌 없이 공유할 수 있는(unbosom) 동역자들을 준비하기 위해서였다.[100]

선발신도회는 이미 청년의 믿음을 통해 성화의 본궤도에 진입한 이들로 구성되었기 때문에, 웨슬리의 표현대로 하자면, 이미 그들 안에 '최상의 규칙'(the best rule)이 내재되어 있어 세세한 규칙들을 그들에게 제시할 필요가 없었다. 대신 웨슬리는 이들에게 매우 일반적인 세 가지 권고 사항만 제시했다. 첫째, '전적인 비밀유지'(full confidence)다. 그들은 모임에서 있었던 어떤 내용도 외부에 발설하지 말아야 한다. 둘째, '목회자에 대한 순종'(to summit to his minister)이다. 회원들은 어떤 경우에도 그들의 목회자에게 순종해야 한다. 셋째, '서로 나눌 수 있는 것들을 가져오는 것'이다. 그들은 한 주에 한 번 그들의 이웃 동료와 나누어 쓸 수 있는 것들을 준비해 가져와야만 한다.[101]

모임은 자유로운 대화 형식으로 진행했다. 참석자 모두 동등한 권리를 가진 이들로 간주했다. 모든 이들에게 발언할 권리를 부여했다. 한 사람씩 돌아가면서 발언함으로써 서로 배우고 권면을 받았다. 웨슬리는 이 모임을 통해 "자유로운 대화의 유익을 발견했으며" "많은 조언자들과 함께 있음으로 평안을 누렸다."고 고백한다. 뿐만 아니라 이 모임을 통해 "영혼이 하나님께 더 가

---

97) Rack, *Reasonable Enthusiast*, p. 240.
98) Albin은 6명에서 65명의 회원이 있었다고 말한다. "Inwardly Persuaded," *Heat Religion*, ed., by Richard B. Steele (Lanham: Scrarecrow Press, 2001) p. 50. 참조. 그러나 Rack은 1744년 파운드리에 77명의 선발신도회 회원들이 있었다고 한다. *Reasonable Enthusiast*, p. 240.
99) Albin, "Inwardly Persuaded," pp. 50~51.
100) Wesley, *A Plain Account of the People Called Methodists*, VIII. 2.
101) *Ibid.*, VIII. 3.

까이 나아갈 수 있으며", "의인의 간구가 역사하는 힘이 크다."는 사실을 확신했다.[102]

선발신도회는 성화의 단계가 무르익은, 완전에 다다른 이들의 모임이었다. 알빈(Albin)의 지적처럼, 웨슬리에게 "내적인 영적 순례의 마지막 목적지"(the final destination of the inward spiritual journey)로서,[103] 하나님의 완전케 하는 은총이 역사하는 모임이었다. 이 은총으로 말미암아 회원들이 성숙한 장년의 믿음을 추구하고 그로 인해 온전한 하나님의 거룩함, 하나님을 마음과 뜻과 정성을 다해 사랑하고 이웃을 내 몸과 같이 사랑할 수 있게 되는 완전한 성화의 단계에 도달하는 것이 이 공동체가 지향하는 목표였다.

웨슬리에게 보편적이고 우주적인 의미에서의 교회는 이처럼 넓고 다양한 이해의 폭을 갖는다. 이처럼 웨슬리는 특정한 형태의 교회에 집착하지 않기 때문에 다양한 모습의 교회 공동체를 자신의 목회 안에 수용하고 있는 것이다. 그러나 그렇다고 그 공동체들이 아무런 내적 연관성을 갖지 않는다고 단언해서는 안 될 것이다. 공개적 집회와 신도회, 클래스와 반회, 그리고 선발신도회로 이어지는 웨슬리의 다양한 공동체들 안에는 내적인 공통점들이 존재하며, 이를 기반으로 웨슬리의 다양한 공동체들이 그의 목회에 통합적으로 기여한다. 그렇다면 그 공통점들은 무엇인가? 나는 이것을 다음 세 가지에서 찾는다.

첫째, 웨슬리 공동체들은 모두 한 가지 뚜렷한 목표를 가졌다는 사실이다(One focus). 그들 모두는 오직 하나의 목적, 곧 하나님의 형상을 온전히 닮아 완성에 이르고자 하는 디비니티의 비전 성취를 위해 준비되었다. 다시 말해 이 모든 공동체들은 디비니티 순례를 궁극적으로 이끌어 가는 하나님의 은총에 더 가까이 다가가기 위한 믿는 이들의 교제의 자리였다. 공개적 집회와 신도회, 클래스와 반회, 선발신도회 모두가 그 모임의 형태나 내용, 구성원은 다를지언정, 한결같이 이 하나의 목표를 향해 나아갔다. 모임의 수가 폭발적

---

102) Ibid., VIII. 4.
103) Albin, "Inwardly Persuaded," p. 51.

으로 증가하는 순간에도 웨슬리는 이 목표를 결코 변경하지 않았다. 오히려 인원이 증가하면 할수록 이 한 가지 목표에 더욱 집중하기 위해 '더 작은 그룹'에 눈을 돌렸다. 우리 주변에 얼마나 많은 이들이 웨슬리의 방향과는 다른 길로 나아가는가. 사람들이 늘어날 때 '더 많은 사람들'에게 마음이 팔리는 소위 '성공한 목회자'들이 얼마나 많은가. 웨슬리는 이와는 달리 사람들이 늘어나면 늘어날수록 더욱더 작은 그룹, 하나님의 거룩한 형상을 온전히 닮고자 하는 순수한 사람들의 모임을 추구했다. 그는 이런 마음이 사라지는 순간 아무리 큰 군중이 모이는 모임이라도 '죽은' 것임을 알고 있었기 때문이다.[104]

둘째, 이 모임들은 하나의 목표를 추구해 나갔지만, 이 목표를 이루기 위해 상황에 적절하게 대응할 수 있는 유연성을 갖추었다는 사실이다 (flexibility). 웨슬리의 공동체들은 하나의 '고정되고 정적인'(fixed and static) 공동체가 아니었다. 언제나 사람들의 영적 필요에 민감하게 반응할 수 있는 유연한 공동체였다. 사람들이 자신의 믿음 증진을 도울 수 있는 공동체가 필요할 때 신도회를 준비했고, 신도회 안에서 더 깊은 은총으로 나아갈 필요가 생겼을 때 클래스를 만들었고, 클래스에서 보다 더 깊은 은총으로 나아가고자 했을 때 반회를 만들었으며, 반회를 넘어 더 깊은 은총으로 나아가려는 필요성이 대두되었을 때 선발신도회를 만들었다. 다시 말해 웨슬리의 공동체들은 공동체 자체에서 존재 이유를 찾는 '불변의 목적'(unchangeable end)으로서의 공동체가 아니라 언제나 사람들의 영적 필요에 능동적으로 응답할 수 있는 '유연하고 열린'(flexible and open) 공동체요 '가변적 수단'(variable means)으로서의 공동체였다.

셋째, 이 모임들은 한결같이 '통렬한 자기점검'을 기초로 했다는 사실이다 (accountability). 공개적 집회와 신도회, 클래스와 반회, 선발신도회 등 웨슬리의 모든 공동체들은 이 자기점검의 과정을 기초로 한다. 이 공동체 안에서는

---

104) 1770년 9월 1일자 일기에서 웨슬리는 '성 아이브즈'(St.Ives)교회에서 '선발신도회'가 사라진 것을 보며 영혼의 "죽음"을 다음과 같이 탄식한다. "나는 (그곳에서) 선발신도회가 사라진 것을 발견하고선 매우 놀랐다. … 그곳 사람들은 거의 죽은 상태였다. 나는 그들 가운데 하나님을 두려워하는 희미한 불꽃조차 찾을 길이 없었다." *Journals*, September 1, 1770.

어떤 형태의 고립적 영성을 허락하지 않는다. 모든 사람은 하나님 앞에서와 마찬가지로 공동체 안에서도 다른 이웃들과 함께 자기를 개방할 준비가 되어 있어야 한다. 공동체의 교제의 깊이가 더욱 깊어질수록 이 개방성은 필수적이다. 공동체 회원들은 언제든 자신을 있는 그대로 드러낼 준비가 되어 있어야 한다. 특히 성화의 단계에서 자신의 내적인 죄와 유혹들을 온전히 드러내는 것은 필연적이다. 이렇게 자기를 드러낼 때 자연스럽게 다른 믿음의 형제들의 기도와 권면 그리고 위로를 이끌어 내게 되고 하나님의 용서와 치유를 기대할 수 있기 때문이다. 매덕스의 지적처럼, 웨슬리는 "죄의 교묘함 때문에 모든 그리스도인들이 성화를 이루어 나갈 때 자기를 개방하는 데 적극적인 자세를 가져야 한다."고 확신했으며, 자신의 모든 공동체 안에 실제로 가장 중요한 규정들 중 하나로 편입시켰다.[105]

웨슬리는 이러한 다양한 공동체들 안에 내포된 공통점들을 기반으로, 자신의 목회 안에서 공동체들이 각기 서로 다른 특성을 가졌음에도 불구하고 전체적인 조화를 이루며 하나의 목표를 향해 함께 나아갈 수 있도록 만들었다. 그는 다양한 교회 공동체들을 통해 사람들을 하나님의 은총에 초대하고 믿음으로 응답하게 하며 은총 안에서 부단히 성장케 하여 마침내 하나님의 온전한 형상을 회복하게 하는 자신의 디비니티 목회를 전개해 나갔던 것이다.

웨슬리의 보편적이고 우주적인 교회 공동체는 하나님의 은총이 살아 역사하는 현장이었다. 그는 교회 공동체들 안에서 역사하시는 다양한 형태의 하나님의 은총으로 말미암아 믿는 이들이 하늘 가는 걸음을 성공적으로 걸어나갈 수 있다고 확신했으며, 실제로 이러한 공동체들 안에서 자신의 디비니티 목회를 구체적으로 적용했다.[106] 다시 말해 웨슬리의 보편적이고 우주적인 교회 공동체는 하나님의 은총이 살아 역사하는 현장이요, 웨슬리 디비니티 목회가 시작되고 성숙되며 완성되는 살아 있는 자리(field, 場)였다.

---

105) Maddox, *Responsible Grace*, p. 212.
106) 콜린스는 웨슬리가 "사람이 혼자서는 은총 가운데 성장하기 어렵다."는 것을 알고 있었다고 평가한다.
　　 Collins, *The Scripture Way of Salvation: The Heart of John Wesley's Theology*, p. 61.

다음 도표는 웨슬리의 목회의 장으로써 웨슬리 공동체에 관한 전체적인 요약이다.

웨슬리의 '공동체'

종류	신도회	클래스
입회조건	다가올 진노를 피하고 죄에서 구원받고자 소원하는 이들.	모든 신도회 회원들은 자동적으로 클래스에 속할 수 있었다.
운영목적	경건의 능력을 추구하기 위해 ·함께 기도한다. ·함께 권고의 말씀을 받는다. ·사랑 가운데 서로를 돌아본다.	신도회 회원들의 영적 나태함을 방지하고, 그들의 영적 성장을 구체적으로 돕기 위해
운영구조	·지도자는 신도회 전체를 관장하는 목회자, 목회자를 돕고 지역을 순회하며 설교했던 평신도 지도자(lay assistant), 그리고 해당 Society에서만 설교했던 지역 설교자(local preacher)로 구성되었다. ·협력자도 있었다. 재정, 건물관리, 교인의 삶과 신앙상태를 목회자에게 보고하는 등 신도회에서의 영적이고 실천적인 일들을 연결했던 유사(steward), 신도회의 법적 대리인, 재산 관리를 맡았던 이사진(trustees)이 있었다. ·정식회원과 비회원으로 이루어졌으며 대략 50~100명이 모였다.	·지도자는 클래스 리더(평신도)였다. 주 1회 이상 클래스 회원을 방문하여, 회원들의 영적 상태를 점검하고 그들을 위해 권면, 지도, 책망, 위로, 기도를 했다. 또한 헌금 모금과 유사에게 전달하는 일, 회원들의 모든 형편을 신도회 목회자나 보조자에게 전달하는 일을 맡았다. ·구성원은 10~12명으로 이루어졌으며, 성별, 나이, 사회적 신분에 구분을 두지 않았다.
운영방법	·정기 모임은 주로 주일저녁에 있었다. 성경강해를 위해 새벽에도 모였으며, 매월 1회(토요일) 철야(계삭회, 밝은 달빛으로 이동 용이) 모임 및 매 3개월 1회 애찬회도 모였다. ·성경강해, 설교 등 강의가 중심이었고, 찬송도 자주 불렀다. 강의는 구원의 도리에 집중되었다.	·주 1회 모였으며 모인 요일은 클래스에 따라 가변적으로 선택되었다. ·모임 장소는 가정, 가게, 학교 교실, 다락방, 탄광촌 숙소 등 다양했으며, 점차 채플에서 고정적으로 모이게 되었다. ·찬송으로 시작, 지도자의 영적 삶의 경험에 대한 간증, 회원들의 영적 경험을 함께 나누고, 찬송과 기도로 마무리하였다.

반회	선발신도회	참회반
자원하여 회원이 된다. 일정한 견습 기간을 통해 회원 자격이 검증되어야 하며, 기존 반회 회원들의 동의가 필수적이다.	성화의 단계가 무르익은, 완전에 다다른 이들이라 판단되는 이들을 웨슬리 자신이 직접 뽑았다.	반회, 클래스에서 뒤처지는 사람들, 죄의 유혹이 존재하고 그 유혹을 이기지 못하고 다시 타락한 사람들.
칭의의 은혜를 경험한 이들이 그 자리에 머물지 않고 더 깊은 은총, 곧 성화의 은총을 갈망하는 이들을 돕기 위해 · 하나님의 계명을 순종한다. · 죄를 서로 고백한다. · 서로를 위해 기도하여 치유함을 얻는다.	완전한 성화를 이룰 수 있도록, 또 비전을 공유할 수 있는 동역자들을 준비하기 위해	성화의 여정에서 낙오된 이들, 믿음의 파선을 당한 이들을 다시금 세울 수 있도록 돕는다.
· 지도자는 신도회의 지도자들이었다. · 구성원이 5~6명이었으며 나이와 성별은 물론 미혼자와 기혼자 등을 고려한 동질적 회원들로 구성되었다.	· 따로 지도자가 없었다. · 구성원은 적게는 6명, 많게는 65명, 혹은 77명까지 이르렀다. · 다른 모임(society, class, band)의 지도자역할을 했다.	목회자가 직접관리했다.
· 최소한 매주 한 번 모였고, 참석 시간을 엄수해야 했다. · 남성 모임은 매주 수요일 저녁, 여성 모임은 주일에 모였으며, 이들의 연합모임도 따로 마련되었다. 3개월에 한 번 남녀가 한데 모여 순전한 마음으로 떡을 떼며 기쁨을 나누기도 했다.(애찬회) · 찬송과 기도로 시작했고, 이어서 한 사람씩 돌아가며 자유롭고 솔직하게 자기 영혼의 상태를 있는 그대로 드러내었다. 지난 모임 이후 마음과 생각과 행동으로 범한 죄들, 느낀 유혹들을 진술해야 했다. 이런 대화가 끝난 후 서로를 위해 기도함으로써 모임을 종료했다.	· 매주 월요일 아침 1시간 정도 모였다. · 자유로운 대화의 형식으로 진행되었다. · 참석자 모두는 동등한 권리를 가진 이들로 간주되었다. 모든 이들은 발언할 권리가 부여되었다. 한사람씩 돌아가면서 발언함으로써 서로 배우고 권면을 받았다.	· 매주 토요일 저녁에 모였다. · 찬송, 권면, 기도로 진행했다. 하나님의 경고와 위로를 전하고 그들의 영혼의 회복을 위해 간절히 기도했다.

종류	신도회	클래스
운영규칙	· 모든 종류의 악을 피하라. · 행할 수 있는 모든 선을 행하라. · 제정된 하나님의 은총의 수단을 최선을 다해 지켜라.	신도회의 규칙에 준한다. · 이 규칙을 따르는 이에게 매 3개월마다 티켓을 발행하고, 이 티켓을 소지한 자만이 클래스의 회원이며 동시에 신도회의 회원이 될 수 있다. · 티켓을 소지하지 않은 이는 신도회와 클래스의 자격을 박탈했다. · 새로운 사람에게는 두 번까지 클래스 참관 기회가 주어졌다. 그 다음에는 클래스 회원 자격을 신청해야 했다. 그렇지 않으면 클래스에서 배제되었다.
영적성장에서의 역할	구원에 대한 지식을 굳건히 함으로써 회개한 이들을 칭의와 거듭남의 은총으로 인도한다.	칭의와 거듭남의 은총을 확증하고 성화로 나아가도록 돕는다.
공동체 특징	· 다소 크기가 큰 개방된 공동체이다. · 리더십이 집중되어 있다. · 가르치는 일을 중심으로 한다. · 구원의 도리를 집중적으로 다룬다. · 개인의 신앙적 표현은 제한되었다.	· 신도회 회원들의 영적 성장을 돕는다. · 리더십이 공유되어 있다. · 회원 개개인의 영적 생활에 관한 자기 점검에 집중한다. · 구원의 도리를 내적으로 심화한다. · 모든 회원에게 자신의 영적 삶을 표현할 수 있도록 열려 있다.

반회	선발신도회	참회반
신도회의 규칙에 준한다. 반회 입회자격을 결정하는 11가지 규칙들은 다음과 같다. 1. 죄 사함을 받았는가? 2. 그리스도를 말미암아 하나님과 화평을 누리는가? 3. 성령이 당신이 하나님의 자녀인 것을 당신의 영과 더불어 증거하는가? 4. 하나님의 사랑이 당신의 마음속에 부어졌는가? 5. 내적, 외적인 죄가 당신을 지배하는가? 6. 당신이 범한 죄들을 드러내길 원하는가? 7. 당신이 범한 죄들을 솔직하고 정확하게(plain and home) 드러낼 수 있겠는가? 8. 당신은 우리가 때때로 마음속에 있는 당신에 관한 어떤 것을 말해야만 할 때 그것을 기꺼이 용납하겠는가? 9. 당신은 우리가 당신에 관해 마음에 둔 것, 염려하는 것, 들은 것들이 무엇이든 말해야만 한다는 것을 기꺼이 받아들이겠는가? 10. 당신은 우리가 이렇게 함으로써 가능한 한 당신에게 가까이 다가가는 것, 당신의 밑바닥까지 면밀하게 들여다보는 것을 기꺼이 감수하겠는가? 11. 당신은 마음에 담은 모든 것을 예외 없이, 가식 없이, 거리낌 없이 말하기 위해 전적으로 마음을 열 준비가 되어 있는가?	그들은 이미 그들 안에 최고의 법(the best rule)을 지니고 있었기 때문에 세세한 규칙들이 제시될 필요가 없었다. 전적인 비밀유지, 목회자에 대한 순종, 서로 나눌 수 있는 것들을 가져오는 것 등 이 세 가지 권고사항만 제시해 두었다.	
확신이라는 내적 정감의 강화를 통해 거룩한 삶으로 더욱 고양될 수 있도록 돕는다.	내적인 영적 순례의 마지막 목적지로서의 사랑을 나누는 것을 연습함으로써 하나님의 완전케 하는 은총을 경험한다.	영적 성장의과정에서 뒤처진 이들을 회복시키도록 돕는다.
· 자신의 깊은 것까지 드러낼 수 있는 신뢰의 공동체이다. · 닫힌 대화 공동체(closed conversation community)이다. · 지도자는 모임을 돕는 역할에 국한된, 제한된 리더십 구조를 가지고 있다. · 성화의 성숙에 집중했다.	· 하나님께 온전히 시선이 모아지고 상호간에 사랑으로 돌보고 보살피는 사랑의 연습도장이다. · 모든 이들이 동등하게 서로 배우고 위로받는 공간이다. · 소수의 사람이 모여 깊은 것이 공유되는 닫힌 공간이지만, 동시에 자유가 넘치는 공동체이다. · 사랑 안에서 진리를 나눌 수 있는 동료를 만날 수 있다.	현대의 알코올중독자 치료를 위한 모임과 유사하다. 일종의 영적 회복을 위한 회복실과 같은 역할을 감당한다.

제5장 디비니티 목회의 실천

269

2) 경건의 삶

이제까지 우리는 웨슬리에게 있어 교회 공동체가 어떻게 은총의 수단으로 사용되었는지, 그것이 그의 디비니티 목회와 관련해서 어떻게 실제적으로 전개되었는지를 살펴보았다. 요약하자면 웨슬리에게 교회 공동체는 '하나님의 은총이 역사하는 현장'이었고, 그의 목회는 바로 이곳, '믿는 이들의 모임'인 교회 공동체 안에서 이루어졌다. 즉 우리는 지금까지 하나님의 은총의 수단의 하나인 '어디에서'의 문제를 다룬 셈이다. 지금부터는 '무엇을'에 대해 살펴볼 차례다. 하나님의 은총이 역사하는 현장에서 과연 어떤 은총의 수단들을 통해 그분의 은총의 보좌 앞으로 나아갈 것인지가 앞으로의 중요한 주제다. 이 문제는 바로 웨슬리목회의 핵심 내용이기도 하다. 그의 디비니티 목회는 바로 이러한 내용들을 중심으로 이루어졌기 때문이다.

하나님의 은총의 보좌 앞으로 가까이 나아가기 위해 웨슬리는 두 가지 행위들을 제시한다. 첫째는, 경건의 실천들이고 둘째는, 자비의 실천들이다. 경건의 실천들은 '하나님을 사랑하는 것'(loving God)을 의미하며, 자비의 실천들은 '이웃을 사랑하는 것'(loving neighbours)을 의미한다. 웨슬리는 사람들이 교회 공동체 안에서 바로 이 두 가지 행위들을 부단히 지속함으로써 하나님의 은총과 직면하며, 그 은총으로 믿음이 성장하고, 온전한 하나님의 형상을 닮아 마침내 하나님의 은총의 보좌에 자리 잡은 '하나님과 이웃을 향한 사랑으로' 나아갈 수 있다고 보았다. 그러므로 은총의 현장인 교회 공동체 안에서 행해야 할 구체적인 일들은 바로 경건의 실천들과 자비의 실천들이다. 그런데 웨슬리에 따르면, '경건의 실천들'(The Works of Piety)은 크게 네 가지다. 바로 성경탐색과 기도, 성만찬과 금식이다. 이들 네 가지는 신도회 총칙과 '대회의록' 그리고 그의 설교 '열심에 관하여'에서 공통적으로 '전통적인, 혹은 제도화된 은총의 수단들'로 인정받았다. 웨슬리는 이 제도화된 은총의 수단들을 통해 하나님을 마음과 뜻과 정성과 힘을 다해 사랑하는 삶을 실천할 수 있는 길을 제시함으로써 하나님의 은총의 보좌 앞에 한 걸음 더 가까이 다가

갈 수 있도록 한 것이다.

(1) 성경탐색(Searching the Bible)

누군가를 사랑하기 위해서는 가장 먼저 그 사랑할 대상이 누구인지, 그 대상이 무엇을 원하는지 알아야 하는 것은 당연하다. 하나님을 사랑하는 것도 다르지 않다. 진정 우리가 하나님을 사랑하기 위해서는 그분이 누구신인지, 또 그분이 무엇을 원하시는지 정확히 알아야 한다. 이것이 바로 웨슬리가 한 책의 사람(*homo unius libri*), 곧 성경의 사람이 되고자 했던 이유다. 성경을 향한 그의 관점은 명확하고도 단순하다. 매덕스(Maddox)가 지적했듯이, 웨슬리가 그토록 성경을 탐구하려 했던 이유는 성경이 믿음과 사랑의 실천, 그리고 소망의 원천을 제공하기 때문이다.[107] 달리 말해, 그에게 성경은 바로 우리가 사랑할 '하나님은 어떤 분이시며'(믿음의 원천) 또 '그분을 어떻게 사랑해야 하는지'(사랑의 실천의 원천) 그리고 그렇게 '걸어가는 길의 의미가 무엇인지'(소망의 원천)를 담고 있는 보배로운 책이다.

웨슬리가 성경이라 말할 때는 신구약 성경 66권을 의미한다. 이 책은 "모세와 예언자들에 의해 기록되었으며", 역시 "사도들과 전도자들에 의해 하나님의 아들 예수 그리스도의 말씀과 행적이 포함되어 있다." 이 책은 영혼을 구원하시려는 하나님의 뜻을 담은 "하나님의 말씀"이며, 모든 부분이 이런 하나님의 뜻을 드러내고 그 전체는 하나의 몸을 구성하고 있기 때문에 넘치거나 모자람이 없는 완전한 책이다. 그렇다면 어찌하여 성경이 이렇게 하나님에 관한 모든 것을 소상하게 담을 수 있는가? 웨슬리는 지체하지 않고 답할 것이다. 바로 성경이 "하나님의 영감으로 주어졌기 때문"(given by the inspiration of God)이라고 말이다. 웨슬리는 소논문 「메도디스트의 특성」(*The Character of a Methodist*)에서 이렇게 적는다.

---

107) Maddox, "The Rule of Christian Faith, Practice, and Hope: John Wesley on the Bible" *Methodist Review: A Journal of Wesleyan and Methodist Studies*, vol.3 (2011) pp. 31~34. http://divinity.duke.edu/sites/default/files/documents/faculty-maddox/31a_Rule_of_Christian_Faith.pdf

"우리는 진실로 '모든 성경은 하나님의 영감으로 이루어졌다'고 믿는다. … 우리는 하나님의 기록된 말씀이 그리스도인의 믿음과 실천에 유일한 규범임을 믿는다."[108]

그러나 여기서 우리는 이 같은 웨슬리의 입장을 '기계적 영감설 지지자냐' 혹은 '성경비평 옹호자냐' 하는 논의로 끌고 가는 것에 주의해야 한다. 물론 윌리엄즈(Collin W. Williams) 같은 학자는 웨슬리의 성경이해를 현대 성경비평학자들과 동일선상에 놓고 싶어 하면서, 웨슬리를 이 논쟁에 의도적으로 끌어들이기도 하지만,[109] 웨슬리는 이런 논쟁보다는 성경의 실제적 효용성, 무엇보다도 성경을 통한 '구원의 길'(via salutis)에 모든 관심을 집중하고 있었다.

"내게 그 책을 다오. … 나의 그분의 현존에서 하늘 가는 길을 찾기 위해 그 책을 연다. … 나는 빛의 아버지를 향해 내 마음의 문을 연다."[110]

웨슬리는 요한복음 5장 39절의 가르침에 근거해 성경이 구원의 주님을 증거하는 책이요, 사도행전 17장 11절과 로마서 10장 17절에 근거해서는 구원의 믿음을 불러 일으키고 더 굳게 하는 책이며, 또 디모데후서 3장 15절의 증거에 따라 구원에 이르는 지혜가 있는 책임을 확신했다.[111] 뿐만 아니라 성경은 구원의 전 과정 즉 회개로부터 온전한 하나님의 품성을 따라 완전한 성화

---

108) Wesley, *The Character of a Methodist*, 1.
109) Williams, Collin W., *A Study of the Wesley's Theology Today: A Study of the Wesleyan Tradition in the Light of Current Theological Dialogue* (Nashville: Abingdon Press, 1960) pp. 26~27. 매덕스도 예외는 아니다. 매덕스 또한 웨슬리가 기계적 영감설 혹은 축자영감설을 지지하지 않고 부분적으로 문서비평적 입장을 고수했음을 밝힌다. 그러나 매덕스의 경우 윌리엄즈와는 달리 웨슬리가 성경은 영감으로 주어졌다는 사실과 충분한 구원의 길을 내포하고 있음을 확신했다는 데 최종 강조점을 둔다. Maddox, "The Rule of Christian Faith, Practice, and Hope: John Wesley on the Bible" pp. 9~15 참조.
110) Outler(ed.), *John Wesley*, p. 89.
111) *Sermons*, The Means of Grace, III. 7~8.

에 이르기까지, 이 디비니티 전 과정을 이루어 가도록 영혼들을 이끈다. 성경은 "어둠 속에서 알지 못하는 분을 찾아 헤매는 사람들" 뿐 아니라[112] 이미 칭의의 은총을 입어 하나님의 자녀가 된 이들을 "온전한 데까지" 이르게 하는 "교훈과 책망과 바르게 함과 의"를 포함한 책이라는 것이다.[113] 그러므로 성경을 탐구하는 것은 하나님의 은총으로 이끄는 확실한 '은총의 수단'이다.

그러므로 웨슬리는 메도디스트들은 성경을 늘 가까이 해야 한다고 가르쳤다. 그런데 아이러니하게도 이런 바람과는 달리, 웨슬리가 이 땅을 떠난 후 성경을 '어떻게 탐구할 것이냐'에 대한 논의는 최근까지도 거의 드물었다. 물론 웨슬리가 성경을 어떻게 이해했는가에 대한 주목할 만한 논의들이 근세기에 있었던 것은 사실이다. 예를 들어, 웨슬리와 성경 사이의 관계를 '심리학적으로' 탁월하게 분석한 켈슈타트(Thorvald Källstad)의 「존 웨슬리와 성경: 심리학적 연구」(John Wesley and the Bible: A Psychological Study)나 웨슬리의 성경관과 그 실제적 사용을 다룬 조운스 주교(Bishop Scott Jones)의 「존 웨슬리의 성경관과 그 사용법」(John Wesley's Conception and Use of Scripture) 등이 있다.[114] 그러나 이들은 웨슬리가 정작 관심을 두었을 만한 '어떻게 성경을 탐구할 것인가'의 문제를 직접 다루진 못했다. 이 문제를 직접 다룬 이는 아마도 곤잘레스(Catherine González)가 처음이지 않나 싶다. 그는 웨슬리의 성경탐색 방법에 기초해 오늘날 메도디스트들이 어떻게 성경을 읽을 것인가에 대해 심도 깊은 연구를 진행했다.[115] 최근에 이에 대한 주목할 만한 논문이 현재도 활발하게 활동 중인 매덕스(Maddox)로부터 나왔다. 이 논문은 2011년에 작성 발표했는데, 짧은 분량이지만 웨슬리가 왜 성경탐색에 그토록 몰두했는지, 또 어떻게 성경을 탐구해야 하는지 등에 대해 매우 유용한 정보를 담

---

112) *Ibid.*, III. 10.
113) *Ibid.*, III. 9.
114) Thorvald Källstad, *John Wesley and the Bible: A Psychological Study* (Uppsala: Uppsala University, 1974): Scott Jones, *John Wesley's Conception and Use of Scripture* (Nashville: Abingdon, 1995).
115) Catherine González, Ben Witherington, et. al. *How United Methodists Study Scripture* (Nashville: Abingdon, 1999).

고 있다.116)

웨슬리의 '성경탐색'(Searching the Scripture)은 우리가 흔히 말하는 '성경공부' 혹은 '성경연구' 등의 용어와 동일한 의미가 아니다. 성경공부 혹은 성경연구라 말할 때는 어느 정도 '성경'과 '성경공부 혹은 연구를 하는 나' 사이의 간격을 설정해 놓지만, 성경탐색은 이 양자 사이에 간격을 두지 않는다. 즉 나는 성경이라는 대상을 거리를 두고 공부하고 연구하는 것이 아니라 내가 성경 안에서, 성경이 내 안에서 살아가도록 하나가 되게 하는 것이다. 어떤 의미에서 웨슬리의 성경탐색은 '성경과 더불어 사는 것' 혹은 '성경을 몸으로 읽는 것' 등의 용어로 대치할 수 있다고 본다. 실제로 웨슬리의 성경탐색은 하나님과의 교제와 그분의 말씀에 관한 지식을 더욱 깊게 하기 위해, 성경을 단순히 읽고 연구하는 것이 아니라 '생명의 양식'으로 간주해 그 말씀을 실제로 섭취하려 했다.

성경탐색에서 웨슬리의 이런 방식은 새롭다기보다는 오랜 교회 전통, 특히 수도원 전통 안에서 전수되어 온 방식이었다. 소위 '신령한 성경읽기'(Lectio Divina, divine reading)로 알려진 것이다.117) 전통적으로 네 단계로 이루어진 성경탐색 방식인데, 여기에는 '읽기'(lectio)와 '묵상'(meditatio), '기도'(oratio)와 '관상'(觀想, contemplatio)이 있다.118) 웨슬리가 '신령한 성경읽기'에 대해 직접 언급한 곳은 없다. 그럼에도 그가 교회 전통 속에 널리 알려져

---

116) Maddox, "The Rule of Christian Faith, Practice, and Hope: John Wesley on the Bible" 참조.

117) 'Lectio divina'는 서구 교회의 수도원이 생기기 전 3세기 오리겐(Origen)으로부터 유래된다. 오리겐은 말씀이 성경 안에 육화되었기 때문에 그 독자들과 청취자들의 영혼과 감응할 수 있다고 믿었다. 그는 또한 하나님의 말씀을 참되게 탐구함으로써 하나님의 신비한 말씀에 감추어진 지혜를 찾을 수 있다고 확신했다. 오리겐은 한 서신에서 이렇게 적고 있다. "신령한 성경읽기를 할 때 대부분 사람들에게 숨겨진 신령한 말씀의 의미를 추구하라." Raymond Studzinski, *Reading to Live: The Evolving Practice of Lectio Divina* (Trappist: The Liturgical Press, 2010) pp. 26~35 참조. 오리겐의 'Lectio divina' 원형적 모델은 교황 베네딕 16세 때에 이르러 재등장한다. 오리겐의 성경탐구 방법은 4세기 말 밀란(Milan)의 암브로스(Ambrose)가 계승했고, 암브로스는 다시 어거스틴에게 전수했다. 어거스틴 이후에는 수도원에 전수되어 'Lectio divina'는 수도원 전통으로 자리 잡게 된다. Pope Benedict XVI, *The Fathers of the Church: From Clement of Rome to Augustine of Hippo* (Grand Rapids: Wm. B. Eerdmans Publishing Co., 2009) p. 100.

118) Lawrence S. Cunningham and Keith J. Egan, *Christian Spirituality: Themes from the Tradition* (Mahwah: Paulist Press, 1996) p. 38.

왔던 이 방식을 몰랐다고 보기에는 어렵다. 더욱이 성경탐색에 관한 언급을 할 때 종종 '기도'나 '읽기', '묵상' 등의 단어들을 하나의 행위로 이해하고 간주하는 듯한 인상을 주었다. 예를 들어, 설교자들에게 주는 권면에서도 그는 이렇게 말한다. "새벽 네다섯 시에, 그리고 저녁 대여섯 시에 성경을 묵상하고 기도하며 읽어야 한다."[119] 이는 웨슬리가 적어도 신령한 성경읽기에 대한 기본적인 이해를 지니고 있었으며, 그의 성경탐색에 적용하려 했다는 사실을 말해 준다. 그러나 성경탐색에 관련된 그의 주장들을 종합해 볼 때, 웨슬리는 신령한 성경읽기를 비판 없이 따랐던 것은 아니라는 결론에 이르게 된다. 특히 하나님과의 합일을 추구하는 '관상'의 단계는 그 정숙주의와 신비주의적 색채 때문에 웨슬리가 수용하기에는 어려운 주제였음에 틀림없다. 이 부분을 웨슬리는 신령한 성경읽기에 포함되지 않는, '행함'을 통한 성경탐색의 도구로 대치시켰다. 또한 묵상 단계에서도 단순히 하나님 말씀에 대한 관상의 차원을 넘어서서 하나님의 말씀을 듣기 위한 적극적인 행위들, 예를 들어 예배 참여, 전통과 경험 그리고 이성 등을 적극 활용하고 심지어 일반적인 지식을 통해 말씀을 듣는 것들을 포함함으로써 신령한 성경읽기와는 다른 독자적인 성경탐색 방식을 개척했다. 즉 웨슬리의 성경탐색은 '읽기'(Reading), '듣기'(Hearing), '행하기'(Doing), '기도'(Praying), 이 네 가지 요소가 상호 유기적으로 작용함으로써 하나님의 은총에 다가가는 은총의 수단이다.

웨슬리는 자신의 저작물 여러 군데에서 이 같은 성경탐색 방법에 관해 의견을 피력하는데, 가장 잘 압축된 것은 아마도 두 부분일 것이다. 그중 하나가 그의 「표준설교」 서문에 기록된 것으로 이를 옮겨 놓으면 다음과 같다.

"나는 이 목적, 곧 하늘 가는 길을 찾기 위해 이 책(성경)을 펴고 **읽는다**. 내가 읽은 내용에서 그 의미가 불투명한 부분이 있는가? 모호한 부분이나 복잡 미묘한 부분이 있는가? 나는 빛의 아버지께로 **나의 마음을 드린다**. 주님, 당신은 이렇게 말씀하셨지요. '너희 중에 누구든지 지혜가 부족하거든 모든 사람에게 후히

---

119) Wesley, *A Plain Account of the People Called Methodists*, IX. 5.

주시고 꾸짖지 아니하시는 하나님께 구하라'(약 1:5) 또한 '사람이 하나님의 뜻을 행하려 하면 그는 알 것이라'(요 7:17)고도 말씀하셨지요. '주님, 진실로 원합니다. 제가 당신의 뜻을 알게 하소서.' 그런 다음 나는 '영적인 것으로 영적인 일을 분변하기 위해' 그 성경 본문의 평행본문들을 찾아 깊이 숙고해 본다(고전 2:13). 그리고 내 마음의 신실함을 다해 집중하여 **묵상에 들어간다.** 만일 이러고도 아직 미진한 점이 있을 때에는 하나님의 일에 경험이 많은 이들을 만나 도움을 구하고 또한 훌륭한 믿음의 사람들의 저작들을 통해 **도움을 받는다.**"120)

이것은 웨슬리 자신의 성경탐색 방식에 대한 설명이다. 여기서는 내가 굵은 글씨로 강조했듯이 웨슬리의 '읽기'와 '기도', '듣기'로 이루어진 성경탐색 방식이 소개되어 있다.121) 여기에는 '행함'은 빠져 있다. 그러나 그렇다고 그의 성경탐색에 '행함'의 요소가 없었다고 단정해서는 안 된다. 그의 성경탐색은 언제나 행함의 요소를 내포하고 있었다. 이는 「구약성경 주해」의 서문(*Preface to the Old Testament Notes*)에서 피력한 성경탐색의 구체적 방법에서 분명히 입증된다.

"1. 할 수만 있다면 매일 아침과 저녁 시간을 따로 떼어 준비하라. 2. 성경탐색 시간을 가질 때마다 구약에서 한 장, 신약에서 한 장씩 각각 취하라. 이것이 여의치 않으면 그중 일부만을 택해 읽어도 무방하다. 3. 하나의 푯대를 정하라. 하나님의 전체 뜻을 알기 위해 이를 행하려는 확고한 의지를 갖고 임하라. 4. 믿음의 시각을 가지라. 즉 원죄와 이신칭의, 거듭남, 내적이고 외적인 성화 등의 근본적인 믿음에 기초하라. 5. 진지하고 진실한 기도를 그치지 말라. 성경은 성령의 영감으로 이루어졌기에 동일한 영을 통해서만 이해할 수 있을 뿐이다. 그러므로 우리가 성경 읽기를 마칠 때도 접한 말씀이 우리 자신의 것이 되도록 기도함으로써 마쳐야 한다. 6. 성경을 읽는 도중에라도 멈추고 우리가 읽은 내용으로 우

---

120) Wesley, *Preface to Sermons on Several Occasions*, 5. 굵은 글씨는 강조하기 위한 것임.
121) 듣기에는 묵상과 함께 다른 것들을 통해 들려오는 하나님의 말씀을 포함한다.

리의 심령과 삶을 비추어 봐야 한다. 이것은 우리가 하나님의 뜻을 자연스럽게 따를 수 있게 된 사실에 대한 감사와 찬송의 제목이 될 것이며, 또한 우리가 언제나 죄인임을 알게 되는 겸손과 기도의 제목이 될 것이기 때문이다. 성경이 무엇을 말씀하시든 지체하지 말고 즉각 순종하라. 무엇을 결심하든 당신이 행할 수 있는 가장 처음에 그것을 시작하라. 그러면 당신은 이 말씀이 지금과 영원의 구원을 위한 하나님의 능력이 됨을 알게 될 것이다."[122]

여기서 1항에서 4항까지는 '어떻게 읽는가'의 문제를, 5항은 '기도'의 문제를, 6항 전반부는 '듣기'의 문제를, 6항 후반부는 '행함'의 문제를 다룸으로써, 웨슬리는 '읽기'와 '기도', '듣기'와 '행함' 이 네 가지 방편을 자신의 성경탐색 방법으로 채택하고 있음을 명확히 밝힌다. 이제 웨슬리의 네 가지 성경탐색 방식들에 대해 좀 더 구체적으로 알아보도록 하자.

요즘은 인쇄술과 번역 기술이 발전해 우리말로 된 성경을 쉽게 읽을 수 있지만 17세기까지만 해도 성경을 읽는다는 것은 매우 제한된 지식층에서나 가능했다. 우선 성경 원어를 일상 언어로 바꾸는 일 자체가 어려웠고 비용 또한 만만찮았다. 영국의 경우 1652년만 해도 런던 판 대조성경 가격이 우리 돈으로 약 160만 원 정도(1,400달러)였으니 보통 사람들이 소지해 읽기란 거의 불가능했다.[123] 웨슬리 당시 18세기쯤에서야 싼 가격으로 출판물 인쇄가 가능하게 되어 평범한 사람들이 저렴한 가격으로 성경을 소지할 수 있었고 손쉽게 성경을 읽을 수 있었다. 웨슬리는 '읽는 것'의 유용함을 알고 그것을 자신의 목회에 매우 잘 활용한 사람이었다. 힘닿는 대로 값싸고 쉽게 읽을 수 있는 책자들을 무수히 만들었고, 사람들이 읽게 해서 믿음 증진에 도움이 되도록 했다. 그중에 성경은 읽어야 할 가장 중요한 책이었다.

웨슬리는 성경을 읽을 때 도움이 될 만한 몇 가지 원리를 제시했다.

첫째, 정해진 시간에 읽어라. 웨슬리는 아침과 저녁 시간 두 번을 추천했다.

---

122) Wesley, *Preface to the Old Testament Notes*, 18.
123) Henry Robert Plomer, *A Short History of English Printing 1476~1898* (London, 1900) p. 197.

둘째, 정해진 분량을 읽어라. 웨슬리는 어린 시절 어머니 수산나(Susanna)에게 배운 대로 영국 성공회 「공동기도서」(*The Book of Common Prayer*) 성경 읽기표에 따라 성경을 읽어 나갔다. 이런 식으로 하면 연간 신구약 성경 전체를 한 번, 신약성경을 세 번 읽을 수 있다.124) 웨슬리는 이 같은 성경 읽기 방식을 스스로 평생 실천했을 뿐 아니라 메도디스트라 불리는 이들에게 신구약 성경을 일정한 분량으로 읽어야 한다고 강력히 권유했다. 웨슬리가 권유한 분량은 신구약 각각 한 장씩 읽되 사정에 따라 그중 일부만을 읽어도 무방하다고 했다.

셋째, 하나의 목표만을 향해 읽어라. 웨슬리는 하나님의 뜻을 찾기 위해, 그리고 그 뜻을 실천하기 위한 목표만을 바라보는 하나의 눈만을 가져야 한다고 강조했다.

넷째, 확고한 믿음의 눈으로 읽어라. 웨슬리는 구원의 과정에 대한 확고한 이해와 그 전체적인 조망 아래 성경을 읽어야 한다고 말한다.

다섯째, 평행본문들을 참고하라. 이는 "성경이 성경을 해석하고 한 부분이 다른 부분을 보충함으로써",125) '영으로서 영을 분변한다는 원리'에 합치된다.

웨슬리의 성경탐색은 이렇게 읽기로만 그쳐서는 안 된다. 웨슬리는 성경을 읽고자 하는 이들에게 이렇게 권면한다.

"나는 성경을 읽는 독자들에게 성경을 탐구하기에 앞서 다음과 같은 기도를 하라고 권면한다. '모든 거룩한 성경이 우리에게 진리의 길을 가르치도록 하신 은혜의 주님, 우리가 지혜 가운데 그 말씀을 듣고, 읽으며, 기억하고, 배우며 내적으로 잘 소화하게 하옵소서. 당신의 거룩한 말씀이 우리에게 주는 인내와 위로로써, 우리 주 그리스도 안에 있는 영생의 소망을 가지며 꼭 붙들게 하옵

---

124) 그렇지만 여기서 계시록은 제외되어 있다. Maddox, "The Rule of Christian Faith, Practice, and Hope: John Wesley on the Bible," p. 16.
125) Williams, *A Study of the Wesley's Theology Today*, p. 28.

소서.'"126)

성경읽기에는 기도가 뒤따라야 한다. 성경은 하나님의 측량할 수 없는 구원의 신비를 담고 있는 책이지만 우리는 그것을 이해할 지혜가 없다. 그래서 성경을 대할 때 웨슬리가 경험했던 '불투명함' 혹은 '애매모호함'을 똑같이 경험하게 마련이다. 그러니 우리의 어리석음을 꾸짖지 아니하시고 지혜를 주시는 하나님께 엎드릴 수밖에 없지 않겠는가.

내가 읽은 것에서 그 의미가 불투명한 부분이 있는가? 모호한 부분이나 복잡 미묘한 부분이 있는가? 나는 빛의 아버지께 나의 마음을 드린다. "주님, 당신은 이렇게 말씀하셨지요. '너희 중에 누구든지 지혜가 부족하거든 모든 사람에게 후히 주시고 꾸짖지 아니하시는 하나님께 구하라'(약 1:5). 또한 '사람이 하나님의 뜻을 행하려 하면 그는 알 것이라'(요 7:17)고도 말씀하셨지요. 주님, 진실로 원합니다. 제가 당신의 뜻을 알게 하소서."

성경은 '기도 없이' 이해할 수 있는 책이 아니다. '성령의 감동으로 이루어진' 하나님의 보이지 아니하는 구원의 신비로 가득 찬 책이기 때문이다. 성경을 이해하기 위해서는 성경의 근원적 저자인 성령의 도움을 받아야만 한다. 이것은 우리가 성경을 읽을 때 무엇을 구해야 하는지 말해 주는 중요한 단서다. 웨슬리는 「신약성경 주해」에서 디모데후서 3장 16절을 주석하면서 성경이 '성령의 감동'으로 이루어졌음을 확증하는 동시에 성경을 읽고 진리에 도달하려면 독자들은 성령의 감동을 추구해야 한다는 사실을 일깨운다.127) '은총의 수단' 설교에서는 기도와 성경읽기, 듣기 등 성경탐색과 관련한 모든 방식들이 하나님의 영과 분리되어서는 무익하다고 단언한다. 웨슬리는 이 모든 것이 참다운 하나님의 은총이 되려면 성령의 감동이 성경을 대하는 자와 함

---

126) Wesley, *Preface to the New Testament*, 4.
127) Wesley, *The New Testament Notes* on 2 Tim 3:16.

께해야 한다고 확신한다.[128] 그러므로 웨슬리는 이렇게 결론짓는다.

"진지하고 진실한 기도를 그치지 말라. 성경은 성령의 영감으로 이루어진 것
이기에 동일한 영을 통해서만 이해될 수 있다. 그렇기에 성경 읽기를 마칠 때도
우리가 접한 말씀이 우리 자신의 것이 되도록 기도로써 마쳐야 한다."

웨슬리의 성경탐색에서 또 하나 중요한 요소는 '듣는 것'(hearing)이다. 성
령의 인도하심으로 하나님 말씀이 성경을 통해 드러날 때 우리에게 가장 필
요한 것은 제대로 그 말씀을 살아 있는 말씀으로 '듣는 것'이다. '신령한 성경
읽기'에서는 이를 '묵상'(meditation)이라는 항목으로 다루었다. 여기서 묵상
은 '곱씹기'(ponder)라는 라틴어 동사 'pondus'에서 유래하는데, 어떤 본문을
읽을 때 다양한 각도로 살펴보는 행위를 가리킨다. 다시 말해 본문을 분석하
는 형태가 아니라 성령께서 그 의미를 조명해 주시기를 마음을 열고 기다리
는 것을 의미한다. 이처럼 묵상은 우리가 성경을 읽은 후 즉각 그 의미를 파
악하려 하지 않고, 그 내용을 곱씹으며(ponder) 성령의 조명(照明, illumination)
에 내어 맡기는 것이다.[129] 웨슬리는 이 같은 '신령한 성경 읽기'의 전통과 같
은 노선에 있다. 그에 따르면, 성경은 성령의 감동으로 이루어진 신령한 책이
기에 단순히 읽는 것만으로는 그 깊은 뜻을 알 수 없다. 성경의 신령한 의미
를 알려면 읽다가 멈춰 서고 그 말씀에 비추어 우리 자신을 비추어 보는 묵상
의 시간이 필요하다. 실제로 웨슬리는 성경탐색을 하면서 이런 묵상의 시간
을 늘 가졌다. 그의 「표준설교」 서문에서 고백했듯이 성경을 탐구할 때마다

---

128) 웨슬리는 여기서 다음과 같이 강조한다. "(모든 은총의 수단들은) 하나님의 영으로부터 분리되고서는
아무 유익도 없다. 하나님에 관한 지식이나 사랑을 소유하기란 불가능하다 … 어떤 (은총의) 수단에
그 고유의 능력이 존재한다고 생각하는 것은 큰 실수를 범하는 것이다. 이는 성경의 능력도 하나님의
능력도 모르는 것이다. 우리는 기도에서 구사되는 언어들, 성경을 읽을 때의 글자들, 드러지는 소리,
성찬에서의 떡과 포도주 안에는 어떤 특별한 힘이 없음을 안다. 모든 좋은 것을 주시는 이는 오직
하나님이시다. 그 분만이 모든 은총을 주시는 분이요 그 분의 능력만이 모든 축복을 우리 영혼에
부어주실 수 있다." Sermons, The Means of Grace, II.3. ( )는 이해를 돕기 위해 첨부한 것임.
129) David G. Benner, Opening to God: Lectio Divina and Life as Prayer (Downer's Grove: IVP Books,
2010) pp. 47~53.

"마음의 신실함을 다해 집중하여 묵상에" 들어갔다.

그러나 웨슬리의 '듣기'는 단순히 이 같은 묵상에만 머무르지 않았다. 그에게 묵상은 세상과 단절된 공간에서 홀로 머무르며 성령의 조명에 귀 기울이는 '고독 속의 듣기'가 아니었다. 웨슬리가 이해하는 성령의 조명은 광범위한 통로를 통해 주어진다. 자기만의 세계에서, 자기만의 관점으로 성경의 깊고 넓은 지혜를 담기는 턱없이 불가능하기에, 듣는 이는 내 영혼 안에서 들려오는 소리뿐 아니라 세상을 통해 들려오는 소리에도 민감해야 한다. 때때로 성령의 조명하는 빛은 다른 이들의 지혜를 통해 들려오기도 한다. 또한 우리 가운데는 없지만 그들이 남긴 저작(著作)들에서 들려오기도 한다. 그러므로 다른 이들의 가르침에도 마음을 열어야 한다. 이것이 바로 우리가 예배나 독서 등을 쉬지 말고 지속해야 하는 이유다. 웨슬리는 이렇게 자신의 경험을 피력한다.

> "내가 만일 아직 성경의 진리를 명확히 알지 못하면 나는 하나님의 일에 경험이 풍부한 사람들로부터, 혹 그들이 이미 죽어 존재하지 않는다면 아직 살아서 말을 걸고 있는 그들의 저작물로부터 도움을 얻는다."[130]

이것은 웨슬리의 성경탐색이 '신령한 성경 읽기'를 뛰어넘는 매우 중요한 포인트다. 웨슬리는 조용한 묵상과 함께 '공동적 묵상'(communal meditation)을 그의 '듣기'(hearing) 안에 동시에 포섭함으로써, '신령한 성경 읽기'에 내포된 신비주의의 위험성을 극복한다. '신령한 성경읽기'의 궁극적인 목표는 '하나님과의 합일'이다.[131] 이 목표를 이루기 위해 '신령한 성경 읽기'는 '관상'(contemplation)을 마지막 단계에 둔다. 홀로 고독한 자리에서 행하는 묵상은 관상의 단계로 나아가고, 깊은 관상에 침잠함으로써 하나님과 하나가 되

---

130) Wesley, *Preface to Sermons on Several Occasions*, 5.
131) Jordan Aumann, *Christian Spirituality in the Catholic Tradition* (San Francisco: Ignatius Press, 1985) p. 157.

는 것이 '신령한 성경 읽기'가 지향하는 종국적인 목표다. 그러나 웨슬리의 묵상은 하나님뿐 아니라 이웃과 세계를 향해 자기를 개방하는 포괄적 '듣기'다.

다시 말해 웨슬리의 성경탐색은 교회의 전통으로부터 기꺼이 가르침을 구한다. 믿음의 선조들이 이룬 믿음의 지혜를 그들의 저작물이든 삶의 이야기든 듣고 싶어 한다. 우리 이웃들의 지혜도 환영한다. 믿음의 형제자매들이 지닌 보화와 같은 권면을 기뻐한다. 이들과 함께 모이는 공동체들 안에서의 삶은 다름 아닌 '서로에게 듣기 위한 자리'인 것이다. 때로는 믿음을 알지 못하는 이들이라도 그들로부터 듣는 것을 거절하지 않는다.[132] 이 같은 듣기에는 인내심과 겸손함이 필요하다. 남을 나보다 낮게 여기고 그들보다 낮추는 마음이 없으면 성령이 조명하는 생명의 말씀을 들을 귀가 없는 것과 같기 때문이다.

웨슬리 성경탐색의 마지막 방식은 '행함'이다. 사실 웨슬리는 '성경탐색'이라는 말을 쓸 때 '행함'(doing)이라는 말을 포함시킨 적이 없다. 그럼에도 그가 묵상이라는 말을 사용했던 몇몇 부분에서는 '순종'(obeying) 혹은 '행함'(doing)을 덧붙여 사용하기도 했으며, 또한 야고보서 1장 22절에 근거해 '말씀을 듣는 자들'(hearers of the word)과 '말씀을 행하는 자들'(doers of the word) 사이의 내적 연관성을 주장하기도 한다.[133] 이처럼 웨슬리에게 성경탐색이란 단순히 말씀을 읽는 것과 기도하는 것, 듣는 것 이외에 항상 그 말씀을 행하는 것을 의미한다. 그러니까 성경탐색은 단순히 '참된 진리'(orthodoxy)를 깨닫고 아는 것만이 아닌 '참된 행함'(orthopraxy)을 동시에 포함한 포괄적 의미를 가진다.

그런데 우리는 여기서 참된 진리, 곧 '정도'와 참된 행함, 곧 '정행'을 분리된 어떤 것으로 이해해서는 안 된다. 웨슬리는 이 양자 사이에 어떠한 간극을 허용한 적이 없다. 성경을 탐구하는 데도 마찬가지다. 성경탐색이 마치 지적인 활동의 한 부분인 양 오인해 성경의 진리를 깨달은 후에야 무엇인가를

---

132) 실제로 웨슬리는 1756년 2월 기록한 '성직자들에게 주는 권면'(An Address to the Clergy)에서 '과학 지식'조차 유용하다는, 당시로서는 매우 파격적인 주장을 내놓았다. Wesley, An Address to the Clergy, I. 2.
133) *Sermons*, The Danger of Riches, 4.

할 수 있다는, 그런 '주지주의적 사고'가 웨슬리에겐 없다. 세상 안에서의 삶과 분리되어 홀로 깊은 관상적 초월에 도달하고자 하는 '신령한 성경 읽기'의 발걸음은 웨슬리의 그것과는 본질적으로 다르다. 그에게 성경을 읽고 기도하며 듣는 것은 바로 이 과정에서 들려오는 하나님의 말씀을 이 세상 안에서 실천하는 것을 의미한다. 그런 의미에서 행함은 읽기와 기도하기, 듣기와 동시에 일어나야 하는 하나의 사건일 뿐이다. 따라서 성경탐색에 처음 임할 때부터 '행함'은 선취적으로 반드시 고려해야 할 사항이다. 성경탐색 과정에서 우리는 하나님의 뜻을 알게 될 것이기 때문에, 그 뜻을 행하겠다는 확고한 의지를 사전에 다지고 임해야 한다. 웨슬리는 이 점에 대해 이렇게 충고한다. "하나의 푯대를 정하라. 하나님의 전체의 뜻을 알기 위해 그것을 행하려는 확고한 의지를 갖고 임하라." 하나님의 뜻이 밝혀졌을 때 핑계치 말아야 한다. 하나님의 말씀은 그저 '알기 위해' 성경을 탐구하는 것이 아니다. 알려진 하나님의 뜻은 우리 의지와는 관계없이 반드시 '지체 없이' '즉각적으로' 실행해야 한다는 것이 웨슬리의 입장이다.

> "성경이 무엇을 말씀하시든 지체하지 말고 즉각적으로 순종해야 한다. 무엇을 결심하든 당신이 행할 수 있는 가장 처음에 그것을 시작하라."[134]

'즉각적으로' '지체하지 말라'고 강조하는 웨슬리의 의도는 명료하다. 바로 '행함'은 다른 성경탐색의 방도들로부터 분리될 수 없다는 의미다. 그것은 '나중으로' 연기할 수 없는 '지금 여기에서' 이루어져야 할 일이다. 성경말씀이 생명의 말씀이 되는 것은 바로 이때이다. 성경탐색이 단순한 연구나 공부가 아닌 하나님의 구원의 은총이 되는 것은 이렇게 읽기와 기도하기, 듣기와 행함이 하나의 동일한 사건이 될 때, 이들이 상호 유기적인 관계를 이루며 하나님의 말씀이 살아 있는 생명의 말씀이 되는 것이다. 웨슬리는 바로 이 순간을

---

134) Wesley, *Preface to the Old Testament Notes*, 18.

이렇게 묘사한다. "그러면 당신은 이 말씀이 지금과 영원의 구원을 위한 하나님의 능력이 됨을 알게 될 것이다."[135]

(2) 기도

웨슬리 디비니티 목회의 매우 주요한 역할을 하는 것이 '기도'다. 기도는 그의 디비니티 전 과정을 통틀어 한 지점도 관계없는 순간이 없다. 우리가 이미 살펴본 바와 같이 디비니티를 가능하게 하고 나아가게 하며 완성시키는 모든 과정은 성령이 주도하며, 이 성령의 역사를 초대하는 길이 바로 기도이기 때문이다. 웨슬리가 기도를 언급할 때 가장 애용한 비유들 중 하나가 '호흡'이다. 그런데 이와 동일한 단어가 하나님의 영, 곧 '성령'의 히브리어('루아흐')나 헬라어('퓨뉴마')에도 사용된다. 즉 성령과 기도는 모두 '하나님의 호흡'이 그 근원이다. 하나님의 호흡이라는 측면에서 웨슬리는 성령과 기도 양자 사이의 관계를 설교 '하나님으로부터 난 자의 위대한 특권'에서 다음과 같이 설명한다.

"그것(믿는 이의 영혼 안에 있는 하나님의 생명)은 즉각적으로 그리고 필연적으로 계속되는 하나님의 성령의 '호흡'(inspiration)[136]을 의미한다. 즉 영혼 속으로 불어넣으시는 하나님의 호흡과 하나님으로부터 받은 숨을 내쉬는 영혼의 호흡을 의미한다. 이것은 영혼을 향한 하나님의 지속적인 행위(action)와 하나님을 향한 인간의 반응(re-action)이며, 또한 영혼을 향한 사랑과 자비의 하나님의 쉼 없는 현존의 자기 계시와 이것을 믿음으로 인식하고 마음의 모든 생각과 혀의 모든 말들과 우리 손과 몸과 영혼의 모든 것들을 드리는 것이고, 사랑과 찬양 그리고 기도로 그리스도 안에서 하나님께 받아들여질 만한 거룩한 제사를 드리는 것이다."[137]

---

135) *Ibid*.
136) 한글성경에는 '감동'으로 번역되어 있다. 예를 들어, 딤후 3:16에서 "모든 성경은 하나님의 감동으로 된 것으로"라고 말할 때 이 '감동'은 '호흡'을 의미한다.
137) *Sermons*, The Great Privilege of Those That Are Born of God, III. 2.

다시 말해 웨슬리에게 기도는 성령과 본질상 동일한 근거를 갖고 있으며, 이 근거 때문에 우리는 기도를 통해 성령과 교통할 수 있다. 웨슬리는 이 가르침이 자신의 것이 아니라 바로 주님이 친히 주신 것임을 힘주어 강조한다. 특히 마태복음 7장 9~11절의 "너희 중에 누가 아들이 떡을 달라 하는데 돌을 주며 생선을 달라 하는데 뱀을 줄 사람이 있겠느냐 너희가 악한 자라도 좋은 것으로 자식에게 줄 줄 알거든 하물며 하늘에 계신 너희 아버지께서 구하는 자에게 좋은 것으로 주시지 않겠느냐"라는 말씀에 주목한다. 웨슬리는 이 말씀에 포함된 "좋은 것"은 바로 주님이 친히 밝히신 것처럼,[138] '성령'을 의미한다고 결론짓는다.[139] 그러므로 하나님의 은혜를 갈망하는 이들은 '기도해야 한다.' 하나님의 은혜는 성령의 역사 안에서 현실화되기 때문에 하나님의 은혜를 구하는 자는 성령의 도우심이 반드시 필요하다. 기도는 바로 성령을 우리 삶으로 초대하는 초대장이며 성령과 '소통'(communication)을 가능하게 하는 하나님의 수단이므로 하나님의 은총을 갈망하는 이는 기도를 통해 그 은총을 기다려야 한다. "하나님의 은총을 찾기 위해서는 보화를 찾는 것처럼 깊이 탐색해야 한다. 하나님 나라에 들어가고 싶은 이들은 쉬지 말고 구하고 찾고 두드려야 하며"[140] 하나님이 들어주실 때까지 "낙심치 말고" "끈질기게 구해야 한다."[141] 웨슬리는 성령을 간구하는 이들의 기도를 하나님이 결코 외면치 않는다고 확신한다. 그것은 하나님의 약속이기 때문이다. 이 약속은 단지 믿는 이들만을 위한 약속이 아니다. 믿지 아니하는 이들을 포함한 모든 이들을 향한 하나님의 은총의 약속이다. 웨슬리는 야고보서 말씀(1:5)을 바로 이 약속으로 이해한다. "너희 중에 누구든지 지혜가 부족하거든 모든 사람에게 후히 주시고 꾸짖지 아니하시는 하나님께 구하라 그리하면 주시리라." 웨슬리는 여기서 말하는 "지혜"가 바로 성령을 의미하고, 성령은 모든 이들

---

138) "너희가 악할지라도 좋은 것을 자식에게 줄 줄 알거든 하물며 너희 천부께서 구하는 자에게 성령을 주시지 않겠느냐"(눅 11:13).

139) *Sermons*, The Means of Grace, III. 2.

140) *Ibid.*, III. 1.

141) 웨슬리는 이를 설명하기 위해 떡을 빌리러 한밤중에 친구를 찾은 이(눅 11:5, 7~9), 무도한 재판관에게 끈질기게 자신의 원을 풀어 달라 탄원하는 과부(눅 18:1~5)의 예를 든다. *Ibid.*, III. 3, 4.

에게 내려주실 하나님의 "좋은 것"이며, 이는 우리의 기도로 초대된다고 확신한다.[142] 그런데 이 같은 좋은 것을 알지 못하는 까닭은 무엇인가? 바로 우리가 '기도하지 않기 때문'이다. 웨슬리는 야고보서 말씀에 의거해 이렇게 단언한다. "너희가 얻지 못함은 구하지 아니함이요."(4:2)[143]

웨슬리가 말하는 기도의 목적은 '성령의 초대'다. 성령의 임재를 통해 하나님과의 교제로 나아가는 것이 기도의 이유이며, 그렇기 때문에 기도가 말이나 외적 행위가 아닌 '마음'(heart)의 일이 된다. 웨슬리는 산상설교 VI에서 이렇게 강조한다. "우리는 기도할 때 하나님과의 교제를 유일한 목적으로 삼아야 한다. 우리가 진실한 마음을 다해 기도하는 것은 바로 그 때문이다."[144] 웨슬리에게는 마음을 드리지 않는 기도는 기도가 아니다. 위선이다. 위선자들은 마음이 하나님을 향하지 않고 '사람'을 향한다. '회당이나 시장, 거리 모퉁이' 등 사람이 모일만 한 곳에서 기도한다. 그러나 그것은 기도가 아니라 자기 자랑에 불과하며 하나님께 '혐오스러운 것'이 되고 만다.[145]

웨슬리에게 참된 기도는 마음을 온전히 하나님께 드리는 기도다. 이럴 때만이 우리는 기도라 말할 수 있다. 그런데 마음을 온전히 드리는 기도는 '말의 성찬(盛饌)'과는 본질적으로 다르다. 하나님의 뜻을 알지 못하는 이방인들은 수려하고 많은 말을 해야 하나님이 기뻐하고 들어주실 것이라고 생각한다. 그러나 마음을 드리는 기도는 '중언부언', 곧 의미 없는 말의 반복이 아니다. 염주를 세는 외적 행위와도 구분된다.[146] 그것은 "골방에 들어가 문을 닫고 은밀하게" 아버지만을 바라며, 그분과의 깊은 교제를 갈망하는 그런 기도를 의미한다.[147]

이 기도에서 가장 중요한 것은 말이나 외적 행위를 뛰어넘는 '마음의 순결함'이다. 웨슬리는 산상설교 III에서 "마음이 청결한 자만이"(pure heart) "하나

142) *Ibid*., III. 6.
143) *Ibid*., III. 6.
144) *Sermons*, Upon Our Lord's Sermon on the Mount VI. II. 1.
145) *Ibid*., II.1, 2.
146) *Ibid*., II. 4.
147) *Ibid*., II. 3.

님을 볼 수 있다"는 말씀에 주목한다. "이런 이들만이 성령을 통해 하나님 아버지와 그 아들과 더불어 가장 친밀한 친교를 가질 수 있다"는 것이 이 설교에서 말하는 웨슬리의 일관된 주장이다.[148] 기도하는 자의 궁극적 바람은 바로 이 성삼위와의 친밀한 교제다. 이 교제의 성공과 실패를 결정하는 것이 바로 '마음의 순결'이다. 마음이 순결한 자는 "은밀한 골방에 들어가 은밀한 중에 계신 아버지 앞에 마음을 쏟아 기도드릴 때나" 다른 "모든 기회를 통해" "형언키 어려운 하나님의 임재를 경험하게 된다."[149]

그렇다면 마음의 순결은 무엇을 의미하는가? '순결'은 다른 것과 섞이지 않는 순전한 마음이다. 이 마음이 향하는 초점은 오직 하나, 하나님이시다. 오직 하나님께 집중된 마음, 이런 마음을 순결한 혹은 청결한 마음이라 부른다. 그런 의미에서 순결한 마음은 '순수한 눈'(a single eye)을 가진 마음과 동의어다. 웨슬리는 조지아 선교를 위해 항해하다가 쓴 '순수한 마음의 의지'(A Single Intention)라는 설교에서 마태복음 6장 22절의 "네 눈이 성하면"이라는 의미를 "오직 하나님을 섬기고 기쁘시게 하려는 마음의 의지만을 갖는 것"이라고 이해한다. 즉 순결한 마음을 "우리의 모든 생각과 모든 말, 모든 행동이 오직 하나님만을 기쁘시게 하는 한 가지 의지만을 갖는 것"으로 이해한다.[150] 만일 우리가 이런 '순결한 마음'을 소유한다면, 이런 '성한 눈'을 소유한다면, 하나님의 빛이 우리를 비출 것이다. "모든 어둠과 의심은 그 앞에서 사라지며" 하나님의 "모든 것이 밝히 드러날 것"이다.[151]

지금까지 내용을 잠깐 정리하고 넘어가도록 하자. 기도는 성령의 역사에 대한 인간의 책임적 응답이다. 기도를 통해 우리는 성령과 교제한다. 그런데 기도의 열매는 순결한 마음에서 맺어진다. 온전한 마음의 순결에 이를 때 완전한 기도가 가능해진다. 그렇다면 온전한 마음의 순결은 어찌 이를 수 있는가? 그것은 하나님의 은총으로 말미암은 성령의 역사로만 가능하다. 성령의

---

148) *Sermons*, Upon Our Lord's Sermon on the Mount III. I. 6.
149) *Ibid.*, I. 8.
150) *Sermons*, A Single Intention, I. 1, 2.
151) *Ibid.*, I. 2.

역사는 우리의 기도를 기다린다. 여기서 우리는 하나의 결론에 도달한다. 완전한 기도에 도달하기 위해서 '우리는 기도해야 한다.' '기도로 기도에 이른다.' 이 말은 또 다른 각도에서 정리할 수 있다. '기도는 완전한 기도에 이르도록 계속 성장해야 한다.' 여기서 우리는 또다시 웨슬리의 '하나의 초점을 지향하는(telos) 성장'이라는 전형적인 디비니티 구조를 만나게 된다. 웨슬리 디비니티 구조는 기도에서도 예외가 아니다. 그것은 디비니티의 전체 흐름 안에서 하나님의 은총의 동반자 역할을 하며 디비니티의 핵심 줄기가 되는 다양한 형태의 믿음을 산출해낸다. 이 같은 내용은 좀 더 자세히 들여다보아야 한다.

기도는 종의 믿음에 관여한다. 성령의 선행적 호흡은 하나님의 선행적 은총으로부터 연유된다. 하나님의 선행적 은총은 모든 영혼을 향한 하나님의 숨결이다. 원래 인간은 이 숨결을 완벽히 받아들이고 내뿜음으로써 하나님과 온전한 교제를 이루며 살도록 창조되었다. 그러나 인간의 타락은 이 호흡을 불가능하게 만들었다. 몸은 아직 호흡하며 생명을 유지시킬 수 있으나 영혼의 호흡은 정지되어 '죽은 존재'가 되었다. 이것이 웨슬리가 말하는 "아담으로부터 유래한 모든 자가 영적으로 죄 가운데 죽었다."고 말한 의미다.[152] 그들은 숨이 멎었다. 하나님의 영과의 끊임없는 호흡 교류가 단절되었다. 영혼의 생명의 근원인 하나님과의 단절! 웨슬리는 이것을 "하나님에 대한 죽음", "하나님의 생명으로부터의 죽음"이라 부르며 "가장 두려운 죽음"이라고 칭한다.[153] 웨슬리의 용법을 따르면, 죽은 자는 기도할 수 없는 영혼이며 기도할 수 없는 영혼은 바로 죽은 자다. 이렇게 죽은 자를 향해 하나님이 창조 때와 마찬가지로 그리스도로 말미암아 다시금 자신의 거룩한 숨을 내쉬셨다. 인간이 아직 죄인 되었을 때, 인간이 호흡이 끊긴 죽은 자였을 때 하나님은 그들을 사랑하셔서 새로운 창조의 숨결, 생명의 숨결을 그들을 향해 내쉬셨다.

---

152) *Sermons*, The New Birth, I. 4.
153) *Ibid*.

성령의 선행적 호흡은 영혼이 자기의 참된 모습을 보게 한다. 그 숨결은 우리 영혼에 침투한 추악한 죄의 모습을 적나라하게 드러낸다. 이 죄악 때문에 하나님께로 나아갈 수 없으며 그의 은총으로부터 단절되었음을 깨닫게 된다. 아주 미세한 먼지가 시계를 고장 내고, 작은 모래알 하나가 시력을 방해하듯, 극히 자그마한 죄 하나라도 마음에 묻어 있으면 우리와 하나님과의 교제를 방해한다는 사실을 깨닫게 되면서 죄를 애통해하고 죄 사함을 구하게 된다. 이것이 바로 종의 믿음을 산출하는 회개의 기도다.

회개의 기도는 성령을 통한 하나님의 은총을 또 다른 차원으로 이끌어 간다. 바로 '아들의 믿음'을 간구하는 것이다. 회개의 기도에는 애통과 탄식은 있을지언정 죄로부터 놓임을 받는 칭의의 기쁨에는 아직 이르지 못한 상태다. 기도는 이 기쁨으로 초대하는 중요한 초대장이다. 간절한 기도로 성령의 호흡은 지속되고 영혼은 성령의 호흡으로 아들의 믿음에 이르게 된다. 웨슬리는 기도 없이는 '하나님의 자녀'로 받아들여지는 일이 없다고 단언한다.

> "하나님은 오직 기도에만 응답하신다. 기도 없이 회심했던 이들(이런 일은 거
> 의 있을 수 없지만)조차도 다른 사람의 기도가 있어야만 했다. 한 영혼을 새로이
> 얻는 모든 새로운 승리는 분명 기도의 결과다."[154]

이처럼 웨슬리는 기도 없는 (그것이 거듭나는 영혼 스스로 하는 기도이건 다른 이의 중보기도 결과이건 간에) 거듭남이란 불가능하다고 확신한다.

기도는 회개와 거듭남에만 관여하는 것이 아니라 어린아이가 자라 청년이 되어 가도록 하는 청년의 믿음을 갖게 하는 데도 반드시 동반되어야 한다. 거듭난 영혼은 아직 어린아이의 상태라 더욱 굳건히 성장해 나가야 한다. 기도는 바로 이런 일을 주도하시는 성령을 구하는 일이다. 기도가 없이는 이런 일이 생기지 않는다. 성령의 도우심이 없기에 청년의 믿음도 가질 수가 없다.

---

154) Wesley, *A Plain Account of Christian Perfection*, 25, Q. 38. 5.

웨슬리는 「그리스도인의 완전에 관한 평이한 설명」에서 이 점을 분명하게 강조한다. "하나님은 비록 그 자신의 은총 안에서 굳게 세운 사람들이라 해도 그들이 기회 있을 때마다 기도하지 않는다면 성령을 허락하지 않으신다."[155] 기도하는 자만이 하나님의 성령을 통한 성화의 은총을 덧입게 되고 그 영혼은 굳건히 서게 된다.

기도는 또한 영혼을 완전으로 이끄는 데도 없어서는 안 될 중요한 요소다. 기도는 성화의 완성을 이루는 하나님의 성령을 통한 완전케 하시는 은총으로 영혼을 초대한다. 그럼으로써 장년의 완숙한 믿음에 이르도록 돕고 마침내는 성화의 완전에 도달하게 한다. 이 완전한 상태에 이르렀을 때 비로소 영혼은 마음의 완전한 순결 상태에 이르고 '완전한 기도'를 할 수 있다. 웨슬리는 완전에 이른 사람의 기도를 "순결한 마음과 온전한 사랑에서 우러나오는 자연스런 기원과 서원"으로 정의한다.[156] 그는 「메도디스트의 특성」에서 이런 완전한 기도에 대해 묘사한다.

"그의 마음은 언제 어디서나 하나님께 드려져 있다. 그는 어떤 사람이나 사물에 의해 방해받거나 중단되지 않는다. 홀로 있든지 아니면 동료와 함께 있든지, 일을 하든지 혹은 휴식을 취하든지, 대화를 하든지 간에 그의 마음은 주님과 항상 함께 있다. 눕든지 일어나 있든지 그는 오직 하나님을 생각하고 있다. 그는 늘 하나님과 함께 걷고 마음의 사랑스런 눈은 하나님께 고정되었으며 어디에 있든지 보이지 않는 그분을 바라본다."[157]

이 기도를 웨슬리는 "쉬지 않고 기도한다"(prays without ceasing)라고 말한다. 이 기도는 오직 하나님을 기쁘시게 하려는 한 가지 소원 외에는 다른 어떤 것도 바라지 않는 완전한 기도다.[158]

---

155) *Ibid*., 25, Q. 38. 5.
156) *Ibid*.
157) Wesley, *The Character of a Methodist*, 8.
158) Wesley, *A Plain Account of Christian Perfection*, 25, Q. 38. 5.

기도에 대한 웨슬리 입장은 단순하면서도 매우 명료하다. 기도 없이는 하나님의 은총이 없고, 하나님의 은총이 작용하지 않는 영혼에게 회개나 칭의, 성화와 완전과 같은 디비니티의 진행을 기대할 수 없으며, 기도 없이는 구원 역사가 일어나지 않는다는 것이다. 이 같은 입장은 그의 옥스퍼드 시절부터 일찌감치 자리 잡았다. 1733년 「매일의 삶을 위한 기도모음집」(*A Collection of Forms of Prayer for Every Day in the Week*)을 출판하면서 이 기도문에 내포된 궁극적인 목표들을 제시했다. 첫째는, 자기를 부인하는 것이다. 둘째는, 이 자기부정이 자연스럽게 이끄는 것으로써, 온전히 하나님께 헌신하는 것이다. 셋째는, 더 이상 사람의 뜻이 아닌 하나님의 뜻에 따라 사는 것이다. 넷째는, 점점 더 세상에 대해서는 죽은 자가 되고 그리스도 안에서 산 자가 되는 것이다. 마지막 다섯째는, 그리스도가 내 안에 사는 것, 즉 완전함에 이르는 것이다.159) 다시 말해 웨슬리는 기도를 단순히 우리 믿음 생활의 한 부분이나 예배에서 하나의 외적 의식이 아닌 구원의 전 과정을 이루는 데 영혼이 해야 할 근원적이고 본질적인 활동으로 인식한다. 즉 웨슬리에게 기도는 구원의 시작이요 과정이며 완성을 위해 영혼이 해야 할 '생명활동'이다. 이런 관점에서 수초키(Marjorie Suchoki)가 그의 논문 "기도의 완전"(The Perfection of Prayer)에서 지적했듯이, 우리는 기도를 통해 만물을 새롭게 하시는 하나님의 은총 행위의 '동반자'(partner)라 할 수 있다. 물론 그렇다고 해서 우리가 새로운 생명의 창조, 곧 구원의 문제에서 하나님과 인간의 '수평적 협력관계'를 섣불리 상상할 필요는 없다. 기도 행위는 어디까지나 성령의 선행적 호흡(act)에 뒤따라 대응하는 후발적 행위(re-act)다. 성령의 선행적 호흡이 없이는 인간의 호흡은 애초부터 가능하지 않다. 그런 의미에서 수초키가 "우리가 기도하도록 초청하심으로써", 하나님은 "우리를 자신의 구원 행위의 동반자로 삼았다"고 지적한 것은 타당해 보인다. 말하자면 우리가 하나님의 은총의 동반자가 될 수 있었던 까닭은 "그분의 은총으로 말미암아" 기도할 수 있었기 때문

---

159) Wesley, "A Collection of Forms of Prayer for Every Day in the Week," Jackson(ed.) *Works*, vol.8, pp. 83~84.

이다.160)

'쉬지 말고 기도하는 것,' 언제 어디서나 그 무엇에도 구애받지 않고 하나님과 더불어 교제할 수 있는 상태를 의미한다. 이는 기도하는 이들이 추구할 완전한 기도의 모습이다. 그런데 여기서 우리는 주의를 기울여야 한다. 이 완전한 기도는 기도하는 자가 궁극적으로 추구해야 할 목표이지, 우리가 '이미' 이 단계에 이르지는 않았다는 사실이다. 어떤 이들은 스스로 완전한 자가 되었다고 착각하면서, 어떤 상황에도 구애받지 않고 하나님과 더불어 교제하며 24시간 기도하고 있다고 주장하고, 구체적인 기도의 행위들을 외면하거나 심지어 비하하기도 한다. 이것은 크게 잘못된 일이다. 완전함에 이를 때까지, 심지어 완전에 이른 후라도 교회가 가르쳐 온 기도의 행위들은 거룩하며 유효하게 취급해야만 한다. 웨슬리 당시에도 이런 문제가 '율법폐기주의'(antinomianism)와 관련해서 크게 부각된 적이 있다. 그는 이에 대해 다음과 같은 충고를 한다. "'나는 늘 기도하므로 개인 기도를 위해 별도의 시간을 마련할 필요가 없다.'라는 생각을 품지 않도록 주의해야 한다."161) 웨슬리의 생각은 분명하다. 우리는 늘 완전한 기도에 이르기를 소망하며 이를 향해 전진하는 사람들이고, 그렇기 때문에 하나님이 자신의 몸 된 교회를 통해 제정하신 기도에 관한 다양한 은총의 규례들을 십분 활용하여 기도를 '쉼 없이 구체적으로 실천해야 한다'는 것이다.

실제로 웨슬리는 직접 이를 실천한 사람이었다. 그는 매일 아침(4~5시)과 저녁(9~10시)을 기도 시간으로 따로 떼어 놓고 하나님과 깊은 교제의 시간을 가졌다. 뿐만 아니라 하루 네 차례(오전 9시, 12시, 오후 3시, 6시) 짧은 기도 시간들을 가졌고, 그 외에도 수시로 기도했던, 그야말로 쉬지 않고 기도를 실천한 사람이었다. 그의 기도의 실천이 때를 얻든지 못 얻든지 간에 쉼 없이 이루어진 만큼 그 기도 방식 또한 매우 다양했다. 그럼에도 웨슬리의 기도 방식에는 몇 가지 특징들이 있다.

---

160) Marjorie Suchoki, "The Perfection of Prayer," *Rethinking Wesley's Theology*, p. 51.
161) Wesley, *A Plain Account of Christian Perfection*, 25, Q. 34.

첫째, 기도 안에서(in prayer) 기도가 성장한다. 웨슬리는 기도 또한 성장의 관점에서 바라본다. 기도는 정지된 것 혹은 완성된 것이 아니다. 기도의 본질은 변함이 없을지라도 그 내용과 방식은 어린아이가 성인으로 자라듯 자라나야 한다. 우리의 영혼이 회개와 칭의, 성화를 거쳐 온전한 성화로 성장해 나아가듯, 우리의 기도도 회개의 기도, 칭의의 기도, 성화의 기도, 완전의 기도로 자라나야 한다. 어떻게 이것이 가능한가? 웨슬리는 '기도를 통해서'라고 말한다. 1731년 8월 12일 웨슬리는 더 이상 기도에 흥미를 잃었다고 고백하는 펜다브스(Mary Pendarves) 부인에게 보낸 편지에서 이렇게 권면한다. "기도에 흥미를 잃었다고 했습니까? 더 자주 기도하십시오. 이미 하루에 두 번씩 하나님께 아뢰고 있습니까? 그렇다면 하루에 세 번씩 그리 하십시오."[162] 이것은 웨슬리가 기도의 횟수를 증가시킴으로써 기도 효과를 높일 수 있다는 의미에서 말한 것이 결코 아니다. 오히려 기도의 삶은 기도로 말미암아 더욱 성장해 나갈 수 있다는 확신에서 주어진 권면이라 보아야 한다. 웨슬리는 기도를 통해 지속적으로 성장하는 기도를 제시하는 것이다.

둘째, 성경 안에서(in the scripture) 기도한다. 성경은 웨슬리 기도 생활의 '기본 텍스트'다. 그의 성경탐색에서 살펴봤듯이, 기도는 그가 성경을 탐구하는 핵심 방식이다. 이는 다른 각도에서 보자면 성경은 그의 기도의 원천이라는 의미이기도 하다. 웨슬리는 성경 안에서 기도의 이유와 방법, 그리고 그 구체적인 내용을 찾았을 뿐 아니라 살아 있는 하나님의 말씀을 만났다.

셋째, 전통 안에서(in tradition) 기도한다. 웨슬리는 1728년 초, 교회 안에서 사용해 오던 전통적인 기도문들을 취사선택해 자신의 기도 생활을 위한 기도 모음집으로 활용했다. 이 모음집이 링컨 칼리지 학생들과 옥스퍼드 메도디스트 회원들의 관심을 끌자 자신이 수집한 내용들을 정선하여 1733년 「매일의 삶을 위한 기도모음집」을 출간한다. 이 책은 자신의 경험을 살려 아침과 저녁의 규칙적인 기도와 기도 중에 자기를 진지하게 반성해 볼 수 있

---

162) *Letters*, August 12, 1731.

게 하는 원리들을 포함시켰다. 그런데 여기에 수록된 기도문들의 구조와 내용은 영국 성공회에서 전통적으로 사용해 오던 「공동기도서」(*The Book of Common Prayer*)로부터 빌려온 것이다.[163] 웨슬리는 공동기도문을 매우 애용했고, 그의 메도디스트 후예들 가운데 주로 지도급 인사들은 공동기도문을 사용하는 것을 선호했다.[164] 또한 당시에 널리 사용하던 「개인묵상집」(*Private Devotion*)을 기도의 중요 자원으로 삼았다. 특히 웨슬리는 넬슨(Robert Nelson)의 「참된 묵상을 위한 연습」(*The Practice of True Devotion*)과 스핑크스(Nathaniel Spinckes)의 「개인 묵상의 완성법」(*A Complete Manual of Private Devotions*)을 공동기도문 보충 자료로 빈번히 활용했다.

넷째, 자유 안에서(in freedom) 기도했다. 웨슬리가 공적인 기도문 및 예전적 기도문을 사용함으로써 교회의 일치성을 유지하고 신비주의 혹은 열광주의의 위험을 경계했다면, 자유로운 기도를 통해 기도의 형식화라는 또 다른 위험성을 경계했다. 우리는 웨슬리가 전통적인 예전적 기도문을 적극 활용했던 것이 글로 쓰여 있는 기도문들을 그대로 답습하기 위해서가 아니었음을 기억해야 할 것이다. 오히려 교회에 오랫동안 뿌리내려 왔던 기도문들을 기초로 새로움을 더하기 위해서였다고 보는 편이 더 정확할 것이다. 1733년 웨슬리의 기도모음집을 자세히 들여다보면 이 같은 의도를 발견할 수 있다. 웨슬리는 예전적 기도문들 사이사이에 여백을 두어 개인의 영감(inspiration)을 집어넣을 수 있도록 했다. 최고의 기도란 텍스트와 그 텍스트를 읽는 이 사이의 교감으로 형성된다는 사실을 확신했기 때문이다. 실제로 웨슬리는 예전적

---

163) 영국 성공회의 「공동기도서」는 1549년 캔터베리 대주교 토마스 크랜머에 의해 처음 소개되었다. 당시 크랜머 대주교는 성공회 교인들이 예배에서 쉽게 사용할 수 있도록 하기 위해 영어로 된 기도문을 작성했다. 이 기도문은 1552년 에드워드 6세에 의해 「공동기도서」로 인정되었지만 가톨릭을 국교로 삼으려는 메리 여왕의 즉위로 그 사용이 미루어졌다가 1559년에 이르러서야 엘리자베스 1세에 의해 공식화되어 널리 사용하게 되었다.

164) 오랫동안 메도디스트 총회 의장으로 지낸 번팅(Jabetz Bunting)은 그 대표적 인물이다. 그러나 생동감 있는 예배를 추구했던 보통의 메도디스트들은 영국 성공회의 「공동기도서」를 포함한 예전(liturgy) 사용을 좋아하지 않았다. 웨슬리 사후 수년간은 이 갈등이 첨예화되었기 때문에 1795년 총회에서 이 문제를 직접 다뤘다. 여기서 나온 타협안이 바로 '조정안'(Plan of Pacification)이다. 이 조정안에 따르면, 메도디스트들은 공동기도문 외에도 즉흥기도를 할 수 있도록 했다. *Minutes of Conference of the Methodist Church*(1795) (London: The Methodist Publishing House, 1795) p. 323.

기도문 옹호자인 동시에 즉흥기도(extemporaneous prayer)의 사용을 권면하기도 했다. 이런 태도는 당시 영국 성공회 예전을 반드시 고수해야 한다고 여겼던 고교회주의자들로부터 심하게 비난을 받았다. 그중 한 사람이 자신의 목회 전반에 걸쳐 신랄하게 비판했던 처치(Mr. Church)였다. 처치는 교회 예전은 순수하게 고수되어야 하며 즉흥기도는 참다운 기도의 길을 훼손하는 심각한 행위라고 주장했다. 웨슬리는 그에게 보낸 해명편지에서 글씨로 쓰인 예전적 기도는 반드시 지켜져야 하지만 그렇다고 즉흥기도와 배치되는 것은 아니라고 강조했다.[165]

기도를 형식화시키지 않고 성령의 역사에 생동감 있게 반응하는 살아 있는 기도를 지향하려 했던 웨슬리의 의도는 기도와 함께 찬송가 활용을 적극 권장한 데서도 알 수 있다. 실제로 웨슬리도 찬송가를 부르며 기도했을 뿐 아니라 그 내용들을 따로 읽고 묵상하는 재료로도 활용했다. 기도와 찬송 간의 상호관계에 대한 그의 이해는 1753년 그가 편집한「찬송가와 신령한 노래들」(Hymns and Spiritual Songs) 서문에서 찬송을 '기도'라고 정의한 데서 잘 압축되어 있다.[166] 1780년 후반기 출판한「메도디스트들을 위한 찬송가 모음」(The Collection of Hymns for the Use of the People Called Methodists) 서문에서는 찬송가를 "경건의 영을 고무시키고 새롭게 하는 수단"(a means of raising or quickening the spirit of devotion)이라고 강조하면서, 효과적인 기도와 경건생활을 고양시키기 위한 에너지로 활용하라고 권면했다.[167] '외마디 소리로 통해 드리는 통성기도'(ejaculation)도 예전적 기도에 매이지 않았다는 점을 보여주는 또 다른 증거다. 그는 하나님께 집중하며 모든 마음을 모아 그분을 향해 '나의 주님'이나 '찬양합니다' 등의 짧은 말로 마음을 쏟는 그런 기도를 했다.[168] 자기반성(self-examination)을 위한 체크 리스트를 기도 중에 자주 활용한 것도 그의 기도가 쓰여 있는 글자 혹은 예전적 기도문에 매이지 않았다는

165) Wesley, *The Principles of a Methodist Farther Explained*, III. 4.
166) Wesley, *Preface to Hymns and Spiritual Songs*.
167) Wesley, *Preface to the Collection of Hymns for the Use of the People Called Methodists*, 8.
168) *Sermons*, On Conscience, 19(9).

것을 보여 주는 또 다른 예이다. 웨슬리는 주로 아침과 저녁 기도시간에 스스로 자기진단을 하기 위한 질문들을 제기함으로써, 기도가 형식화되지 않고 실질적인 삶의 변화에 도움이 되도록 했다.[169]

다섯째, 공동체 안(in community)에서 기도했다. 웨슬리에 따르면, 기도는 '나'라는 경계에 머무르지 않는다. 그에게 기도란 성령의 호흡에 대한 응답의 호흡이며, 성령은 '나'라는 개인에 결코 국한시킬 수 없는 우주 만물의 영이기 때문이다. 우리가 기도하는 순간 우리는 성령의 호흡 안으로 인도되며, 이는 곧 다른 이들의 기도와 함께 성령 안에서 합류된다. 그러므로 웨슬리는 '중보기도'를 참으로 의미 있고 중요한 은총의 수단으로 인식한다. 「그리스도인의 완전에 관한 평이한 설명」에서는 다음과 같은 의미심장한 말을 한다.

"하나님의 모든 은총은 전적으로 그분의 자비하심으로 인해 베풀어지지만, 그분은 그 은총을 우리와 함께 있는 이들을 위한 기도와 가르침과 거룩한 삶을 통해 베푸시기를 기뻐하신다. 그분은 다른 이들을 위한 이 같은 중보의 사역을 통해 보이지는 않지만 강력하게 영혼을 인도하신다."[170]

우리는 때때로 남을 위한 우리 기도가 응답되었는지, 아닌지를 알지 못한다. 그러나 그 기도는 땅에 떨어지지 않는다. 우리가 의식하지 못해도, 또 기도 대상인 상대방조차도 의식하지 못해도, 그 기도는 하나님께 받아들여진다. 그렇기 때문에 우리는 '나'를 넘어서서 '너'의 영혼을 위해 기도해야 한다. 특히 웨슬리는 '나'의 죄는 물론 '너'의 죄를 위해 중보 기도가 필요하다고 역설한다. "우리는 은밀하고 말할 수 없는 탄식으로 나의 결함은 물론이고 너의 결함을 하나님께 고백해야 한다."[171] 이럴 때 우리는 우리의 기도의 대상이 누구인지조차 인식하지 못한 채 기도하지만 하나님의 선행적 은총이 그에게

---

169) *Ibid*.
170) Wesley, *A Plain Account of Christian Perfection*, 25, Q. 38. 1.
171) *Ibid*., 25, Q. 38. 2.

다가가 그를 회개로 이끌고 새로운 생명을 얻게 하기 때문이다.[172]

끝으로, 사랑의 실천 안에서(in the practice of love) 기도했다. 웨슬리의 은총의 기도는 사랑의 실천과 유리되지 않는다. 오히려 그 실천 안에서 기도하게 된다. 나를 넘어선 너를 위한 기도는 사랑의 실천 그 자체다. 우리는 기도하면 할수록 하나님을 사랑하게 되며, 이는 이웃을 향한 사랑으로 확대된다. 웨슬리에 따르면, 이렇게 이웃 사랑으로 열매 맺지 않는 경건의 일은 존재하지 않는다. 경건의 일들은 바로 하나님을 사랑하는 일이요, 하나님을 사랑하는 일은 곧 이웃을 사랑하는 일로 열매 맺기 때문이다. 따라서 기도하는 사람은 선행의 열매를 자연적으로 맺어 나간다. 이는 웨슬리의 이웃 사랑 열매가 없는 기도에 대한 매우 비판적 시각을 반영하는 것이기도 하다. 그는 산상설교 X에서 이렇게 말한다.

"당신의 기도가 하나님께 충분한 호소력을 가지려면 당신은 먼저 스스로 모든 사람을 사랑으로 대하는가를 살펴야 한다. 만일 그렇지 않다면 당신 머리 위에 축복은커녕 저주가 임할 것이기 때문이다. 당신에게 이웃을 향한 사랑이 없다면 하나님으로부터 그 어떤 축복을 기대해서는 안 될 것이다. 그러므로 당신은 먼저 이 장애물을 지체 없이 제거해야 한다. 당신의 사랑이 이웃에게, 모든 인간에게 미치는지 확인하라. 말로만 하는 사랑이 아닌 행동과 참으로 하는 사랑을 하는지 말이다."[173]

웨슬리는 이웃 사랑은 기도의 열매인 동시에 기도가 열매 맺게 되는 근본 요인이 됨을 강조하고 있는 것이다. 한마디로 기도는 이처럼 이웃 사랑의 실천 안에서 행해져야 한다.

---

172) *Ibid.*, 25, Q. 38. 5. 참조.
173) *Sermons*, Upon Our Lord's Sermon on the Mount X, 21.

(3) 성만찬(The Lord's Supper)

성례(sacraments)에 대한 웨슬리의 이해는 영국 성공회의 성례에 대한 이해와 대동소이하다. 1785년 발표한 메도디스트 25개조 신앙고백문에 포함된 성례 조항들은 영국 성공회 39개조 신앙고백에 포함된 성례 규정들을 거의 그대로 옮겨놓았다. 원래 가톨릭은 세례와 성만찬은 물론 견진성사(堅振聖事, confirmation),[174] 고해성사(告解聖事, penance),[175] 혼배성사(婚配聖事, matrimony),[176] 병자성사(病者聖事, anointing of the sick),[177] 신품성사(神品聖事, holy orders)[178]를 포함한 일곱 가지를 '성례'(sacraments)로 인정하지만, 영국 성공회는 이들 중 세례와 성만찬만 성례로 인정한다. 웨슬리는 이 같은 성공회 전통을 충실히 따랐다. 그의 신조 중 성례에 관한 신조들은 영국 성공회 성례 신조들을 거의 그대로 옮겨놓은 것이다. 웨슬리의 25개 신조(Articles of Religion)의 16번째 조항은 성례에 대해 이렇게 정리한다.

"그리스도께서 제정하신 성례는 그리스도인이라는 표식(badges) 혹은 표징(tokens)이며 또한 은총의 확실한 표지(signs)이고 우리를 향한 하나님의 선한 뜻이다. 이 성례를 통해 그리스도께서는 우리 안에서 보이지 않게(invisibly) 역사하시며 그분 안에서 우리의 믿음이 생동감 있게 되고 강화되며 확증된다. 성례에는 두 가지 종류만 있을 뿐이다. 첫째는 세례이며 둘째는 성만찬이다."[179]

웨슬리는 세례를 분명히 하나의 '은총의 수단'으로 인정했다. "세례는 성례의 제정권을 홀로 지니신 예수 그리스도가 제정한 … 은총의 수단으로, 모

---

174) 견진성사는 성직자가 교인에게 기름을 바르며 성령이 임하시기를 기도하는 안수기도를 하는 것이다.
175) 고해성사는 성직자 앞에서 교인이 하나님께 죄를 고백하는 것을 말한다. 교인의 죄 고백을 들은 성직자는 하나님을 대신해 죄의 용서를 선언하게 된다. 죄 용서를 받은 신자는 죄의 대가인 벌을 치른다는 의미로 성경을 읽거나, 선행을 하는데 이를 '보속'이라고 한다.
176) 혼배성사는 교회에서 올리는 결혼식을 의미한다.
177) 병자성사는 성직자가 몸이 불편한 교우의 몸에 기름을 바르며 치유를 비는 것을 말한다.
178) 신품성사 또는 서품예식은 성직자에게 목회를 위임하는 의식이다.
179) 굵은 글씨는 내가 강조하기 위한 것임.

든 그리스도인들이 반드시 받아야만 하는 성례다."[180] 그렇다면 세례라는 성례를 통해 어떤 하나님의 은총을 만나게 되는가? 웨슬리에 따르면, 세례를 통해 영혼은 죄 용서와 칭의, 그리고 거듭남의 은혜와 만난다.

첫째, 죄를 용서하시는 은총이다. 웨슬리는 모든 인간은 아담의 죄와 그 정죄 아래 있다는 영국 성공회 아홉 번째 신조를 충실히 따른다. 이 원죄의 정죄는 유아나 성인이나 남자나 여자나 예외 없이 적용된다. "어린이를 포함한 모든 인류는 죄 아래 있고 형벌을 받게 되어 있다." 그러나 우리는 '세례를 받음으로' 그리스도의 삶과 죽음의 공로가 우리에게 적용되는 은총을 입게 된다. 하나님은 교회 안에 제정된 세례의식을 통해 우리의 근원적 죄, 곧 우리의 원죄를 해결하시는 것이다.[181]

둘째, 칭의의 은총이다. 웨슬리는 세례를 통해 "하나님이 세우신 영원한 언약, 곧 하나님과의 새 계약으로 들어간다."고 본다. 그 새 계약은 하나님이 그리스도의 공로로 말미암아 우리를 의롭다 칭하시고 자신의 자녀로 삼으시겠다는 계약을 의미한다. 이는 "깨끗하게 하는 물을 뿌림으로 우리 죄와 허물을 더 이상 기억하지 않으시겠다."는 계약이며 동시에 "새 마음과 새 영을 부어 주심으로" 우리를 자신의 자녀로 삼겠다는 계약이다.[182] 이것은 구약의 '할례'와 대비될 수 있다. 할례가 하나님과 아브라함, 또 그의 모든 영적인 후손들 사이에 세운 계약으로서 하나님이 그들을 자신의 자녀로 삼겠다는 언약의 표지였듯이, 세례는 그리스도를 믿음으로 나아오는 이들을 자신의 자녀로 삼겠다는 새로운 계약의 표지이다.

셋째, 거듭남의 은총이다. 웨슬리는 유대인들이 할례라는 의식을 통해 유대인 신앙공동체로 받아들여지듯이, 우리는 세례를 통해 교회 일원으로 받아들여진다고 본다. 여기서 중요한 것은 웨슬리가 말하려는 '교회'의 의미인데,

---

180) Wesley, *A Treatise on Baptism*, I. 1.
181) *Ibid*., II. 1. 웨슬리는 이런 견지에서 유아세례의 필요성을 적극 옹호한다. 웨슬리에 따르면, 유아라고 해서 원죄에서 벗어날 수는 없다. 세례는 바로 이런 원죄를 해결하는 하나님의 은총의 수단이므로 반드시 세례를 받도록 해야 한다. 유아세례에 대한 웨슬리의 입장에 대해서는 *Ibid*., IV.1~10. 참조.
182) *Ibid*., II. 2.

교회는 우리가 가시적으로 보는 건물이 아닌 '그리스도의 몸'을 의미한다. 그러므로 세례를 통해 우리가 교회 일원이 되었다는 의미는 그리스도와 연합하여 한 몸이 되는 것, 그분과 더불어 하나의 생명을 공유하는 것, 하나님의 자녀로 실제적으로 거듭나는 것을 의미한다. '물과 성령으로 거듭난다'는 의미가 바로 이것이다. 세례로 말미암아 우리 영혼은 실질적으로 거듭남의 은총을 입게 된다.[183]

웨슬리에 따르면, 우리는 세례를 통해 이 하나님의 은총들과 만나며, 이렇게 될 때 '하나님 나라의 상속자' 자격을 얻는다.[184] 그런데 우리는 여기서 중대한 질문 하나를 만난다. 세례가 이렇게 명백한 하나님의 은총의 수단이라면 왜 웨슬리는 세례를 공식적으로 은총의 수단 항목에 포함시키지 않았을까? 웨슬리는 두 가지 성례 중 세례는 은총의 수단 항목에서 탈락시키고 성만찬만 남겨 놓았다. 어째서 세례는 제외하고 성만찬만 은총 항목에 남겨 놓았을까? 이에 대해 웨슬리는 자세한 설명을 하지 않는다. 다만 우리는 그 이유를 추론해 볼 수 있을 뿐이다. 김진두 교수는 세례의 횟수 문제로 그 이유를 든다. 세례는 중요한 하나님의 은총의 수단이긴 해도 평생에 단 한 번 유일회적으로 이루어지는 일이라 일반적인 은총의 수단 항목에 포함시키기 어려웠을 것이라 판단한다.[185] 나는 여기에 적어도 세 가지 이유가 더 있다고 본다. 첫째, 세례가 '개인적 성례'라는 점이다. 죄를 용서받고 의롭다 함을 입어 거듭나는 일은 결국 어떤 개인의 변화를 의미한다. '나와 너,' '너와 나'의 상호 관계에 초점이 있는 것이 아니라, 한 영혼의 내적·외적 변화와 관련 있는 성례인 것이다. 웨슬리의 은총의 수단은 고립된 개인이 아닌 '믿는 이들의 모임'이라는 공동체를 기반으로 하고 있어 세례보다는 성만찬에 강조점을 두었다고 볼 수 있다. 둘째, 세례가 완전한 구원의 기쁨에 도달하기 위한 은총의 수단으로 충분하다고는 말할 수 없다는 점이다. 세례는 성례의 첫 관문일 뿐이

---

183) *Ibid*., II. 3, 4.
184) *Ibid*., II. 5.
185) 김진두, 「웨슬리의 실천신학」p. 271.

다. 다시 말해 세례를 통해 거듭남의 단계에까진 인도되지만 완전을 향한 성화의 삶이 지속되어야 한다. 웨슬리는 이를 세례로 이루어진 은총에서 벗어나지 않고 "세례에 합당하게 산다."고 표현한다. 회개하고 믿어 의롭다 함을 얻고 거듭난 후에도 멈추지 않고 지속적으로 완전을 향해 성장해 나아가는 성화의 삶이 필요한 것이다.[186] 끝으로 셋째, 웨슬리 당시 세례의 심각한 오용 문제가 그로 하여금 세례를 은총의 수단 항목에 포함시키기를 꺼리게 했던 것 같다. 웨슬리 당시 세례는 오용되고 있었다. 거의 모든 성인들은 세례를 받았지만 참다운 그리스도인은 아니었다. 그들은 구원에 있어서 그리스도를 의지하지 않았고 그들 삶에서 하나님의 거룩함을 좇는 표지를 보기가 어려웠다. 많은 이들이 스스로 세례를 받았다고 했으나 참으로 거듭나지는 못했다. 그들은 세례를 그리스도를 믿는 신앙과 대치시켰다. 초대교회에서는 세례가 그리스도인의 변화된 삶을 유도하기 위해 중요한 역할을 감당했지만, 웨슬리 시대에는 그런 역할을 해내지 못하고 있었다.

세례도 분명 '하나님이 제정하신' 은총의 수단임에는 틀림없다. 그럼에도 세례는 이 같은 이유들 때문에 일상의 은총 수단으로 사용하기에는 많은 제약이 있었다. 다시 말해, 세례는 일생에 단 한 번 이루어지는 일회적 성례이며, 회개와 칭의 그리고 거듭남에 국한되어 현재 삶의 변화에는 직접적인 영향을 끼치지 않는다는 점 때문에 웨슬리는 은총의 수단 목록에 포함시키지 않았던 것 같다. 그러나 성만찬은 이런 결점을 완전하게 보충해 주는 성례이다. 성만찬은 세례와는 달리 '지속적이며' '공동체적이고' '포괄적이며' '현재 실제적 변화를 가져오는' 은총의 수단이다. 이 내용을 좀 더 자세히 살펴보자.

첫째, 성만찬은 지속적으로 이루어지는 은총의 수단이다. 웨슬리는 주기도문 가운데 "일용할 양식"이라는 의미를 설명하면서, 이것을 성만찬의 떡과 포도주와 동일시하면서 매일의 양식처럼 자주 먹고 마셔야 한다고 강조한

---

186) *Ibid.*, II. 5.

다.[187] 여기서 말하는 웨슬리의 '자주'(frequent)는 띄엄띄엄 이루어진다는 의미에서 '자주'가 아니다. '일정하게 지속적으로' 이루진다는 의미에서 자주이다. 웨슬리는 1732년 옥스퍼드 학생들과 메도디스트 회원들을 위해 성만찬에 대한 소논문을 작성했는데, 그 당시 널리 애독되던 넬슨(Robert Nelson)의 "크리스천 성찬을 빈번히 행할 위대한 의무"(The Great Duty of Frequenting the Christian Sacrifice, 1707년 작성)를 요약 수정한 내용이다. 이때 그는 'frequent'라는 말 대신 일정하게 지속한다는 의미의 'constant'라는 말로 의도적으로 대치시킨다. 55년 후 그가 설교용으로 새로이 작성한 설교 제목은 아예 'The Duty of Constant Communion'로 정했다.[188] 웨슬리는 성만찬을 일정하게 지속적으로 참여할 것을 강조한 것이다. 여기에는 어떤 변명도 허락되지 않는다. "받을 자격이 없다거나" "준비할 시간이 없다거나" "너무 빈번하여 성찬에 대한 경외심을 잃게 하지 않을까 염려된다거나" "실제적인 유익이 없다거나" 하는 변명도 성만찬을 일정하게 지속적으로 행해야만 하는 것을 막을 수는 없다. 이는 하나님의 명령이며 동시에 우리에게 너무나 큰 은총을 가져다주는 통로이기 때문이다.[189]

둘째, 성만찬은 공동체 안에서 믿음의 교제를 강화시키는 공동적 은총의 수단이다. 성만찬은 떡과 포도주를 먹고 마시는 공동 식사(communal feast)다. 이 공동 식사에서 나누는 것은 다름 아닌 그리스도의 살과 피, 곧 그리스도의 생명 그 자체다. 그리스도의 생명을 받아 무리를 이룬 이들이 동일한 믿음 속에서 삶의 내용과 방향을 같이한다는 것이 성만찬의 특징 중 하나다. 그러므로 세계 어디서나 성례전을 행하는 사람들은 동일한 그리스도의 지체임을 이 성만찬 안에서 경험하고 받아들이게 된다. 즉 우리는 성만찬을 통해 '함께', 십자가 위에서 수난으로 끝나는 그리스도와 부활하셔서 성령의 역사를 통해

---

187) *Sermons*, Upon our Lord's Sermon on the Mount VI. III, 11.
188) 여기서 사용한 constant도 웨슬리의 독창적인 단어는 아닌 것 같다. 이 용어는 옥스퍼드 엑시터(Exeter) 칼리지 학장이었던 버리(Arthur Bury)의 논문 "지속적인 성찬"(The Constant Communion, 1681년 작성)에서 연유되어 보인다. 웨슬리 당시 메도디스트 회원들은 이 논문을 애독했다. 김진두 교수, 「웨슬리의 실천신학」p. 286 참조.
189) *Sermons*, The Duty of Constant Communion, II. 22.

성만찬 현장에 임재하시는 영광스러운 그리스도를 체험한다. 이처럼 성만찬은 각 영혼이 공동체 모체인 그리스도의 몸에 연결되게 하는 결합의 성례다. 이것이 바로 웨슬리가 바라보는, 예배에서 성만찬이 하는 역할이다. 그에 따르면, 이스라엘 사람들이 행했던 구약의 예배는 곧 제사(sacrifice)였으며, 이 공동적 제사에서 제사장이 성소로 가져다 놓은 피의 제물을 바라보며 온 백성이 함께 그 의미를 되새기고 하나님께 마음을 드렸던 것처럼, 예배로 나아온 사람들은 성만찬에 참여함으로써 그리스도를 발견하고 기억하며 그분에게 온 마음을 드린다.[190] 이 예배는 장차 이루어질 천국의 축복에 대한 하나의 예증이기도 하다. 이 땅에서 경험하는 이 같은 영적 교제는 앞으로 천국에서 경험할 천국 잔치, 곧 그리스도와 더불어 먹고 마시는 영원한 교제의 표상이다.[191]

셋째, 성만찬은 폭넓은 범위를 갖는 은총의 수단이다. 웨슬리에 따르면, 하나님은 성만찬을 통해 인간의 구원에 필요한 다양한 형태의 은총을 베푸신다. 하나님은 성만찬을 통해 과거에 범했던 죄를 용서하고 그 용서의 은총을 확신시키신다.

"우리가 하나님께 죄를 범했음을 깨달았을 때, 십자가에 죽으신 주님, 그리고 우리 죄를 씻기기 위해 고난을 당하신 주님을 바라보는 것 이외에 그 무엇으로 그분으로부터 용서함을 받을 수 있겠는가. 성만찬을 통해 주시는 하나님의 은총은 죄의 용서를 확신하게 하며 그 죄로부터 자유롭게 한다."[192]

뿐만 아니라 성만찬을 통한 하나님의 은총은 우리 영혼을 지속해서 자라게 하고 온전한 하나님의 형상에까지 이르게 한다.

---

190) John and Charles Wesley, *Preface to Hymn on the Lord's Supper* (London: Kershaw, 1825) Section VI. 3.
191) *Ibid.*, Section V. 참조.
192) *Sermons*, The Duty of Constant Communion, I. 3.

"우리 몸이 떡과 포도주로 강건해지는 것처럼 우리 영혼은 그리스도의 몸과 피의 표징으로써 (성만찬을 통해) 강건해진다. 이것은 바로 우리 영혼의 양식이 며, 이 양식으로 우리는 승리하는 삶을 살며 완전한 삶에 이르게 된다."[193]

성만찬은 회개의 은총과 칭의의 은총, 성화의 은총과 완전케 하는 전 구원 의 과정에서 필요한 은총의 통로인 것이다. 그런 의미에서 성만찬이야말로 하나님의 은총을 전달하는 "위대한 통로"(a grand channel)라 할 수 있으며,[194] 그러므로 우리는 떡과 포도주를 먹고 마시는 일에 열심을 다해야 한다. 웨슬 리의 강한 권면의 말을 직접 들어보자.

"만일 우리가 죄 용서를 원한다면, 만일 우리가 하나님을 믿고 사랑하며 순종하 는 삶을 살고 싶다면, 주의 만찬에 참여할 기회를 결코 무시해선 안 될 것이다."[195]

넷째, 성만찬은 매우 현실적이고 실제적인 은총의 수단이다. 웨슬리는 성 만찬을 '기념'(memorials)으로 이해한다. "성만찬은 과거에 일어났던 주님의 죽으심과 고난에 대한 기념이다."[196] 주님은 십자가에 못 박히시기 바로 전 에 성만찬을 제정하시고 너희가 이를 행하여 "나를 기념하라"(고전 11:24) 하 셨다. 이것은 무엇보다도 십자가의 수난을 당하시고 부활하신 주님의 희생 을 회상하고 그 부활의 승리와 귀하신 교훈을 되새기는 성례전으로서 성만 찬을 강조하는 것이다. 웨슬리에 따르면, 이 회상은 유대 민족이 이집트로부 터의 해방을 회상하면서 하나님의 현재적 역사를 재경험하는 유월절 식탁과 같은 성격의 성만찬이 되어야 한다고 말한다.[197] 이것은 츠빙글리(Huldrych

---

193) *Ibid*. ( )는 이해를 돕기 위해 첨부하였음.
194) *Sermons*, Upon Our Lord's Sermon on the Mount VI, III. 11.
195) *Sermons*, The Duty of Constant Communion, I. 3.
196) John and Charles Wesley, *Preface to Hymn on the Lord's Supper*, Section II, 1.
197) *Ibid*., Section II. 3.

Zwingli)가 언급했던 기념과 동일한 의미가 아니다. 츠빙글리는 성만찬에 사용되는 떡과 포도주가 그리스도의 희생을 단순히 기념하기 위한 표시이며, 그리스도의 구속 행동을 회상케 할 뿐이라고 말하지만,[198] 웨슬리는 그리스도의 고난과 죽음을 현재 우리의 삶 가운데에서 실제로 체험하는 그런 기념이라는 점에서 츠빙글리와는 입장이 다르다. 웨슬리에게 "떡과 포도주는 단지 기념만이 아니라 실제로 풍성한 은총을 가져다준다"[199]는 의미에서 "현재적 은총의 표징"(a sign of the present grace)인 것이다.[200] 즉 떡과 포도주를 먹고 마시는 것은 예수 그리스도의 살과 피를 먹고 마시는 것이요 그분과 하나가 되어 그 안에서 살아가는, 불가분리 관계가 맺어지는 것을 의미한다. 그러나 여기서 우리는 성직자의 기도를 통해 떡과 포도주가 '실제로' 그리스도의 피와 살이 된다는 가톨릭의 화체설(化體說, Transubstantiation)[201]과는 혼동하지 말아야 한다. 웨슬리가 의미하는 바는 떡과 포도주가 실제로 성직자의 기도를 통해 그리스도의 피와 살로 물질적인 변화가 일어나는 것이 아니라, 우리가 몸과 영혼을 온전히 거룩한 산제사로 드릴 때 하나님은 성령을 통해 우리에게 그 아들의 몸과 피를 주시고, 그 아들 그리스도는 자신이 이룬 모든 구속적 기념 가운데 임재하셔서 친히 교제를 나누시고 현재에서 구속의 일을 행하신다는 것이다.[202] 그렇기에 성만찬은 거룩한 제사(sacrifice)이기도 하

---

198) 츠빙글리는 성만찬이 십자가상의 구속 사역을 회고하는 감사의 기념일뿐이라는 기념설(memorialism)을 주장했다. 이 같은 츠빙글리의 성만찬론은 그가 성만찬의 물질이 예수 그리스도의 인성, 곧 가시적인 육으로 변화한다는 가톨릭교회의 화체설과는 정반대의 입장을 견지한다.

199) John and Charles Wesley, *Preface to Hymn on the Lord's Supper*, Section IV, 3.

200) *Ibid.*, Section III.

201) 화체설은 9세기 초 정식으로 제안된 것으로, 13세기 제4차 라테란 공회(Laterian Council)에서 정식으로 인정되었고, 16세기 트렌트 공회에서 신조로 확정되었다.

202) 웨슬리는 1732년 2월 28일 어머니 수산나에게 보낸 편지에서 자신은 어머니의 성만찬에 대한 이해에 동의한다고 말하면서 이렇게 요약한다. "우리가 (가톨릭의) 화체설에 동의하지 않는 한 그리스도의 인성이 그 떡과 포도주 안에 포함된다는 주장을 받아들일 수 없습니다. 그렇지만 저는 그것을 (믿음으로) 받을 준비가 된 사람들은 그리스도의 신성과 하나가 된다는 것을 확실하게 믿습니다. 비록 그 하나 됨이 너무나 신비한 일이긴 해도 말입니다." 이것은 바로 웨슬리가 영국 성공회의 성만찬에 대한 기본 입장과 다르지 않다는 명백한 증거이다. 영국 성공회의 신앙고백문 39조 중 28조에서는 떡과 포도주가 성만찬을 집전하는 성직자의 축성으로 그리스도의 몸과 보혈로 변한다는 화체설에 반대 입장을 분명히 하고, 떡과 포도주는 그것을 받는 자의 '믿음 가운데' '성령의 능력으로 임재한다'고 표명하고 있다. *Letters*, February 28, 1732. 그리고 영국 성공회의 *Articles of Religion*, XXVIII.

다. 주님께서 떡을 쪼개 나눠 주시면서 "이것은 너희를 위하여 주는 내 몸"(눅 22:19)이라 말씀하시고, 잔을 부어 주시면서 "이것은 많은 사람을 위하여 흘리는 나의 피 곧 언약의 피"(막 14:24)라고 말씀하신 것은 그리스도께서 인간의 죄를 대속하시기 위해 단번에 드리는 희생제물이 되셨음을 뜻한다. 여기서 성찬 참여자는 더 이상 죽음을 통한 희생 제사를 드릴 필요가 없으며, 대신에 자신들의 몸을 지금 여기에서 거룩한 산제사(롬 12:1)로 드리는, 거룩한 성화의 삶을 추구해야 한다.[203]

웨슬리는 이 같은 성만찬의 지속성과 그 공동체적 성격, 폭넓은 효과와 그 실제적인 효과 때문에 성만찬을 은총의 수단 가운데 하나로 확고히 자리매김했다. 하나님의 은총을 진정 기대한다면, "누구든지 떡과 포도주를 먹고 마셔야만 한다."[204] 이 일은 해도 좋고 안 해도 좋은 그런 일이 아니다. 모든 이들이 반드시 해야 하는 하나님의 명령이다. 웨슬리는 '은총의 수단' 설교에서 고린도전서 11장 23~26절을 주목하며,[205] '먹고 마시라'는 주님의 말씀이 해도 좋다는 단순한 허락의 차원이 아닌 '명령의 차원'(in the imperative mood)에서 주어졌음을 성경으로부터 확증한다. 이 명령은 이미 믿음으로 의롭다 함을 입고 평강과 기쁨으로 충만한 아들의 믿음에 이른 이들뿐 아니라, 아직 자신의 죄를 의식하면서 슬퍼하고 괴로워하는 종의 믿음에 머무는 이들 모두에게 해당하는 명령이다.[206]

"그러므로 세상 끝 날까지 주님의 죽으심을 기념하기 위해 떡과 포도주를 받아야만 한다. 이 명령은 주님께서 우리를 위해 자신의 생명을 내어놓을 때 친히

---

203) John and Charles Wesley, *Preface to Hymn on the Lord's Supper*, Section, VI and VII.
204) *Sermons*, The Means of Grace, III. 11.
205) "내가 너희에게 전한 것은 주께 받은 것이니 곧 주 예수께서 잡히시던 밤에 떡을 가지사 축사하시고 떼어 이르시되 이것은 너희를 위하는 내 몸이니 이것을 행하여 나를 기념하라 하시고 식후에 또한 그와 같이 잔을 가지시고 가라사대 이 잔은 내 피로 세운 새 언약이니 이것을 행하여 마실 때마다 나를 기념하라 하셨으니 너희가 이 떡을 먹으며 이 잔을 마실 때마다 주의 죽으심을 그가 오실 때까지 전하는 것이니라."
206) *Sermons*, The Means of Grace, III. 11.

우리에게 주신 명령임을 기억해야 한다."[207]

그렇다면 이 성만찬에는 그 어떤 제한도 없는가? 조지(Raymond George)가 지적했듯이, 적어도 초기 웨슬리는 영국 성공회 내 고교회주의자들을 따라[208] 성만찬에 참여하는 사람들에 대해 엄격한 자격 기준을 마련했던 것 같다.[209] 실제로 그는 조지아 선교 당시 성만찬에 참여하기 위해서는 영국 성공회 성직자에게 세례를 받을 것, 미리 성직자에게 통보할 것, 성찬을 받기에 합당치 않는 자는 일정한 훈련을 받을 것 등의 조항을 철저히 지켰다. 바로 이 문제 때문에 웨슬리는 조지아에서 윌리엄슨(Williamson) 부부에게 고소를 당해 큰 어려움을 겪기도 했다.[210] 그러나 웨슬리의 이런 입장은 그의 디비니티가 자리 잡아 가면서 점차 변화해 갔다. 특히 메도디스트 운동이 본격화될 즈음 세례를 더 이상 성만찬에 참여키 위한 전제조건으로 삼지 않았다.[211] 그는 세례를 받았든 그렇지 않았든 간에 성만찬은 사람들의 죄성을 일깨우고 새로운 삶으로 변화할 수 있게 한다고 확신했다. 만일 사람들이 어떤 수준이든 믿음을 갖고 성만찬에 임한다면 그곳에서 그리스도를 만날 수 있으며 그분이 주시는 은총으로 영혼이 변화할 수 있다고 보았다. 또 그래서 찰스 웨슬리는 모든 이를 성찬 테이블로 초청하는 찬송시를 쓸 수 있었던 것이다.

---

207) *Sermons*, The Duty of Constant Communion, I. 1.
208) 이들은 주로 영국 성공회 성직자들로서 공동 통치자였던 윌리엄 3세와 메리 2세의 왕권에 반대했던 '선서거부자'(Non-jurors)들이었다. 신학적으로는 가톨릭에 가까웠던 고교회주의자들이었으나 가톨릭을 국가종교로 부활시키려던 윌리엄과 메리를 정치적인 이유로 반대했다.
209) A. Raymond George, "Means of Grace," *A History of the Methodist Church in Great Britain* vol.1, ed., by Rupert Davies, A. Raymond George, Gordon Rupp (London: Epworth Press, 1965) p. 263.
210) 윌리엄슨 부부와의 불화는 다소 복잡하다. 부인 소피아 윌리엄슨(Sophia Williamson)은 웨슬리와 매우 각별했던 사이로 결혼까지 염두에 두었던 여성이다. 그러나 결국은 윌리엄 윌리엄슨(William Williamson)과 결혼하게 되었고, 이 일로 웨슬리는 이들 부부와 좋지 않은 감정을 가졌던 것은 사실이다. 그렇지만 이 부부에 대한 성찬식 거절이 꼭 이런 개인적 감정 때문이라고 보기는 어렵다. 이 부부는 웨슬리의 고교회주의적 성찬거절 사유에 해당하는 조항을 위반했다. *Journals*, July 3, August 8, August 22, 1737 참조.
211) John C. Bowmer, *The Lord's Supper in Early Methodism* (London: Dacra Press, 1951) pp. 103~122.

"죄인들이여, 복음의 잔치로 나아오라. 모든 영혼들은 예수의 손님들. 하나님이 모든 이를 부르시니, 숨지 말고 나아오라. 복음 잔치로 나아와 참예하라. 죄에서 구원을 받으라. 예수 안에서. 주의 선하심을 맛보라 그분의 살과 피를 먹고 마시라. 너의 눈앞에 서 있는 그분을 보라. 피 흘리시는 어린양을 보라. 그분의 사랑은 너를 기다린다. 값없이 주시는 은총으로 구원을 받으라."212)

그러나 이러한 조건 없는 초청이 성만찬을 경시하는 핑계가 되어서는 안 된다. 하나님의 은총이 값없이 주어지는 것은 맞지만 그 은총 자체가 값이 없다는 의미가 아닌 것처럼, 성만찬은 값없이 누구에게든 열려 있는 은총의 잔치인 것은 틀림없지만 성만찬 자체가 값이 없다는 말은 아니다. 오히려 성만찬은 무엇보다 귀중하게 취급해야 할 하나님의 은총의 수단이다. 웨슬리에 따르면, 성만찬을 무의미하게 받아들이는 것을 경계해야 하며,213) 할 수만 있다면 기도로 준비하고 자기를 돌아봐야 한다고 권면한다. 어떤 이유에서든 이런 준비가 어렵다면 최소한 '마음의 준비'를 해야 한다.214)

지금까지 살펴보았듯이 웨슬리에게 성만찬은 매우 중요한 은총의 수단으로 간주된다. 그는 성만찬주의자라는 별명을 얻을 정도로 스스로 정기적이고 지속적으로 성만찬에 참여했으며, 메도디스트들에게 성만찬 참여를 독려했다. 이러한 태도는 그의 전 생애를 통해 변함이 없었다. 어린 시절과 옥스퍼드 시절, 조지아 선교사 시절과 올더스게이트 체험 이후 목회가 본격화되었던 시절, 이 모든 기간에 그는 성만찬과 더불어 살았다 해도 과언이 아니다. 특히 성만찬을 그의 목회의 궁극적 관심이었던 하늘 가는 길, 즉 디비니티를 완성하는 데 중요한 도구로 인식하면서 자신의 목회 중심으로 삼았다. 이처럼 목회자 웨슬리에게 성만찬은 모든 이에게 열려 있으며, 하나님이 자신의

---

212) *The United Methodist Hymnal* (The United Methodist Publishing House, 1989) No. 616.
213) *Sermons*, The Duty of Constant Communion, II. 8.
214) *Ibid*., I. 6.

은총을 찾고 두드리는 이들을 기꺼이 이 성만찬 가운데 만나시며 그들에게 충만한 생명의 양식을 허락하시는 거룩한 자리였다. 그래서 그는 일평생 사람들을 하나님의 위대한 은총의 수단인 성만찬 테이블로 초청하는 삶을 살았던 것이다.

(4) 금식(fasting)

웨슬리에게 금식(fasting)은 일반적으로 '음식을 먹지 않는 것'을 의미하지만 여기에는 완전히 음식을 끊기 어려운 병자나 몸이 약한 사람들에게 적용되는 음식 양이나 질을 조절하는 절식(節食, abstinence)도 포함된다.[215] 웨슬리는 스스로 금식을 실천하는 데 열심이었고 또한 메도디스트에게 강력하게 권했다. 이러한 금식에 관한 관심은 그의 청년 시절부터 깊어진 것 같다. 1725년 12월 1일자 일기를 보면, 옥스퍼드 생활 중 부주의하게 짓는 죄와 투쟁하면서 이를 이기기 위해 매주 수요일 금식을 포함한 경건 생활을 결심하게 되었다고 기록되어 있다.[216] 그러나 웨슬리의 지속적인 금식 실천은 1732년에 이르러서야 비로소 본격화되었던 것 같다. 그 해 10월 18일 웨슬리는 옥스퍼드 메도디스트 일원이었던 윌리엄 모건(William Morgan)의 아버지 리처드 모건(Richard Morgan)에게 자신이 실행했던 금식 등의 엄격한 경건 생활이 윌리엄을 사망에 이르게 했다는 항간의 소문에[217] 대해 해명하는 편지를 쓴다. 그 내용인즉 수요 금식을 6개월 동안 정기적으로 하고 있었던 것은 사실이지만 오직 그것을 지킨 이는 웨슬리뿐이었다는 것이다.[218] 여러 정황을 미루어 볼 때 옥스퍼드 메도디스트들이 모두 정기적인 금식을 했는지는 몰라도 당시 영국 성공회에서 유명무실화되었던 금식을 재고했던 것만은 사실이었

---

215) *Sermons*, Upon Our Lord's Sermon, on the Mount VII, I. 1 and 4.
216) *Journals*, December 1, 1725.
217) 윌리엄 모건은 1731년 6월 홀트(Holt)라는 곳에서 병을 얻어 1732년 6월 5일 옥스퍼드를 떠나 아일랜드 더블린으로 돌아간다. 그는 그해 8월 25일 끝내 그곳에서 사망하는데, 그의 사망이 웨슬리의 엄격한 경건 생활의 강요 때문이라는 소문이 일었다. 리처드 모건은 11월 25일 그런 소문을 일축하고 웨슬리에게 감사하다는 편지를 쓴다.
218) *Letters*, October 18, 1732.

던 것 같다. 웨슬리는 사반나에서도 금식을 시행했으며 여기서는 때때로 절식을 시행해 보기도 한 것 같다. 1736년 3월 30~31일자 일기에서는 그와 그동료들이 오직 거친 빵만을 먹는 절식을 실험했다고 적고 있다.[219] 금식에 대한 명확하고 체계적인 규칙은 1739년 8월 17일 그가 많은 신도회 회원들과 함께 동의한 금요일 금식 규정이다. 그들은 모든 금요일을 금식 혹은 절식의 날로 지키기로 동의하고 신성회(holy club) 회원들에게 동참을 권면했다.[220] 웨슬리는 목회 초기 일주일에 두 번씩 수요일과 금요일에 규칙적으로 금식을 했다. 이후로는 수요 금식을 제외시키고 매주 금요일 금식을 실천했다. 웨슬리가 택한 방식은 목요일 저녁 이후부터 금요일 오후 티타임(tea time, 대개 5시경) 이전까지 하는 금식이었다. 종종 이보다 더 긴 시간 동안 금식을 했지만, 그것은 단지 시간의 연장이 아닌 하나님께 집중하는 시간을 더 갖고자 하는 열망에서 비롯되었다.

웨슬리가 금식을 실천하는 데 스스로 힘썼을 뿐 아니라 메도디스트들에게 금식을 강조한 이유는 금식을 '은총의 수단' 가운데 하나로 간주했기 때문이다. 금식은 '대회의록'에서는 제도화된 은총의 수단 중 하나로, 그리고 그의 설교 '열심에 관하여'에서는 경건의 일들에 포함된 은총의 수단으로 간주된다. 웨슬리에 따르면, 사람들이 금식하는 동기가 여러 가지다. 슬픔이나 두려움 같은 감정에 사로잡혀 일상의 식사까지도 잊어버리는 경우가 있다. 사울 왕이 이러한데, 그는 "블레셋 군대가 쳐들어오고" "하나님이 자신을 떠났다고 생각될 때" "하루 종일 아무것도 먹지 못했다."(삼상 28:15, 20) 자신의 죄를 직면해 하나님의 진노를 두려워할 때도 금식을 하게 된다. 하나님 없이 세상을 의지해 오던 삶에 대한 깊은 회의, 그리고 그에 대한 하나님의 무서운 심판이 기다리고 있음을 알게 될 때 "주님, 구원하소서. 죽게 되었나이다."라고 외치며 식음을 전폐하게 된다.[221] 이 두 가지는 영혼 안에 생긴 슬픔과 두

---

219) *Journals*, March 30~31, 1736.
220) *Journals*, August 17, 1739.
221) *Sermons*, Upon Our Lord's Sermon, on the Mount VII, II. 1, 2.

려움 등의 정감으로 자연스럽게 금식에 이르렀다면, 의도적으로 어떤 목적을 두고 금식에 임하기도 한다.

우선, 절제 없는 삶을 견제하기 위한 금식이다. 탐식과 같은 육신의 욕망에 이끌려 가는 것을 방지하기 위한 금식이 그중 하나다. "영혼의 술 취함" 곧 모든 영적 감각들을 무디게 하는 것을 방지하기 위한 절제 수단으로서의 금식이다.[222] 이로써 영적 감각을 무디게 하는 것을 방지할 뿐 아니라 더 증진시키는 수단으로 사용하기도 한다. 금식은 또한 자신의 방종한 생활에 대한 일종의 자기 형벌로서, 자기 영혼에 대한 일종의 경계로 사용하기도 한다. 이는 지난 삶을 반성하며 다시는 그 자리로 돌아가지 않겠다는 결심을 유지시키기 위한 금식인 셈이다. 마지막으로, 웨슬리는 우리가 금식해야 할 가장 중요한 이유를 드는데, 바로 "기도에 도움이 되기 때문이다."[223] 실로 금식은 기도에 유익하다. 금식과 더불어 행하는 기도를 통해 하나님은 우리가 '삼층 천'에 이르도록 하는 것을 기뻐하신다. 즉 우리는 금식과 기도를 통해 순결함과 영혼의 참됨, 신실함과 양심의 민감함, 온유함과 세상에 대해 죽는 것, 최종적으로는 하나님에 대한 사랑과 모든 거룩한 하늘의 정감들을 고양시키는 데까지 나아가게 된다.[224]

금식을 하는 이 같은 이유들을 종합해 보면 금식이 하나님의 구원을 위한 다양한 은총들과 맞닿아 있음을 알게 된다. 그 첫째는 회개케 하시는 은총이요, 둘째는 용서하시는 은총이요, 셋째는 성화케 하시고 완전케 하시는 은총이다. 금식은 자신의 죄를 통회하고 그 죄를 용서하시는 은총을 간절히 구하는 수단이며, 또한 죄로부터 용서함을 받은 이후에도 다시는 죄의 종이 되지 않고 굳건히 서서 온전한 하나님의 형상에 도달하도록 하나님의 도움을 구하는 수단인 것이다. 다시 말해, 금식은 다른 은총의 수단과 마찬가지로 회개와 거듭남, 성화와 완전에 이르는 하나님의 구원의 전 과정에 매우 유용한 수단

---

222) *Ibid.*, II.4, 5.
223) *Ibid.*, II. 6.
224) *Ibid.*

이다. 차이가 있다면 이 은총의 수단은 독단적으로 진행되는 것이 아니라 주로 기도에 의존한다는 점이다. 웨슬리는 이를 다음과 같이 요약한다. "기도와 금식은 하나님이 지정하신 은총의 수단이며", 이것은 "하나님이 분명하고도 명시적으로 드러낸 계시이다." 그는 이 사실을 성경적 사실, 곧 선지자 요엘을 통해 주신 약속을 통해 확신한다. 그에 따르면 "하나님은 금식과 눈물과 애통으로 자신을 찾는 이들에게" "새 포도주와 기름을 주시고" "열국 중에서 욕을 당하지 않게 하시며" "먹되 풍족히 먹게 하시고" "그들의 하나님이 되시며" "성령을 부어 주신다."²²⁵⁾

그렇다면 우리는 금식이라는 하나님의 은총의 수단을 어떻게 사용해야 하는가? 웨슬리에 따르면, 모든 다른 은총의 수단들이 그러하듯 금식도 과대평가와 과소평가의 양대 위험 속에 놓여 있다. 금식을 과대평가하는 극단적인 예는 율법의 적용이다. 율법주의자들은 금식을 '율법적 의'를 획득하기 위한 공로로 간주하며 엄격한 실천을 강조한다. 이와는 정 반대 입장이 금식을 과소평가하는 것인데, 이는 믿음만이 구원에 필요하다고 주장하며 모든 율법의 의무를 준수하는 것을 거부하는 율법폐기주의자들의 입장이다. 웨슬리는 이 같은 두 극단이 모두 '믿음과 행위' 양자 사이를 분리시키는 '마귀의 궤계'라고 단정한다. "어떤 이들은 믿음만을 지나치게 강조하여 선행을 전적으로 무시하는가 하면 … 어떤 이들은 선행을 칭의의 원인 혹은 선행적으로 준비해야 할 조건으로 주장하기도 한다."²²⁶⁾ 이러한 위험 속에서 웨슬리가 취한 태도는 무엇인가? 그는 다음과 같은 말로 자신의 해결책을 설명한다.

"그렇지만 참된 진리는 이들 두 가지 주장들 가운데 자리 잡고 있다. … 그것은 하나님이 정하신 수단일 뿐이며 수단으로서 적절하게 사용할 때 하나님은 반드시 그 안에서 축복을 베푸실 것이다."²²⁷⁾

---

225) *Ibid.*, II. 11.
226) *Ibid.*, 1~4.
227) *Ibid.*, 4.

웨슬리는 금식을 적절한 수단으로 실천하는 몇 가지 지침을 제시한다.

첫째, 우리는 금식이 주님을 향한 것이 되도록 해야 한다. 이는 금식하는 자의 '의도'(intention)에 관한 문제다. "여기서 우리의 의도는 다음과 같아야 한다. 하늘에 계신 우리 아버지를 영화롭게 하는 것, 그분의 거룩한 법을 어긴 행위들에 대한 슬픔과 부끄러움의 표현, 우리의 정감을 하늘의 것에 집중하면서 정결케 하시는 은총을 더해 주시기를 기다리는 것, 우리의 기도에 진지함과 성실함을 덧입히는 것, 하나님이 진노를 돌이키시기를 바라는 것, 예수 그리스도 안에서 우리에게 주신 크고 귀한 약속들을 얻는 것이다."[228]

둘째, 금식을 어떤 공로로 생각하지 않도록 해야 한다. 이에 대해서는 여러 차례 경계한다 해도 지나치지 않다. 우리 마음 안에는 항상 하나님 은총이 아닌 우리 공로를 내세워 의를 취하려는 욕망이 자리 잡고 있기 때문이다. 즉 금식을 통해 하나님의 축복을 가져올 수 있다는 생각 자체를 멀리해야 한다. 금식은 '하나님이 스스로 세우신 은총의 수단'이라는 사실을 한시도 잊어서는 안 된다. 우리는 금식을 통해 우리 자신의 공로와는 관계없이 주시는 하나님의 은총을 기다린다.[229]

셋째, 금식이 몸을 괴롭게 하는 수단이 아닌 하나님의 뜻에 따른 거룩한 근심을 추구하기 위한 것이어야 한다. 몸을 괴롭게 하는 금식은 '무익한 수고'일 뿐이다. 영혼을 위해 육체를 상하게 하는 것은 하나님의 뜻이 아니며 오히려 하나님의 선물인 건강을 해치는 일이 될 수도 있다. 중요한 것은 '통회하는 마음'이다. 이처럼 "하나님의 뜻대로 하는 근심"은 "후회할 것이 없는 구원에 이르게 한다."(고후 7:10)

> "이러한 거룩한 근심은 … 회개에로 인도되고, 심령이 변화되며, 하나님의 형상대로 새로워져서 … 마침내 모든 행실에서 하나님이 거룩하신 것같이 우리도

---

228) *Ibid.*, IV. 1.
229) *Ibid.*, IV. 2.

거룩하게 되는 것이다."230)

넷째, 금식은 기도와 함께 이루어져야 한다. 우리는 금식에 임할 때 우리 영혼 전체를 하나님께 내어놓고 죄를 고백하고 그분의 은총을 겸손히 바라야만 한다. 뿐만 아니라 다른 이들을 위해 하나님 나라가 이 땅에 임하도록 하는 기도 또한 병행해야 한다. 금식을 기도와 함께 실천하는 일은 사도들이 몸소 보여 주었고 또한 주님께서 친히 말씀하신 바이다.231)

끝으로 금식은 구제와 함께 진행해야 한다. 경건의 일은 자비의 일과 단절되어서는 안 된다. 하나님이 기뻐하시는 금식은 선지자 이사야의 가르침처럼 "흉악의 결박을 풀어 주며 멍에의 줄을 끌러 주며 압제 당하는 자를 자유케 하며 모든 멍에를 꺾는 것"이며 "주린 자에게 네 식물을 나눠 주며 유리하는 빈민을 네 집에 들이며 벗은 자를 보면 입히며 또 네 골육을 피하여 스스로 숨지 아니하는 것"이다. 이렇게 할 때 하나님은 우리의 금식을 기쁘게 받으실 것이며, 다음과 같은 은총으로 우리에게 답하실 것이다.

"네 빛이 아침같이 비칠 것이며 네 치료가 급속할 것이며 네 의가 네 앞에 행하고 여호와의 영광이 네 뒤에 호위하리니 네가 부를 때에는 나 여호와가 응답하겠고 네가 부르짖을 때에는 말하기를 내가 여기 있다 하리라."232)

웨슬리는 금식(음식을 줄이는 절식을 포함)이 은총의 수단임을 확고히 믿었다. 그는 구약 시대 사람들은 물론이고 예수 그리스도의 제자들도 그 유익을 알기에 금식을 실천했고 가르쳤다고 강조했으며, 그러므로 메도디스트들도 같은 길을 가지 않을 이유가 없다고 보았다.233) 그러나 그럼에도 웨슬리의 이

---

230) *Ibid.*, IV. 5.
231) *Ibid.*, IV. 6.
232) 구약성경, 이사야 58:6~11, *Ibid.*, IV. 7.
233) Charles Yrigoyen, Jr., *John Wesley: Holiness of Heart and Life* (New York: The United Methodist Church, 1996) p. 33.

런 바람은 이루어지지 않았다. 그의 말년에 이르러 벌써 메도디스트 내에서는 금식에 대한 열심이 서서히 식어 갔다. 1790년의 설교 '기독교의 무능함의 원인'(Causes of the Inefficacy of Christianity)에서 그는 금식의 실천이 점점 약화됨을 언급한다.

> "메도디스트들은 몇 년 동안 수요일과 금요일 금식을 잘 실천했었다. … 영국과 아일랜드에 있는 메도디스트들은 지금 일주일에 두 번은커녕 한 달에 두 번도 금식하지 않는다. 어떤 이들은 일 년에 하루도 금식을 행하지 않는다."[234]

여기서 웨슬리는 이렇게 결론 내린다. "금식을 하지 않는 이는 기도하지 아니하는 사람과 마찬가지로 하늘 가는 길에서 멀다."[235] 노 목회자의 이런 염려는 메도디스트 안에서 갈수록 현실화되었다. 마침내 웨슬리 사후에 열린 1797년 총회에서 금식에 대한 심각한 논의가 있었고, 이런 간곡한 당부가 기록되어 있다.

> "(금식을) 무시하는 이는 영성이 약화되었거나 왜곡되었다는 사실을 그대로 보여 주는 것이다. 우리는 이 평범한 임무를 저버림으로써 성령을 근심케 하고 있다. 지금부터라도 이것을 바로잡아야 한다. 다음 금요일부터 시작하라. … 그리고 어디로 가든 이 일을 지속하겠다고 맹세하라."[236]

3) 자비의 삶(The Works of Mercy)

(1) 은총의 수단으로서 자비의 삶

웨슬리에게 자비의 실천들은 '은총의 수단'이다. '대회의록'에서는 자비

---

234) *Sermons*, Causes of the Inefficacy of Christianity, 14.
235) *Ibid*.
236) Wesley, *Minutes* (1797), Section I. V. 4.

의 실천을 모든 그리스도인들을 위한 '상황적 은총의 수단'으로 간주한다. 그의 설교 '열심에 관하여'에서는 '자비의 삶'은 '경건의 삶'(The Works of Piety)과 나란히 은총의 수단의 중요한 한 축을 구성한다. 웨슬리에 따르면, '자비의 삶'은 먼저 의롭다 함에 이르게 하는 은총으로 인도하는 데 중요한 역할을 한다. 때때로 그는 이 자비의 삶을 '회개와 회개에 합당한 열매'(the repentance and the fruits meet for repentance)라 부르는데, 이는 영에 관한 일과 육신에 관한 일 모두 포함하는 것으로써, 주린 이들을 먹이는 일과 헐벗은 이들을 입히는 일, 나그네를 대접하는 일과 감옥에 갇힌 자나 병자나 어려움을 당하는 자들을 방문하는 일, 무지한 자를 가르치는 일과 어리석은 죄인을 일깨우는 일, 차지도 뜨겁지도 않은 믿음을 새롭게 하는 일과 흔들리는 자를 굳게 하는 일, 연약한 이를 위로하는 일과 시험 받는 이를 돕는 일 등 어떤 형태가 되었든 영혼을 사망으로부터 구하는 일을 의미한다.237) 이 일들은 칭의의 은총으로 인도하는 중요한 요소다. "하나님은 우리에게 분명히 회개하고 그에 합당한 열매를 맺으라고 명하셨다. 만일 우리가 이를 가벼이 여긴다면 논리적으로는 의롭다 함을 입기를 기대할 수 없다. 그러므로 회개와 그 열매를 맺는 일은 어떤 면에서 칭의에 필수라고 할 수 있다."238)

물론 칭의 사건은 자비의 일이 아닌 '오직 믿음'으로 이루어진다. 아무리 회개하고 그에 합당한 열매를 맺는 삶을 산다 하더라도 믿음이 없이는 칭의와 신생의 은총에 이를 수 없다. 반면에 어떤 이가 믿음을 가진 순간 회개와 선행의 삶이 있었든, 그렇지 않든 간에 그는 칭의의 은총으로 인도될 것이다. 여기에 한 예가 바로 예수께서 십자가에서 죽음을 맞이하시던 때 그 우편에 있던 강도다. 그는 회개와 선행에 관계없이 의롭다 함을 입었다. 그러나 그럼에도 회개와 선행은 결코 무시할 수 없다. 바로 칭의와 신생을 위한 믿음을 갖도록 돕는 역할을 하기 때문이다. 이에 대한 웨슬리의 언급을 직접 들어보자.

---

237) *Sermons*, The Scripture Way of Salvation, III. 10.
238) *Ibid*., III. 2.

"믿음은 칭의에 **직접적으로**(immediately) 필요한 것인 반면, 회개와 그 열매는 **간접적으로**(remotely) 필요한 것이다. 그것은 칭의에 직접적으로 필요한 믿음을 위해 봉사한다. 즉 믿음은 여전히 칭의의 유일한 조건이며 궁극적 필연성이다."239)

사실 웨슬리에게 자비의 삶은 칭의와 거듭남의 은총보다 성화의 은총에 더 적극적인 역할을 하는 것으로 보인다. 웨슬리는 칭의를 얻은 사람은 자비의 일에 열심이어야 한다고 주장하면서, 만일 이를 가벼이 여겨 무시한다면 성화에 이를 수도, 은총 안에서 자랄 수도, 하나님의 형상을 닮아 갈 수도, 그리스도의 마음을 품을 수도 없을 것이라고 단언한다.240) 예를 들어, 가난한 이들과 병자를 방문하는 일이 그들의 실제적인 어려움을 돕는 것 이외에 돕는 자 스스로 하나님의 은총을 덧입는 기회일 수 있음을 인지했던 것이다. 웨슬리는 메도디스트 운동이 절정에 달한 1760년경 신도회 회원이 된 마치 양(Miss. J. C. March)이라는 여성과 이 문제를 두고 편지로 깊은 논의를 한다. 마치 양은 상당한 재력가였으며 고등 교육을 받았던 여성으로, 당시에는 인텔리 계층에 속했다. 그녀는 자신이 메도디스트가 된 이후 겪게 된 어려움을 웨슬리에게 토로했는데, 그 주된 내용은 가난한 이들과 교제하는 문제였다. 이에 대해 웨슬리는 그녀가 이제 더 이상 "숙녀"(gentlewoman)가 아니라 '하나님의 성령의 전'으로서 "보다 고차원적 품성"(higher character)을 지니게 되었음을 상기시키면서 그녀의 삶을 고양시키기 위해 '가난한 이들을 방문하는 것'임을 강조했다.

"가난한 이들과 병자들이 있는 그곳을 찾아가라. 당신의 십자가를 지라. 믿음을 기억하라! 예수께서 먼저 가시고 또 당신과 함께할 그 길을 가라. 숙녀라는 겉

---

239) *Ibid.* 굵은 글씨는 내가 강조하기 위해 첨가했음.
240) *Ibid.*, III. 5.

모습을 벗어 던지라. 더 높은 품성을 지니라. 당신은 상속자이며 그리스도와 하나 된 사람임을 기억하라."[241]

그러나 이러한 권면이 마치 양의 인텔리적 사고를 근본적으로 변화시키는 데는 성공하지 못했던 것 같다. 웨슬리는 2년이 넘게 시간이 흐른 후에 이 가난한 이들과 병자들을 방문하지 않는 일에 대해 질책하면서 이렇게 말한다.

"그렇지만 나는 병자와 가난한 이들을 방문할 시간을 찾고 있다. 만일 내가 성경을 믿는다면, 내가 이 일들이 이스라엘의 목자께서 마지막 날에 그의 양들을 심판하실 근거로 사용하실 성화의 표지라고 믿는다면, 나는 그 일을 해야만 한다. … 나는 당신이 주님께서 당신에게 기대하는 것보다 낮은 수준의 성화를 이루고 만족해 버린 사실에 대해 유감으로 생각한다."[242]

여기서 웨슬리는 주님께서 그녀에게 기대하는 것보다 '낮은 수준의 성화'를 이루고 만족해 버린 사실을 언급함으로써, 자비의 삶이 성화의 삶을 이루는 데 중요한 요소임을 지적하고 있다는 데 우리는 유의해야 한다. 즉 자비의 삶은 다른 이들을 돕는 일이면서도 동시에 하나님의 거룩함을 닮아 갈 수 있도록 돕는 하나님의 은총이다. 매덕스는 이 과정을 매우 구체적으로 묘사하는데, 자비의 삶의 과정에서 우리 영혼은 세 가지 중요한 요소들을 더욱 깊이 체험하게 되고 이로써 우리는 하나님의 성화하시는 은총에 더욱 깊이 다가가게 된다. 첫째 요소는, '동정심'(compassion)이고, 둘째는 '자기부인'(self-denial)이며, 셋째는 '하나님을 향한 사랑'이다. 자비의 삶을 사는 이는 단순히 가난한 이들이나 병자들에게 먹을 거나 돈을 주는 게 아니라, 그들의 삶을 '방문'(visiting) 함으로써 그들의 아픔을 함께 느끼게(compassion)될 뿐 아니라

---

241) Maddox, "Visit the Poor: John Wesley, the Poor, and the Sanctification of Believers" *The Poor and the People Called Methodists*, ed., by Richard Heitzenrater (Nashville: Kingswood Books, 2002) p. 78에서 재인용; *Letters*, June 9, 1775.
242) Maddox, "Visit the Poor," p. 79에서 재인용; *Letters*, December 10, 1777.

자기의 것을 기꺼이 희생하는 자기부인을 감수할 수밖에 없게 되며, 또한 그러한 자비의 삶을 통해 하나님의 사랑에 더욱 침잠하여 하나님 형상에 더욱 가까워진다.[243]

그런데 우리가 여기서 주의할 점은 웨슬리가 자비의 일을 성화에서 필요한 독자적인 은총의 수단으로 인식한 것은 아니라는 사실이다. 그에게 자비의 일은 경건의 일과 함께 '선행'(good works)에 포함되며 이 선행은 영혼을 성화로 인도하는 필수불가결한 것이다.

> "성화에 반드시 필요한 선행은 무엇인가? 첫째, 모든 경건의 일들이다. … 둘째, 모든 자비의 일들이다. … 이들은 온전한 성화에 이르기 위해 필수적이다."[244]

웨슬리는 경건의 삶이 빠진 자비의 삶이나 자비의 삶이 빠진 경건의 삶은 심각한 부작용이 따르게 된다고 믿는다. 이 둘은 혼자서는 충분치 않다. 성화를 위해 함께 나아가야 한다. 설교 '우리 자신의 구원을 이룸에 관해서'에서 웨슬리가 지적하듯 완전한 구원을 위해 자비의 일과 경건의 일 모두에 열심을 다해야 한다.[245] 매덕스는 웨슬리가 시종일관 양자를 분리시키지 않고 성화를 위해 함께 손잡고 나아가야 할 파트너로 상정한 것을 바로 '그리스도를 본받고자 하는' 웨슬리의 열망에서 찾는다. 웨슬리는 그리스도의 삶과 죽음을 통해 경건과 실천이 끊임없이 동시적으로 진행되었음을 발견했고, 또 이를 닮는 것이 바로 성화의 길임을 확신했던 것이다.[246]

웨슬리는 경건의 삶과 자비의 삶 양자를 성화를 위한 필수 요소들로 인식했음에도 이 양자 간에 중요성에서는 차이를 인정했던 것 같다. 그가 '열심에 관하여' 설교에서 언급한 바를 다시 한 번 상기해 보자.

---

243) Maddox, "Visit the Poor," pp. 79~80.
244) *Sermons*, The Scripture Way of Salvation, III. 10.
245) *Sermons*, On Working Out Our Own Salvation, II. 4.
246) Maddox, "Visit the Poor," p. 67.

"그리스도인에게 사랑은 보좌를 차지한다. 인간의 영혼 가장 중심부에 자리 잡는다는 것인데, 바로 하나님과 이웃을 사랑하는 것이다. 이 사랑은 심령 전체를 채우고 이에 필적할 만한 어떤 경쟁자도 없이 홀로 차지한다. 이 보좌 바깥에 위치한 원은 모든 거룩한 성품들이다. 즉 오래 참음과 자비와 양선, 충성과 온유와 절제이다. 이를 달리 표현하면 예수 그리스도의 마음이다. 이 원 바깥의 원은 사람들의 육적인 필요 혹은 영적인 필요를 채우는 모든 자비의 실천들(The Works of Mercy)이다. 이들은 일반적으로는 은총의 수단으로 인식되지 않았지만, 이들 때문에 우리는 모든 거룩한 성품들을 훈련하고 성장하게 한다는 의미에서 본다면 이들은 실질적인 은총의 수단이다. 그 다음 원은 소위 경건의 실천들(The Works of Piety)로 알려져 있는데, 말씀을 읽고 듣는 일, 공적으로나 가족 단위 혹은 개인적으로 드리는 기도, 성만찬, 금식이나 절제하는 것 등이 여기에 포함된다. 끝으로 맨 마지막 원은 믿음의 사람들을 더 효과적으로 사랑과 거룩한 성품들, 선한 행위들로 나아가도록 자극하는 것인데, 이는 그리스도께서 이들 모두를 한 곳으로 연합하게 함으로써 가능하다. 그것은 바로 전 세계에 퍼져 있는 교회인데, 모든 믿는 자 안에 있는 보편적 교회의 한 작은 상징이다."247)

위 언급에서 볼 수 있듯이 웨슬리의 은총의 수단을 중심으로 목회구조를 구성하고 있는 네 개의 원 중에서 거룩한 성품들, 곧 성령의 열매를 맺게 되는 가장 근접한 것은 자비의 삶이며 그 다음이 경건의 삶이다. 웨슬리는 자비의 삶과 경건의 삶 양자를 성화를 이루는 데 필수 요소들로 확신했지만 그 중요성에서는 차이를 두었다고 볼 수 있는 대목이다. 그래서 캠벨(Ted A. Campbell)은 웨슬리가 이 둘 중에서 자비의 삶을 더 중요하게 여겼다고 지적하기도 한다.248) 그러나 나는 웨슬리가 성화를 이루는 문제에서 자비의 삶과

---

247) *Sermons*, On Zeal, I. 5.
248) Ted A. Campbell, "The Interpretive Role of Tradition," Ted A. Campbell & Scott J. Jones & Randy Maddox & Rebekah L. Miles & Stephen Gunter, *Wesley and the Quadrilateral: Renewing the Conversation* 63~75 (Nashville: Abingdon Press, 1997) p. 73

경건의 삶 중 무엇이 '더 중요한가' 하는 문제를 다루었다기보다는, 성화를 이루어 가는 과정에 필연적으로 나타나는 그 심화 과정 가운데서 이 둘의 역할을 언급했다고 보는 편이 옳다고 생각한다. 즉 웨슬리는 경건의 삶을 통해 지속적인 그 내적 영양분이 공급되고, 이것이 자비의 삶으로 열매를 맺어 가는 성화의 성장 과정으로 이 양자의 역할을 이해한 것이다. 이런 측면에서 바라본다면, 자비의 삶이 경건의 삶보다 순서적으로는 거룩한 성품과 더 가까운 곳에 위치한다고 봐야 타당할 것이다. 이 사실은 웨슬리가 이미 성화의 성숙한 단계에 이른 사람들 모임으로 여겼던 선발 신도회(select society)에 부여한 최소한의 규정에 경건의 삶이 아닌 자비의 삶만을 포함한 데서도 알 수 있다. 다시 말해, 이 모임은 첫째, "전적인 비밀유지" 둘째, "목회자에 대한 순종" 셋째, "서로 나눌 수 있는 것들을 가져오기"를 그 규정으로 삼는다.[249] 이처럼 웨슬리는 완숙한 성화에 접어들수록 경건의 삶은 내적으로 점점 체질화되지만 외적으로는 자비의 삶으로 지속해서 드러나야 한다는 것을 강조한다.

(2) 자비의 삶의 내용

웨슬리는 자비의 삶을 하나님의 구원 은총으로 나아가기 위한 '은총의 수단'이라는 관점에서 이해한다. 이 사실은 웨슬리에게 자비의 삶은 그의 구원론, 곧 그의 디비니티 틀 안에서 수용되고 있음을 말한다. 실제로 그의 디비니티의 주요 골격을 갖추고 본격적으로 갈 무렵인 1740년 소책자 「메도디스트의 특성」에서 메도디스트라고 하면 다음과 같은 자비의 삶을 실천해야 할 것이라고 천명한다.

"시간이 허락하는 한 우리는 모든 이들에게 자비의 일을 해야 한다. 이웃이든, 나그네이든, 친구이든, 적이든 간에 가리지 말고 할 수 있는 모든 방법을 다해 행해야 한다. 주린 자를 먹이며 헐벗은 자를 입히고 병자와 죄수를 방문하는 등의 육신을 돕는 일은 물론, 더 나아가 죽음의 잠에 깊이 잠든 다른 영혼들을 깨우고

---

249) Wesley, *A Plain Account of the People Called Methodists*, VIII. 3.

이렇게 깨어난 영혼들을 그리스도의 보혈로 뿌림을 받아 믿음으로 의롭다 함을 입게 하여 하나님과 화평을 누리게 하며, 사랑과 선행 안에서 더 풍성함을 누리도록 돕는 영적인 일을 감당해야 한다."[250]

이 일들은 물론 이웃을 위한 것이기도 하지만 구원의 여정을 걷는 우리 자신의 구원을 온전히 이루는 데도 반드시 필요하다. "이렇게 함으로써 우리는 그리스도의 정성함에 이를 수 있다."[251] 웨슬리의 디비니티가 성숙 단계에 접어들 무렵인 1743년에는 모든 신도회 회원들에게 자비의 삶을 살아야 한다고 촉구한다. '연합신도회'(United Societies) 총칙(General Rules)은 자비의 삶을 다른 어떤 것보다 더 전면에 배치하면서 앞서 언급한 내용을 더욱 명료하게 제시한다. 여기서 제시한 신도회 회원들이 지켜야 할 규칙들은 크게 세 가지 범주인데, 그중 처음 두 가지 즉 모든 종류의 악을 피하는 것(avoiding evil of every kind)과 선한 일을 행하는 것(doing good)이 바로 이후에 신중한 은총의 수단으로 일컫게 되는 자비의 삶이다.

모든 종류의 악을 피하는 것에는 다음 항목들이 있다.

· 하나님의 이름을 헛되이 사용 안 하기
· 평상시 일을 함으로 혹은 물건을 매매함으로 주일을 범하지 않기
· 술 취하지 않기(반드시 필요한 상황이 아니면 술을 사거나 마시지 않기)
· 노예를 소유 않기
· 싸움 다툼 시비 않기
· 형제와 송사 않기
· 악을 악으로 갚지 않기, 욕을 욕으로 갚지 않기
· 매매할 때 너무 많은 말을 않기
· 세금을 물지 않은 물건을 구입 않기

---

250) Wesley, *The Character of a Methodist*, 16.
251) *Ibid*., 16.

- 고리대금에 근거한 거래 않기
- 무자비하고 무익한 대화 않기(특히 치안판사나 성직자들에 대한 비방 않기)
- 내가 싫은 것을 남에게 강요 않기
- 하나님의 영광을 가리는 것을 행하지 않기(가령, 귀금속으로 치장하는 것)
- 주 예수의 이름과 함께할 수 없는 오락들 탐닉 않기
- 하나님을 아는 일과 사랑하는 일에 도움이 되지 않는 노래를 부르고 책을 읽거나 하지 않기
- 달콤하고 불필요한 방종에 빠지지 않기
- 땅 위에 재물을 쌓지 않기
- 되갚지 못할 돈을 꾸거나 외상을 지지 않기[252)

또한 선한 일을 행하는 것에는 다음 항목들이 있다.

- 육신을 위해: 배고픈 이들에게 먹을 것을, 헐벗은 이들에겐 입을 것을, 병든 이들과 옥에 갇힌 이들에겐 찾아가 도움을 주기
- 영혼을 위해: 교제하는 모든 이들을 가르치고 책망하며 권면하기, 우리 심령이 죄로부터 자유롭게 되기까지는 선한 일이 필요 없다고 가르치는 열광주의의 악한 교리를 배격하기
- 믿음의 형제자매들과 그렇게 되기를 원하는 이들에게: 다른 이들보다 이들을 먼저 고용하기, 그들의 물건을 먼저 팔아 주기, 상거래에서 서로 돕기(세상 사람들도 그들의 가족을 먼저 사랑하는데 믿음의 사람들은 더욱 그러해야 한다.)
- 복음이 비난의 대상이 되지 않도록 힘껏 근면하고 검소하게 생활하기
- 자기를 부인하고 자기 십자가를 지며 인내로써 앞에 놓인 믿음의 경주를 계속하기
- 세상으로부터 버림받고 능욕을 당함으로 그리스도의 고난을 달게 지기

---

252) Wesley, *The Nature, Design, and General Rules of Our United Societies*, 4.

· 주님을 인해 세상이 악한 말을 하는 것을 당연히 여기기[253]

이 두 항목을 천천히 살펴보면 우리는 간과해서는 안 될 세 가지 중요한 사실을 발견하게 된다.

첫째, 우리는 여기서 웨슬리의 자비의 삶이 두 가지 상반된 형태의 실천 강령에 기초한다는 것을 발견하게 된다. 그 하나는, '하지 말라'(do-not)는 부정적 실천 강령들이고 다른 하나는, '하라'(do)는 긍정적 실천 강령들이다. 다시 말해 웨슬리의 자비의 삶은 단지 무엇을 해야만 하는 긍정적 삶의 강령만 있는 것이 아니라 무엇을 하지 말아야 하는 부정적 삶의 강령을 동시에 포함한다. 무엇을 하지 말아야 하는 기준은 무엇인가? 웨슬리는 모든 악을 피하는 것과 동일한 의미로 '해를 끼치지 않는 것'(by doing no harm)이라는 용어를 사용하는데, 하나님과 이웃이 싫어할 만한 일을 행하지 않는다는 의미다. 그렇다면 '무엇을 해야 하는 기준'은 무엇인가? 바로 하나님과 이웃을 사랑하는 것으로 요약할 수 있다. 즉 웨슬리에게 자선의 삶은 언제나 하나님과 이웃을 향하고, 하나님과 이웃에게 해가 되는 것을 '하지 아니하며'(do-not) 하나님과 이웃이 기뻐할 수 있는 것을 '하고자 하는'(do) 것이다. 웨슬리의 자비의 삶 안에 do-not과 do가 동시에 수용되고 있음은, 이 둘 사이에 내재되어 있는 긴장을 해결할 수 있는 실마리를 준다는 점에서 웨슬리의 자비의 삶이 갖는 또 다른 의의가 있다. Do-not은 하나님과 이웃이 원하지 않는 것을 행하지 않는다는 금지 규정을 기초로 한다. 이러한 삶의 태도는 하나님과 이웃이 원치 않는 것을 늘 고려하고 그것들을 행하지 않는다는 의미에서 하나님과 이웃을 향한 사랑의 표현의 하나이지만 율법적이고 소극적인 성격을 띤다. 유대교는 이런 삶의 실천을 극단적으로 밀고 나간 경우라 할 수 있다. 유대인들은 수없이 많은 do-not의 규정을 만들어 '행치 않음'에 집중해 왔다. Do는 이와는 반대로 하나님과 이웃이 기뻐할 수 있는 바가 무엇인가에 늘 집중하면서 이를

---

253) *Ibid.*, 5.

적극적으로 실천에 옮긴다는 의미에서 또 다른 사랑의 표현이다. 그러나 이 경우에도 극단화되면 하나님과 이웃에 대한 사랑의 실천이라는 미명 아래 상대의 입장과는 관계없이 주관적이고 폭력적인 방식으로 나아갈 수 있다. 웨슬리의 자비의 삶은 바로 이 양자의 실천 방식을 동시에 수용함으로써, 양극단의 위험성을 극복한다. 또 이것이 웨슬리의 자비의 삶 안에서 가능하게 하는 것이 바로 경건의 삶과의 내적 연결이다. 끊임없는 경건의 삶의 실천은 하나님과 이웃이 싫어하는 바와 기뻐하는 바가 무엇인지 분명히 인지하게 하며 그것들을 행치 않거나 행하거나 하는 근본적인 힘을 제공한다. 이것이 바로 그가 총칙에서 모든 종류의 악을 피하는 것, 모든 선한 일을 행하는 것을 신도회 회원들의 삶을 위한 핵심 원리로 제시하면서 "하나님이 정하신 규례들에 참여하는 것"(attending upon all the ordinances of God)을 나란히 포함시킨 이유다.[254]

둘째, 웨슬리의 자비의 삶이 하나님과 이웃이 원치 않는 것을 '행치 않고' 하나님과 이웃을 사랑하기를 '힘써 행하는' 원리에 기초하기 때문에, 그의 자선의 삶은 어떤 특정적인 구체적 항목에 제한될 수 없는 포괄적이고 열린 성격을 지닌다고 봐야 한다. 이것은 믿음으로 말미암아 율법에 자유하게 된 이들에게 나타나는 특징과 다르지 않다. 웨슬리에게 있어 믿음으로 의롭다 함을 입은 이는 은총 아래 있는 자이며, 율법의 속박에서 자유한 자이기에 그의 자유로운 결정에 따라 기꺼이 율법의 모든 것을 이루어낸다. 이는 노예의 두려움으로 말미암은 순종이 아니라 하나님의 은총이 그의 마음을 지배하고 사랑으로 충만하여 하나님이 기뻐하시는 일을 즐거움으로 행하는 자발적 순종을 의미한다.[255] 즉 웨슬리가 신도회 회원들에게 주었던 자비의 삶을 위한 규칙들은 메도디스트들이 의무적으로 반드시 지켜야 한다는 의미의 절대적이고 고정된 법이 아니다. 메도디스트들에게 새로운 형태의 율법을 준 것이 아니라 믿음의 자유로 말미암아 율법의 요구를 성취하는 그 길을 안내한 것이

---

254) *Ibid.*, 6.
255) *Sermons*, The Law Established through Faith I, III.3.

다. 다시 말해 웨슬리는 메도디스트들이 믿음으로 의롭다 함을 얻게 된 이들이기에 자비의 삶을 율법적 관점에서 받아들이는 것이 아니라 오히려 은총의 법으로 받아들이고 그들에게 주어진 믿음의 자유로 말미암아 오히려 그 조항들을 넘어선 하나님의 뜻을 이루기를 기대했다고 봐야 할 것이다.

셋째, 웨슬리는 우리가 적극적으로 실천해야 할 긍정적 실천 강령에서 육신을 돌보는 일뿐 아니라 영혼을 돌보는 일까지도 자비의 일에 포함시켰다는 사실이다. 일반적으로 많은 이들은 자비의 실천을 사람들의 필요를 채워 주는 일로 간주한다. 가난한 이들을 돌보고 병자와 죄수들을 방문하는 일을 자비의 일의 가장 핵심이라고 생각한다. 웨슬리가 이 같은 일에 많은 힘을 기울인 것도 사실이다. 마아카르트(Manfred Marquardt) 같은 이가 웨슬리목회를 규정하는 중요한 요소 중 하나를 '가난한 이들을 위한 목회'에서 찾았듯이,256) 웨슬리는 가난한 이들에게 깊은 관심을 가졌다.257) 글을 읽지 못하고 셈을 하지 못하는 어린이들을 위해 학교를 세우기도 했다.258) 병자나 죄수들을 방문하는 것도 신도회가 하는 중요한 일 중 하나로 간주했다. 심지어 직접 병자를 진료하기까지 했다.259) 그러나 웨슬리는 이보다 더 중요한 자비의 일이 있다고 지적한다. 바로 영적인 도움을 주는 것이다. 웨슬리가 「메도디스트의 특성」에서 강조했듯이, 우리는 이 같은 육신을 돕는 일에서 "더 나아가 죽음의 잠에 깊이 잠든 다른 영혼들을 깨우고 이렇게 깨어난 영혼들이 그리스

---

256) Manfred Marquardt, *John Wesley's Social Ethics: Praxis and Principles*, trans., by John E. Steely and W. Stephen Gunter (Nashville: Abingdon, 1992) p. 27. 카더(Kenneth L. Carder)는 웨슬리의 목회가 "가난한 이들과 맺은 관계를 기초해 형성되었다"고 본다. 그는 1738년의 올더스게이트 체험, 옥스퍼드 시절 동안 죄수들과 가난한 이들을 방문한 일, 옥외 설교 등의 경험들은 그의 가난에 대한 깊은 관심과 밀접한 관계가 있으며, 이후 그의 목회적 행보에서도 가난한 이들에게 어떤 영향을 줄 것인가 하는 문제가 최우선 고려 대상이었다고 지적한다. 뿐만 아니라 그에 따르면 웨슬리는 메도디스트의 미래는 경건의 능력을 유지할 것인가 하는 것과 함께 가난한 이들과 얼마나 가까이 머물 것인가에 달려 있는 것이라 확신했다. Kenneth L. Carder, "What Difference Does Knowing Wesley Make?" *Rethinking Wesley's Theology*, pp. 28~29.

257) 웨슬리는 모든 메도디스트 공동체로부터 가능한 많은 헌금, 헌물들을 모아서 가난한 이들에게 분배했다. 예를 들어 그는 '가난한 이들을 위한 집'(Poor House)을 세워 반회들의 헌금과 특별 헌금을 모아 주로 과부들을 도왔다. *Letters*, February 7, 1776.

258) 대표적인 예가 브리스톨 지역의 어린이들을 위해 세운 '킹스우드 학교'(Kingswood School)이다.

259) Wesley, *A Plain Account of Christian Perfection*, XII 참조.

도의 보혈로 뿌림을 받아 믿음으로 의롭다 함을 입게 하여 하나님과 화평을 누리게 하며 사랑과 선행 안에서 더 풍성함을 누리도록 돕는 영적인 일을 감당해야 한다."260) 즉 다른 이들을 하나님의 구원의 은총 앞으로 초대하는 일 또한 자비의 일이다. 이것은 웨슬리의 자비의 일이 궁극적으로 구원의 온전한 완성, 곧 디비니티의 완성이라는 목표를 지향하고 있음을 보여 준다.

(3) 자비의 삶의 실천

웨슬리는 자신의 디비니티 목회에 자비의 삶이 얼마나 중요한 위치를 차지하는지 알고 있었기에 힘닿는 한 자비의 삶을 실천할 수 있는 목회 구조를 만들어 나갔다. 그러나 다른 모든 은총의 수단과 마찬가지로 이 자비의 삶을 실천할 때 그 오용과 과용이 가져다줄 폐해를 의식하고, 신중하며 지혜롭게 사용해야 한다는 것을 여러 경로를 통해 강조했다. 이 내용들을 요약하면 대략 다음 몇 가지로 정리할 수 있다.

첫째, 순수한 의도를 가져야 한다. 신약성경 마태복음 6장 1~15절을 기초로 한 산상설교 VI에서 웨슬리는 '구제'라는 주제에 집중한다. 그에 따르면, 구제는 단순한 '자선'(alms)이 아니라 '다른 사람의 육신과 영혼을 돕기 위해 행하는 모든 일들', 말하자면 우리가 지금까지 논의해 온 '자비의 삶'을 의미한다.261) 웨슬리는 이 설교에서 우리가 이 같은 자비의 삶을 실천하고자 할 때 언제나 염두에 두어야 할 가장 중요한 원리가 '의도의 순수성'(purity of intention)을 지키는 일이라고 강조한다. 사실 이것은 단지 자선의 삶에만 적용할 내용이 아니라 경건의 삶 등 우리의 믿음 생활 전반에 적용해야 할 근원적인 원리다.

"주님께서는 우리 행위가 참된 행위가 되려면 의도가 순수해야 한다고 말씀하셨다. 참된 의도를 가지고 행할 때만이 참다운 믿음의 행위가 된다. 이것은 경건

---

260) Wesley, *The Character of a Methodist*, 16.
261) *Sermons*, Upon Our Lord's Sermon on the Mount VI, I. 1.

의 삶이나 자비의 삶 모두에 해당한다."[262]

그렇다면 자선의 삶을 실천하고자 할 때 의도의 순수성을 지킨다는 것은 구체적으로 무엇을 의미하는가? 웨슬리는 '순수한 마음의 의지' 설교에서 순수한 의도는 바로 '우리의 눈이 성해지는 것'이라고 말한다. 이는 곧 "하나님을 섬기고 기쁘시게 하려는 마음으로 가득 찬 상태"이며 "우리의 눈이 하나님 한 분에 고정된 상태"를 의미한다.[263] 그러므로 '사람들에게 보이려고', '사람에게 영광을 얻으려고' 행하는 자비의 삶은 이미 그 출발점부터 잘못되었다. 이런 행위의 근본 동기는 하나님이 아닌 사람에게 칭송받기 위한 것이기 때문이다. 이는 '눈이 어두워진 상태'이며 이 상태로는 하나님을 전혀 기쁘시게 할 수 없다. "사람들로부터 칭찬을 바라고 자비의 삶을 실천한다면 사람들에게 상을 받을지는 모르지만 하나님의 상은 기대할 수 없다."[264] 웨슬리는 순수한 의도를 가진 자비의 삶을 「그리스도인의 완전에 관한 평이한 설명」에서는 자비의 삶의 근원이신 하나님께 전적으로 의탁하는 것이라고 묘사한다. 웨슬리에 따르면, 자비의 삶을 포함한 모든 것은 하나님으로부터 비롯되며, 그분이 우리 안에서 우리로 더불어 이루어 가시기 때문에, 그분이 성령을 통해 우리의 혀와 손과 마음을 주장하셔서 그분이 원하시는 것을 이루시지 않고서는 그분을 기쁘시게 할 길이 없다. 즉 "우리의 눈을 하나님께 고정시키고", "우리의 행위를 전적으로 그분께 의탁할 때" 우리의 자비의 삶을 통해 "하나님은 우리 안에서 자신을 영화롭게 하신다."[265]

둘째, 즉각적으로 행해야 한다. "하나님이 기회를 주시는 바로 그 순간에 실행해야 한다."[266] 자비의 삶은 내일로 미룰 수 있는 것이 아니다. 그 일을 행할 기회가 있을 때 최선을 다해 그 순간에 행해야 한다. 웨슬리는 산상설교 VI

---

262) *Ibid.*, I, 2.
263) *Sermons*, A Single Intention, I. 2.
264) *Ibid.*, I. 3.
265) Wesley, *A Plain Account of Christian Perfection*, 25, Q. 38. 8.
266) *Ibid.*, Q. 38. 8.

에서 "너는 구제할 때에 오른손이 하는 것을 왼손이 모르게 하여 네 구제함을 은밀하게 하라"(마 6:3~4)의 내용을 이런 관점에서 해석해 나간다. 그에 따르면, "은밀하게 하라"는 의미는 다른 사람들 이목을 두려워하라는 의미가 아니라 "남이 보든 안 보든 상관없이 기회를 놓치지 말고 자비의 삶을 실천하되 가장 유효하고 적절하게 실천하라"는 의미다.[267] 이는 자비의 삶의 실천은 누구를 의식하는 것이 아니라 오직 하나님께 시야를 향하는 것이며, 그분은 우리에게 언제나 그 일을 행하기를 원하시기 때문에 우리는 사람들 시선과는 관계없이 지체하지 말고 자비의 일을 행해야 한다는 의미다. 웨슬리는 이것을 「그리스도인의 완전에 관한 평이한 설명」에서 좀 더 구체적으로 설명한다. 그에 따르면, 자비의 일은 하나님을 섬기는 일과 다르지 않다. 그런데 우리는 하나님을 섬기고 싶어도 그분이 우리 눈에 보이지 않기 때문에 직접 그분을 섬길 수가 없다. 다만 자비의 삶을 통해 이웃을 사랑함으로써 그분을 섬길 수 있을 뿐이다. "하나님은 우리가 행하는 이웃 사랑을 마치 자신에게 행한 것처럼 받아 주신다." 그러므로 우리는 그분을 섬길 기회를 내일로 미루거나 다음으로 연기할 수 없다. "그분을 섬기는 기회를 절대 놓쳐서는 안 된다."[268]

셋째, 지속적이고 부지런히 행해야 한다. 자비의 실천이 하나님을 사랑하고 섬기는 일이라면, 지속적으로 열심히 행해야 하는 것은 당연하다. 하나님은 영원히 변치 않는 성실한 분이시기에 그분은 '꾸준하지 않거나' '게으른' 자비의 실천을 기뻐하지 않으신다. 웨슬리는 자비의 실천을 간단없이 있는 힘을 다해 행하는 것을 '믿음의 표지'로 이해한다. 믿음이 있는 사람은 마치 '광야의 엘리야가 하나님을 거룩한 산성에서 뵙기를 갈망하듯이' 자비의 모든 일들에 몸과 마음과 정성과 뜻을 다한다. 이 일은 많은 경우 드러나지 않고 숨겨지지만 결코 사라지지는 않는다. 자비의 실천은 하나의 썩어지는 밀알이 되어 자비와 사랑을 입은 영혼이 하나님께 자녀로 받아들여지는 구원의 역사

---

267) *Sermons*, Upon Our Lord's Sermon on the Mount VI, I. 4.
268) Wesley, *A Plain Account of Christian Perfection*, 25, Q 38. 8.

를 이루는 밑거름이 된다.269)

끝으로, 감사의 제사로 마감해야 한다. 웨슬리는 자비의 실천은 "행하자 마자 물러나 겸손한 감사로 하나님께 드려져야 한다."는 의미심장한 말을 한다. 자비의 실천이라는 출구에는 항상 '자기만족' 혹은 '자기자랑'이라는 독소가 도사리고 있다. 이 독소는 자비의 실천을 무익한 것으로 만들 뿐 아니라 자칫 영혼을 파멸로 인도하기까지 한다는 점에서 매우 경계해야 한다. 웨슬리는 자비의 실천은 행하는 즉시 그 모든 것을 하나님께 감사의 제사로 완전히 드려져야 함을 강조하기 위해 "자비의 실천은 죽어야 한다"는 다소 신비적 색채를 띤 표현을 사용한다. 웨슬리가 「그리스도인의 완전에 관한 평이한 설명」에서 말한 바를 숙고해 보자.

> "자비의 삶은 하나님 안에서 자신을 상실할 때까지는 완성되었다고 볼 수 없다. 이것은 일종의 죽음을 의미한다. 마치 우리 육신의 죽음과도 같은데, 우리 육신이 우리 영혼의 영광, 아니 하나님의 영광 안에서 완전히 사라질 때까지 최상의 삶, 곧 영생이 주어지지 않는 것과 유사하다. 그런데 자비의 삶이 이 영적인 죽음으로 잃게 되는 것은 오직 세상적이고 사라질 것들 밖에는 없다. … 이러한 죽음은 깊은 감사로 말미암아 이루어진다. 감사는 영혼을 심연으로 내던지며 … 이 감사로 말미암아 마치 강들이 자신의 물을 바다에 모두 쏟아 붓고 스스로 자신을 비우듯이 영혼은 모든 자비의 실천을 비워내 그 근원으로 돌아가게 된다."270)

웨슬리가 여기서 말하려는 것은 자비의 실천의 궁극적 목적은 하나님께 우리 영혼이 더 가까이 나아가 궁극적으로 그분 안에 연합하는 것이지 자비의 실천 그 자체가 주는 만족이 아니라는 사실이다. 오히려 자비의 실천을 행한 이후에는 어떤 형태로든 영혼과 하나님 사이에 남아 있어서는 안 되며 끊

---

269) *Ibid.*, 25, Q. 38. 8.
270) *Ibid.*

임없이 비워야 한다. 감사는 바로 비움을 가능케 하는 유일한 길이기에 자비의 실천은, 곧 하나님을 향한 감사로 끝을 맺어야 한다는 것이다. 웨슬리가 지적한 대로, 감사는 자비의 실천 출구 앞에 도사리고 있는 치명적 독을 제거하는 해독제이며, 궁극적으로는 자비의 실천이 진정으로 하나님이 받으실 만한 것이 되도록 하는 안내자다.

지금까지 우리는 웨슬리가 지녔던 목회적 질문, 곧 어떻게 사람들을 하나님의 구원의 은총 앞으로 인도할 수 있는가 하는 문제에 대해 논의해 왔다. 웨슬리는 이것을 '은총의 수단'을 통해 추구했으며, 그 구체적인 내용들이 그의 목회를 통해 실현되었다. 먼저, 그는 믿는 이들이 서로 성장을 돕고 격려할 수 있는 다양한 형태의 공동체를 형성하는 데 힘을 기울였으며, 그 안에서 경건의 삶과 자비의 삶을 실천해 나갈 수 있도록 했다. "비록 이것이 그들에게 십자가가 될지언정, 육신에 심한 고통을 가져다주는 것이 될지언정" 이 같은 삶을 지속할 때, 그들의 영혼의 기질은 하나님의 거룩함을 따라 변화하며, 성령의 풍성한 열매를 맺을 것임을 확신했다.[271] 웨슬리는 또한 그들이 이 여정을 걸어 나갈 때 분명한 목표를 상실하지 않도록 항상 경계했다. 이는 바로 하나님을 몸과 마음, 정성과 힘을 다해 사랑하는 것이며, 이웃을 우리 자신과 같이 사랑하는 것이었다. 이 궁극적 목표를 상실하는 순간 우리가 힘을 기울여온 은총의 수단들은 모래 위에 지은 집과 같이 무용지물이 되고, 우리는 "장차 우리에게 나타날 영광에 참여치 못하는" 비극을 직면하게 된다는 사실을 강조했다.

"'주여, 주여'라고 외치는 것은 소위 선행(good works)을 뜻한다. 그것은 주의 성만찬에 참석하는 것, 좋은 말씀을 듣는 것, 여러 예배에 참석하는 것 등을 의미할 수도 있다. 또한 이웃에게 선을 행하는 것, 주린 이에게 먹을 것을 주고 헐벗은 자에게 입을 것을 주는 일일 수도 있다. 심지어 우리에게 있는 모든 것을 내어주는 정도로 열심 있는 일일 수도 있다. … 그럼에도 우리는 장차 우리에게 나타

---

271) *Sermons*, On Working Out Our Own Salvation, II. 4.

날 하나님의 영광에 참여하지 못할 수도 있다."[272]

웨슬리는 참다운 은총의 수단들이 되려면, 반석 위에 지은 집과 같이 든든하여 그 열매를 내려면, 하나님과 이웃을 향한 온전한 사랑이라는 초점에 끊임없이 터를 내려야 하고 그로부터 끊임없는 힘과 양분을 공급받아야 한다고 본다.

"그 집을 반석 위에 지은 지혜로운 이는 … 모든 사람을 사랑하며 원수를 위해 기꺼이 생명을 내어놓는 사람이며, 무엇보다 마음을 다하고 목숨을 다하고 뜻을 다하고 힘을 다하여 하나님을 사랑하는 사람이다. … 오직 이런 정신으로 (경건의 일과 자비의 일을 포함한) 선행을 행하는 자만이 하나님 나라에 합당하다."[273]

결국 웨슬리의 은총의 수단을 중심으로 한 디비니티 목회는 믿는 자들의 공동체로부터 하나님과 이웃을 향한 사랑이라는 중심을 향해 진행되어 가는 구심적 운동인 동시에, 하나님과 이웃을 향한 사랑이라는 근원에서부터 그 근본적인 힘을 제공받음으로써 자비의 삶과 경건의 삶이 가능해지며 믿음의 공동체가 견고히 서게 되는 원심적 운동의 다이내믹한 상호 교차적 운동인 것이다.

---

272) *Sermons*, Upon Our Lord's Sermon on the Mount. XIII, I. 3.
273) 괄호 안 내용은 내가 독자를 돕기 위해 첨부한 것임. *Ibid*., II. 1

PART

6

디비니티 목회의 현대적 적용

CONTENTS

지금까지 우리는 웨슬리의 목회적 로드맵(road map)에 해당하는 디비니티가 어떻게 그의 삶의 여정 가운데 형성되었는지, 그 구체적인 내용은 무엇인지, 그 목회적 의미가 무엇인지, 그리고 그가 이 디비니티를 기반으로 어떻게 구체적으로 목회를 전개해 나갔는지를 살펴보았다. 우리는 이 과정에서 웨슬리를 디비니티 목회를 통해 진정한 의미에서 성공한 목회자요 행복한 목회자로 만날 수 있었다. 웨슬리가 88세에 임종을 맞이했을 때, "내 인생에서 최고의 순간은 하나님이 나와 함께하셨다는 사실이다."라고 고백할 수 있었던 것은 우연이 아니었다.1) 그는 참으로 하나님이 함께하는 목회를 통해 목회자로서 최고의 행복을 누렸던 사람이었다.

이제 우리에게 중요한 과제들이 남아 있다. '웨슬리의 목회를 진실로 성공적인 목회로 이끌었던 디비니티 목회가 과연 오늘을 살아가는 우리에게도 여전히 의미가 있는 것일까', '의미가 있다면 그것은 오늘날 우리에게 어떻게 구체적으로 적용될 수 있을까' 하는 질문들에 답하는 일이다. 이 6장은 바로 이런 문제들에 대한 진지한 고민의 산물이 될 것이다.

---

1) John Fletcher Hurst, *John Wesley the Methodist* (Whitefish: Kessinger Publishing, 2003) p. 298.

디비니티 목회의 현대적 의의

'웨슬리의 디비니티 목회가 과연 오늘을 살아가는 우리에게도 여전히 의미가 있는 것일까?' 이 질문은 단순하지 않다. 여기에는 '오늘을 살아가는 우리'라는 해명해야 할 명제가 도사리고 있기 때문이다. '오늘을 살아가는 우리'는 웨슬리 당시 사람들과는 시간적으로 약 3세기의 간극을 가진 새로운 사람들이다. 이 3세기 기간 동안 인류에게 정신과 물질, 문명에 엄청난 변화가 있었음을 고려할 때, 웨슬리의 디비니티 목회가 그 시대에 유효했다 하더라도 오늘 우리에게도 여전히 유효하다는 결론을 쉽게 내릴 수는 없다. 이런 결론에 도달하기에 앞서 우리는 먼저 '오늘을 살아가는 우리'가 누구인지, 그리고 이들은 어떤 목회를 요청하는지 면밀히 살펴보아야 한다.

많은 이들이 우리가 사는 오늘의 이 시대를 '포스트모던'이라 부른다. 내 개인적으로는 이런 용어로는 한 시대의 사상적·문화적 패러다임을 표현하기에는 적합하지 않다고 본다. 우리가 스스로 우리가 살아가는 이 시대를 포스트모던이라 단정 지어 버리면 이전 시대는 그 시대 사람들이 받아들일지 어떨지 모를 '모던'의 시대가 될 것이고, 우리 이후 시대는 '포스트 포스트모던'이 되고 말 것이기 때문이다. 상당한 시간이 흐른 후에는 포스트를 몇 개나 더 나열해야 할지 모르겠다. 비슷한 예가 X세대라는 용어인데 X세대 이후는 Y, Z이 될 터인데 알파벳 마지막 글자 Z가 끝나면 어떤 문자가 사용될는지 모르겠다(영국 자동차 번호판처럼 다시 A로 돌아갈 수도 있겠다). 그러나 나에게 포스트모던이라는 용어가 적합해 보이든 그렇지 않든 간에 이 용어는 이미 우리 시대를 대표하는 하나의 중요한 시대 용어로 자리 잡았음은 틀림없다. 적어도 이 시대를 살아가는 한, 더욱이 이 시대 안에서 기독교 영성을 논해야 한다면 포스트모던 세계가 의미하는 바를 외면할 수는 없다.

그렇다면 무엇이 포스트모던인가? 사실 포스트모던이라는 개념 자체가 다원적이고 해체적 성격을 띠고 있어 한마디로 정의하기란 불가능하다. 이 포스트모던이라는 개념은 애매모호함 그 자체다. 그런데 어떤 개념이 애매모호해도 그 개념이 명료하게 드러날 때가 있다. 그것은 주로 그 개념과 대조되는 어떤 다른 개념과 '비교대조'될 때다. 나는 바로 '포스트모던'이 전면에 등장하도록 토대와 배경이 되었던 '모던'의 성격을 파악함으로써 포스트모던이 지향하는 바를 어느 정도 알 수 있다고 본다. 모던 또한 모던적 세계를 가능하게 했던 프리모던(pre-modern)적 상황을 기반으로 했다는 점에서 이 부분에 대한 어느 정도 고찰도 불가피하리라 생각한다.

그러나 여기서는 포스트모던 전체를 다룰 수는 없다. 우리의 원래 주제인 웨슬리의 디비니티 목회의 현대적 의의를 찾는 데 초점을 모으기 위해 포스트모던 시대와 관련한 포괄적 내용보다는 그 '영성적 의미'(spiritual meaning)에 국한시키려 한다. 특히 그리스도인의 영성이 포스트모던 세계에 어떻게 표현되어 있는지, 그리고 이 방향이 타당한지 비판적으로 검토하고, 포스트모던 세계에서 필요로 하는 그리스도인 영성이 무엇인지 탐구해 보려 한다. 이 과정에서 자연스럽게 웨슬리의 디비니티 목회가 포스트모던 시대를 살아가는 이들에게 과연 여전히 유효한지 해명될 것이다.

1) 모던/ 모던적 영성

포스트모던이라는 용어는 '모던'(modern) 이후(post)를 의미한다. 그렇다면 포스트모던을 이해하기 위해서는 '모던'이라는 의미의 해명이 불가피해 보인다. '모던'(modern)이란 무엇인가? 나는 모던을 어떤 시간적 개념으로 이해하려는 시도를 배제하려 한다. 만일 모던을 시간적 의미에서 '근대 혹은 현대'로 번역해 버리면 구체적으로 언제가 근대 혹은 현대를 의미하는지 밝혀야 한다. 역사적으로 어느 일정한 시점을 모던이라 정해 버리면 우리가 살아 숨 쉬는 지금은 포스트모던인가? 우리 이후는 무어라 이름 붙일 것인가? 나는 모던이라는 용어가 역사적으로 어느 일정 기간에만 적용할 수 있는 것이 아니라 모든 역사적 현재를 지칭하는 용어여야 한다고 생각한다. 즉 백 년 전 사람들에게 그 시대가 그들의 모던이었듯이 백 년 이후 사람들에게는 그들 시대가 모던인 셈이다.

이런 입장에서 나는 모던-포스트모던에서 사용되는 모던이라는 말은 시간적 의미가 아닌 특정한 삶의 태도라는 측면에서 사용된다고 본다. 즉 모던은 하나의 시대 구간을 의미한다기보다는 모던적 경향, 모던적 패러다임을 의미한다. 그렇다면 모던적 패러다임은 무엇인가? 이를 이해하려면 모던 이전, 곧 pre-modern적 세계로의 여행이 불가피하다. 모던은 모던 이전 세계로부터 패러다임 전이(shift)의 결과물이기 때문이다.

모던적 패러다임 쉬프트는 프리모던 세계의 '전체주의적' 성격에 대한 반동에서 시작되었다고 보아야 한다. 프리모던 세계의 두드러진 특징은 그것이 국가가 되었든 교회가 되었든 일정한 전체 체계를 마련해 그 체제에 순응하도록 하는 것이다. 폴 틸리히가 언급했던 중세 기독교의 '타율적 세계'(heteronomy)는 그 대표적 예이다. 중세 기독교는 교황을 중심으로 한 하나의 전체 체제 그 자체였으며, 또 이를 바탕으로 교회의 전통과 교리, 신조 등을 정교하게 만들어 냈다. 이 당시 사람들에게 가장 중요한 것은 이 같은 체계화되고 통일된 교회의 의견들을 순응하는 일이었다.[2]

모던적 사고는 이 같은 전체주의적이고 획일적 체계에 대한 심각한 반성을 의미한다. 모던적 사고의 핵심은 외적으로 '규정지어진, 주어진 체계'에 대한 주체적 반성이다. 이때 가장 큰 역할을 한 것이 바로 '이성'(reason)이었다. 18세기 유럽에서 풍미했던 사상적 사조인 '계몽주의'(啓蒙主義, Enlightenment)는 바로 이성의 발견에 대한 하나의 큰 흐름이었다. 엄밀하게 말하면 '30년 전쟁'이 끝난 1648년에서 프랑스혁명(1789)까지 약 150년간을

---

2) Paul Tillich, *Systematic Theology*, vol. Ⅲ, 김경수 역 「조직신학 Ⅲ 상」(서울: 성광문화사, 1986) p. 291, 364.

지칭하며, 정치, 사회, 철학, 과학 이론 등에서 광범위하게 일어난 사회 진보적·지적 사상운동 전체를 포괄한다. 무엇보다도 계몽주의는 중세 시대를 관통했던 프리모던적인 전체주의적이고 독단적인 사고에 대해 깊은 반감을 표출했다. 대신 형이상학보다는 구체적인 경험을 바탕으로 하는 과학적 기반을, 타율적인 권위보다는 개인의 자유를 지향하면서 이 모든 기준을 인간의 이성에서 찾았다. 즉 인간의 이성은 권위의 요소이자 권위를 판단하는 기준이 되었다. 이 이성을 바탕으로 인간과 세계의 보편적 원리나 자명한 법칙을 발견하게 되었고, 진보를 확신하게 되었던 것이다.[3]

한마디로 계몽운동은 이성(理性)의 탐구 정신 회복이다. 이성의 탐구 정신 회복은 다양한 분야에서 이루어졌다. 코페르니쿠스(Nicholas Copernicus), 갈릴레이(Galileo Galilei), 뉴턴(Isaac Newton) 등의 과학탐구에 따른 비약적인 과학의 발전과 데카르트(Rene Descartes), 록(John Locke), 스피노자(Baruch Spinoza), 볼테르(Voltaire) 등의 사상가들의 왕성한 활동은 이성의 역할에 정당성을 부여했다. 모던적 지성은 바로 이 합리적 이성을 기초로, 프리모던 시대에 당연하게 여기고 권위를 부여하던 모든 것들을 새롭게 보기 시작했고 합리적 지식과 비판의 눈으로 재해석하기에 이르렀다. 이러한 모던적 지성으로 무장한 유럽의 과학자와 사상가들은 모든 것들의 표면적 현상만이 아닌 그 내면의 법칙과 사실을 알려고 했다. 말하자면 사물의 표면적 상태가 아닌 그 사물의 사실적 실재(實在)를 파악했던 것이다.[4]

이러한 계몽사상의 합리적 탐구는 인간의 신앙 문제에도 적용되었다. 이성은 그동안 사람들이 당연하게 여기던 교회의 전통에도 비판적 시각을 갖

---

3) '계몽주의' 또는 '계몽주의 시대'라는 용어는 어떤 하나의 운동이나 사상을 뜻하지 않는다. 계몽주의 시대를 이끌었던 주요 사상가들 안에서도 서로 충돌하는 주장을 목격하기 어렵지 않을 정도로 매우 넓은 범위를 포괄한다. 그러나 이 다양한 흐름을 관통하는 하나의 통일적 흐름이 있었는데, 바로 '이성'을 중시하는 태도였다. Ellen Judy Wilson, Peter Hanns Reill, *Encyclopedia of the Enlightenment* (New York: Facts on File, Inc., 2004) p. 57.

4) 코페르니쿠스(1473~1543)의 과학적 태도는 좋은 예이다. 당시 사람들은 관습적 관념이 그러했듯이 눈에 보이는 현상 그대로 태양이 지구를 회전한다고 믿었지만, 그는 그 표면적 현상 내부에 숨겨진 실재, 곧 지구가 태양을 돌고 있다는 사실에 주목했다. 이는 자연을 비판적 이성의 시각으로 탐구한 과학의 승리였다.

게 했다. 계몽주의 탐구자들은 인간과 신앙인의 공동체인 교회의 전통을 아무 비판 없이 수용하는 태도를 비판하며 그 의미를 깊이 묻기 시작한 것이다. 그 과거의 유산과 사고 방법이 옳았는가, 옳지 않았다면 그 이유가 무엇이며 어떻게 고칠 수 있을까를 거침없이 탐구해 들어가기 시작했다. 이러한 비판적인 전통이해 방식은 '전통비평'(critique of tradition)이라고 일컬었다. 전통비평은 무의식중에 위임하는 전통에 대한 무제약적 위임을 비판적 이성의 눈으로 바라보고 재해석하는 과정을 의미한다. 이 과정에서 전통이라는 이름 안에 감추어진 모순이 드러남으로써 이전 체계가 부정되기도 하지만 창조적인 전통으로 다시 태어날 수도 있다. 교회의 전통도 예외는 아니었다. 모던적 이성은 그동안 절대적 권위를 누려오던 교회에 강력한 비판의 칼날을 들이밀었다. 교회의 신앙고백과 의식들, 심지어 성경에 대해서도 이성적 비판을 감행했다.

교회의 신앙을 지탱해 온 전통의 근간을 뒤흔드는 이 같은 도전에 교회가 반발한 것은 당연했는지도 모른다. 특히 로마 가톨릭 교회의 반발은 매우 심했다. 로마 교회는 교회의 오랜 전통 교리들과 교황권을 방어하고 고수하는 데 많은 힘을 기울였다. 트렌트 공회(The Council of Trent, 1563)는 루터를 중심으로 한 종교 개혁적 도전을 막기 위한 가톨릭의 공식적인 모임이었지만 그 당시 이미 감지되고 있던 모던 세계의 도래에 대한 거부의 몸부림이기도 했다.5) 이러한 로마 가톨릭 교회의 입장은 20세기 중엽 제2바티칸공의회(1962~1965)까지 지속되었다.

물론 바티칸 공회 이전에 가톨릭교회 안에서 새로운 시대정신을 수용하려는 움직임이 없었던 것은 아니었다. 예를 들어 19세기 말과 20세기 초 가톨릭교 안에서 새로운 시대정신을 수용하려 한 '모더니스트 운동'(Modernist

---

5) Bruce Wetterau, *World History* (New York: Henry Holt and Company, 1994) 참조. 트렌트 공회에서 루터의 '칭의론'에 대한 공식적인 입장은 이른바 '저주선언'(let him be anathema)으로 요약된다. 예를 들어 제6회기 동안 마련한 조항 9, 12, 24, 25는 이 저주선언을 포함한 조항들이다. 여기에 대한 논의는 나의 박사학위 논문집 "A Review of Luther's Doctrine of Justification by Faith Alone", p. 248. 또한 Norman L. Geisler and Ralph E. MacKenzie, *Roman Catholics and Evangelicals: Agreements and Differences* (Grand Rapids: Baker Book House, 1995) p. 226 참조.

Movement)이 있었다. 그러나 이는 당시 교황 비오 10세(Pius X)의 소위 '주님의 양떼를 먹이라'(*Pascendi dominici gregis*)로 널리 알려진 칙령으로 정죄되고 말았다.[6]

　　그렇다면 계몽주의에 대한 프로테스탄트 교회의 입장은 어떠했을까? 모던 세계 도래에 대한 프로테스탄트 교회의 입장은 복합적 성격을 띤다. 초기 종교개혁자들은 이성의 역할에 대해 반신반의하는 태도를 견지했다. 로마 가톨릭 입장보다는 이성의 역할에 대해 보다 우호적인 입장을 견지하면서도 여전히 회의적인 눈초리를 거두지 않았던 것이다. 루터의 경우, 이런 애매모호한 입장이 두드러진다. 이성의 역할에 대해 그는 젊은 시절과 성숙기에 들어간 이후에 서로 다른 모순된 입장을 가졌다. 초기에는 구원에 있어서 이성의 역할에 대한 그 어떤 여지도 남기지 않았지만 후기에는 믿음에 종속되는 한 이성은 그 가치를 지닌다고 보았다.[7]

　　초기 종교개혁자들의 후예들은 그들의 정신을 전적으로 본받고 싶어 했지만 그렇게 하지는 못했다. 그들의 선각자들은 이성에 대해 반신반의 태도를 취했지만 그 후예들은 이성을 전적으로 의존하는 태도를 취했다. 그들은 계몽주의와 기꺼이 손을 잡았다. 우리는 이들을 '개신교 스콜라주의'(Protestant Scholasticism) 혹은 '개신교 정통주의'(Protestant Orthodoxy)라 부른다. 역동적인 믿음의 재건운동이 있었던 종교개혁 시기를 거치면서 칼빈과 루터의 가르침을 따르는 이들이 늘어남에 따라 이들은 자신들의 정체성을 확립할 필요성에 직면했다. 무엇보다도 가톨릭의 날카로운 비판이 큰 압력으로 작용했다. 추기경 벨라민(Cardinal Robert Bellarmine, 1542~1621)의 정교한 비판은 그중 하나였다. 아셀트(Willem J. van Asselt)에 따르면, 벨라민의 개신교에 대한 공

---

6) Darrell Jodock, *Catholicism Contending with Modernity* (Cambridge University Press, 2000) pp. 20, 110.
7) 초기 루터는 반이성적 입장을 견지했다. 그에 따르면, 믿음은 이성의 눈으로 보았을 때 불가능성이며 모순이며 거짓된 것이다. 이성은 믿음에 전혀 기여할 것이 없다. 오히려 이성은 믿음의 가장 큰 적이며 영적인 일에 전혀 도움이 되지 않는다. 그러나 루터의 이런 입장은 후기에 접어들면서 초기와는 모순된 입장을 보이기 시작한다. 후기 루터에 따르면, 인간의 이성은 믿음에 의해 깨어 있게 되면 믿음에 모순되지 않고 오히려 도움이 된다. 루터의 믿음 이해 변천과정에 대해서는 나의 논문, "A Review of Luther's Doctrine of Justification by Faith Alone", pp. 77~92. 참조.

격은 매우 현학적(scholastic)이었으며 이에 대한 적절한 답변을 하려면 개신교 또한 현학적 입장을 취할 수밖에 없었다.[8] 맥그로스(McGrath)의 지적처럼 종교개혁자들이 소유했던 영감은 기독교 신학이라는 조직적 진술을 통해 다음 세대에 전개되었던 것이다.[9] 암스트롱(Brian Armstrong)은 이들이 채택한 신학적 진술방식은 인간 이성을 의존해 중심적 진리를 연역적 논리에 따라 전개하는 아리스토텔레스의 철학적 방식이며, 형이상학적이고 사색적이라고 요약한다. 이런 관점은 성경을 이해하는 데도 그대로 적용했다.[10] 이것은 17세기 스콜라주의가 고도의 합리성에 기초했다는 사실을 보여 준다. 그들은 신학적 진리를 종교적이고 실천적인 경험이 아닌 하나의 규정된 진리를 논리적으로 연역하고 이를 끊임없이 명증함으로써 그 진리에 도달하는 과학적 진리획득 방식에 의존했다.

18세기 프로테스탄트의 스콜라 사상은 이성(理性)종교를 도입하는 데까지 이르렀다. 소위 이신론(理神論, Deism)으로 알려진 합리주의적 종교가 그 대표적 예이다.[11]

이신론은 이성과 자연 현상 탐구로도 우주가 전능한 창조자의 창조물이라는 것을 알 수 있다는 데서 출발한다. 이신론자에 따르면, 창조자는 인간에게 일어나는 일과 자연법칙에 따라 움직이는 자연에 간섭하지 않는다. 그러므로 예언이나 기적 같은 초자연적 현상을 배제한다. 이신론자에게서 하나님을 알 수 있는 길은 인간의 이성이다. 그들은 이성만이 자연을 엄밀하게 관찰할 수 있으며 이를 통해 하나님을 알 수 있다고 믿는다.[12] 그들에게는 기독교란 계

8) Willem J. van Asselt, "Scholasticism, Protestant," *The Dictionary of Historical Theology*, ed., by Trevor A. Hart and Richard Bauckham (Grand Rapids: Wm. B. Eerdmans Publishing Co., 2000) p. 13.

9) Alister McGrath, *Historical Theology: An Introduction to the History of Christian Thought* (Oxford: Blackwell Publishing, 2003) p. 169.

10) Brian Armstrong, *Calvinism and the Amyraut Heresy: Protestant Scholasticism and Humanism in Seventeenth Century France* (Madison: University of Wisconsin Press, 1969) p. 32.

11) 이신론의 초기 발상지는 영국이다. 허버트 경(Lord Herbert of Cherbury)이 1624년 출간한 「진리론」(*De Veritate*)에서 처음 이 이론을 설파한 이래 많은 지식인들이 동조했는데, 그중에는 톨란드(John Toland)와 틴데일(Matthew Tindale) 등이 있다. 이들의 이론은 그 후 프랑스의 볼테르에게 지대한 영향을 미쳤고, 독일과 미국에도 많은 영향을 끼쳤다.

12) Waring, E. Graham, *Deism and Natural Religion: A Source Book* (New York: Frederick Ungar, 1967) p. 113.

시의 종교가 아닌 자연(自然)종교인 셈이다. 그러므로 그들은 교회의 전통에 대해 매우 비판적 관점을 가질 수밖에 없었다. 교회의 전통은 자연적이성(自然的理性)에 반하며 불필요한 사족(蛇足)일 뿐이었다. 기독교가 참다운 종교이기 위해서는 이들은 제거되어야만 했다. 이제 이성은 전체주의적 억압과 예속으로부터 인간을 해방시킬 구세주로 등극했다. 그동안 사람들이 무비판적으로 수용해 온 가치와 가르침들은 여지없이 이성의 빛 아래서 재조명 받아야만 했으며 이성의 이름으로 세례를 받아야만 했다.

2) 탈모던/탈모던적 영성

그러나 이성에의 과도한 의지는 또 다른 부작용을 낳고 만다. 이성이 왕 노릇하게 됨으로써 인간의 삶은 가슴이 없이 머리로만 살아가는 기형적 삶을 직면하게 된다. 이성을 기반으로 한 종교는 추상적이고 지적인 종교로 나아갔고 감성과 신비가 제거된 건조하고 메마른 종교로 변해 갔다. 이제 교회의 전통에 부여한 절대적 권위를 철저히 비판하고 그 자리를 대신했던 이성은 이제 비판의 대상이 되어 버렸다. 그러나 우리는 이성적 종교를 비판했던 초기 비판가들이 인간의 이성 그 자체를 부인하지는 않았다는 점에 유의해야 한다. 그들의 의도는 기계론적이고 편협한 이성을 비판하는 것이며 그 이성이 갖는 한계를 드러내는 것이었다. 즉 이들은 여전히 모던적 사고의 틀 속에 있으면서도 탈모던적 성향을 띠었다.

그 대표적인 인물이 루소(Jean Jacques Rousseau, 1712~1778)와 칸트(Immanuel Kant, 1724~1804)다. 루소의 위대한 저작 「에밀」(*Emile, De l'éducation*) 제4부 '사부아 보좌신부의 신앙고백'(La profession de foi du vicaire savoyard)은 그의 종교 사상을 엿볼 수 있는 내용이 포함되어 있다. 여기서 루소는 우리가 살아가는 이 세계는 이 세계를 움직이는 어떤 법칙을 통해 운동하며, 이 운동의 법칙성을 부여한 지적 존재가 바로 하나님이라고 말한다. 이로써 루소는 이신론자(理神論者)의 자리에 놓이게 된다. 그러나 루소는 여기에 머물지 않는다.

하나님을 인식하기 위해서는 이성(理性)을 감정(感情) 및 의지(意志)와 결합시켜 이성의 독단을 견제했다는 점에서 이신론자의 비판자로 간주되기도 한다. 인간의 합리적 정신은 내적인 감정의 소리와 조화를 이루어야만 그 본연의 역할을 다할 수 있다고 말함으로써 이성의 한계를 설정한 셈이다. 칸트는 이런 루소의 제안을 매우 중시하고 인간의 인식에서 이성적 앎의 본질과 한계를 밝혀 나갔다. 그에 따르면, 이성으로는 하나님을 알 수 없다. 인간의 이성이란 우리가 처해 있는 현실 세계, 경험 세계 안에서 사물을 제한적으로 인식할 수 있는 것이지 사물의 진면목, 곧 '물자체'(物自体)를 인식할 수 있는 것은 아니다.13) 이는 우리 이성의 한계다. 이 한계를 지닌 이성으로 하나님을 알 수는 없다. 오직 가능한 것은 '실천적 이성'뿐이다. 즉 우리에게 부여된 도덕적 의무를 실천함으로써 하나님을 인식할 수 있을 뿐이다. 이것이 바로 그의 이성비판론의 핵심이다.

루소와 칸트에 이어서 이성에 대한 비판은 19세기와 20세기를 거치며 더욱 정교하게 발전해 나간다. 로체(Rudolf Hermann Lotze)는 칸트의 실천이성론을 '가치판단론'으로 발전시킨다. 로체에 따르면, 종교는 이성의 대상이 아닌 가치판단과 관련 있다. 즉 하나님은 순수 이론적 이성이 아니라 '가치'라는 기준으로 이해될 수 있는 대상이라는 것이다. 윤리적 인식을 이성적 인식보다 우위에 두려는 경향은 리츨(Albrecht Ritschl)과 하르낙에게서 두드러지게 발견된다. 리츨에게 하나님 인식은 이성적 사유에 따른 객관적이고 역사적인 인식이 될 수 없다. 그것은 바로 로체가 언급했듯이 오직 가치판단의 문제이고 칸트가 암시했던 도덕적 삶을 통해 가능하다. 이는 형이상학이나 이론적 사변이 하나님께 대한 타당한 지식의 원천이 된다는 사실을 거부한다는 의미이며 실천적이고도 도덕적인 삶의 완성을 통해 하나님 인식에 도달할 수

---

13) 이런 앎을 통해 얻게 되는 지식을 '구성적 지식'이라 한다. 이 '구성적 지식'은 원래 사물의 실체와 동일하다고 말할 수 없다는 점에서 물자체를 알 수 없다는 것이다. 한 예를 들어보자. 우리는 사과 하나를 본다. 그런데 그 사과는 우리 인간의 인식의 틀(칸트는 오성이라 이름 붙임)을 통해 '구성한' 구성적 지식일 뿐이다. 이는 마치 우리가 어떤 선글라스를 통해 사물을 바라보는 것과 같다. 검은 색깔의 선글라스를 끼고 보면 검정색 사과이고 노란 색깔 선글라스를 끼고 보면 노란색 사과가 되는 이치다. 이렇게 본다면 우리는 정말 사과의 실체를 알지 못한다.

있음을 의미한다.14) 하르낙(Adolf Harnack)은 리츨의 신학적 입장을 이어받아 더욱 체계화시킨 학자로 간주된다. 리츨과 마찬가지로 철저한 이성적 사유를 바탕으로 교회의 신앙 전통을 신랄하게 비판하고 신앙 전통이 아닌 객관적이고 역사적 사실에 기초한 신앙의 권위를 찾고자 했다. 그의 '역사적 예수'에 관한 탐구는 바로 이 같은 노력의 일환이었다. 그러나 그럼에도 리츨과 마찬가지로 다른 한편으로는 이성적 사유에 대한 비판적 태도를 취했다. 하르낙은 예수가 보여 준 윤리적 실천이야말로 우리가 본받아야 할 최고의 가치이며, 하나님을 인식할 수 있는 최상의 길로 이해했던 것이다.15)

모던적 기독교 영성의 틀을 깨고 새로운 영성적 패러다임을 본격적으로 제시한 이는 아무래도 키르케고르(Sören Kierkegaad)이지 싶다. 키르케고르의 신학적 자리를 한마디로 정의하기는 어렵다. 그의 사상의 폭이 그만큼 넓기 때문이다. 그중 대표적인 것이 '기독교실존주의자' 혹은 '신정통주의자'라는 평가다. 그러나 최근에는 '포스트모더니스트의 선구자'라 평하는 이들이 늘고 있다.16) 실제로 키르케고르를 포스트모더니스트라 전제하고 그와 데리다의 해체철학을 한데 묶어 그것을 자신의 신학적 기반으로 삼는 학자도 있다.17) 키르케고르의 실존주의적이고 신정통주의적이며 포스트모던적인 경향은 주체의 실존적 경험으로서의 믿음에 바탕을 두고 교회의 전통과 이성에 과도하게 의존하는 믿음의 체계를 끊임없이 해체하려는 시도 때문이다. 그

---

14) James Richmond, "Liberal Protestantism," *A New Dictionary of Christian Theology*, ed., by Alan Richardson and John Bowden (London: SCM Press, 1999) p. 326.

15) A. Harnack, *Das Wesen Christentums*, Leipzig (1900), 윤성범 역, 「기독교의 본질」(서울: 삼성문화재단, 1975) 참조. '기독교의 본질'은 하르낙이 1899~1900년에 베를린 대학에서 학생들에게 강의한 내용을 책으로 출판한 것이다. 그래서 그 구분도 강의 순서대로 제1강, 제2강 식으로 구분했으며 전체 총 19강의로 이루어졌다.

16) Sylvia Walsh, "Kierkegaard and Postmodernism," *Philosophy of Religion*, 29 (1991) p. 113. 또한 John D. Caputo, *Radical Hermeneutics: Repetition, Deconstruction, and the Hermeneutic Project* (Bloomington: Indiana University Press, 1987) 참조.

17) 그 대표적인 학자가 포스트모던 사상을 신학에 접맥해 독특한 신학적 영역을 개척해 나가고 있는 테일러(Mark C. Taylor)다. 그는 자신의 신학적 노선을 키르케고르 신학과 사상가 데리다의 해체철학과 깊은 내적 연관성 위에 기반했다고 생각한다. Taylor의 *Journey to Selfhood: Hegel & Kierkegaard* (Berkeley: University of California Press, 1980) 참조.

에 따르면, 우리가 하나님을 알 수 있는 것은 전통의 체계 혹은 이성적 사유가 아니다. 그것은 바로 주체적인 경험이다. 참된 종교적 인식은 합리적 이성에 따른 사변적 진술이나 제도화되고 체계화된 종교적 기구 혹은 제도를 통해서는 가능하지 않다. 오직 내적이며 주체적인, 그리고 실존적인 믿음의 경험만이 이를 가능케 한다.[18] 믿음에 의한 하나님 인식이란 측면에서는 신정통주의의 흔적이, 실존적 경험이라는 측면에서는 실존주의적 경향이 매우 짙게 배어 나오지만, 이것이 실존의 주체적 경험이라는 측면에서 본다면 기존 틀에 얽매일 수 없는 매우 급진적이고 해체적 성격을 띠게 된다.

3) 포스트모던(postmodern)

키르케고르에게서 현저하게 내포된 탈모던적 경향은 20세기 후반부에 접어들면서 전혀 새로운 양상으로 전개되어 나갔다. 이는 그동안 절대적 군림을 해 왔던 근대적 이성에 대한 근본적인 회의이며 그 이성을 바탕으로 세워진 모던 세계에 대한 철저한 해체작업이었다. 그러니까 모던적 사고의 틀을 단순히 벗어나려는 탈모던적 단계가 아니라 아예 이것을 뛰어넘어 새로운 패러다임으로 대치하는 것, 곧 포스트모던 세계로의 진입인 셈이다. 어떤 이들은 포스트모던 세계가 모던 세계를 '대치'했다고는 보지 않는다. 예를 들어, 그라프(Gerald Graff) 같은 이는 포스트모더니즘을 모더니즘의 연장선상에서 파악하려고 한다.[19] 물론 어떤 면에서는 양자 사이의 단절을 말하기는 어렵다. 그러나 적어도 합리적 이성으로 점철된 세계를 끊임없이 해체해 나가려는 시도에 관한 한 이 둘 사이에는 일관성보다는 차별성이 더 뚜렷하다고 봐야 할 것 같다.

사실 포스트모던이라는 용어 자체는 과도할 정도로 널리 사용되고 있지만

---

18) James Richmond, "Existentialism," *A New Dictionary of Christian Theology*, pp. 201~202.
19) Gerald Graff, *Literature Against Itself: Literary Ideas in Modern Society* (Chicago: University of Chicago press, 1979) p. 32.

그것이 정작 무엇을 의미하는가 하고 물을 때 선뜻 답하기는 쉽지 않다. 이 용어에 내포된 다양하고 포괄적인 성격에서 연유되는 애매모호함 때문이다. 포스트모더니즘의 개념은 문학과 철학, 사회학과 더불어 예술일반에 적용할 수 있으면서도 적용 분야에 따라 그 의미가 상당 부분 다르게 해석되기 때문이다. 그러므로 포스트모더니즘이란 무엇인가라는 물음과 관련해 우리가 말할 수 있는 것은 이 개념에 대한 일반적인 정의가 불가능하다고 말하는 편이 정직할 것 같다.[20] 포스트모던을 그 어떤 고정된 시각으로 정의할 수 없다는 그 점 자체가 역설적으로 포스트모더니즘을 가장 특징적으로 드러낸다.

포스트모던이 내포한 애매모호함 속에서도 몇 가지 공통 흐름들을 발견할 수 있다. 이는 대략 세 가지로 집약할 수 있다. 첫 번째 공통점은 합리적 이성에 대한 비판이다. 사회학자 막스 베버는 이미 오래 전에 합리성을 실체적 합리성(substantive rationality)과 도구적 합리성(instrumental rationality) 두 가지로 구분한 적이 있었다. 베버가 염려했던 점은 바로 도구적 합리성이 가져올지도 모르는 부작용이었다.[21] 그의 염려는 세계 1, 2차 대전을 통해 여실히 증명되었다. 나치는 합리성을 빙자해 수많은 유대인들을 학살하는 데 거리낌이 없었다. 아도르노(Adorno)와 호르크하이머(Horkheimer)는 이런 계몽주의 산물인 도구적 합리성의 폐해를 신랄하게 비판했다.[22] 미쉘 푸코(Michel Foucault)는 모던 세계가 추앙했던 이성적 주체의 폐해를 밝혀내는 데 주력했

---

20) 이 용어를 보다 의미 있게 사용한 사람은 1950년대 초 역사가 아놀드 토인비(Arnold Toynbee)다. 토인비는 서구문명이 19세기 이후 전환기 국면에 접어들었다고 주장했다. 이 시기를 그는 포스트모던(Post-Modern)이라 명명한다. 토인비는 포스트모던 세계가 모던 세계와 가장 두드러진 차이를 헬레니즘 철학자들이 구축한 서구세계의 지적 인식의 틀 안에 깊숙이 내재되어 있던 합리주의 이성론의 붕괴라고 본다. Arnold Toynbee, *A Study of History*, vol.9 (London: Oxford University Press, 1954) p. 185.

21) *Max Weber, Rationality and Modernity*, ed., by Sam Whimster and Scott Lash (London Allen & Unwin, 1987) 참조.

22) 이들을 소위 '프랑크푸르트학파'라 칭하는데, 합리성이라는 이름 뒤에 도사리고 있는 이성의 독단에 대해 철저한 비판을 가했기 때문에 '비판철학가'라고도 한다. Max Horkheimer and Theodor W. Adorno, *Dialectic Enlightenment,* trans., by John Cumming (New York: The Seabury Press, 1972) p. xiii 그리고 Max Horkheimer, *Critique of Instrumental Reason,* trans., by Matthew J. O'Cornell (New York: The Seabury Press, 1974) 참조.

다. 푸코가 주장하는 바는 모더니즘에서 자명하게 받아들여졌던, 이성적인 것이 비이성적인 것보다 우월하다는 '이성적 주체관'이 허구라는 것이다. 이러한 푸코의 '이성적 주체관'에 대한 비판은 통일적인 자아의식을 가진 주체라고 하는 개념을 이제는 더 이상 당연하고 자연스럽게 받아들일 수 없음을 의미한다.23)

　포스트모던이 보여 주는 두 번째 공통점은 '해체'이다. 포스트모던적 '해체이론'(deconstruction theory)을 개척한 사람은 데리다(Jacques Derrida)이다. 데리다가 추구하는 '해체'의 대상은 '현존의 형이상학'(metaphysics of presence)에 찌든 서양의 지배적인 합리적 이성에 기초한 지적 전통이다.24) 여기서 말하는 '현존의 형이상학'이란 존재의 의미를 철학자 하이데거(M. Heiddeger)의 논리에 따라 '현존재'(dasein)로 이해한다는 것이다. 이 존재 이해의 핵심은 현존재는 그야말로 '현존(da)의 존재(sein)'이므로, 실체는 따로 존재하고, 그 객관적인 세계를 언어와 개념체계를 사용해서 정확하게 표상할 수 있다고 보는 세계관을 말한다. 여기로부터 산출되는 것이 바로 이원론(dualism)이다. 그러나 이러한 이원론적 세계관은 그 자체 내에 있는 모순과 역설, 아이러니 등에 부딪혀 분열하게 되는데, 데리다의 주된 작업은 언어 분석을 통해 이러한 세계의 허구를 철저히 해체해 들어가는 것이다. 매우 난해해 보이는 데리다의 해체이론이 지향하는 바는, 일상생활에서 당연하게 수용되고 있는 원리들과 개념들의 진리성 및 정당성에 물음을 던지고 그것들을 낯설게 만듦으로써 이분법적 논리에 따른 이성적 언어의 규정성이 갖는 한계를 드러내는 것이다. 다시 말해 해체이론은 절대적이고 보편타당한 것을 요구하는 이성 내부에 숨

---

23) 현대인들은 어떤 행위를 할 때도 이것을 할 것인가, 저것을 할 것인가라는 여러 가지 상황 속에서 분열과 복잡성을 느낀다. 일종의 자아의 편파성을 보여 주는 셈이다. 포스트모더니즘은 이러한 현대인의 내면적 경험양식의 실상을 '주체의 죽음'으로 보여 주며, 바로 푸코의 '이성적 주체관'에 대한 비판에서 그 실마리를 찾는다. 푸코의 이성적 주체에 대한 비판적 사유에 대해서는 Michel Foucault, *Madness and Civilization: A History of Insanity in the Age of Reason* (New York: Random House, 2001) 참조.

24) Jacques Derrida, *Of Grammatology*, trans., by Gayatri C. Spivak (Baltimore: The Johns Hopkins University Press, 1976) 참조.

겨진 역설을 드러냄으로써, 그러한 이성을 철저히 비판하는 것이다.25)

포스트모던에서 나타나는 세 번째 공통점은 다원성이다. 모더니즘은 인간 이성의 합리성에 기반해 진리의 총체화, 구조화를 추구했다. 모더니스트들은 인간 삶의 현실에서 만나는 개별적 정황들은 마치 수학 공식처럼 총체적이고 구조적인 어떤 원리로 환원될 수 있다고 굳게 믿는다. 그러므로 전체적 구조가 강조되고 개인 혹은 개체의 개별성은 부차적인 문제가 된다. 포스트모더니즘은 바로 이 전체적 구조를 고정된 것으로 보는 모던적 태도에 저항한다. 물론 포스트모던이라 하여 구조화(structuring) 자체를 배척하는 것은 아니다. 모더니즘과 포스트모더니즘 양자는 개인이 속한 특정한 사회 체제와 제도의 맥락 속에서 개인 나름의 인식의 틀이 되는 구조화 과정은 필연적임을 알기 때문에 양자 모두 구조화의 중요성 그 자체는 인정한다. 그러나 모던적 접근은 그 구조화 과정이 일정한 방향성을 가지고 있다고 보기 때문에 그 일정한 경향에 대한 발견과 관찰이 가능할 뿐 아니라 그 결과도 예측 가능하다는 입장을 견지한다. 반면 포스트모더니즘은 구조화 과정 안에 그 어떤 방향성을 전제하지 않기 때문에 그 구조화 과정으로부터 반복적인 규칙을 찾는 것 자체를 무모한 것으로 본다. 따라서 포스트모더니즘은 탈 구조적 성격을 띠게 되고, 다원적이고 파편적인 개체를 강조하는 방향으로 나아갈 수밖에 없게 된다.26)

---

25) 데리다에 따르면, 전통적으로 서양의 언어관은 문자언어보다 음성언어가 더 우월하다고 간주해 왔다. 언어의 기능은 감정이나 생각을 표현하는 것으로, 음성언어는 어떤 감정이나 생각을 '지금 이 시점에서' 현존하는 양태로 명료하게 표현하지만 문자언어는 그러한 음성언어를 후차적으로 재표현하는 것이라는 점에서 부차적이고 열등하다는 것이다. 그러므로 데리다는 서양의 전통적인 언어관은 현존의 형이상학으로 물들었다고 주장한다. 이렇게 '현존'이라는 관점에서 언어를 파악할 때 음성언어는 마치 언어의 모든 것인 양 받아들여질 수밖에 없다. 데리다는 바로 이 점에서 모순을 찾는다. 예를 들어 Pet이라는 영어 단어는 애완동물을 의미한다. 그런데 이 단어가 이러한 의미를 가질 수 있는 이유는 무엇인가? 그 이유는 바로 Pat, Pit, Pot이라는 다른 단어들이 그 차이를 드러내 주기 때문이다. 즉 현존하지 않는 다른 여러 언어들이 전제가 되어야만 Pet의 의미가 드러난다는 것이다. 이처럼 어떤 특정 단어가 지니는 의미는 현존하지 않는 다른 다양한 단어들의 도움으로 드러나는 것이기 때문에 음성언어와 문자언어를 현존이라는 맥락에서 차별하는 것은 근본부터 모순된 것이다. Derrida, *Of Grammatology*, p. 43.

26) Martin Parker, "Post-modern Organizations or Postmodern Organization Theory?" *Organization Studies*, vol.13, no. 1 (Sage Publications) (1992) p. 5.

4) 포스트모던적 영성

키르케고르에게서 발아했던 포스트모던적 영성은 다양한 경로를 통해 유입된 포스트모던적 사상들과 만나면서 심대한 변화를 초래했다. 무엇보다 포스트모던적 사고에서 뚜렷이 감지되는 세 가지 흐름, 곧 합리적 이성의 지배로부터의 해방, 그리고 그 해체 및 다원적 가치의 지향은 기독교 영성에도 폭넓게 영향을 끼쳤다. 여기서 말하는 영향이란 긍정적인 것일 수도 혹은 부정적인 것일 수도 있지만,[27] 분명한 점은 기독교 신앙은 어떤 형태로든 포스트모던적 가치들로부터 영향을 받고 있다는 사실이다. 그렇다면 포스트모던적 경향이 기독교 영성에 어떤 식으로 영향을 미치고 있는가? 우리는 이것을 몇 가지로 정리할 수 있다.

첫째, 이성 중심의 믿음에서 감성 중심의 믿음으로의 전환이다. 이성은 본질상 차갑고 냉정하다. 가능하면 사물에 연루되지 않고 거리를 두고 객관성을 유지하려 든다. 뉴턴의 과학적 진리처럼 주체와는 상관없는 객관적 세계를 있는 그대로 바라보려 한다. 여기에는 인간의 느낌이 배제되어 있다. 인간의 감성은 오히려 불편하고 부자연스럽다. 심미적 세계는 합리적 이성의 판단을 흐리게 할 뿐이다. 포스트모던은 이런 이성적 사유의 틀에 대해 근본적인 의문을 제기했다. 포스트모던은 합리성과 과학적 법칙으로 무장한 건조한 인간에게 감성을 재각성시킨다. 이는 곧 데카르트적 이분법에서 기인되는 기계적이고 분석적인 세계 이해로부터 유기적으로 살아 숨 쉬는 세계 이해로 전환됨을 의미하며 세계를 주체와 동떨어진 '그것'(it)이 아닌 주체와 끊임없이 교섭하는 '너'(you)로 재인식함을 의미한다. 세계는 이제 합리적 이성의 '분석 대상'이 아닌 느끼고 체험하는 '감성적 대상'이 되어 다가선다. 감성은 이

---

27) 이 논의에 대해서는 Thomas C. Oden, *After Modernity … What?: Agenda for Theology* (Grand Rapids: Zondervan Publishing House,1990)와 Diogenes Allen, *Christian Belief in a Postmodern World: Christian Belief in a Postmodern World: The Full Wealth of Conviction* (Louisville: John Knox Press, 1989); Gene Edward Veith, Jr., *Postmodern Times: A Christian Guide to Contemporary Thought and Culture* (Wheaton: Crossway Books, 1994) 참조.

성이 금과옥조처럼 여기는 '논리'를 중요하게 생각하지 않고 '느낌'과 '이미지'를 중요하게 생각한다. "나는 생각한다, 고로 존재한다"는 데카르트적 명제는 감성 문화에서는 고루한 주장이 되어 버린다. 모던 시대에서는 지능지수, 곧 IQ가 문제되었지만 포스트모던 시대는 감성지수, 곧 EQ가 문제시된다.

모던적이고 합리적인 이성에 최고의 가치를 부여하던 이성적이고 윤리적인 종교가 대두함으로써 '종교 없는 성숙한 시대'의 도래까지도 점쳐졌지만, 이는 오히려 비인간화와 가치관의 몰락을 경험하게 할 뿐이었다. 여기에 등장한 포스트모던 시대의 감성은 종교적 영성을 다른 각도로 바라보게 했다. 바로 신비적 감성에 호소하는 영성의 출현이다. 이는 모던 세계와 더불어 과학적 세계관이 등장하면서 미신으로 비판되고 억압되어 왔던 종교의 신비성을 회복하려는 움직임으로 나타났던 것이다. 여기에는 민족주의의 부상에 힘입어 새로이 발흥되고 있는 원시종교의 부상이나 동양종교와 밀의종교 등의 재등장뿐 아니라 기독교 안에서도 오순절운동과 같은 신비주의의 부상 등이 포함된다.

뉴에이지(New Age) 운동은 포스트모던적 영성의 대표적 모습을 보여 준다. 모던적 이성을 지나치게 숭배함으로써 화석화되고 건조해진 영성으로부터 탈피하고 감성적 영성 혹은 신비적 영성을 추구하는 운동이다. 이것은 종교 분야뿐 아니라 정치와 문화, 예술과 과학 등 사회 전반에 걸쳐 연관되어 있는데, 치유적·종교적·사회 정치적 면 등 여러 분야에서 작은 그룹으로 형성되어 있어 딱히 형태를 규정하기가 어렵다. 예를 들어 마인드컨트롤과 같은 인간 심리에 대한 과도한 숭배, 선이나 요가 등의 동양적 묵상, 건강을 주제로 한 각종 요법들, 마법, 강신술, 점성술과 같은 신비나 이적을 추구하는 비의적 종교 등이다. 다시 말해 뉴에이지 운동은 동양의 종교, 철학적 요소와 서양의 정신분석, 심리학 등의 정신과학 및 밀의적 종교가 복합적으로 결합된 양태를 가지고 있다.

포스트모던적 영성은 비단 서구 세계의 경험만이 아니다. 한국 사회 또한 포스트모던적 영성에 깊이 침윤되고 있다. 전통종교에 대한 폭발적 관심이 이를 반증하고 있다. 조선시대를 마감하면서 한국의 전통종교들은 그 종교적 생명을 다했다는 의식이 팽배했지만 20세기에 접어들면서 이러한 추세가 반전되기 시작했고, 21세기에는 오히려 전통종교의 르네상스라 할 만큼 전통종교의 부흥 현상이 두드러졌다. 이는 단지 불교 등의 전통적 종교의 이야기만이 아니다. 그동안 미신으로 치부해 왔던 무속신앙과 같은 민간의 토속신앙들도 포함되어 있다.

둘째, 일원주의에서 다원주의로의 전환이다. 포스트모던이 모던적 이성에 가한 철저한 비판과 해체 작업은 필연적으로 권위의 파편화와 개별화를 가져왔다. 이는 종교적 의미에서는 '상대주의'로의 진전을 의미한다. 프리모던은 당연히 기독교가 유일한 종교(the religion)라고 인식해 왔다. 그러나 모던은 다른 고등한 종교들이 다른 문화권 안에서 성장해 왔고 기독교는 그중 하나의 종교(a religion)로 인식하기 시작한 시기였다. 그러나 그럼에도 기독교는 여전히 다른 종교들보다 압도적이며 우월한 종교로 인식되었고, 기독교 신앙 안에서 다른 종교들을 포함하는 전체적이고 통일적인 기독교 영성을 추구했다. 칸트와 리츨, 하르낙으로 이어지는 윤리적 신앙 모델은 바로 이런 기독교 영성을 대변한다. 이는 모던의 합리적 이성이 추구했던 '구조화'가 종교에도 동일하게 적용되었던 것이다. 모던적 이성은 교회의 전통에 부여한 과도한 권위에 대해 그 출처를 묻고 합리적 사유나 과학적 사유로 환원시키면서 동시에 신앙의 파편화와 개별화보다는 전체를 통일하는 '하나'를 추구했다. 그러나 포스트모던의 해체적이고 다원적인 사고의 영향은 기독교 신앙을 중심핵으로 하는 영성의 탈피를 불가피하게 만들었다. 포스트모더니스트들은 세상에는 유일하고 절대적인 하나의 종교만 있다고 생각하지 않는다. 그들에게는 기독교만이 유일하고 절대적인 종교이며 다른 종교들은 잘못되었다는 논리는 단지 기독교 신앙인들의 '확신'일 뿐이다. 그들은 만일 기독교인들이 종교에 대한 진지한 연구를 한다면 아마도 그런 확신을 철회할 수밖에 없을 거라고 말한다. 이들이 주장하는 바는, 궁극적 실재는 하나이며 그 궁극적 실재에 이르는 길도 다양하다는 것이다. 즉 궁극적 실재는 하나이지만 그 이름은 여럿이라는 뜻이다. 스미스(Wilfred Cantwell Smith)는 이런 주장을 뒷받침하는 데 많은 공헌을 했는데, 과학적 분석과정을 통해 기독교가 다른 종교들과 함께 성장해 온 하나의 종교(a religion)임을 주장했다. 그에 따르면, 우리가 기독교나 힌두교, 불교 등으로 부르는 종교들은, 마치 이전부터 자생적으로 존재해 온 독립적 실체처럼 보이지만, 실제로는 한결같이 인류 역사가 진행됨에 따라 생겨난 신앙 운동에 대해 인류가 붙여 온 이름들이다. 그런데 이 이름들은 계몽주의 철학의 영향을 받아 모든 것을 지적으로 범주화시키고 싶어 하는 서구인들이 인류가 간직해 온 신앙심과 경건심을 교리의 패턴에 따라 구분해 부르기 시작했다. 이 같은 스미스의 이론은 어느 종교가 참되냐 하는 논쟁 자체를 무의미하게 만든다. 이런 질문은 종교를 구별된 실체로 보려는 습관에서 유래되었기 때문이다. 스미스에 따르면, 모든 종교는 실제적으로 구별되는 것이 아니라 같은 종교적 실체에 대한 다른 문화적 응답인 셈이다. 이를 달리 표현하면, 신앙인들이 모든 종교를 통해 체험하는 거룩의 경험은 동일하지만 단지 그 경험을 다르게 표현해 나타난 현상이 현재 실재하는 제 종교들이라는 말이다.[28]

이런 가설을 철학적인 근거, 특히 칸트철학과 비트겐슈타인철학을 사용해 입증하려 한 사람이 바로 힉(John Hick)이다. 힉은 칸트철학의 근간이 되는 논리, 즉 인간 인식은 결코 물 자체를 알 수 없고 그 물 자체를 인식 방식에 따라 이해한다는 것을 그대로 종교 현상에 도입한다. 근본적 실체는 하나지만 이것을 인식 방식에 따라 경험하는 형식은 달라질 수 있다는 것이다. 또다시 이 문제에 대해 힉은 비트겐슈타인의 '가족유사성의 원리'를 동원해 설명한다. 한 가족 구성원들이 각각 다른 생김새와 성격을 가졌음에도 그들을 한 가족이라 부를 수 있는 까닭은 가족 구성원들이 모두 비슷한 유전인자를 동일하게 가지고 있다고 가정하기 때문이다. 이처럼 종교도 각기 다른 모습이지만 단지 외관상이고 실제로는 공통의 본질을 가지고 있다. 이러한 힉의 표

---

28) Wilfred Cantwell Smith, *The Meaning and End of Religion* (London: Harper & Row, 1978) 참조

현을 따르자면, 오르는 정상과 목표는 같은데 그 이르는 길이 다양할 뿐이다. 기독교는 유일하고 절대적인 종교가 아니라 여러 종교들 가운데 하나이며 궁극적 실재에 이르기 위한 하나의 방식인 셈이다.[29]

이 같은 힉의 논리는 이제 기독교를 다른 여러 종교들 가운데 하나로 간주하는 데까지 이른 듯하다. 그러나 내가 보기에는 다른 종교다원론자에 비하면 그는 아직 모던 세계를 고수하는 포스트모더니스트다. 그리 보는 가장 큰 이유는 그가 말하는 공통의 본질이란 바로 전체에 통일을 부여하고자 하는 모던 사고에 여전히 머물러 있기 때문이다. 이 점에서는 아마도 가톨릭 신학자 라너(Karl Rahner)의 '익명의 그리스도인'과 맥을 같이한다고도 볼 수 있다.[30] 실제로 힉의 이론의 불충분성을 의식하면서 더욱더 포스트모던적 기독교 영성으로 나아가야 한다고 주장하는 이들이 다수 등장했다. 이들 중 파니카(Raimundo Panikkar)와 사마르타(Stanley Samartha)는 그 대표적 학자들이다. 파니카는 익명의 그리스도(Unknown Christ)를 주장한다. 궁극자의 외적 표현으로서 로고스인 그리스도와 역사적 예수를 분리시킨다. 보편적인 그리스도는 역사적 예수 안에서 성육신되었지만 그 성육신이 유일한 것이 아니며 여러 종교들, 특히 힌두교의 여러 중보자들 안에서도 성육신되었다고 한다. 그는 초기에는 그럼에도 역사적 예수 안에서 계시가 완성되었다고 했으나 후에는 어떠한 역사적 형태도 그리스도의 궁극적 표현일 수 없음을 주장하면서, 기독교는 어떤 다른 종교에 대해 역사적 예수의 규범성을 주장해서는 안 된다고 말한다. 오히려 이제 그는 예수가 라마, 크리슈나, 이스바라 등의 많

---

29) John Hick, *God Has Many Names* (London: The Macmillan Press LTD, 1980) p. 52.

30) 이 관점은 라너(Karl Rahner)에게서 현저히 드러난다. 특히 그의 '익명의 그리스도인'(anonymous Christian) 개념을 통해 밝힌다. 그에 따르면, 기독교는 절대적인 종교임에는 틀림없다. 그러나 기독교는 편협한 종교가 아니다. 기독교의 하나님은 인류를 구원하고 싶어 하시며 구원을 위한 은총을 베풀기를 원하신다. 즉 하나님의 은총은 우주적이기에 다른 종교인들에게도 미친다. 다른 종교는 적대시할 대상이 아니며 그 안에서도 하나님의 구원의 경륜을 발견할 수 있다. 그런 의미에서 다른 종교인들도 '익명의 그리스도인'이라 할 수 있다. 그러나 그렇다고 해서 라너가 다른 종교들 또한 절대적 진리를 소유한다고 주장하는 것은 아니다. 라너에 따르면, 다른 종교들은 기독교에 의해 완성되기를 기다리는 제한된 진리를 소유할 뿐이다. 즉 기독교의 우월성을 견지하면서도 타종교와의 긴장과 갈등을 피하려 한다. Karl Rahner, *Foundations of Christian Faith* (New York: Seabury, 1978) pp. 311~321.

은 역사적 이름으로 나타날 수 있다고 주장하기에 이른다.[31] 사마르타는 파니카보다 더 철저하게 포스트모던 세계로 나아가는데, 이러한 파니카의 입장이 라너 입장과 다르지 않다고 간주한다. 그에 따르면, 익명의 그리스도인이나 익명의 그리스도는 교회의 경계선을 확대하는 데 불과하다. 이런 유의 일방적 선택은 다른 종교를 가진 이웃들에게 마치 자선 행위를 하는 듯한 우월감을 복선에 깔고 있기 때문이다. 사마르타는 파니카로부터 더 나아가 '매이지 않은 그리스도'(Unbound Christ)를 주장한다. 파니카처럼 그리스도와 역사적 예수의 분리를 받아들이지만, 파니카가 주장하는 그리스도의 보편적 규범성마저도 이의를 제기한다. 신비적 타자는 특수한 중보자를 통해 만날 수밖에 없지만 신 외에 어떠한 특수한 중보자도 궁극적이거나 규범적일 수 없다고 주장하기에까지 이른다. 즉 신 중심적 관점에서 기독론을 재해석함으로써 모든 기독론적 규범들을 아예 철폐한다.[32]

5) 포스트모던 시대의 기독교 영성

포스트모던의 강력한 영향권 아래 진전된 이 같은 두 가지 뚜렷한 양상, 곧 신비적 감성을 추구하며, 중심을 상실한 채 파편화되고 개별화된 영성의 도래가 오늘날 기독교 영성의 현 주소이다. 이 새로운 세계는 이제 우리의 현실이다. 원하든 그렇지 않든 우리는 이러한 포스트모던 세계와 매일 직면하며 살아가고 있으며, 이 안에서 믿음을 추구하며 살아야 한다. 그렇기 때문에 우리는 기독교 신앙이 이 같은 포스트모던적 영성에 어떻게 반응할 것인가를 스스로 물어야 한다.

실제로 기독교는 벌써부터 포스트모던 세계에 나름대로 대응해 왔다. 데

---

31) Raymundo Panikkar, *The Unknown Christ of Hinduism* (London: Darton, Longman and Todd, 1964) pp. 27, 48.

32) Stanley Samartha, *The Hindu Response to the Unbound Christ* (Bangalore: Christian Institute for the Study of Religion and Society, 1974), 그리고 그의 다른 책, *Courage for Dialogue: Ecumenical Issues in Inter-Relationships* (Maryknoll: Orbis, 1982) p. 152.

이비드 그리핀(David Griffin)에 따르면, 교회는 포스트모던에 대해 네 가지 형태로 대응해 왔다. 첫째는, '건설과 개선'이고 둘째는, '해체와 파괴' 셋째는, '해방' 그리고 넷째는, '복고'이다. 이 네 가지는 다시 두 방향으로 요약 정리할 수 있는데, 처음과 넷째는 포스트모더니즘을 거절하려는 태도고, 둘째와 셋째는 적극적으로 수용하는 태도다. 포스트모던 세계를 거절하는 입장은 포스트모던적 영성에서 드러나는 지나친 신비주의적 감성과 다원주의적 성향 등에 비판적 태도를 보이면서 과거 입장으로 돌아가려는 것이다. 여기에는 두 가지 선택이 있는데, 하나는 프리모던적 영성을 고수하는 것이고 또 다른 하나는 모던적 영성을 더욱 굳건히 하는 것이다.

프리모던적 영성을 고수하는 입장은 교회의 전통과 교리, 신조와 같은 외적 권위들에 신앙의 터를 다시금 세우려고 한다. 이는 오덴(Thomas Oden)이 지적하듯이, 모던이란 '유혹'으로부터 벗어나 포스트모던의 방향이 아닌 원래의 복음으로 나아가는 것을 의미한다.[33] 모던적 영성을 고수하려는 입장은 진리는 절대적이며 인간은 본질상 이성적 존재로서, 비록 현대인들이 합리적 이성에 기초한 기술문화의 거대한 흐름에 반발해 탈 이성적인 성향을 보이기는 하지만 근본적으로 인간은 이성적일 수밖에 없다는 확신에 근거해 기독교의 합리성을 보다 더 강조한다. 위스코그라드(Edith Wyschograd)가 이 입장을 지지하는 그 대표적 인물인데, 모던적 이성이야말로 포스트모던적 허구를 바로잡고 참다운 종교의 이상을 실현할 수 있는 길이라고 본다.[34]

포스트모던 세계에 대한 기독교의 또 다른 대응 방식은 이 같은 새로운 사조를 긍정하며 적극적인 대화를 통해 기독교 영성의 터를 세우려는 시도다. 알렌(Diogenes Allen)이 대표적인 학자로 꼽힌다. 그는 기독교 영성을 발달론적으로 이해하면서 프리모던적 영성보다는 모던적 영성이, 모던적 영성보다는 포스트모던적 영성이 더 낫다고 믿는 사람이다.[35] 포스트모던을 적극 수

---

33) Oden, *After, Modernity…What?: Agenda for Theology*, p. 42.
34) Edith Wyschograd, *Saints and Postmodernism* (Chicago: The University of Chicago Press, 1990) 참조.
35) Diogenes Allen, *Christian Belief in a Postmodern World: The Full Wealth of Conviction*, pp. 213~216. 그리고 그의 논문, "The End of the Modern World," *Christian Scholar's Review*, vol.22, no. 4 (June, 1993) p. 340 참조.

용하려는 입장은 특히 모던 시대에 약화되었던 기독교의 신비적 종교성에 주목한다. 이는 기독교가 초자연적인 세계와 인격적 하나님에 대한 신앙을 추구하는 신비적 감성을 소유했으나 이성주의적 합리성에 복속하는 바람에 종교적 신비성과 초월성을 스스로 상실했다고 하는 이해에 기초한다. 이 문제를 극복하기 위해서는 몰나(Thomas Molnar)가 지적한 대로, 기독교는 상실했던 신비적 감성을 회복해야 하며, 이렇게 함으로써 과학적 사고를 바탕으로 한 기술문화에 찌든 현대인들이 다시금 종교에 관심을 갖도록 할 수 있다고 본다.36)

요컨대 포스트모던에 대한 기독교의 반응은 프리모던의 전통과 교리, 신조 등과 같은 체계적인 (교회 등의) 권위를 중시하는 전통적 신앙으로의 회귀, 모던의 합리적 이성에의 의지, 혹은 포스트모던의 신비적 감성에의 몰두라는 형태로 나타난다.37) 주류 기독교 내에서는 이들 중 하나에 천착하는 경향이 강하다. 예들 들어, 보수적인 기독교 그룹에 속할수록 프리모던적 영성에, 자유주의적 성향을 띤 기독교 그룹은 모던적 영성에, 그리고 은사주의적 기독교 그룹은 포스트모던적 영성에 강한 애착을 보인다.

그러나 기독교 영성이 이렇게 한쪽으로 치우쳐 극단화할 때 그곳에는 항상 부작용이 남았음을 우리는 역사를 통해 배워 왔다. 프리모던적 영성에의 집착은 신앙적 주체성의 상실이라는 문제가 있었고 모던적 영성에의 몰입은 인간 이성에 대한 우상화와 신적 신비의 상실이 뒤따랐으며 과도한 포스트모던적 영성에의 추구는 신앙의 세속화와 상대화를 초래했다. 이것은 포스트모던 세계에 직면한 기독교에게 프리모던적 영성과 모던적 영성, 포스트모던적

---

36) Thomas Molnar, *The Pagan Temptation* (Grand Rapids: Wm. B. Eerdmans Publishing Co., 1987) 참조.
37) 1994년 미국 휘튼 대학에서 열린 전략적인 신학회의에서 발표한 논문들이 "포스트모던 세계에서의 기독교 변증학"이라는 논문집으로 출판되었는데, 여기서는 프리모던의 전통적 신앙으로의 회귀는 취급하지 않고, 비록 반이성적인 시대에도 기독교의 진리성을 위해서는 이성에 호소해야 한다는 '모더니티의 변증론'과 시대적 접촉점을 위해서는 포스트모던적인 화두를 수용하고 합리성에 호소해야 한다는 '모더니티와 포스트모더니티 사이의 변증론' 그리고 기독교가 존속하기 위해서는 불가피하게 포스트모더니티를 수용할 수밖에 없다는 '포스트모더니티의 변증론' 이 세 가지 방향에 초점을 둔다. Timothy R. Phillips and Dennis L. Okholm(ed.), *Christian Apologetics in the Postmodern World* (Downers Grove: IVP, 1995).

영성 중 하나에 천착하는 것은 적절한 대응 방법이 아님을 의미한다.

독일의 가톨릭 신학자 한스 큉(Hans Küng)은 포스트모던 세계를 피할 수 없는 현실로 간주하면서 이에 적합한 영성적 패러다임을 모색한다. 큉에 따르면, 포스트모던 세계에 적합한 패러다임은 모던으로 돌아가는 것이 아니라 모던에 대한 '변증법적 지양'을 하는 것이다. 이는 마치 모던 또한 프리모던에 내포된 모순을 해결하기 위한 하나의 패러다임으로서 의미를 가지는 것과 비슷하다. 즉 모던이 숨겨진 착취 구조와 미신, 지성적인 미숙함을 변증법적으로 지양해 냈듯이 포스트모던 또한 모던이 내포한 모순들을 지양해 내야 한다. 큉의 제안은 모던의 이성적 합리성을 긍정하면서도 동시에 이 합리성에 예속되지 말고 포스트모던적 지향점, 곧 이성의 독재로부터 자유하게 되어 신비적 감성을 자유로이 표출하게 되는 그런 영성을 포스트모던 세계의 기독교적 영성으로 삼아야 한다는 것이다.[38] 그러나 나는 큉의 견해에 동의하면서도 그가 전통적 신앙을 반 지성주의적인 것이라며 혁파 대상으로만 보았다는 점에서 그 한계를 본다. 모던적 영성을 비판적으로 수용하려 했지만 프리모던적 영성을 단지 철폐해야 하는 대상으로 삼았다는 점에서 그의 변증법적 지양은 포괄적이지 못하고 선택적으로 보인다. 나는 큉의 제안은 프리모던적 영성의 가치를 비판적으로 수용하는 데로 확대되어야 한다고 확신한다. 다시 말해 교회의 전통과 이성, 감성의 가치를 비판적으로 재고하고 어느 하나에 치우침 없이 상호간 내적 조화를 이루는 포괄적이고 역동적인 영성으로 나아가야 한다. 이것은 포스트모던 시대의 기독교 영성이 필연적으로 두 가지 과제를 떠맡게 될 것임을 의미한다. 첫째는, 기독교 영성에서 전통과 이성, 그리고 감성의 가치에 대한 비판적 재고이고 둘째는, 이들이 어떻게 역동적인 조화를 이루어 내도록 할 수 있는가 하는 과제다.

첫째 과제는, 전통과 이성, 그리고 감성의 가치에 대한 비판적 재고이다.

교회 전통의 가치가 재고되어야 한다. 모던적 이성은 교회 전통의 폐해

---

38) Hans Küng, *Global Responsibility: In Search of a New World Ethic* (New York: Crossroad Publishing, 1991) pp. 67~69; David J. Bosch, *Transforming Mission* (New York: Orbis Books, 1995) pp. 181~182, 186.

를 철저히 폭로하고 전통으로부터의 단절을 통해 객관적 지식을 구축할 수 있다고 믿었다. 그러나 이런 시도는 애당초 불가능한 일이었다. 가다머 (Hans-Georg Gadamer)는 인간의 삶이 전통에 대한 해석과 결코 분리될 수 없음을 그의 해석학적 이론을 통해 밝혀 놓았다. 그는 해석학적인 '이해'란 하나의 인식 방법이 아닌 현존재(Dasein)의 존재 조건이라는 하이데거(Martin Heidegger)를 따른다. 하이데거의 현존재는 언제나 상황에 던져진 존재이며, ~로서(as) 세계를 파악하는 존재를 의미한다. 이 말을 좀 더 쉬운 말로 요약하자면, 우리는 우리가 가진 '선입견과 선이해'를 통해 사물을 이해한다는 것이다. 이는 모던이 설정한 인간의 모습, 곧 사물을 '객관적으로 파악할 수 있는 절대적 이성을 가진 무한한 존재'와는 전혀 다른 인간을 의미한다. 인간은 이 땅을 살아갈 때 결코 어떤 선입견 혹은 선이해로부터 자유로울 수 없으며, '역사성에 의해 제약될 수밖에 없는' 유한한 존재이다. 가다머에게는 모던이 숭배했던 이성조차도 '역사적으로 제약'을 갖는다. 그에 따르면, "개인의 선입견(선이해)은 의식적이고 반성적인 판단보다 더 큰 중요성을 갖는다. 왜냐하면 그것은 그 자신의 존재의 역사적 실재를 형성하기 때문이다."[39] 그렇기 때문에 우리의 삶은 우리가 소속한 공동체의 역사나 전승 및 언어 등과 밀접한 내적 연관성을 가질 수밖에 없다. 그들은 모두 선이해를 형성하는 요소들이기 때문이다. 우리는 동일한 언어와 문화, 동일한 역사에 소속되어 있음으로 공통의 지평(horizon)을 갖는다. 교회라는 공동체의 역사적 지평은 바로 교회의 전통이다. 가다머에게 이 지평은 정지된 것이 아니다. 끊임없이 현재 지평과의 만남을 통해 융합하고 새로워지는 역동적 지평이라는 점에서 프리모던의 닫힌 전통과는 다르다. 리쾨르(Paul Ricoeur)는 이런 역동적인 지평을 자신의 소통(communication) 이론으로 확대해 나간다. 이 점과 관련해 특히 가다머의 '시간적 거리'(distance temporelle)라는 개념을 착안하여 '거리두기'(distanciation)라는 자신의 개념을 창안한다. 이 개념은 프리모던에서 범했

---

39) Hans-Georg Gadamer, *Truth and Method*, trans., by Garette Barden and John Cumming (New York: Crossroad, 1975) p. 261.

던 오류 곧, 역사적 지평으로서의 전통에 주체가 함몰되는 것을 방지해 준다. 우리는 해석의 대상인 전통을 대할 때 자칫 해석하는 주체가 전통에 압도당해 무비판적으로 따를 위험에 항상 노출되어 있다. 거리두기는 바로 이런 위험성을 의식하며 비판적으로 수용하는 태도를 의미한다.[40] 실제로 프리모던 시대에 교회는 전통에 함몰되어 버리는 오류를 범했고, 모던은 바로 이런 오류를 신랄하게 비판하면서 아예 전통으로부터 탈피하려는 또 다른 오류를 범했다. 그러나 가다머에서 리쾨르로 이어지는 전통에 대한 재인식은 이런 오류를 근본부터 시정해 주는 포스트모던적 접근이다. 즉 그들의 해석학은 새로이 전통에 가치를 부여하면서도 거리두기를 통해 그 전통 자체에 함몰되지 않는 '비판적 수용'의 길을 제시한다. 포스트모던적 영성은 바로 이런 해석학이 필요하다.

이성의 역할 또한 재고되어야 한다. 모던적 이성이 종교에 영향을 끼친 것은 크게 두 가지 형태다. 하나는, 합리적 이성이 모든 종교적 삶을 설명할 수 있다는 이신론적 접근이고 또 다른 하나는, 이성은 종교에 관해 아무것도 할 수 없기 때문에 다른 유형의 원리(윤리적 실천)로서 종교적 삶을 이해해야 한다는 칸트적 접근이다. 이 둘은 종교적 삶을 설명하기 위한 서로 다른 접근 형태지만 그 결과는 결국 하나로 집약된다. 즉 우리의 현재 삶을 결정하는 것은 하나님이 아닌 이성이라는 것이다. 합리적이고 과학적인 이성이 하나님의 자리를 대신함으로써 인간은 또 다른 형태의 바벨론 포로가 되고 말았다. 이것이 바로 합리적 이성이 지배하는 모던의 실상이었고, 이에 반발해 탈 이성을 부르짖은 것이 포스트모던이었다. 그러나 탈 이성이 과연 그 궁극적인 해답일까? 이성을 배제한 믿음이 포스트모던 시대에 종교가 나아가야 할 길일까? 계몽주의가 인간의 삶에 많은 폐해를 남긴 것도 사실이나 그렇다고 이 공헌 또한 결코 무시할 수 없다. 계몽주의는 인간의 우매함을 일깨움으로써 인간의 삶을 지배하고 있던 각종 미신과 우상들로부터 자유롭게 될 힘을 제공

---

40) Carlos Bohorquez, "Paul Ricoeur's Hermeneutic Detours and Distanciations: A Study of the Hermeneutics of Hans-Georg Gadamer and Paul Ricoeur" (Ph.D., Dissertation, Boston College, 2010) pp. 365~369.

했을 뿐 아니라 책임적인 인간이 될 수 있도록 이끌었다. 그러므로 큉이 지적했듯이, 우리가 나아갈 길은 계몽의 폐기가 아닌 '계몽을 계몽하는 길'이어야 한다. 다시 말해, 포스트모던적 영성은 탈 이성이 아닌 이성의 참다운 활용이어야 한다. 틸리히(Paul Tillich)는 우리에게 바로 이성의 참다운 활용에 대한 중요한 지침을 마련해 준다. 그에 따르면, 이성은 '황홀한 이성'(ecstatic reason)과 '기술적 이성'(technical reason)으로 구분할 수 있다. 황홀한 이성은 믿음의 내용을 '수용하는 이성'인 반면, 기술적 이성은 '추상화'라는 방법을 통해 믿음의 내용을 '추론하는 이성'이다. 하지만 이 둘 모두 믿음의 원천은 될 수 없다. 오히려 믿음의 내용이 이성을 돕는다. 이는 마치 안셀름이 말했듯이 "믿음이 이성을 추구하는 것"(faith seeking understanding)이다.[41] 즉 믿음의 내용이 이성으로 하여금 수용케 하고 진술하게 하는 것이다. 틸리히는 이 과정이 세 가지 원리에 기초해 이루어진다고 설명한다.[42] 첫째, '의미적 합리성'(semantic rationality)의 원리다. 이성은 믿음의 의미를 합리적으로 드러낸다. 여기서 도구가 되는 것은 '언어'다. 그러나 이 언어는 단지 기계적이고 수학적인 형식주의로 환원될 수 있는 언어가 아니라, 보이지 않는 세계를 의미 있게 지시할 수 있는, 상징마저도 포괄하는 언어여야 한다. 또한 결코 모놀로그일 수 없으며 거룩과 계시와 신화에 내포된 의미를 비판적으로 드러낼 수 있는 언어여야 한다. 둘째, '논리적 합리성'(logical rationality)의 원리다. 틸리히에 따르면, 믿음은 논리적 합리성과 충돌을 일으키지 않는다. 즉 믿음이 내포한 변증법적 성격은 '역설적'(paradoxical)이지만 이 역설은 논리적 합리성의 원리와 배치되는 것이 아니라 이를 뛰어넘는 초월적 빛이다. 역설은 하나님의 세계가 유한한 이성을 초월한다는 사실을 긍정하는 또 다른 형태의 논리적 합리성인 셈이다. 셋째, '방법론적 합리성'(methodological rationality)의 원리다. 믿음은 살아 계신 하나님을 향한 진지한 접근이기에 예측 불가능하

---

41) Anselm of Canterbury, "Proslogion," *The Major Works*, trans. by M. J. Charlesworth, ed., by Brian Davies and G. R. Evans (New York: Oxford University Press, 1998) p. 87.

42) Paul Tillich, *Systematic Theology*, vol. I (Chicago: The University of Chicago Press, 1975) pp. 53~9.

다. 그럼에도 이성은 이를 방법론적인 원리로 인식하게 되며 이 일은 합리적으로 일관되게 수행된다. 방법론적 합리성을 적용하는 일관성의 최종 목표는 하나의 원리(system)를 구축하는 것이다. 그러나 우리가 오해하지 말아야 할 것은 이 체계화는 도구일 뿐이다. 마치 지도가 땅이 아닌 것과 같다. 체계는 하나님의 신비를 결코 온전히 담아 낼 수 없으며 오히려 그 하나님의 신비에 열려 있다. 틸리히는 여기서 '합리성'이라는 용어를 통해 이성의 기본적인 본성이 '합리적 사유'에 있음을 명백히 전제하면서도, 이 합리적 사유를 18세기의 모던적 이성에 함몰시키지 않고 '상징'과 '역설', '신비' 등의 '비합리적 세계' 앞에 개방함으로써 '열린 합리적 이성'으로 나아간다.

감성 또한 포스트모던 시대의 기독교 영성이 간과할 수 없는 문제다. 모던적 이성주의에 시달려 온 현대인들의 도피처는 감성주의였다. 이는 포스트모던의 공헌 중에서도 가장 괄목할 만한 것 중의 하나다. 사실 기독교 영성은 오랫동안 인간의 감성을 위험한 것으로 치부하여 억압해 왔다. 기독교 영성에서 신비적 감성은 항상 필연적으로 수반되어 온 것임에도 불구하고, '열광주의' 혹은 '신비주의'라는 이름으로 딱지 붙여져 교회 역사의 변두리로 밀려나거나 배제되었다. 모던적 이성의 횡포는 상대적으로 기독교 영성의 '이방인'이었던 신비적 감성에 대한 관심을 촉발하는 계기가 되었다. 포스트모더니스트들은 이제 인간에 내재된 감성을 억압할 것이 아니라 무한 분출할 것을 부추긴다. 오랫동안 억압되었던 감성이 마음껏 자유와 해방을 누리는 시대가 된 것이다. 이제 기독교 영성은 원하든 그렇지 않든 새로이 대두한 감성의 시대와 직면해야 한다. 쉴라이에르마허(Friedrich Daniel Ernst Schleiermacher)는 모던적 이성이 성숙기에 접어든 19세기에 기독교 영성에다 감성의 문제를 진지하게 수용했던 신학자였다. 그는 당시 주도적인 양대 기독교 영성, 곧 정통주의적 영성과 계몽주의적 영성을 비판적 시각으로 바라보았다. 정통주의적 영성은 교회의 전통을 하나님처럼 숭배함으로써 인간의 창조성과 자유를 질식시켰으며, 계몽주의는 '이신론'(Deism)에서 보여 주듯이 메마른 신앙으로 인도해 기독교 신앙을 종교철학의 하나로 만들었다고 보았다. 그래서 주목한 것이 '종교적 감성'이었다. 그가 말하는 '감성'이란 단순히 인간이 감각적으로 느끼는 것을 의미하지 않고, 신비에 맞닿는 깊이 있고 심오한 의식(consciousness)을 의미한다. 이는 유한자 속에서 무한자를 느끼는 우주의 직관적 감성이며, 무조건적인 '절대의존의 감성'(Feeling of Absolute Dependence)이다. 종교는 형이상학이나 도덕이 아니며, 우주와 무한자에 대한 직관적 느낌이다.[43] 그렇다면 이 같은 쉴라이에르마허의 감성신학이 포스트모던 시대 기독교 영성의 대안이 될 수 있을까? 그 충분한 가능성에도 불구하고 비판적으로 검토해야 할 가장 중요한 문제가 아직 남아 있다. 그것은 감성의 보편성을 어떻게 확보하는가 하는 문제다. 감성은 '개별화'와 '파편화', '규정 불가능성'이라는 본질적인 특성을 내포한다. 진리는 내가 체험하기 전에는 아무 의미도 없으며 내가 체험한 진리라 할지라도 참다운 진리라는 것을 확증할 수 없기 때문에, 감성적 영성은 주관적이고 폐쇄적인 영성으로 진전될 위험성을 언제나 안고 있다. 틸리히는 감성이 갖는 이 같은 딜레마에 주목하면서 나름대로의 대안을 제시한다. 우선 현대의 기독교 영성은 감성적 체험의 가치를 충분히 수용해야 한다. 그에 따르면, 모든 믿음의 원천은 감성적 체험을 통해 우리에게 실제화된다. 그러나 여기서 중요한 것은 믿음의 원천은 우리의 감성적 체험이 아니라 그것을 전달하는 도구일 뿐이라는 사실이다. 즉 틸리히는 감성적 체험은 수단으로 이해해야만 하는 것이지 진리의 최종 판단자가 되어서는 안 된다는 말이다. 쉴라이에르마허의 문제가 바로 이 점을 오해했다는 데 있다. 그는 신앙의 확실성의 근거를 생생한 감성적 체험에 절대적으로 의존했기 때문에 진리를 주관주의로 함몰시키는 우를 범했다.[44] 감성의 문제를 다루는 이 같은 틸리히의 방법론은 우리에게 하나의 길잡이가 될 수 있어 보인다. 종교에 필연적으로 수반되는 감성적 요소를 적극 수용하면서도 어디까지나 '믿음의 수단'이라는 한계를 넘지 않도록 경계해야

---

43) Friedrich Schleiermacher, *The Christian Faith*, trans., by H. R. MacKintosh and J. S. Stewart (New York: Harper and Row, 1963) §3. 2.
44) Paul Tillich, *Systematic Theology*, vol. I, pp. 40~46.

할 것이다.

이제 우리는 포스트모던 시대의 기독교 영성에 필요한 또 다른 중요한 과제에 주목해야 한다. 그것은 바로 앞에서 다룬 전통과 이성, 그리고 감성을 어떻게 역동적으로 조화시키는가 하는 점이다. 우리는 이미 포스트모던 시대의 영성이 이들 중 어느 하나에 몰입하며 다른 쪽을 배제하는 식의 방식이 아닌, 이들을 유기적이고 통합적으로 포용하는 그런 영성으로 나아가야 함을 살펴보았다. 그런데 여기에는 두 가지 질문이 자연스럽게 도출된다. 첫째는 보다 근원적인 질문일 텐데, 포스트모던 세계가 이러한 통합적 구조를 수용하겠는가 하는 것이다. 앞서 살펴본 바와 같이 포스트모던적 사고는 모던적 이성이 추구했던 '구조화'에 근본적인 알레르기 반응을 보인다. 여기에 '통합'이라는 주제를 만날 때 모던적 이성의 유혹을 떨치지 못하는 또 다른 '구조화'의 시도로 의심할 수도 있다. 그러나 여기서 말하는 통합은 합리적 이성이 부여하려는 구조화와는 완전히 다른 의미다. 통합은 구조화가 아니라 '중심의 터 닦기'로 이해해야 한다. 전통과 이성, 그리고 감성은 각자 영역에서 스스로 발현되지만 그 모든 요소들은 그 중심 안에서 내적 통일성을 가지며 상호 조화를 이루는 그런 통합인 것이다. 이 같은 통합은 각 통합에 관련된 개체에 자유를 부여하면서도 개별화와 파편화로 인한 극단적 주관주의의 함정으로부터 벗어나게 한다는 점에서, 포스트모던적 사고와의 대화가 가능하다. 사실 이 같은 유기적 통합은 포스트모던에 결코 낯선 것이 아니다. 맥파그(Sallie McFague)가 지적하듯, 포스트모던은 영혼과 육의 연합과 연속성을 기초로 하는 유기적 통합체를 지향한다.[45]

또 다른 질문은 이러한 조화로운 통합을 가능하게 하는 그 중심이 무엇인가 하는 점이다. 이 질문에 대해 린드벡(George A. Lindbeck)은 아마도 '성경언어' 회복이라고 답할 것이다. 번함(Frederic B. Burnham)이 지적한 대로 린드벡

---

45) 맥파그는 포스트모던의 가장 중요한 발견 중 하나가 물질과 에너지 사이의 연속성이라고 말한다. 이는 삶과 죽음, 육과 영, 자연과 인간 등과 같은 전통적이고도 계급적인 이원론적 구조를 뒤집는 것으로써, 이 모든 것은 유기적으로 통합되어 있다. Sallie McFague, *The Body of God: An Ecological Theology* (Minneapolis: Fortress Press, 1993) p. 16.

은 성경을 '하나의 문화 언어적 체계'로 이해했고, 포스트모던 세계에서 기독교가 해야 할 가장 중요한 일은 바로 이 고유한 언어에 지속적으로 충실하게 남아 성경언어의 통전성을 유지하는 일이라 보았다. 그러나 린드벡의 의도는 프리모던적 혹은 모던적 성경언어로 돌아가자는 의미가 아니다. 포스트모던 세계에서 추구해야 할 성경언어는 교회의 전통으로 채색되거나 이성에 의해 걸러진 차가운 그런 성경언어가 아닌, 근원적인 하나님 말씀으로서 성경언어이며 다른 문화 언어적 체계가 보유하는 언어들과 소통할 수 있는 살아 있는 성경언어를 의미한다.[46] 슈나이더스(Sandra Schneiders)는 린드벡의 입장을 좀 더 밀고 나가 보다 깊고 풍요한 만남을 가능하게 하는 참여적 대화로서의 성경언어 회복을 지향한다. 그녀에 따르면, 현대 기독교인들에게 계시는 더 이상 성경 본문 배후에 있는 사건이나 성경 저자들의 신학, 교회 설교에서 선포되는 성경 본문과 동일시되지 않는다. 그것은 성경 본문을 읽는 독자들을 참여시키는 살아 있는 언어이며 이 언어를 통해 하나님과의 깊고 풍요로운 만남을 경험한다.[47]

6) 포스트모던의 영성적 대안: 메도디즘

이제 우리는 처음 제기했던 질문으로 돌아가 그 결론을 내릴 단계가 되었다. 그 질문은 이때까지 살펴본 웨슬리의 디비니티 목회가 포스트모던 시대에 여전히 유효한가 하는 것이었다. 웨슬리 시대에 직면했던 주요 문제는 모던적 사고의 틀이었다. 웨슬리가 살았던 시대는 바로 계몽주의가 그 위세를 떨쳤던 합리적 이성의 시대였다. 그렇다고 웨슬리 시대의 교회가 모든 종교적 전통-성경까지도 포함한-을 버리고 합리적 이성의 종교만을 추구한 것은 아니었다. 그의 신앙의 모태였던 성공회는 합리적 이성을 존중했음에도 성

---

46) Frederic B. Burnham(ed.), *Postmodern Theology: Christian Faith in a Plural World* (New York: Harper & Row, 1989) 서론 참조. 이 책은 세계신학연구원이 「포스트모던신학」 (서울: 조명문화사, 1990)으로 번역했다. p. 13 참조.
47) 「포스트모던신학」 pp. 16~17.

경과 전통에 대한 존경과 신앙을 잃지 않았다. 영국 성공회는 이미 성경과 전통, 그리고 이성이라는 세 가지 주요 원리들을 기본으로 삼고 있었던 것이다. 그러나 그는 이런 성공회의 전통에 만족하지 못했다. 당시 성공회는 살아 있는 신앙 체험과 신비적 감수성 등을 배제했기 때문이다. 웨슬리는 신앙생활에서 이런 체험을 무시하면 신앙의 가장 중요한 요소 중 하나를 잃는 것이라 생각하여, 위 세 가지 성공회 원리에다 '경험'을 덧붙여 네 가지 신앙 원리를 제시했다. 아우틀러는 일찍이 웨슬리신학의 방법론적 특징을 성경과 전통, 이성과 경험 등 네 개의 변으로 구성한 사변형적(quadrilateral) 구조에서 파악함으로써[48] 웨슬리신학 안에 통합적 성격이 내포되어 있음을 간파했다. 미국 연합감리교는 이런 웨슬리신학의 통합적 구조에 주목하면서, 그들의 헌법서의 일종인 '교회 규율서'(The Book of Discipline)에서 웨슬리의 신학적 입장을 "성경 안에서 계시되고, 전통에 의해 조명되며, 경험 속에서 활력을 얻고, 이성에 의해 확증을 얻는다"(The living core of the Christian faith was revealed in Scripture, illumined by tradition, vivified in personal experience, and confirmed by reason.)라는 말로 요약한다.[49]

사실 사변형이라는 말은 웨슬리가 사용한 말이 아니지만 웨슬리의 목회 특성을 이해하는 데 도움을 준다. 그러나 나는 이 같은 사변형 구조가 웨슬리 디비니티를 적절하게 표현할 수 있다고는 생각하지 않는다. 오히려 이 용어에서 성경의 역할을 오해할 위험성을 본다. 성경을 다른 요소들, 즉 전통과 이성, 경험과 병렬적인 입장에서 취급할 수도 있기 때문이다. 사실 아우틀러는 이 말 때문에 야기된 이런 오해들 때문에 이 말을 주조해낸 것을 후회하기도 했다.[50] 웨슬리에게 성경은 이들 중 하나가 아니라 궁극적 진리의 표준이며 진리의 원천이라는 점에서 다른 요소들과 병행적 위치에 둘 수 없다. 오히려 전통과 이성, 경험은 성경적 진리를 밝히는 도구들로 인식해야 한다. 그런

---

48) Outler(ed.), *John Wesley*, p. iv.
49) United Methodist Church, *The book of discipline of the United Methodist Church* (Nashville: Abingdon Press, 2004) p. 77.
50) Outler, "The Wesleyan Quadrilateral - In John Wesley." *Wesleyan Theological Journal* 20:1 (Spring, 1985).

의미에서 사변형 이미지보다는 삼각뿔로 이루어진 '프리즘' 이미지가 웨슬리의 성경과 다른 요소들의 관계를 설명하는 데 더 적합해 보인다. 다시 말해 성경이라는 근원적 진리의 빛이 전통과 이성, 그리고 경험이라는 세 단면의 상호작용을 통해 형형색색의 빛을 창출하는 그런 이미지가 웨슬리의 의도에 더 어울릴 것이다.

그런데 나는 이런 웨슬리의 디비니티 목회가 그의 사후 200년 후에나 회자될 포스트모던 세계가 요청하는 기독교적 영성과 맥을 같이할 뿐 아니라 포스트모던 시대에 직면한 목회적 위기 상황에 적용할 수 있는 하나의 목회 모델로서도 의미가 있다고 본다. 여기에는 세 가지 이유가 있다.

첫째로, 웨슬리 디비니티는 전통과 이성, 체험의 가치를 새롭게 하기 때문이다. 웨슬리는 전통은 복음의 진리를 각 시대를 위해 충실히 해석해 온 귀중한 자산으로써, 이성은 참된 종교를 판단하고 이를 향해 올바른 방향으로 나아가기 위한 나침반으로써, 체험은 객관적 진리를 나와 관계된 진리로 인식하는 필연적 과정이라는 점에서, 이들 셋을 적극적으로 자신의 디비니티 안에 수용한다. 그런데 이 같은 요소들은 포스트모던 시대에서 기독교 영성에 요청하는 핵심 가치들과 정확히 일치한다.

둘째로, 웨슬리 디비니티는 전통과 이성, 감성적 체험의 가치들을 재 부각시킬 뿐 아니라 어떻게 실제적으로 유기적 통합을 이룰 수 있는가를 보여 주기 때문이다. 웨슬리의 디비니티는 비판적으로 재고된 전통과 열린 이성, 믿음에 봉사하는 감성이라는 세 요소를 성경이라는 중심 안에서 유기적으로 통합해 가는 목회를 지향함으로써, 프리모던의 전통중심주의와 모던의 합리적 이성의 우상화, 포스트모던의 감성적 신앙 등 어느 하나에 천착하지 아니하고 오히려 이 모든 가치들을 비판적으로 지양 통합하는, 포스트모던 시대가 요청하는 영성의 가능성을 열어 준다.

셋째로, 웨슬리 디비니티는 포스트모던 시대에 교회 목회가 직면한 많은 문제들을 해결할 수 있는 목회 대안을 내포하고 있기 때문이다. 오늘날 많은 이들이 목회의 위기를 말한다. 위기의 현상을 설명하고 그 대안을 제시하는 다양한 견해들이 많지만, 200여 년 전에 내어놓은 웨슬리의 분석과 그 대안은 오늘날에도 깊이 고려할 가치가 있다. 웨슬리는 메도디스트 모임이 거침없이 부흥을 거듭하던 시점에 미래를 바라보며 앞으로 닥칠 목회의 위기 원인과 그 처방을 내놓는다. 그의 위기 진단과 처방은 의외로 단순하다. 그것은 이미 이 책 3장에서 소개한 웨슬리의 언급에 축약되어 있다.

> "나는 Methodist라 불리는 이들이 유럽이나 아메리카에서 다 사라진다 해도 두려워하지 않을 것이다. 내가 정말 두려워하는 것은 그들이 경건의 능력은 상실한 채 경건의 모습만 남은, 하나의 죽은 공동체(a dead sect)로 전락하는 것이다. 만일 그들이 처음부터 경험했던 성경적 진리(doctrine)와 그것을 실제화시키는 영의 능력(spirit), 그리고 이를 지속적으로 실천하는 훈련(discipline), 이 전체를 꽉 붙들지 않는다면 의심의 여지없이 그렇게 되고 말 것이다."51)

웨슬리는 미래의 목회적 위기는 성경적 진리와 영의 능력, 꾸준한 훈련 이 세 가지로부터 이탈할 때 야기되며, 또 이를 해결하는 길은 그것들을 '다시 꽉 붙드는 것'이라고 믿는다. 이 진단과 처방은 오늘날 우리가 직면하는 문제의 핵심과 그것을 해결할 길이 무엇인지 정확히 짚은 것이라 아니할 수 없다. 현대 목회의 위기 또한 바로 성경적 진리로부터의 이탈과 영적 생명력 상실, 부실한 영적 훈련에서 야기된다. 오늘날 교회가 직면한 목회 위기는 이 같은 웨슬리가 지적한 위기 요인들과 크게 다르지 않다. 먼저, 우리가 겪는 목회 위기의 본질은 바로 중심의 상실과 깊은 관련이 있다. 성경적 진리에 터 잡지 않고 기교(skill)들이 난무하는 것이 오늘의 목회 실상이다. 이러한 목회는 결코 열매를 맺지 못한다. 중심이 없이 유행만 좇는 목회는 신기루일 뿐이다. 그것은 겉만 무성한 경건이 될 테고 끝내는 파선과 추락이라는 비극적 종말에 이를 것이다. 또한 우리는 영적 생명력의 상실을 목도하고 있다. 전통과

---

51) Wesley, *Thoughts upon Methodism*, 1.

이성, 감성적 체험이 믿음을 통해 성령 안에서 조화롭게 봉사하기보다는 분리되고 파편화된 채로 마치 자신만이 모든 것의 주인인 양 활개치고 있다. 화려한 교회 의식에 함몰되거나 지성적이고 합리적인 신앙이 참된 신앙이라는 독단에 빠지거나 혹은 극단적인 신비적 체험에 올인하는 교회와 목회자들이 넘쳐나는 것이 오늘의 실상이다. 그리고 우리는 오늘날 교회의 목회에서 훈련과 연단의 상실을 어렵지 않게 발견한다. 물론 우리는 아직도 교회 공동체 안에서 빈번히 믿음의 교제를 갖고 있다. 그러나 불행히도 오늘날 많은 교회 공동체는 훈련과 연단이 목적이 아닌 축복을 제공하고 향유하는 공동체로 뒤바뀌어 가고 있다. 축복을 쉬지 않고 약속하는 모임은 많아도 그곳에서 참다운 그리스도인으로서 삶을 살도록 채찍질하고 훈련하는 그런 모임을 보기가 점점 어려워지는 것이 오늘날 목회 실상이다.

웨슬리가 지적했듯이 그 위기의 원인을 제거하는 것, 곧 성경적 진리와 영과 훈련, 이 세 가지를 굳게 붙잡아야지 그 위기를 극복할 수 있다. 그런데 웨슬리는 이것을 그의 디비니티 목회를 통해 실제로 실천했다. 이미 우리가 3장에서 살펴보았듯이 그의 디비니티 목회는 이 세 가지를 굳게 붙드는 목회 그 자체였다. 그는 doctrine - spirit - discipline이라는 세 겹의 줄이 유기적으로 조화하며 빚어내는 그런 목회를 지향함으로써, 경건의 모습만 덩그러니 남은 죽은 공동체가 아닌 경건의 능력이 넘치는 살아 있는 공동체를 실현해 나갔다.

디비니티 목회의 현대적 적용

웨슬리 디비니티 목회는 오늘날 목회에서도 유용할 뿐 아니라 지금 우리가 겪고 있는 목회 위기의 근본적 타개를 위한 하나의 대안이 될 수 있는 가능성을 살펴보았다. 실제로 많은 이들이 웨슬리의 목회 전통 안에는 현대 목회에 필요한 주요 요소들이 내포되어 있다고 지적하고 있다. 예를 들어 맥클레인(William B. McClain)과 웡(Tik-Wah Wong) 같은 이들은 웨슬리목회 전통으로부터 다섯 가지 매우 중요한 목회 요소들을 배울 수 있다고 강조한다. 첫째는 성경적 설교, 둘째는 능력 있는 신령한 찬송, 셋째는 훌륭한 종교교육, 넷째는 잘 조직된 목회적 돌봄, 다섯째는 폭넓은 사회봉사다.[52] 하이젠레이터(Richard Heizenrater)는 여기에 다섯 가지를 덧붙인다. 첫째는 명확한 초점을 갖는 것(focus), 둘째는 잘 조직된 영성 훈련체계(discipline), 셋째는 상황에 적합하게 적용할 수 있는 융통성(flexibility), 넷째는 모든 조직과 조직을 일관성을 가지고 하나의 유기적 체계로 묶는 연계성(connexion), 그리고 마지막 다섯째는 실제 기독교적 삶 안에서 적용해 나가는 실천성(practicality)이다.[53]

웨슬리의 디비니티 목회가 이처럼 오늘날에도 의미가 있다면, 그의 목회를 오늘날 목회 현장에 어떻게 구체적으로 적용시킬 수 있는가 하는 문제가 대두된다. 그리고 이 과제는 바로 웨슬리가 강조했던 성경적 진리와 영, 그리고 훈련이라는 세 가지 요소를 오늘의 목회 현장에서 꽉 붙들 수 있는가 하는

---

52) William B. McClain, *Black People in the Methodist Church* (Nashville: Abingdon Press, 1984) pp. 19~37; 그리고 Tik-Wah Wong, "Eschatological Living in John Wesley's Theology" (Ph.D., Dissertation, Melbourne College of Divinity, Victoria, Australia, 2008) pp. 1~4.

53) Heizenrater, "Wesley and the People Called Methodists: The Potential of a Tradition," *Methodist Present Potential*, ed., by Luke Curran and Angela Shier-Jones (London: Epworth Press, 2009) pp. 181~184.

문제일 것이다. 그러므로 나는 구체적으로 웨슬리 디비니티 목회를 현대 목회에 적용하기 위해 이 세 가지 요소들을 목회의 기본적인 실천 목표로 삼고, 이 목표를 목회 현장에 구체적으로 실현하기 위해 각각의 목표에 적합한 원리들을 찾아보려고 한다.

각각의 목회 목표들은 세 가지 목회 실천 원리들로 구성할 것이기 때문에 도합 아홉 개 원리들이 도출될 것이다. 물론 이 아홉 가지 원리들은 내가 웨슬리의 디비니티 목회를 면밀히 검토하며 확정한 것들이다. 이 원리들은 가능하면 어느 목회 현장에서도 반드시 고려해야 할 목회 원칙들로 찾아보려 했다는 점에서는 하나의 '원리'가 될 수 있다. 그러나 목회 현장 상황에 따라 얼마든지 변용 가능하다는 점에서, 절대적 원리가 아니며 오히려 '여백이 있는 원리들'이라 하는 편이 옳을 것이다.

여기서 우리가 유의할 점은 각각의 원리들은 결코 서로 분리시켜서는 안 된다는 것이다. 모든 원리들은 하나의 목표, 곧 하늘 가는 길을 위한 안내자 역할을 하기 위해 상호 유기적으로 작용해야만 한다. 이는 마치 여러 겹의 갈래들이 함께 모여 하나의 단단한 밧줄을 만들어 내듯이, 각각 세 가지 원리들이 한데 어우러져 하나의 목회 목표들을 성취하고, 이 각각의 목표들은 또다시 삼 겹의 줄로 묶여져 통합적이고 유기적으로 서로 함께 굳건한 목회를 직조해 낸다. 이해를 돕기 위해 이것을 도표화했다.

디비니티 목회의 목표	아홉 가지 실천 원리들
성경적 진리를 붙들라 (Holding Fast to Doctrine)	실천 원리 1: 목회의 목표를 분명히 하라 실천 원리 2: 목회의 대상을 깊이 이해하라 실천 원리 3: 구원의 프로세스를 이해하라
영을 붙들라 (Holding Fast to the Spirit)	실천 원리 4: 모임에 힘쓰라 실천 원리 5: 경건의 삶을 추구하라 실천 원리 6: 자비의 삶을 추구하라
훈련을 붙들라 (Holding Fast to Discipline)	실천 원리 7: 훈련의 목적을 분명히 하라 실천 원리 8: 함께 훈련하라 실천 원리 9: 매일 실천하라

1) 목표 1: 성경적 진리를 붙들라

웨슬리 디비니티 목회가 지향하는 첫 번째 목표는 doctrine을 붙드는 것이었다. 보통 우리가 doctrine이라 말할 때는 특정 교파 혹은 집단이 고수하는 가장 기본적인 원리를 뜻하는 '교리'(敎理)를 연상하지만 웨슬리는 doctrine을 이런 의미로 사용하지 않았다. 그에게 doctrine은 성경이 내포한 진리, 곧 구원의 진리를 의미한다. 웨슬리는 자신의 구원에 대한 이해를 더 구체화시켜 구원에 이르는 전 과정, 곧 디비니티를 마침내 완성했다. 그는 자신의 가르침의 핵심이었던 하늘 가는 길에 대한 안내, 곧 디비니티가 어떤 왜곡이나 훼손 없이 메도디스트 안에서 보존되고 지속되기를 바랐다. 말하자면 웨슬리가 doctrine을 붙드는 일은 그의 목회의 중심이었다. 웨슬리는 이 중심을 상실한 목회는 열매가 있을 수도, 지속될 수도 없다고 보았고, 그런 목회는 결국 그럴듯한 경건의 모습은 갖출 수 있어도 그 능력을 갖출 수는 없는 죽은 목회로 전락할 것임을 확신했다. 그렇다면 어떻게 이 중심을 붙들 수 있을까? 어떻게 이 doctrine을 붙드는 목회를 실천할 수 있을까? 나는 세 가지 실천 원리들을 제시하려 한다.

(1) 실천 원리 1: 목회의 목표를 분명히 하라

웨슬리 디비니티 목회의 핵심 가운데 하나는 바로 뚜렷한 목표 설정이다. 웨슬리는 목회 전 과정에서 목표에서 이탈한 적이 없다. 그의 목회는 한마디로, 하이젠레이터의 지적대로, 시종일관 초점을 잃지 않는 목회였다.[54]

목회에서 초점을 갖는 일은 매우 중요하다. 초점이 있는 사람은 열정을 갖게 되고 열정은 우리 생의 에너지를 집중하게 하며 효율적으로 사용하게 한다. 초점이 맞어진 빛은 놀라운 힘을 갖고 있다. 초점이 모아질 때 흩어진 빛이 힘 있는 에너지가 되고 불꽃을 일으키게 된다. 이는 돋보기로 태양빛을

---

54) Heizenrater, *Wesley and the People Called Methodists: The Potential of a Tradition*, p. 181.

한군데 집중시켜 불꽃을 내는 것과 같은 이치다. 그러나 아무리 큰 에너지를 갖고 있는 태양이라도 초점을 모으지 않으면 불꽃을 만들 수 없다. 초점이 안 맞는 안경을 낀 사람을 보라. 시야가 분산되어 제대로 걸을 수 없다. 용맹한 사자를 조련하는 조련사는 이 점을 잘 활용한다. 조련사는 사자의 힘을 무력하게 만들기 위해 먼저 네 발 달린 의자를 활용한다. 사자가 네 개의 의자 다리에 집중하는 동안 그만 무력해지기 때문이다. 사자가 아무리 용맹해도 집중력이 분산되면 무력해지고 만다. 목회 또한 마찬가지다. 집중력이 떨어진 목회, 초점이 분산된 목회는 결코 성령의 불꽃을 일으킬 수 없다. 웨슬리의 설교 '순수한 눈을 가짐에 관해'(On a Single Eye)에서 암시한 것처럼, 눈이 분산되면, 즉 초점이 분산되면 목회는 어두워지고 흑암 속을 헤매게 될 뿐이다.[55]

그런데 목회에서 하나의 초점을 갖는 일도 중요하지만 무엇에 초점을 두는가 하는 것은 더 중요하다. 그릇된 목표를 갖는 일처럼 목회에 치명적 결과를 가져오는 것은 없다. 목회 과정 전체를 죄로 물들게 할 뿐 아니라 영혼을 파괴하는 무서운 결과를 야기하기 때문이다. 이들을 향한 주님의 심판은 단호하고 두렵다. "또 누구든지 나를 믿는 이 작은 자들 중 하나라도 실족하게 하면 차라리 연자맷돌이 그 목에 매여 바다에 던져지는 것이 나으리라"(막 9:42) 웨슬리의 디비니티 목회의 초점은 분명하고 명료했다. 그의 목표는 오직 하나였다. 바로 '하늘'(Heaven)이다. 그의 목회는 사람들을 이 하늘에 이르게 하는 것이었다. 웨슬리에게 '하늘에 이른다'는 의미가 무엇인가? 그것은 '완전'이라는 단어로 요약할 수 있는 온전한 구원의 상태를 의미한다. 런연 (Theodore Runyon)의 지적처럼, 웨슬리의 완전은 완료 상태의 완전이 아니라 진행 상태의 완전을 의미한다.[56] 이 완전은 웨슬리가 직접 설명했듯이, "그리

---

55) *Sermons*, On a Single Eye, II. 1.
56) 런연은 교회 역사에서 두 가지 형태의 '완전'이 있었다고 지적한다. 하나는 서방 기독교에서 유래한 완전 개념으로, 라틴어 *perpectio*에서 온 '완전히 성취된 완전'(perfected perfection)이고, 다른 하나는 동방 교회에서 유래한 개념으로 라틴어 *teleiotes*에서 온 '완전케 하는 완전'(perfecting perfection)이다. 런연은 웨슬리의 완전이 후자에 속한다고 본다. Runyon, *The New Creation*, p. 91.

스도의 사랑의 길이와 높이와 깊이를 알아 하나님의 모든 충만하신 것으로 충만케 된 상태"이며, "하나님을 향한 사랑으로 가득 찬 영혼, 곧 마음을 다하고 목숨을 다하고 뜻을 다하여 하나님을 사랑하는" 그런 상태다.[57] 이는 바로 그리스도의 마음을 품는 것이며 성령의 열매들을 맺는 삶을 의미한다. 결국 한마디로 요약하면 하나님의 형상, 곧 의와 거룩함을 회복하는 도덕적 완전으로서 '성결'을 의미한다.[58]

웨슬리의 디비니티 목회는 이 목표를 기반으로 했고 이 목표 안에서 움직였으며 이 목표를 지향했다. 웨슬리는 '순수한 눈을 가짐에 관해' 설교에서 이렇게 강조한다.

"만일 우리 눈이 하나로 모아진다면, 즉 만일 우리 마음이 하나님으로 가득 채워진다면 또한 우리가 보이지 않는 하나님을 지속적으로 목표로 삼는다면 … 온 몸이 밝게 될 것인데, 곧 온 영혼이 하늘의 빛으로 하나님의 영광으로 가득 차게 될 것이다."[59]

웨슬리는 바로 이 설교 내용을 자신의 삶과 목회에 적용했다. 웨슬리목회는 오늘 우리에게 중요한 메시지를 던진다. 우리의 목회 출발점을 점검하는 것, 다시 말해 우리의 목회 초점을 바로잡는 것이다. 흥미롭게도 우리는 이 메시지를 워렌(R. Warren)으로부터 듣는다. 그는 자신의 책 「목적이 이끄는 삶」(The Purpose Driven)에서 목표를 올바르게 설정하는 것이 우리 삶의 가장 확실한 성공의 길임을 강조한다.[60] 많은 이들이 애독하고 찬사를 보낸다고 하니 흥미롭다. 목회자들도 주요 독자라고 한다. 여기에는 수많은 메도디스트 목회자들도 포함되어 있을 것이다. 사실 이 같은 메시지의 원조는 200여 년 전의 웨슬리였다. 그는 초점을 올바로 설정하는 것이 참다운 삶과 목회

---

57) *Sermons*, On the Discoveries of Faith, 16, 17.
58) *Sermons*, On Perfection, I. 1~7.
59) *Sermons*, On a Single Eye, I. 1.
60) R. Warren, *The Purpose Driven*, 고성삼 역, 「목적이 이끄는 삶」 (서울: 도서출판 디모데, 2003)

의 출발점이라는 사실을 분명히 했고, 그의 삶과 목회를 통해 스스로 이를 입증해 보였다. 그는 오늘 우리를 향해 묻는다. 목회의 에너지가 고갈되어 감을 느끼는가? 목회의 열정이 사라져 가는가? 목회의 열매가 보이지 않는가? 그는 또한 우리에게 이렇게 답한다. 목회의 초점을 점검하라! 나는 무엇을 위해 목회를 하는가? 이 질문을 진지하게 던지라!

(2) 실천 원리 2: 목회의 대상을 깊이 이해하라

나의 아들이 의대에 진학해 '해부학'에 관련된 공부를 하고 있을 때였다. 해부학은 말 그대로 사람의 인체 구석구석을 공부하는 분야인데, 아들의 해부학 공부는 거의 살인적(?)이었다. 머리와 몸통, 팔 등을 세부적으로 나누고 피부조직과 근육, 뼈 등의 이름과 기능을 라틴어와 영어를 통해 샅샅이 공부한 뒤 이를 기억해야만 하고 개별적 부위와 전체 몸 간의 상호 기능 또한 이해해야 하기 때문이다. 해부학 시험이 있을 즈음에는 아들 녀석과 대화할 때, 심지어 식사할 때도 온통 해부학에 관한 내용만 들었던 기억이 있다. 원래 나도 의학에 관심이 있었던 터라 아들의 해부학 책을 열어 보기도 했지만 난해한 라틴어 때문에 몇 단어도 기억할 수가 없어 덮어 버렸다. 이런 공부를 불평 없이 하는 아들이 한편으론 대견스러워 물어보았다. "병만 잘 고치면 되지 뭐 이렇게 어려운 공부를 하니?" 이 질문에 아들은 오히려 의아스러운 듯 눈을 동그랗게 뜨면서 대답했다. "사람의 생명을 다루는 일인데 먼저 신체를 정확하게 이해해야지요."

이 말을 들었을 때 나는 목회자의 한 사람으로 부끄러움을 느꼈다. 사람의 육신을 고치는 의사들도 사람의 병을 더 잘 고치기 위해 몸을 이해하려고 피나는 노력을 기울이는데, 목회자인 나는 영혼을 고치는 영적 의사로서 과연 인간의 영혼에 대해 깊은 이해를 가지고 있는지, 이를 위해 얼마만큼 치열한 노력을 기울이고 있는지 자문해 봤다. 그렇다. 나 자신을 포함한 목회자들에게는 '영혼의 상태'를 이해하는 일이 무엇보다 중요함에도 불구하고 우리는 사실 영혼을 잘 이해하지 못한다. 목회자들은 목회 현장에서 각양각색의 영혼의 문제를 들고 찾아오는 이들을 많이 만난다. 하지만 영혼에 관한 깊은 지식이 없다 보니 그들의 문제가 무엇인지 또 그 문제를 일으킨 원인이 무엇인지 정확히 알 수가 없어 그들에게 적절한 해결책을 내놓지 못한다.

웨슬리의 디비니티 목회는 영혼에 대한 철저한 이해를 기초로 한다. 내가 평가하기론 웨슬리는 인간의 영혼에 대한 매우 포괄적이고 깊은 이해를 지닌 목회자였다. 말하자면 그는 '영혼의 해부학'(the anatomy of soul)을 섭렵한 사람이었다. 그의 인간 영혼에 대한 해부학적 이해는 그 근원이 어디인지, 그 원래 모습이 어떠했는지, 그것이 어떻게 병들게 되었는지, 그 병의 결과가 어떠한지에 관한 광범위한 주제를 포함한다. 물론 웨슬리의 이 영혼에 관한 해부학적 이해는 웨슬리가 독자적으로 구축한 것은 아니다. 거의 모든 내용들이 교회 전통 안에서 논의했던 내용들과 크게 다르지 않다. 그는 오랜 교회의 전통적 이해에 따라, 우리 영혼의 근원은 하나님이 부여하신 하나님의 형상이며, 인간의 범죄로 하나님의 형상이 파괴됨으로써 인간의 비극이 시작되었고, 인간은 그 파괴된 형상대로, 즉 영혼이 죽은 자로 이 세상에 태어난다는, 전형적인 창조와 타락, 심판이라는 패턴을 유지한다. 웨슬리는 이 패턴에 따라 인간 영혼의 보편적인 운명을 진단하는데, 그 결론은 우리 영혼은 누구도 예외 없이 아담의 원죄 가운데 있으며 '영원히 죽은 자'로 이 세상에 태어난다는 것이다. 그는 이러한 사실들을 매우 진지하게 다루었다. 이처럼 인간 영혼의 실체를 이해하기 위해 많은 노력을 기울임으로써 인간의 영혼에 대한 상당한 수준의 지식을 획득했다는 사실이 그의 저작들 안에 광범위하게 드러난다.[61]

그러나 웨슬리에게 나타나는 독특성은 이들 영혼의 해부학적 지식들을 매우 진지하게 다루고 나름대로 상당한 수준의 인간 영혼의 해부학적 지식에 이르렀다는 사실 자체가 아니라, 그 지식을 '법정적 개념'을 넘어 '실제적 개

---

[61] 웨슬리의 인간 영혼에 관한 해박한 진술은 그의 설교, The Image of God; Justification by Faith; The Righteousness of Faith; The Witness of Our Own Spirit; The Repentance of Believers; The Lord Our Righteousness; Original Sin; The New Birth; On the Fall of Man; What Is Man 등에서 발견된다.

념'으로까지 확대했다는 점이다. 매덕스가 평가하듯이, 웨슬리는 인간 영혼의 상태를 동방적 이해에 따라 '법정적 문제'에 국한시키지 않고 실제로 치료를 해야 하는 '실제적 문제'로 진전시켜 나갔다.[62]

웨슬리가 이 같은 이해에 도달했다는 것은 그의 목회에 매우 중요한 의미를 갖는다. 이는 인간의 궁극적인 문제가 무엇이며, 이 문제가 목회 현장에서 구체적으로 어떻게 해결될 수 있는지에 대한 실마리를 확보했음을 의미한다. 영혼을 대할 때 그 영혼의 상태를 정확히 진단하는 것은 목회에서 가장 중요한 부분에 속하는 문제다. 상상해 보라. 어떤 의사에게 환자가 찾아와 아픔을 호소하는데, 의사가 원인을 찾아내지 못한다면 환자에게 어떤 도움을 줄 수 있겠는가? 환자의 문제를 찾아낼 소양을 갖추지 못한 의사를 사람들은 '돌팔이 의사'라 부른다. 그러면 영적 문제의 근원을 알아낼 소양이 없는 목회자를 향해 사람들은 '돌팔이 목회자'라 부르지 않겠는가. 마가복음 9장 14절 이하에서 우리는 흥미로운 사건 하나를 전해 듣는다. 주님이 잠시 딴 곳에 가 있으시는 동안 제자들에게 어떤 이가 귀신들린 아이를 데려와 고쳐 달라고 간청한다. 제자들은 아마도 그 아이를 고쳐 보려고 최선을 다했을 것이다. 그러나 결국 그 아이를 고치지 못한다. 아비 되는 이가 이때 주님이 오시는 것을 보고 가까이 나아가 하소연한다. "내가 선생님의 제자들에게 내쫓아 달라 하였으나 그들이 능히 하지 못하더이다." 오늘날도 목회자들에게 많은 이들이 나아온다. 그러나 인간의 영혼에 대한 해부학적 지식을 갖추지 못한 많은 목회자들로부터 사람들은 아무런 답변을 얻지 못하고 돌아간다. "그들이 능히 하지 못하더이다."라고 읊조리면서.

웨슬리 디비니티 목회가 우리에게 주는 권고는 '영적 해부학'에 관해 충분한 지식을 습득하라는 것이다. 영혼의 근원과 그 구체적인 기능, 그 문제점들에 대한 깊이 있는 이해는 목회자들에겐 필수불가결하다. 그러나 안타까운 사실은 어느 신학교에서도, 어느 목회자 훈련기관에서도 이에 대한 명확한

---

62) Maddox, *Responsible Grace*, pp. 143~144.

훈련과정이 있다는 소리를 듣지 못했다. 나 또한 다양한 신학적 논의들은 들었을지언정 실제 현장에서 반드시 필요한 영혼의 해부학적 가르침을 접한 적이 없다. 이는 해부학을 습득하지 못한 채 의료 현장에 의료인들을 내보내는 위험천만한 일임에도, 이에 대한 논의조차 없다는 사실이 안타까울 뿐이다. 신학교나 목회 훈련기관이 이 점을 각성하고 적절한 프로그램을 마련할 때까지는 이 문제는 아마도 목회자 개인이 지고 가야 할 짐일 수밖에 없을 것 같다. 목회자들은 이 같은 지식을 얻기 위해 개인적으로라도 피나는 노력을 경주해야 할 것이다.

(3) 실천 원리 3: 구원의 프로세스를 이해하라

내가 살고 있는 런던 시내는 아마 세계에서 가장 복잡한 교통 체계를 갖춘 도시들 가운데 하나일 것이다. 좁은 도로와 수많은 일방통행 도로들, 공사 등과 같은 이유로 단행하는 도로 통제 등은 안 그래도 거의 '길치'에 속하는 나의 도로 운전에 큰 장애다. 그러나 요즘엔 런던 시내를 운전하는 데 큰 어려움을 겪지 않는다. 큰맘 먹고 산 '내비게이션' 덕택이다. 내가 가려는 목적지를 표시만 하면 친절하게도 가장 빠르고 효과적인 길을 안내해 준다. 차를 운전할 때마다 내비게이션의 고마움을 느끼면서 목회에도 이런 내비게이션이 있으면 어떨까, 엉뚱한 상상을 해보기도 했다.

그런데 웨슬리목회에 대한 연구를 진행하면서는 이런 상상이 그저 공상이 아님을 알게 되었다. 나는 연구에 깊이 몰두할수록 이미 300여 년 전 웨슬리가 자신만의 '목회 내비게이션'을 만들었고 이를 목회에 십분 활용했다는 확신을 가지게 되었다. 이미 이 문제에 대해서는 2장에서 깊이 있게 다루었다. 말하자면 웨슬리는 목회의 최종 도착지(목표)와 출발지(인간 영혼의 현 실정)를 알고 있었을 뿐 아니라 어떻게 그 목적지에 도달하게 되는가 하는 지도까지 마련했던 것이다. 웨슬리의 목회 내비게이션은 하나님 형상의 온전한 회복이라는 목표를 향해 나아가는 모든 유기적이고 연속적인 과정을 담은 구원의 마스터 플랜이요 하늘 가는 길을 안내하는 지도인 셈이다. 여기서는 궁극적인 목적지에 도달하기 위해 거쳐야 할 주요 기점들, 곧 회개와 칭의, 성화와 완전 등을 자세히 기록하고 있으며, 이 같은 각각의 기점이 어떻게 연결되고 마침내 목적지에 이를 것인가 하는 그 내적인 진행 과정까지 치밀하게 안내한다.

웨슬리의 목회가 성공적으로 진행된 것은 바로 이 같은 목회 내비게이션을 준비했기 때문이다. 사실 이 같은 목회 내비게이션을 가지고 성공적인 목회를 해내지 못하는 것이 더 이상한 일일지 모른다. 많은 이들이 성공적인 목회를 원하면서도 목회 내비게이션을 준비하는 데 게을리 하는 것은 나무에서 생선을 구하는 일과 같다. 웨슬리는 옥스퍼드 시절부터 그의 디비니티 기초가 완성되어 갈 무렵인 1740년대 초반까지 적어도 15년이 넘는 세월을 목회 내비게이션 마련에 총력을 기울였으며, 그의 목회가 완숙기에 접어든 시기에도 자신의 디비니티를 더 정교하고 세밀하게 다듬기 위해 이 여정을 멈추지 않고 계속했음을 고려할 때, 그는 목회 내비게이션을 마련하기 위해 평생을 헌신했던 것이다. 무엇보다도 중요한 사실은 웨슬리가 목회 내비게이션을 단지 이론적으로만 추구하지 않았다는 사실이다. 그는 내비게이션의 여정을 직접 살았으며 삶의 여정 가운데 내비게이션을 만들었다. 다시 말해, 목회를 다른 사람들을 하늘로 안내하기 위한 기능적 도구로 이해하지 않고 그가 직접 참여하고 체험해야 하는 그의 신앙적 여정으로 이해했다.

웨슬리의 이 같은 디비니티 목회는 오늘날 우리에게 많은 것을 시사한다. 우리는 우리의 목회 내비게이션을 지니고 있는가? 우리는 구원에 이르는 과정에 대해 깊이 이해하고 있는가? 구원에 관한 어떤 문제에도 적절하게 응답할 준비가 되어 있는가? 좀 더 본질적인 질문, 곧 우리는 이 구원의 과정들을 실제로 체험하고 이해하고 있는가에 대해 답할 준비가 되어 있는가?

목회자의 책임은 참으로 무겁다. 목회자는 나의 구원과 함께 너의 구원에 대해 동시에 책임을 느끼는 사람이기 때문이다. 그러므로 늘 스스로 점검해야 한다. 과연 우리는 우리 자신의 구원의 내비게이션을 준비하고 있는지 진지하게 물어야 한다. 이런 준비가 없이 구원을 인도하는 거룩한 사명을 감당한다는 것은 불가능하다. 이는 어쩌면 '소경이 소경을 인도하는' 참으로 위험 천만한 일인지 모른다. "둘이 다 구덩이에 빠지지 아니하겠느냐"는 주님의 경고가 예사롭지 않다.(눅 6:39)

2) 목표 2: 영을 붙들라

웨슬리 디비니티 목회가 지향했던 또 다른 목표는 '영'(spirit)을 붙드는 일이다. 여기서 spirit은 이중적인 의미를 지니는데, 하나는 메도디스트라 불리는 사람들이 지니는 보편정신이며 또 다른 하나는 성령이다. 그러나 성령의 인도함에 따라 메도디스트의 영이 형성되었던 점을 고려한다면 여기서 Spirit은 성령의 의미로 이해할 수 있을 것이다. 웨슬리목회가 추구한 것은 바로 이 성령을 붙드는 일이었다. Doctrine은 성령의 인도하심으로만 실제화될 수 있기 때문이다. Doctrine이 성경이 내포하는 구원의 진리로서 '구원의 순서' 전체를 포함하며 또 디비니티의 내용 그 자체라면, Spirit은 이 디비니티 내용을 실제화로 이끄는 근원적인 힘이다. 성령은 doctrine을 조명하고, 영혼들을 새롭게 하며, doctrine에로 영혼들을 이끌고 인도하며 가르친다. 이 과정을 통해 디비니티는 우리에게 살아 있는 진리가 된다. 그러나 이로써 모든 게 완성이 된 것은 아니다. 성령의 도움으로 디비니티의 삶을 끊임없이 실천해야 한다. 이 끊임없는 삶, 곧 discipline을 통해 우리는 디비니티의 삶을 체질화시키며 완성으로 나아간다. 결국 성령은 doctrine과 discipline의 상호 연결을 가능하게 하는 근원적 힘이다. 즉 성령을 통해 doctrine이 이론적 체계에 머물지 않고 끊임없이 우리 삶 가운데 실제화 된다. 그렇다면 성령을 붙들 수 있는 길은 무엇인가? 웨슬리는 이 과제를 '은총의 수단'이라는 주제로 다뤘다. 하나님의 은총은 성령을 통해 부어지며, 그래서 우리는 성령을 붙들어야 한다. 그런데 성령은 우리 의지에 따라 좌우되는 영이 아니라 절대적인 자유를 지니신 하나님의 영이다. 불고 싶은 대로 불고 가고 싶은 대로 가는 자유의 영이다. 그러나 하나님은 은총 가운데 우리에게 이 같은 영을 붙들 수 있는 길을 예비했다. 즉 '은총의 수단'을 허락하셨다. 그러나 그것은 어디까지나 어떤 실체를 가리키는 표지(sign)일 뿐이지 그 실체 자체는 아니다. 우리는 은총의 실체인 하나님을 직시하고 그분을 향해야 한다. 웨슬리의 은총의 수단은 하나님을 향하게 돕는 '표지'이자 '수단'인 한에는 무한한 가치를 지닌다. 웨슬리의 디비니티 목회의 전개는 바로 하나님이 제정하신 은총의 수단을 적절히 그리고 유용하게 실천함으로써 '성령을 붙들 수 있는' 은총으로 나아가는 일이다. 그렇다면 우리는 어떻게 은총의 수단들을 활용해 성령을 붙드는 목회로 나아갈 수 있는가? 나는 이를 위한 세 가지 실천 원리들을 제시하려 한다.

(1) 실천 원리 4: 모임에 힘쓰라

웨슬리에게 '교회'는 은총의 수단이다. 이 말은 교회 안에서 성령을 통해 하나님의 은총을 만난다는 의미다.[63] 그런데 웨슬리에게 교회는 포괄적인 의미를 지닌다. 그는 제도적이고 '가시적 교회'(visible church)뿐 아니라 '비가시적 교회'(invisible church)를 교회의 범주 속에 두었다. 다시 말해 복음으로 새롭게 되어 그리스도의 삶을 재현하고자 모인 이들의 믿음의 교제로서 교회를 바라본다. 그러므로 웨슬리에게 참된 교회의 표지는 그 안에 얼마나 많은 수가 모였는가 하는 문제가 아니다. 어디에 위치해 있는가 하는 문제도 아니다. 그것은 하나님 아버지와 그 아들 예수 그리스도께 예배하기 위해 모인 거룩한 사람들을 의미하는 것이다.

웨슬리는 하나님이 이 같은 교회에 성령을 통해 은총을 베푸신다고 확신했다. "보편적인 교회 혹은 우주적인 교회는 하나님이 이 세상으로부터 불러낸 모든 이들이다. 하나님은 그들에게 한 영을 부으셔서 하나의 몸으로 만드셨다. 그러므로 그들은 '한 믿음, 한 소망, 한 세례'를 소유하게 되었고 모든 것 위에, 모든 것을 통해, 그리고 그들 모두 안에 계시는 아버지를 섬기게 되

---

63) Starky, *The Work of the Holy Spirit*, p. 79.

었다."64) 그렇기에 웨슬리는 다양한 믿음의 공동체를 세우는 데 많은 노력을 기울였고, 그 공동체를 통해 그의 디비니티 목회를 실천해 나갔다. 여기에는 신도회, 클래스와 반회, 선발 신도회 등과 같이 자주 모인 모임들과 애찬회, 워치나잇 집회(철야집회) 등의 특정한 날짜에 모인 모임 등이 포함된다. 모임 장소도 특정 장소에 국한하지 않았다. 채플이나 가정집 혹은 옥외조차도 모임 장소가 되었다. 구원을 소망하여 함께 연합하고 서로 격려하며 돕고 사랑 안에서 서로를 권면하는 그런 공동체이면 족했다. 이 같은 믿음의 교제들 가운데 성령은 함께하시고 그 성령을 통해 하나님의 은총이 임했다.

웨슬리의 이런 디비니티 목회는 우리가 오늘날 교회가 목회에 지니는 의미를 재고하도록 이끈다. 무엇보다도 목회에서 교회의 중요성을 재고하게 한다. 이 문제와 관련해 웨슬리목회에서 발견되는 분명한 사실은, 목회는 '교회를 떠나서 성립할 수 없다'는 것이다. 목회가 하늘 가는 길을 안내하는 것이라면, 그 하늘 가는 길은 교회 안에 예비되어 있기 때문이다. 하늘 가는 길은 하나님의 성령을 통한 은총으로만 가능하며 성령과의 만남은 교회를 통해 가능하기 때문이다. 하나님은 두세 사람이 주님의 이름으로 모인 곳에 함께하시겠다고 약속(마 18:20) 하신 대로 주의 이름으로 모이는 이들에게 성령을 부어 주시기를 기뻐하신다. 이 약속은 오순절에 주의 이름으로 모였던 이들에게 그대로 실현되었고, 그 이후 역사 가운데서도 입증되었으며, 웨슬리 당시 메도디스트 운동에서도 지속되었을 뿐 아니라 지금도 여전히 계속되는 명백한 사실이다. 교회의 머리이신 그리스도가 요단강에서 세례를 받으신 사건은 하나님이 교회에 성령으로 기름 부으실 그 약속에 대한 영원한 표징이다. 교회는 그리스도의 몸이며 몸은 그리스도께 속해 있다.65) 머리이신 그리스도께 물 붓듯 충만했던 성령이 온몸을 적시듯이 그 성령은 그의 모든 교회를 적실 것이기 때문이다. 이것이 주님께서 약속하신 성령의 세례다. 성령의 세례는 그리스도의 몸인 교회를 통해 부어지신다. 그리스도인이 교회를 떠나서는 성

---

64) *Sermons,* Of the Church, I. 8.
65) Starky, *The Work of the Holy Spirit*, p. 81.

령 안에 참여할 수 없는 이유가 바로 여기에 있다. '교회 안에'는 성령이 거하시기에 교회는 거룩하게 되는 것이다.

웨슬리의 디비니티 목회가 교회와 관련에서 오늘날 우리의 목회에 주는 또 다른 의미는 교회에 대한 포괄적 이해다. 웨슬리는 가시적 교회를 넘어 우주적인 교회, 보편적 교회를 마음에 품었다. 이 때문에 그는 당시에 일반적으로 이해되었던 목회 형태에 얽매지 않고 유연성을 갖춘 새로운 형태의 목회를 만들어 낼 수 있었다. 웨슬리는 항상 사람들의 영적 필요성과 삶의 형편에 맞는 목회 형태가 무엇인지 고민했으며 만일 적합한 것이 있다면 과감하게 자신의 목회 안에 적용시켰다.[66] 만약 필요하다면 자신의 목회를 교회라는 건물에 국한시키지 않았다. 그것이 옥외가 되었든, 극장이 되었든, 공장 터가 되었든, 가정집이 되었든 개의치 않고 상황과 형편에 따라 모든 장소를 자신의 목회 현장으로 활용했다. 뿐만 아니라 모임의 크기에도 매이지 않고 유연성을 갖고 임했다. 때로는 몇 만 명이 모이는 집회를 활용했고 때로는 몇 명만 모이는 작은 공동체를 활용했다. 특정 시기에도 구애 받지 않았다. 정기적으로 모이는 주일 예배에서부터 평일 날의 모임까지 모든 시기를 적절히 활용했다. 모임의 형태에도 유연성을 가졌다. 성찬과 말씀 선포가 행해지는 전형적인 예배 형태로부터 컨퍼런스 같은 회의 형태에 이르기까지 다양하게 활용했다. 이런 점에서 웨슬리목회는 요즘 용어로 말하면, 영미지역에서 유행처럼 퍼지는 '선도적 교회'(emerging church)의 목회요[67] '새로운 표현'(fresh expression)을 담고 있는 목회였다.[68] 그러나 여기서 우리가 기억해야 할 사실

---

66) Heizenrater, *Wesley and the People Called Methodists: The Potential of a Tradition*, pp. 182~183.

67) 선구적 교회에 대해서는 깁스(Eddie Gibbs)와 볼저(Ryan K. Bolger)의 *Emerging Churches* (London: SPCK, 2006) 참조.

68) '새로운 표현'(Fresh Expression)은 2004년부터 영국 성공회와 영국 메도디스트 교회가 함께 주도하는 새로운 교회 운동으로, 성공회측 대표로 이 운동을 주도하는 Steve Croft 박사는 이 목회 운동이 변화하고 있는 현대 사회에 새로운 대안이 될 것이라고 희망적인 평가를 내놓는다. "Fresh Expression은 급격한 변화를 겪고 있는 사회에서 복음이 필요한 이들에게 하나의 대안적 교회론이 될 수 있다. … 그것은 귀 기울임(listening), 섬김(serving), 성육신적 선교(incarnational mission), 제자양육(making disciples) 등의 과정을 통해 이루어질 것이다." (The Church of England Newspaper, 3rd March, p. 11.) Fresh Expression에 대한 포괄적 이해를 위해서는 Louise Nelstrop과 Martyn Percy가 편집한 *Evaluating Fresh Expressions: Explorations in Emerging Church* (Norwish: Canterbury Press, 2008) 참조.

은 웨슬리목회에서 나타나는 유연성은 결코 상황의 다양성에 의존하는 상황 중심적 유연성(context centered flexibility)이 아니라는 점이다. 웨슬리의 유연성은 교회에 대한 포괄적 이해에서 연유되는 유연성으로, 여기에는 제도적 교회에 대한 배제나 반감이 전제되어 있지 않다. 오히려 웨슬리의 유연한 목회 안에는 이들 모두가 은총의 수단이라는 큰 틀 안에서 수용되고 있다는 점에서, 오늘날 선도적 교회 혹은 새로운 표현으로 대표되는 새로운 목회구조의 해체적 성격보다 훨씬 근원적인 유연성을 갖는다.[69] 요컨대 웨슬리 디비니티 목회는 오늘날 우리에게 '교회 안에서'의 목회의 중요성을 되새기게 한다. 물론 여기서 교회는 이 세상으로부터 고립된 교회가 아니라 세상과 소통하는 유연성을 갖춘 교회다. 이 목회의 최종 목표는 교회를 통해 하나님의 은총의 보좌 앞으로 나아가는 것, 곧 성령의 역사 앞에 우리를 내어 놓음으로 그 영을 든든히 붙드는 일일 것이다. 이를 위해 오늘 우리의 목회는 믿는 이들의 모임을 독려하며 이 모임을 통해 성령의 충만한 임재를 추구하는 목회여야 한다. "모이기를 폐하는 어떤 사람들의 습관과 같이 하지 말고 오직 권하여 그날이 가까움을 볼수록 더욱 그리하자."(히 10:25)

(2) 실천 원리 5: 경건의 삶을 추구하라

앞서 은총의 수단으로서의 교회 공동체에 관한 논의는 하나님의 성령을 '어디에서' 붙들 수 있는가에 대한 문제였다면, 앞으로의 논의는 '무엇을 통해' 성령을 붙들 수 있는가 하는 문제다. 하나님의 성령을 과연 어떤 은총의 수단들을 통해 붙들 수 있는가? 웨슬리는 두 가지 은총의 수단을 제시한다. 첫째는 경건의 실천이고, 둘째는 자비의 실천이다. 경건의 실천이 '하나님을 사랑하는 것'을 의미한다면, 자비의 실천들은 '이웃을 사랑하는 것'(loving

---

69) 선도적 교회와 새로운 표현으로 대표되는 포스트모던적 교회 운동이 지나치게 해체적 경향을 띠고 있다는 비판의 소리가 높다. 예를 들어 펄시(Martyn Percy) 같은 이는 이 운동에 부여하는 '새롭다' 혹은 '대안적이다' 하는 이미지 때문에 기존 교회에 내포된 중요한 가치들을 경시하게 되는 부작용을 염려한다. Martyn Percy, "Old Tricks for New Dogs? A Critique of Fresh Expressions," *Evaluating Fresh Expressions*, pp. 35~39.

neighbours)을 의미한다. 웨슬리는 사람들이 교회 공동체 안에서 바로 이 두 가지 행위들을 부단히 지속함으로써 하나님의 성령을 통한 은총과 직면하며, 그 은총으로 인해 믿음이 성장하고, 온전한 하나님의 형상을 닮아 마침내 하나님의 은총의 보좌에 자리 잡은 '하나님과 이웃을 향한 사랑'으로 나아갈 수 있다고 보았다. 그러므로 웨슬리는 성령이 임하셔서 은총을 베푸실 교회 공동체 안에서 행해야 할 구체적인 일들은 바로 경건의 실천과 자비의 실천이며 또 이를 자신의 디비니티 목회의 중심으로 삼았다. 그런데 웨슬리에 따르면, '경건의 실천'은 성경탐색과 기도, 성만찬과 금식, 이 네 가지를 의미한다. 이들은 '전통적인 혹은 제도화된 은총의 수단들'로 인정되었다. 웨슬리는 이 제도화된 은총의 수단들을 사용해 하나님의 성령을 통해 베푸시는 은총의 보좌 앞에 한 걸음 더 가까이 다가갈 수 있도록 했다.

사실 웨슬리가 언급한 성경탐색과 기도, 성만찬과 금식과 같은 경건의 삶은 교회가 시작된 이후로 지속되어 오던 교회의 귀중한 가치들이다. 이들은 오늘날 목회 현장에서도 여전히 중요시되고 있다. 이렇게 본다면 웨슬리가 그의 목회에서 경건의 삶을 중요 항목으로 취급한 것은 새삼스럽거나 특별한 일이 아닐 수도 있다. 그러나 우리는 경건의 삶을 적극 수용했던 그의 목회로부터 오늘날 우리의 목회에 깊이 숙고할 만한 두 가지 중요한 특징들을 발견한다.

첫째, 웨슬리는 자신의 목회에서 경건의 삶을 구원을 이루는 데 반드시 필요한 요소들로 인식했다. 그에게 경건의 실천들은 구원의 과정과 별개가 아니라 구원을 이루기 위한 하나의 핵심 요소로서, 우리가 하나님의 자녀가 되어 '구원을 얻었기 때문에' 하나님의 자녀로서 행해야 하는 '결과적 의무'가 아니라 구원을 이루고 완성하기 위해 행해야 할 '필연적 의무'이다. 경건의 실천들을 이러한 시각으로 바라보는 것은, 경건의 실천들이 목회에 의미하는 바가 매우 크다는 것을 의미한다. 그러므로 경건의 실천들을 결코 소홀히 취급하거나 게을리 대해서는 안 된다. 성경탐색와 기도, 성만찬과 금식은 때때로 생략하거나 혹은 대충 시행하거나 그럴 수 없는 성격의 것들이다. 어떤 상황에서도 때를 얻든지 못 얻든지 있는 힘을 다해 추구해야 할, 우리 영혼의 구원에 필수적인 일들이다.

둘째, 웨슬리는 경건의 실천들을 개별적인 것으로 바라보지 않았고 경건의 실천들 전체가 상호 관련성을 가지면서 어우러져 하나의 목표를 이루어 가도록 했다. 웨슬리에게 성경탐색과 기도, 성만찬과 금식은 서로 무관한 것이 아니다. 각각의 경건의 실천은 다른 경건의 실천들과 함께 혹은 다른 경건의 실천들 안에서 실행되어야 한다. 그것은 바로 하나의 통일된 목표를 향하고 있기 때문인데, 이들 모두는 결국 하나님의 은총을 추구하며 성령을 꼭 붙들 수 있도록 하는 동일한 목표를 가졌다. 결국 웨슬리에게 성경탐색과 기도, 성만찬과 금식 등의 경건의 실천들은 서로 형태는 다르지만 하나의 뚜렷한 목표를 동일하게 추구한다는 점에서 '다양한 형태를 갖는 하나의 행위'인 셈이다.

웨슬리가 자신의 목회에 경건의 실천들을 수용할 때 견지된 이 두 가지 사실은 오늘날 우리의 목회에 매우 중요한 점들을 시사한다. 먼저, 경건의 실천들을 구원을 이루는 필수적인 것으로 이해하는 웨슬리의 관점은, 자칫 우리가 이들을 형식적으로 대하거나 소홀하게 취급할 수 있는 위험성을 각성케 해준다. 사실 오늘날 많은 교회들이 경건의 실천들의 중요성을 말하면서도 실제 목회에 적용할 때는 절박하게 생각하지 않는 경우가 많다. 현대 사회에 밀어닥친 세속화와 포스트모던적 경향의 범람은 교회가 경건의 실천들보다는 사회적 트렌드에 더 많은 관심을 기울이도록 이끌어 간다. 많은 이들이 '새로운 목회'를 추구하지만 그 주된 의미는 경건의 실천들의 회복이 아닌 세상의 유행에 어떻게 민감하게 대응하느냐 하는 것으로 이해되는 경우가 많다. 불행히도 경건의 실천들은 교회 목회에서 '반드시' '중심적으로' 추구해야 할 목회의 본질적 내용이 아니라 여러 가능한 사항들 중에서 선택할 수 있는 '하나의 옵션'이 되어 가고 있다. 웨슬리목회는 이에 대해 확고한 입장을 보여 준다. 경건의 실천들은 우리의 선택 사항이 아니라 구원에 이르기 위해서 필연적으로 수행해야 할 거룩한 일들이다. 하나님의 은총은 이 같은 경건의 실천들을 통해 주어지며, 하나님의 은총을 우리에게 전달하는 하나님의 영은 이들 가운데 충만하게 임한다.

경건의 실천들을 개별적인 것으로 바라보지 않고 경건의 실천들 전체가 상호 관련성을 가지면서 어우러져 하나의 목표를 이루어 간다고 이해했던 웨슬리의 관점 또한 오늘날 우리의 목회에 매우 의미심장하다. 먼저, 경건의 실천들을 하나의 목표 즉 하나님의 '은총의 수단'으로 활용해야 한다는 본질적인 방향을 제시해 준다는 점에서 그러하다. 성경탐색과 기도, 성만찬과 금식 등은 우리가 하나님의 은총에 더욱 가까이 나아가기 위한 것이어야 하지 다른 목표를 지향해서는 안 된다. 그런데 우리는 알게 모르게 경건의 실천들을 우리의 특정한 목적에 맞게끔 활용하려 하는 실수를 자주 범한다. 예를 들어 기도만 해도 그렇다. 기도는 바로 성령을 우리 삶으로 초대하는 초대장이며 성령과의 '소통'(communication)을 가능하게 하는 하나님의 수단임에도 불구하고, 내 육신의 유익을 위해 하나님께 간청하는 것으로 오해하여 오용하거나 남용할 때가 얼마나 많은가. 그러나 웨슬리에게 경건의 실천들을 추구하는 것은 언제나 하나의 명확한 목표, 곧 하나님의 성령을 통해 베푸시는 은총으로 나아가는 것이었다.

이 하나의 목표를 향해 경건의 다양한 형태가 내적으로 상호 작용한다고 보았던 웨슬리의 인식 또한 우리의 목회에 매우 중요한 가르침을 준다. 이는 웨슬리가 제시한 네 가지 경건의 실천들, 곧 성경탐색과 기도, 성만찬과 금식 등은 서로 분리하여 활용해서는 안 된다는 사실을 의미한다. 오늘날 우리 목회 가운데 가장 현저하게 드러나는 현상 가운데 하나가 이 경건의 실천들을 각각 분리된 행위로 인식하려는 것이다. 이것은 이들이 지닌 내적 통일성, 곧 한 목표를 지향하고 있다는 사실을 깊이 인식하지 못한 데서 오는 필연적 결과다. 그러다 보니 성경탐색과 기도, 성만찬과 금식을 각각 서로 무관한 행위로 취급하거나 심지어 어떤 것은 과도하게 강조하고 어떤 것은 무시하는 그런 결과를 야기한다. 성만찬의 문제는 그 대표적인 예이다. 교단에 따라 차이는 있지만 많은 개신교회들이 성만찬을 가끔 시행하거나 거의 시행하지 않는 것이 일반적이다. 상대적으로 성경탐색(읽기 중심)이나 기도에 많은 강조점을 두면서 성만찬은 소홀히 대한다. 웨슬리목회는 이를 시정해야 하는 이유와 그 방향에 대해 중요한 단서를 우리에게 제공한다. 그의 목회에서 경건의 삶의 실천은 하나님이 우리를 자신의 은총의 보좌 앞에 인도하기 위해, 자신의 영을 부어 주기 위해 친히 준비하신 은총의 수단임을 분명하게 인식시켜 주며, 또한 경건의 실천의 다양한 형태들은 이 목표를 수행하도록 돕기 위해 준비한 하나님의 은총의 다양성이기에 서로 분리될 수 없다는 사실을 명백하게 해준다.

(3) 실천 원리 6: 자비의 삶을 추구하라

많은 교회들이 남을 돕는 일, 자비의 실천에 대해 혼란을 겪고 있다. 자비의 일은 이론적으로는 교회가 당연히 해야 할 일로 인식한다. 그러나 교회 안을 들여다보면 이 문제에 대한 견해가 일치되지 않고 논란이 지속되고 있음을 쉽게 발견할 수 있다. 논란의 핵심은 믿음과 행위, 행위와 믿음 사이의 관계다. 사실 이 논란은 초대교회 안에서도 발견된다. 예를 들어 야고보 사도는 "행함이 없는 믿음은 죽은 것"(약 2:17)이라고 주장함으로써 선한 행위의 중요성을 강조했고, 바울 사도는 "오직 의인은 믿음으로 말미암아 살리라"(롬 1:17)고 주장함으로써 믿음을 우선시했다. 이는 기독교 교회 역사 안에서 믿음과 선행, 은혜와 율법간의 관계에 대한 논쟁으로 이어져 왔다. 한국 교회의 주도적 흐름은 믿음을 우선하는 전통에 서 있다. 루터의 의견에 따라 인간의 어떤 선행으로도 구원에 이를 수 없고 오직 믿음으로 구원을 얻는다는 데 치중한다. 그러다 보니 한국 교회의 일반적인 신앙 형태는 복음의 진리를 전달하고 그것을 사람들이 받아들이게 하는 데 초점이 맞춰져 있고, 구제와 같은 이웃을 돌보는 일에는 상대적으로 취약할 수밖에 없다. 그 결과 세상 사람들은 기독교를 세상으로부터 담을 쌓고 스스로 의에 취해 있는 집단으로 매도하기도 한다.

문제의 심각성을 느끼는 많은 목회자들은 교회의 윤리성을 회복해야 한다고 말한다. 2007년 감리교단 본부 장단기 발전위원회는 「감리교회 성숙과 부흥을 위한 백서」를 발간하면서 '감리교회 교회 실태 및 목회자 의식에 관한 조사 연구'를 실시한 적이 있다. 여기서 현재 개신교가 침체되고 있는 이유를 목회자들에게 묻는 항목이 있었는데, 그들 중 40퍼센트가 한국 교회가 도덕성을 상실함으로 사회적으로 존경과 신뢰를 받지 못하는 데에 그 주요 원인이 있다고 답했다. 흥미로운 사실은 도덕성의 상실이 1997년에 작성된 교회 실태보고서에서도 교회 성장의 침체를 야기한 주요 원인으로 지적되긴 했어도 그 당시에는 이 문제가 이 정도로 압도적인 요인이지는 않았다는 것이다. 이것은 교회의 윤리성이 점점 더 땅에 떨어지고 있다는 반증이다.[70] 또한 교회가 등한시했던 이웃을 섬기는 일, 곧 자비의 일에 더 많은 관심을 기울여야 한다는 의미이기도 하다.

그렇다면 교회가 자비의 실천에 더 많은 에너지를 집중함으로써 현재 교회가 직면한 문제들을 극복할 수 있을까? 서구 교회의 경험을 통해 볼 때 이 방향도 궁극적 해답은 될 수 없을 것 같다. 내가 몸담고 있는 영국 메도디스트의 경우를 보면 더욱 그렇다. 영국 메도디스트는 참으로 이웃을 섬기는 일에 최선을 다한다. 교회 건물이 오래되어 수리할 곳이 많아도 노숙자가 도와달라고 하면 교회 수리는 미뤄도 우선 노숙자들부터 돕는 데가 영국 메도디스트다. 교회가 속한 '커뮤니티'를 섬기는 것이 거의 모든 교회의 제1순위다. 누구를 만나도 메도디스트 교회는 좋은 이웃이라는 평판을 얻는다. 그런데 교회 안은 점점 비어 간다. 사람들이 메도디스트 교회를 찾지 않는 이유를 묻는 한 설문조사에서 가장 중요한 원인으로 지목되는 응답이 흥미롭다. 교회가 무엇을 하는지 도대체 "정체성이 불투명하다는 것"이다.[71] 가톨릭 교회의 특징도 알고 성공회 교회의 특징도 알겠는데, 메도디스트는 커뮤니티에 좋은

---

70) 이 당시 실태 조사에서는 '지나친 교세 확장'이 34%로 가장 중요한 교회 침체 원인으로 지목되었고 '도덕성의 상실'은 28%로 두 번째 큰 원인으로 지목되었다. 나의 졸저, 「교회거품빼기」(서울: 나침반, 1998) p. 60.

71) 나의 소논문, "Methodist Church in Britain: What Is Its' Future?" *Kingston Circuit News Letter*, 2006 (May) 참조.

일을 하는 것 외에는 잘 모르겠다는 것이 영국 메도디스트를 바라보는 사람들의 시선이다.

나의 판단으로는 믿음과 행위, 행위와 믿음 이 둘은 서로 분리되어서는 안 된다. 이 둘은 개념적으로는 구별될 수 있지만 결코 분리될 수 없는, 교회를 지탱하는 두 기둥이다. 만일 믿음의 분명한 기반이 없이 선행만 강조한다면, 그 믿음은 하나의 도덕이나 윤리적 이념으로 남게 될 위험성이 있고, 반면에 윤리적 실천 없이 믿음만을 강조하면 그 믿음은 반윤리적이고 피안적인 믿음으로 남게 될 위험성이 있다. 이 둘은 동전의 양면처럼 하나여야 한다. 믿음으로 말미암아 거룩한 행위가 지속되고 또 자비의 실천은 믿음의 진정성을 증명해 준다.

그런데 이러한 이상적 관계가 이론적으로는 가능하지만 목회 현장에서 과연 가능하겠느냐는 의문이 남는다. 웨슬리의 디비니티 목회는 지체 없이 이 질문에 '그렇다'고 대답할 것이다. 웨슬리 자신이 이런 목회를 추구했고 그 목회를 실제로 성공적으로 수행했기 때문이다. 웨슬리목회 안에서 믿음과 행위는 어떻게 조화를 이룰 수 있었을까? 그 해답은 웨슬리가 자비의 실천을 경건의 실천과 마찬가지로 '은총의 수단'으로 인식한 데서 찾을 수 있다. 웨슬리에게 '자비의 삶'은 '경건의 삶'과 나란히 은총의 수단의 중요한 한 축을 구성한다. 웨슬리에 따르면, '자비의 삶'은 먼저 의롭다 함에 이르게 하는 은총으로 인도하는 중요한 역할을 한다. 우리는 흔히 구제와 선행 같은 자비의 실천을 믿음의 결과, 즉 경건한 삶의 결과로 인식하는 오류를 범한다. 그로 말미암아 믿음이 먼저라는 착각을 일으키고 믿음으로 의롭다 함을 받기 전까지는 자비의 삶은 무의미한 것으로 치부해 버린다. 그러나 웨슬리의 자비의 삶은 칭의의 결과가 아니라 칭의를 일으키는 하나의 부분적 원인(remote)이 되기도 하고 칭의 이후의 삶, 곧 성화의 삶에 관여하는 구원의 전 과정과 관련을 맺는 '은총의 수단'이다. 물론 웨슬리는 자비의 삶을 칭의보다는 성화의 은총에 더 적극적인 역할을 한다고 인식했다. 웨슬리는 칭의를 얻은 사람은 자비의 일에 열심이어야 한다고 주장하면서 만일 이를 가벼이 여겨 무시한다면 성화에 이를 수도, 은총 안에서 자랄 수도, 하나님의 형상을 닮아 갈 수도, 그리스도의 마음을 품을 수도 없을 것이라고 단언한다.[72] 그에 따르면, 자비의 삶의 과정에서 우리 영혼은 하나님의 성화하시는 은총에 더욱 깊이 다가가게 된다.

그런데 웨슬리에게 이 같은 자비의 실천은 독자적인 은총의 수단이 아니다. 이는 경건의 일과 함께 영혼을 성화로 인도하는 필수불가결한 것이다. 웨슬리는 경건의 삶이 빠진 자비의 삶이나 자비의 삶이 빠진 경건의 삶은 심각한 부작용이 따른다는 사실을 깊이 인식하고 있었다. 이 둘 중 하나로는 충분치 않다. 그들은 성화를 위해 함께 나아가야 한다. 완전한 구원을 위해 자비의 일과 경건의 일 양자 모두에 열심을 다해야 한다. 물론 웨슬리는 경건의 삶과 자비의 삶 양자를 성화를 위한 필수 요소들로 인식했음에도 이 양자 간에 중요성에 있어 차이 자체를 무시하지는 않았다. 그는 경건의 삶을 통해 지속적으로 그 내적 영양분이 공급되고, 이것이 자비의 삶으로 열매를 맺어 가는 성화의 성장 과정으로서 이 양자의 역할을 이해했다.

요컨대 웨슬리의 디비니티 목회에서 자비의 실천과 경건의 실천 사이에는 충돌이 없다. 그들 모두는 하나님의 은총의 보좌 앞에 가까이 나아갈 수 있도록 돕는 하나님의 은총의 수단이기 때문이다. 자비의 실천을 경건의 실천과 동일한 하나님의 은총의 수단으로 이해하는 것은 자비의 실천을 목회에 수용하는 데 있어서 매우 중요한 사실들을 인식하게 한다. 무엇보다도 자비의 실천은 경건의 실천과 마찬가지로 우리의 구원 과정에서 반드시 필요하다. 자비의 삶은 경건의 삶과 함께 구원을 이루는 데 반드시 필요한 수단이라는 말이다. 또한 다양한 경건의 실천들이 서로 다양한 방식으로 한데 어우러져 하나님의 은총의 자리로 나아가듯이, 자비의 실천을 이루는 다양한 형태의 행위들, 즉 주린 이들을 먹이는 일, 헐벗은 이들을 입히는 일, 나그네를 대접하는 일, 감옥에 갇힌 자와 병자나 어려움을 당하는 자들을 방문하는 일, 무지

---

72) *Sermons*, The Scripture Way of Salvation, III. 5.

한 자를 가르치는 일, 어리석은 죄인을 일깨우는 일, 차지도 뜨겁지도 않은 믿음을 새롭게 하는 일, 흔들리는 자를 굳게 하는 일, 연약한 이를 위로하는 일, 시험 받는 이를 돕는 일, 어떤 형태가 되었든 영혼을 사망으로부터 구하는 일 등이 하나로 어우러져 그 영혼이 하나님의 은총의 보좌 앞으로 나아갈 수 있도록 돕는다.

경건의 삶과 자비의 삶이 함께 어우러져 하나님의 은총의 보좌 앞으로 인도되는 구체적 실례를 우리는 신약성경의 고넬료라는 인물에게서 찾을 수 있다. 성경의 증언에 따르면, 고넬료는 하나님을 경외하며 백성을 많이 구제하고 하나님께 항상 기도했다. 그런 그의 기도와 구제는 하나님 앞에 상달되어 기억하신 바가 되었다. 하나님이 이런 그에게 어떻게 응답하셨는가? 하나님은 그의 종 베드로를 보내셔서 복음을 증거케 하시고 또한 성령을 부으셨다 (행 10:1~48). 고넬료는 경건의 삶과 자비의 삶을 통해 하나님의 은총의 보좌 앞에 나아갔고, 결국 하나님은 은총 가운데 그에게 성령의 충만함을 허락하셨다. 웨슬리의 디비니티 목회가 추구하는 바가 바로 고넬료의 삶과 같은 것이었다. 즉 웨슬리는 하나님이 주신 은총의 수단으로서 경건의 삶과 자비의 삶을 통해 성령을 붙드는 그런 목회를 추구했다. 이 같은 웨슬리의 목회는 경건의 삶과 자비의 삶 사이의 분리를 경험하는 오늘 우리의 목회에 하나의 대안적 가능성을 보여 준다.

3) 목표 3: 훈련을 붙들라

웨슬리가 지적한 세 번째 목표는 훈련(discipline)을 붙드는 일이다. 목회에서 doctrine은 목회의 내용이요 핵심이다. 그런데 이 doctrine이 실체화되려면 성령을 붙드는 일이 전제되어야 한다. 성령이 doctrine에 생명을 부여하고 열매를 맺게 하는 근본적인 능력이기 때문이다. 그렇지만 이렇게 doctrine이 성령의 인도하심으로 실체화되었다 해도 부단한 훈련으로 체질화되고 습관화되지 않으면 생명의 싹을 갓 틔운 doctrine도 뿌리를 내리지 못하고 말라 버리고 만다. 이것이 바로 웨슬리가 doctrine과 spirit에 이어 discipline(훈련)을 꼭 붙잡아야 한다고 했던 이유다. 그렇다면 우리는 어떻게 discipline을 꼭 붙들 수 있을까? 나는 이를 위해 세 가지 원리를 제시하고자 한다.

(1) 실천 원리 7: 훈련의 목적을 분명히 하라

오늘의 한국 교회는 '훈련의 르네상스 시대'라 부를 만큼 각양각색의 훈련이 넘친다. 가장 널리 알려진 '제자훈련'부터 시작하여 '평신도훈련', '전도훈련', '사역자훈련', '제직훈련' 등 거의 교회마다 '훈련프로그램'을 운영한다. 훈련이 목회의 핵심 요소로 인식된 것은 분명한 것 같아 반가운 일이기는 하지만, 여기에 '왜?'라는 질문을 던져 놓게 되면 마냥 반가워할 상황만은 아닌 것 같다. 과연 우리는 '왜 이러한 훈련들을 시행하는가?' 사실 이 왜라는 질문 제기는 어리석은 질문이 될는지 모른다. 각 훈련에는 이미 그 목적을 가늠할 수 있는 내용들이 포함되어 있기 때문이다. 가령 '제자훈련'은 제자들을 양성하기 위해서일 테고, '전도훈련'은 전도자들을 양성하기 위해서라는 암시가 이미 내포되어 있다. 그런데 내가 여기서 던지는 '왜'라는 질문은 훈련이 '무엇을 위한 것인가' 하는 개별적이고 구체적인 목적을 묻는 것이 아니라 '우리는 무엇을 기대하며 훈련을 시행하는가' 하는 훈련 자체에 대한 물음이다. 혹자는 훈련이란 모름지기 '어떤 구체적인 목적을 두고 그에 가장 적합한 능력을 발휘할 수 있도록 단련하는 것'이라 답할 수도 있겠다. 사실 이 답변은 가장 일반적인 훈련의 목표이기도 하다. 그런데 이 답변에는 훈련에 대한 왜곡된 이해의 단초가 포함되어 있음을 간과해서는 안 된다. 여기서는 훈련을 어떤 '기능'(function)으로 이해하고 있다는 것이다. 즉 훈련을 어떤 특정 목적을 위해 봉사하는 기능, 누군가를 대상으로 어떤 목적에 가장 적합하고 효율적으로 부합되도록 단련시킨다는 인식이 여기에 내포되어 있다. 이런 관점으로 바라볼 때, 훈련이 어떤 특정 목적에 필요한 일꾼을 교육하고 양성하는 기능적 역할에 머물게 되는 상황을 피할 수 없다.

웨슬리는 이와는 다른 훈련에 대한 이해를 가지고 있다. 훈련을 이런 기능적 측면에서 바라보지 않고 doctrine, 곧 구원을 실천하고 연습하는 구원론적인 훈련으로 지평을 넓혀 감으로써 훈련의 보다 광범위하고 본질적인 성격을 밝혔다. 훈련을 교회에 적합한 '훌륭한 교인' 혹은 '능력 있는 일꾼'을 만들기 위한 수단이 아닌 구원을 이루기 위한 실천으로 이해했다. 따라서 웨슬리의 훈련은 웨슬리목회에서 행해도 좋고 행하지 않아도 좋은 그런 하나의 선택사항이 아니라 반드시 해야만 하는, 필연적으로 붙들어야만 하는, 목회의 성공과 실패를 결정하는 거룩한 의무였다. 웨슬리가 훈련을 구원의 관점과 결부시켰다는 사실은 훈련을 '마음과 삶의 성화', '하나님 형상의 온전한 회복', '완전'이라는 목표에 도달하기 위한 필수 과정으로 보았음을 말해 준다. 물론 이 과정은 성령의 도우심이 없다면 그 어떤 결실을 기대할 수도 없다. 웨슬리의 훈련은 성령의 도우심과 인도하심에 힘입어 믿음으로 내 몸과 육신을 쳐서 복종시키는 부단한 연습이었다.

웨슬리의 훈련에 대한 이 같은 관점은 우리 목회에서 훈련이 의미하는 바를 재고하게 한다. 즉 훈련은 어떤 특정한 목적을 효율적으로 이루기 위한 '기능'이 아닌 구원을 이루어 가는 과정의 일부라는 인식을 가져야 한다. 이것은 훈련이 우리 안에 내포된 재능이나 능력을 어떤 특정한 목적에 적합하도록 극대화시키는 그런 것이 아니라 우리 영혼의 '전 존재의 변화'를 추구하는 것이어야 함을 의미한다. 그러므로 훈련은 어떤 타깃(그것이 '제자'이든, '전도'이든 혹은 '평신도'이든 간에)에 덧붙여지는 이름이 되어서는 안 된다. 훈련은 어떤 타깃을 위한 종속적 기능이 아니라 구원을 이루어 가는 데 반드시 필요한 전 존재의 변화 자체임을 잊지 말아야 한다.

교회마다 다양한 훈련프로그램을 추구한다. 이 때문에 훈련프로그램을 제공하는 사업이 번창일로다. 훈련프로그램을 소개하는 세미나가 기독교 신문들이나 방송의 주요 광고 수입원이라고 할 정도다. 그런데 아이러니하게도 교회는 점점 쇠퇴해 가고 있다. 이에 대해 목회자나 교인들이 쉽게 찾을 수 있는 해답 가운데 하나가 '훈련의 강화'다. 스스로 느꼈든 아니면 신문과 방송이 그렇게 생각하도록 종용했든 간에, 훈련이 부족해서 그렇다는 자책감을 너무나 쉽게 가지면서 또 다른 훈련프로그램을 모색한다. 처음에는 그럴듯해서 그 프로그램을 도입해 보지만 시원치 않은 결과를 대할 때는 또다시 다른 프로그램을 모색하는 악순환에 빠져 든다. 불행히도 오늘날 많은 교회들이 이 악순환의 고리에서 좌절하고 낙담한다. 마치 12년 동안 고질병에 걸린 한 여인이 이 의원 저 의원이 처방하는 방식을 따르다 가산을 탕진하고 몸이 더 망가지는 형국(막 5:25~26)과 유사하다.

문제의 해결책은 '대증적 요법'이 아니다. 특정 훈련이 아니라 교회의 모든 실천적 행위들을 가리키는 교회의 훈련들을 원래 목적으로 환원시키는 데서 출발해야 한다. 그 원래 목적이란 다름 아닌 훈련을 어떤 기능이 아닌 전 존재의 변화를 통해 구원의 과정에 참여하는 것을 의미한다. 이는 12년을 고질병으로 고생한 여인이 구원의 근원되신 예수 그리스도를 만짐으로써 그 문제를 해결한 것과 같은 이치다(막 5:25 이하 참조). 이것은 무슨 훈련프로그램을 어떻게 진행할 것인가 하는 문제와는 전혀 다른 접근법을 요구한다. 이것은 먼저 교회 목회에서 채택하고 진행하고자 하는 훈련프로그램이 영혼의 구원을 이루어 가는데 어떤 의미를 가지는가를 질문할 뿐 아니라, 그 프로그램을 진행하는 내내 이 질문 앞에서 끊임없이 자기를 성찰하도록 요청한다.

모든 훈련의 궁극적 목적은 구원에의 참여여야 한다. 이는 단지 기능의 습득이 아니라 전 존재의 변화여야 함을 의미한다. 더 구체적으로 말하면 성경의 구원의 진리가 성령을 통해 현실화되고 현실화된 구원의 진리를 끊임없이 실천함으로써 우리 삶의 전체로 만들어 가는 과정을 뜻한다. 이 과정은 마치 금속을 제련하는 과정과도 유사하다. 채취한 광석은 여러 성분들이 뒤섞여 있는 잡석에 불과하지만 고열에 녹여 제련하면 그 잡석에서 귀한 금속들, 심지어는 금과 같은 귀금속도 얻게 된다. 이처럼 훈련은 우리 영혼들을 제련하는 과정이며 이로써 마침내 하나님의 형상을 온전히 회복한 하나님의 자녀로 성장하게 하는 것이다. 훈련을 붙든다는 것은 바로 이 같은 참다운 훈련의 목적을 붙드는 데서 출발해야 한다. 이렇게 할 때 욥이 "그가 나를 단련하신 후에는 내가 정금같이 나오리라"(욥 23:10)라고 고백한 것처럼, 훈련을 붙듦으로써 마침내 구원의 완성에 이를 수 있게 되었다고 고백하게 될 것이다.

(2) 실천 원리 8: 함께 훈련하라

대부분 통속적 무협지는 주인공의 비약적 발전에 고독한 훈련 과정을 통해 비약적인 발전을 이루는 장면을 포함한다. 처음엔 별로 무술 실력이 없어 이래저래 굴욕을 당하는 장면을 연출하고, 그 상태가 극단적인 상황으로 진입할 즈음 고도의 무술 실력을 지닌 스승이 등장하든지 아니면 엄청난 무술 비법이 든 비책을 얻게 된다. 그리하여 주인공은 '은밀한 장소에서 고독하게 상당한 기간 동안 수련'을 하게 되고 마침내 절대고수가 되어 강호에 등장하게 되는 것이 그 주요 줄거리다. 무협지에서의 수련은 바로 은밀하고 고독한 환경에서 '개인'의 잠재된 능력을 극도로 향상시키는 것을 의미한다.

오늘날 많은 목회자들은 훈련을 목회 안에 수용할 때 알게 모르게 이런 패턴을 따른다. 즉 그들은 훈련을 '개인'이라는 차원으로 이해하는 경향이 농후하다. 그들에게 훈련은 일반적으로 개인의 잠재된 능력을 최대한 이끌어 내는 것으로 이해되고, 이를 위해서는 다른 이들로부터 격리된 상황에서 하는 훈련이 최적의 효과를 발휘할 것이라고 믿는다. 실제로 오늘날 많은 교회의 훈련프로그램들은 개인의 역량을 개발하는 데 초점을 맞춘 개인 중심 훈련이 대다수다.

그런데 웨슬리의 디비니티 목회에서 훈련은 이와는 다른 각도에서 이해한다. 그의 훈련은 사막과 같은 고독한 곳에서 홀로 행할 수 있는 것이 아니다. 다른 이웃들과 함께 행해야 하는 공동의 일이다. 웨슬리의 훈련은 개인의 역량을 극대화하기 위한 기능적인 성격이 아니라 하나님의 형상을 온전히 이루기 위한 전 존재의 변화를 추구하는 구원의 여정 그 자체다. 웨슬리는 이 구원의 여정은 혼자 걸어갈 수 있는 길이 아님을 알고 있었다. 그에게 이 길은 우리의 이웃과 더불어 걸어가야 하는 공동의 여정이었다. 이 여정이 개인에게 맞추어져 고독한 종교로 방향을 전환한다면 바로 그 순간이 기독교가 망가지는 순간이 될 것이라고 그는 확신했다. 개인의 믿음은 공동체 안에서 성장한다는 것을 확신했기에 그의 목회는 곧, 이 같은 믿음의 공동체를 세우는 것과 동일했다. 웨슬리의 훈련은 바로 공동적 훈련(communal discipline)이요 사회적 훈련(social discipline)이었다. 하나님의 형상을 온전히 회복하고, 온전한 거룩함으로 완성되며, 완전에 이르는 등의 목표에 도달하려면 나 홀로 훈련이 아니라 함께 모여 서로를 격려하고 도움으로써 만들어 가는 공동적 훈련이 필요하다. 그런데 이 같은 '공동적 훈련'은 팀워크를 다지는 것을 일차적 목적으로 삼는 '공동체 훈련'과는 구분해야 한다. 사실 공동체 훈련은 공동체 구성원들이 자신이 속한 공동체를 조화롭게 이루어 갈 수 있도록 훈련하는 프로그램이라는 점에서 웨슬리가 추구했던 공동적 훈련과 유사한 점이 많다. 그러나 웨슬리의 공동적 훈련은 '공동체' 자체가 훈련의 목적이 아니라는 점에서 공동체 훈련과 명백한 차이가 있다. 공동체 훈련은 공동체에 적합하도록 사람들을 연단하는 기능적 훈련이라면 웨슬리가 언급한 공동적 훈련은 구원의 완성을 위해 나와 너가 더불어 걸어가는 구원의 순례 과정 자체를 의미한다.

오늘날 공동적 훈련이 현실적으로 가능한 방식은 다양한 형태의 공동체들을 활용하는 것이다. 웨슬리목회 관점에서 볼 때, 다양한 공동체들은 공동 훈련을 하기 위한 최적의 장소다. 여기에는 하나님의 온전한 형상이 요청하는, '나를 넘어선 우리 안에서의 나의 참 존재'를 형성할 수 있는 가능성을 내포하기 때문이다. 웨슬리의 훈련을 위한 다양한 공동체 구성은 오늘날에도 매우 중요한 의미를 띤다. 실제로 많은 교회와 목회자들은 새로운 공동체의 형성이 침체되어 가는 교회를 다시금 생동감 있게 만들 것이라고 확신한다. 특히 선도적 교회(emerging churches)는 기존의 제도적 교회 형태를 뛰어넘는 공동체 구성이야말로 포스트모던 시대에 적합한 교회 모델이라고 판단할 정도다.[73] 그런데 이들의 공동체 가치에 대한 재발견에도 불구하고, 내가 보기에 이들은 지나치게 '공동체의 사이즈'에 대한 논의에 몰입되어 있는 것 같다.

---

73) Eddie Gibbs and Ryan K. Bolger, *Emerging Churches*, pp. 89~96.

많은 이들은 사이즈가 작을수록 좋다는 확신을 갖고 있기도 하고 심지어 어떤 이들은 웨슬리의 목회는 '클래스를 중심으로 한 소그룹 목회'라고 특징짓기도 한다. 또 어떤 이는 웨슬리의 클래스 같은 소그룹 운동이 셀 목회와 같은 소그룹 운동에 강력한 영향을 주었다고 간주하기도 한다.[74]

그러나 웨슬리의 목회에서 공동체의 사이즈는 크게 문제가 되지 않았다. 구원의 과정에 내포된 중요한 요소들, 즉 회개와 칭의, 거듭남과 성화, 성화의 성장과 완전 등을 고려하여 어떤 사이즈의 공동체가 가장 각각의 요소에 적합한지를 따져서 결정했을 뿐이다. 공동체의 사이즈는 구원의 과정에서 그 공동체가 추구할 수 있는 역할에 따라 융통성 있게 결정된 것이지 결코 고정된 것은 아니었다. 웨슬리의 관심은 다양한 공동체에서 그의 디비니티 목회의 중요한 한 요소인 '훈련'을 함께 붙들 수 있도록 하는 것뿐이었다. 이 같은 사실은 오늘 우리 가운데 유행처럼 번지는 소그룹 중심 목회에 내포된 가능성과 그 한계를 동시에 드러내 준다. 소그룹 목회는 구원의 목적적이고 진행적인 과정을 생각할 때, 완전으로 다가갈수록 반드시 고려해야만 하는 필수적인 공동체 형태이지만, 이 공동체만이 유일한 공동체가 되어서는 안 된다. 오히려 구원의 전 과정을 커버할 수 있는 다양한 형태의 공동체 개발과 활용을 심사숙고해야 할 것이다.

(3) 실천 원리 9: 매일 실천하라

웨슬리에게 구원의 완성은 '성장'(growth)이라는 이미지와 부합된다. 웨슬리도 우리 영혼이 온전한 하나님의 형상으로 회복되는 과정을 마치 갓난아이가 자라 완숙한 성인으로 성장해 가는 모습에 비유하는 데 주저하지 않았다. 그리고 이 전체 과정을 아우르는 것이 바로 그의 디비니티이고 그의 구원의 과정이었다(이 점에 대한 상세 설명은 이 책 3장 참조). 그런데 성장은 어느 날 갑

---

74) Mark J. Lawrence, "A Theological Study & Comparison of the Contemporary British Cell Church Movement & the Early Methodist Class System" (Cheltenham: The University of Gloucestershire), http://homepage.ntlworld.com/revmark/dissertation.pdf 참조.

자기 이루어지는 이벤트가 아니다. 어느 순간 어린아이에서 성인으로 갑자기 변화되는 것이 아니라 서서히, 매일매일의 삶 가운데서 자연스럽게 이루어진다. 그렇기 때문에 하나님은 모든 인간에게 '매일의 삶'을 맡기셨고 이 매일의 삶 가운데 성장하여 구원의 거룩한 열매를 맺기를 기대하셨다. 이렇게 보면 마태복음 25장 14~30절에 기록된 달란트 비유에서 주인이 맡긴 달란트는 어떤 의미에서 우리에게 맡겨진 '매일'일 수도 있겠다. 하나님은 우리에게 매일이라는 시간을 축복 가운데 주시고 생명을 유지할 수 있도록 '일용할 양식'을 허락하셨다.

그러나 어리석은 영혼들은 '매일'의 가치를 망각하고 내일로 미룬다. 매일의 시간을 남용 혹은 오용하면서 언젠가 한 번에 다 만회할 수 있을 것이라고 착각한다. '한탕주의'는 세상 사람들의 문제만이 아니다. 영적인 세계에도 '한탕주의'의 위험성이 도사리고 있다. 한탕주의에 물든 이들은 스스로에게 이렇게 속삭인다. "매일 거룩한 삶을 살 필요 없다. 언젠가 때가 오면 한 번에 해결할 수 있다. 하나님의 은총은 내 문제의 크기보다도 훨씬 크니까." 이러한 태도는 새삼스러운 것이 아니다. 기독교 역사 안에서 신실한 그리스도인들이 항상 경계했던 '율법폐기론자'라 불리는 이들의 삶의 태도가 바로 그러했다. 이들은 본회퍼의 지적대로 하나님의 은총을 값싸게 취급함으로써 복음의 참뜻을 왜곡했다. 웨슬리는 이런 율법폐기론에 대해서는 시종일관 반대 입장을 분명히 피력했으며 매일의 성결한 삶의 가치를 힘주어 견지했다.[75] 웨슬리에게 매일의 삶은 하나님이 우리에게 허락하신 선물이다. 그는 주기도문에 포함된 "우리에게 일용할 양식을 주옵시고"를 주석하면서 이렇게 강조한다. "우리의 지혜로우신 창조주께서는 시간을 매일이라는 단위로 따로 구분해 나누셨다. 그러므로 우리는 매일의 시간을 하나님의 영광을 위해 사용

---

75) 웨슬리의 율법폐기론에 대한 반대 핵심은 그리스도의 의를 무조건 죄인에게 전가함으로써 인간은 더 이상 율법에 얽매이지 않는다는 것이다. 여기에는 어느 날 갑자기 은총으로 덧입혀지는 의라는 기본 개념이 전제되어 있다. 웨슬리는 이런 전가된 의(the impimpu righteousness)의 논리가 율법폐기주의를 야기한다고 보았기 때문에 시종 비판적 태도를 견지했다. 그의 글들 *Thought on the Imputed Righteousness of Christ*; *A Dialogue between an Antinomian and His Friend*; *A Second Dialogue between an Antinomian and His Friend* 참조.

하기 위한 매번 새로운 하나님의 선물로서, 또 다른 하나의 삶으로서 귀중하게 사용해야 한다. 그 매일 저녁은 우리 생의 마감을 상징하기에 우리는 이를 통해 영원의 세계를 바라보아야만 한다."[76] 다시 말해 웨슬리에게 '매일의 삶'은 하나님의 영원과 만날 수 있는 고귀한 하나님의 선물이다.

나는 웨슬리가 이룬 위대한 업적 가운데 하나를 우리가 자칫 아무런 의식 없이 흘러 보낼 수 있는 '매일의 시간'을 '거룩한 시간'으로 살아가도록 깨우친 데서 발견한다. 그는 구원을 현재와 단절된 종말론적 내일로 미루지 않았다. 종말론적 구원을 믿었지만 오늘의 구원 경험과 단절된 그런 구원을 지지하지는 않았다. 또한 구원을 한때 고정된 시간에 일어난 하나의 사건으로 파악하여 구원 사건을 과거화시키는 시도에도 동의하지 않았다. 그에게는 '나는 구원받을 것이다'라거나 '나는 구원받았다'는 구원의 미래화나 과거화가 없다. 오직 '나는 구원을 체험하며 완성해 가고 있다'는 구원의 역동적인 현재화가 있을 뿐이다. 그에게 가장 중요한 시제는 '현재', 즉 '오늘 하루'다. 오늘 하루라는 축복으로 주어진 시간 안에서 살아 있는 구원을 체험하며 살아갈 수 있도록 돕는 것이 웨슬리목회가 지향한 바이다. 이는 주일 하루만을 거룩한 날이라 간주하면서 '날과 절기를 구분하길 좋아하는' 현대의 바리새인적 경향을 향한 날 선 비판이기도 하다. 우리는 너무 '주일만의 그리스도인'의 삶에 익숙하다. '성수주일'이라 하여 모든 거룩한 삶의 의무들을 이날에 집중시켜 놓았다. 그리스도인들이 '주일'을 거룩한 날로 암묵적으로 동의하는 동안 다른 날들은 '거룩하지 않은 날들'로 간주되었고, 심지어는 '거룩하지 않아도 되는 날들'로 활용(?)되는 웃지 못 할 상황까지 도래했다. 그러나 매일을 거룩한 하나님의 선물로 간주하는 웨슬리는 성일과 평일, 거룩한 날과 그렇지 않은 날의 구분을 허용치 않는다. 그에게는 매일매일이 바로 주일이고 주일이 곧 매일매일이다.

이 매일의 삶은 바로 웨슬리목회의 살아 있는 현장이었다. 그에게 영적인

---

76) *Sermons*, Upon Our Lord's Sermon on the Mount VI, III. 12.

성장은 매일의 삶을 어떻게 사는가와 직결되어 있다. 지속적이고 꾸준히 거룩한 하루의 삶을 영위해 가노라면 영혼은 성장할 수밖에 없고 마침내 온전한 구원의 완성의 순간에까지 이른다. 따라서 웨슬리에게 '훈련을 붙드는 일'은 '매일의 시간' 안에서 이루어진다. 웨슬리는 이런 매일의 훈련을 자신에게 적용했다. 그는 하루의 모든 시간을 하나님께 드렸다. 이른 새벽 눈을 뜬 순간부터 경건의 삶과 자비의 삶을 쉼 없이 지속함으로써 하루의 삶을 살았다. 자신의 말대로 하루를 마감하며 자신이 산 하루 저 너머에 존재하는 영원을 사모하는 심령으로 잠자리에 누웠다. 그는 이러한 삶을 스스로 살았을 뿐 아니라 그의 목회에도 그대로 적용해 나갔다. 이 같은 웨슬리목회의 관점은 오늘 우리에게 중요한 목회 교훈들을 던져 준다. 그중 하나가 매일의 삶을 훈련의 장(場)으로 꼭 붙들어야 한다는 것이다. 우리의 훈련은 이 매일의 삶의 현장에서 멈추지 말고 지속되어야 한다. 경건의 삶과 자비의 삶이 이 매일 안에서 체질화되어 가면 우리는 그 하루를 거룩한 구원의 날로 체험할 것이다. 그리고 매일 이러한 삶을 반복하는 동안 우리가 알지 못하는 사이에 밤새 씨앗이 자라 싹을 틔우고 성장하여 마침내 열매를 맺듯이, 우리 영혼 또한 성장하고 마침내 하나님의 온전한 형상을 회복하는 데까지 이를 것이다. 또 다른 하나는, 훈련은 다음으로 미룰 일이 아니라 '즉각적으로' 수행되어야 한다는 것이다. '매일'이란 의미는 '지금 여기'라는 즉각적인 현재성을 띠고 있는 단어다. 이것은 다음으로, 내일로 미룰 수 없다. 웨슬리는 그의 목회의 여러 부분에서 '즉각적' 실천을 강조했다. 예를 들어, 메도디스트들에게 기도 등의 경건의 삶은 물론이고 이웃을 돕는 자비의 삶을 미루지 말고 즉각적으로 실천하라고 권면한다. 즉 매일 훈련을 붙드는 일은 지금 여기에서 그 일을 실천하라는 의미다.

부록

웨슬리 디비니티 목회 핸드북

하나님의 형상의 회복을 위한 목회적 실천

"나의 자녀들아 너희 속에 그리스도의 형상을 이루기까지 다시 너희를 위하여 해산하는 수고를 하노니" (갈 4:19)

'웨슬리 디비니티 목회 핸드북'은 웨슬리의 디비니티 목회를 오늘날 목회 현장에 적합하도록 요약정리한 일종의 '목회 가이드'이다. 이 핸드북은 웨슬리목회의 전체적 구조를 드러내고 그 세부적 요소들이 어떻게 기능하는지에 초점이 맞추어져 있다. 목회자가 자신의 목회 현장을 염두에 두고 숙지해 나간다면 목회에 도움이 될 수 있는 적지 않은 아이디어들을 찾을 수 있으리라 확신한다.

바울은 하나님 형상의 회복과정, 곧 하늘 가는 길을 돕는 일을 '해산하는 수고'와 동일시했다. 어쩌면 하나님 형상을 회복시키는 일은 해산의 수고에 그치는 것이 아니라 기르고 완성시키는 일 전체를 포함하는, 그야말로 고단한 '영적 어머니'의 길과 같은 것일지 모른다.

그렇다. 이 일은 상당한 '전문성'과 '엄청난 노력'을 요한다. 여기서 전문성이란 영혼의 회복을 위해 준비해야 하는 영적 치유자로서의 전문성이 될 것이고, 엄청난 노력이란 새 생명을 낳고 기르기 위해 자기 자신을 내어 놓는 사랑의 희생을 의미한다.

영적 치유자의 전문성은 다음과 같은 세 가지 사항에 대한 깊은 통찰을 의미한다.

1. 치유 대상자의 영적 상태
2. 영적 상태에 적절한 하나님의 은총의 종류
3. 하나님의 은총의 형태에 따른 적절한 은총의 수단

먼저 우리 영혼의 전반에 대한 해박한 이해가 요청된다. 영혼의 상태는 동일하지 않다. 성경의 여러 부분에서 이에 대한 언급을 볼 수 있다.

"내가 어렸을 때에는 말하는 것이 어린 아이와 같고 깨닫는 것이 어린 아이와 같고 생각하는 것이 어린 아이와 같다가 장성한 사람이 되어서는 어린 아이의 일을 버렸노라 우리가 지금은 거울로 보는 것 같이 희미하나 그 때에는 얼굴과 얼굴을 대하여 볼 것이요 지금은 내가 부분적으로 아나 그 때에는 주께서 나를 아신 것 같이 내가 온전히 알리라"(고전 13:11~12)

영혼의 상태가 다른데 동일한 방식의 치료법을 전개하는 것은 어리석다. 그렇기 때문에 각각의 영혼에 맞는 적합한 치료법이 따로 있다는 사실을 인식하는 것이 영혼의 치료를 극대화하기 위한 출발점이다. 그러므로 우리는 영혼의 상태를 명확히 감별할 수 있는 지혜를 가져야 한다.

영혼의 상태는 하나님의 형상의 회복 정도에 따라 몇 가지로 나눌 수 있는데, 다음 사다리 그림이 이것을 이해하는 데 도움이 될 것이다.[1]

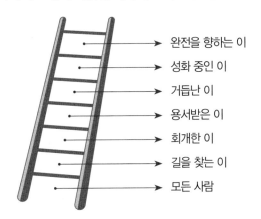

완전을 향하는 이
성화 중인 이
거듭난 이
용서받은 이
회개한 이
길을 찾는 이
모든 사람

• 모든 사람: 하나님의 형상이 파괴되어 하나님을 알 수 없다. 허물과 죄로 죽어 있다. 이 세상 풍조를 따르고 공중의 권세 잡은 자를 따른다. 우리 육체의 욕심

---

1) D. Michael Handerson, *The Ladder of Faithfulness* (Florida: Xulon Press, 2009)참조.

을 따라 지내며 육체와 마음의 원하는 것을 행한다. 본질상 진노의 자녀이다. 그러나 이들도 하나님의 선행하시는 은총 아래 있다. 하나님의 계시의 빛은 이들에게 동일하게 비추어진다. 그들의 양심은 하나님의 계시의 빛으로 언제나 자극받는다. 그들에게는 자유의지도 주어져 있어서 하나님의 계시를 믿음으로 받아들이기만 하면 된다. 그러나 많은 경우 더 이상 앞으로 나아가지 않고 그 상태에 머문다.

- 길을 찾는 이: 양심에 비추어지는 하나님의 계시의 은총에 귀를 기울인다. 자신을 돌아보며 무엇인가 문제가 있음을 감지하며 그 문제를 해결할 방법에 관심을 기울이기도 한다. 이들은 자신의 문제를 좀 더 깊이 들여다본다. 그리고 그 문제를 해결할 수 있는 길을 구체적으로 모색해 나간다. 예수 그리스도에 대해 알고 싶어 한다. 성경을 읽기도 하며 교회 예배에 참석하기도 한다. 이들은 '불신앙'과 '신앙'의 경계에 있는 이들이라 할 수 있다.

- 회개한 이: 길을 찾는 과정에서 자신에게 심각한 문제가 있음을 확연하게 깨닫는다. 자신이 허물과 죄로 죽은 자요, 죄 가운데 살아가고 있음을 처절하게 인식한다. 자신에게 더 이상의 가능성이 없으며 다가올 하나님의 진노에 깊은 두려움을 느낀다. 육신을 따라 살아왔던 삶을 뼈저리게 후회하며 단절하려 한다.

- 용서받은 이: 회개할 뿐만 아니라 그리스도께 의지한다. '회개하고 복음을 믿는' 단계이다. 그리스도께서 '그를 위해' 피 흘려 죽었음을 깊이 깨닫고 그 일이 자신의 모든 죄를 씻기 위함임을 확신한다. 하나님께 죄 용서함을 입었다는 확신에 이르게 된다. 그는 하나님으로부터 의롭다 여김을 받은 이다.

- 거듭난 이: 하나님께 용서함을 입고 의롭다 함에 이른 자는 실제로 의로운 자로 거듭난다. 그는 이제 새로운 피조물로, 하나님의 형상의 재현을 경험한다. 그러나 이것은 출발점이다. 그는 더욱 거룩함으로 나아가야 한다.

- 성화 중인 이: 성화는 거룩함을 이루어 가는 과정에 있는 사람이다. 그는 삶과 마음에서 실제로 거룩한 자가 되어 간다. 성령의 열매들이 발견되며 죄를 이겨 나간다. 그 초점은 명확하다. 하나님의 온전한 형상을 이루기 위해 날마다 성화되어 간다.

• 완전을 향하는 이: 완전은 성화의 목표이다. 성화의 끝은 사랑 안에서의 완전이다. 그리스도의 마음을 온전히 갖는 것이요 하나님과 이웃을 사랑의 열정으로 대하는 것이다. 이 목표를 위해 몸과 마음을 다하는 이이다.

그런데 이와 같은 하나님의 형상의 회복 정도에 따른 분류는 앞서 말한 하나님께서 영혼을 구원해 가시는 구원의 과정과도 일맥상통한다. 즉 준비-회개-칭의-거듭남-성화-완성이라는 구원의 과정이 진전된 정도에 따라, 길을 찾는 이-회개한 이-용서받은 이-거듭난 이-성화 중인 이-완전을 향하는 이로 진전되어 가기 때문이다. 물론 이것은 개인 안에 일어나는 구원의 과정을 의미하는 것이지만 동시에 공동체 전체 안에서 일어나는 구원의 과정으로도 볼 수 있다. 즉 한 믿음의 공동체 안에는 각 단계에 해당하는 믿음의 성장을 보이는 그룹들로 분류할 수도 있다는 것이다.

이런 분류를 하는 것은 판단과 비교 자체가 목적이 아니라 영적 성장을 돕기 위한 것임을 명심해야 한다. 앞에서 언급했던 것처럼 영적 성장의 원천은 하나님의 은총이다. 그러므로 그 사람의 현재의 영적 상태를 이해하려는 것은 그의 영적 상태에 적합한 하나님의 은총 앞으로 인도해 나가야 함을 의미한다. 다시 말해 그 사람의 영적 성장을 돕기 위해서는 그의 영적 상태를 아는 것은 물론이고 그에게 어느 종류의 은총이 적합한지에 대한 깊은 이해를 가져야 한다.

개인 혹은 공동체의 영적 성장을 주도하는 하나님의 은총의 단계는 구원의 과정에서 이미 논의된 하나님의 은총과 별로 차이가 없다. 이를 도식화해 보면 다음과 같이 요약된다.

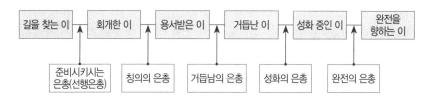

적합한 은총의 수단의 선택과 활용

하나님은 우리에게 우리의 영적 상태에 필요한 적절한 은총을 주시기를 기뻐하신다. 그러므로 우리는 때를 따라 돕는 그분의 은총을 얻기 위하여 은총의 보좌 앞에 담대히 나아갈 수 있다.

> "내가 그들에게 복을 내리고 내 산 사방에 복을 내리며 때를 따라 소낙비를 내리되 복된 소낙비를 내리리라"(겔 34:26)
> "그러므로 우리는 긍휼하심을 받고 때를 따라 돕는 은혜를 얻기 위하여 은혜의 보좌 앞에 담대히 나아갈 것이니라"(히 4:16)

결국 영적 성장을 돕는 데 요청되는 핵심적인 것은 어떻게 사람들을 그 영적 상태에 따라 필요한 은총 앞에 인도하느냐에 달려 있다. 하나님께서 마련하신 은총의 수단들이 지혜롭게 사용되어야 하는 이유가 여기에 있다. 영적 성장을 돕는 이들은 하나님께서 허락하신 적절한 은총의 수단을 제공함으로써 사람들이 그 수단을 통해 때를 따라 필요한 은총을 만나도록 도와야 한다.

존 웨슬리는 은총의 수단을 영혼의 영적 상태에 따라 적절히 배치 활용함으로써, 사람들을 때에 맞는 은총 앞으로 인도하는 탁월한 재능을 보였다. 하나님의 형상의 회복을 돕고자 하는 이들에게 이 같은 웨슬리의 은총의 수단 활용법은 많은 유익을 가져다 줄 것이 분명하다. 그러나 이 주제를 살펴보기에 앞서, 우리는 웨슬리가 권고했던 은총의 수단을 사용할 때 견지해야만 하는 두 가지 원칙들을 언급할 필요가 있다. 첫째, 모든 은총의 수단은 철저히 '수단'이라는 차원에서 사용하라는 것이다. 웨슬리는 수단을 목적과 혼동하지 말 것을 경고한다. 은총의 수단은 언제나 은총에 이르도록 돕는다는 목적에 충실히 종사하는 '수단'으로만 사용해야 한다. 둘째, 모든 은총의 수단은 믿음으로 행해야 한다. 웨슬리는 '믿음이 없는' 수단은 그 목적을 성취할 수 없다고 확신한다. 즉 은총의 수단이 은총에 이르도록 인도하는 역할을 수행할 수 있는 것은 오직 그것을 '믿음으로 행할 때'라는 사실을 견지해야만 한다.

이 같은 확고한 원칙하에 웨슬리는 은총의 수단들을 영적 상태에 따라 적절하게 활용했다. 웨슬리의 활용법은 매우 정교하고 치밀하다. 먼저 그는 영적 상태에 따라 어떤 은총이 요청되는지 파악했다. 그리고 그 은총에 응답하는 신앙의 형태가 어떠한지 면밀히 관찰했고 이 신앙을 형성하는 데 가장 도움이 되는 길이 무엇인지 찾아냈다. 그런 다음 이 길을 모색하는 데 가장 적합한 은총의 수단들을 선택하고 활용하는 방식을 개발해 나갔다. 이 과정을 요약하면 다음 도표와 같다.

이를 영적 상태에 따라 구체적으로 진술해 보면 다음과 같다.

길을 찾는 이

이 단계에 요청되는 하나님의 은총은 '준비시키는 은총'이다. 다시 말해 인간 스스로 자신을 진지하게 돌이켜 보게 하고 자신이 얼마나 큰 죄인인지, 자신에게 미칠 하나님의 진노의 크기와 심판의 시급성이 어떠한지 깨닫게 하고 회개로 인도하는 은총이 요구된다. 웨슬리는 이런 은총에 적합한 신앙의 형태를 '겸손'에서 찾았다. 겸손의 신앙을 통해 회개에 이를 수 있다고 보았다. 겸손의 신앙을 불러 일으킬 수 있는 가장 유용한 길은 무엇인가? 웨슬리에 따르면 바로 '듣는 것'(listening)이다. 즉 죄의 심각성과 그 심판의 두려움, 시급성 등에 관한 메시지를 듣는 기회를 제공함으로써 겸손의 신앙을 갖게 되고, 이는 곧 하나님의 준비시키는 은총을 수용하는 길이라 확신했다. 그렇다면 웨슬리가 이 '듣는 것'을 위해 활용했던 은총의 수단은 무엇인가? 그것은 바로 웨슬리 자신이 한때 부정적으로 생각했던 '옥외 집회'였다. 초기 웨슬리는 옥외 집회에 대해 기꺼운 생각을 갖지 않았지만, 이 집회를 통해 많은 영혼이 하나님의 죄인들을 위해 예비하신 은총 앞으로 나아오는 것을 목도하면서 가장 열렬한 옥외 집회의 옹호자가 되었다. 웨슬리는 옥외 집회를 통해 가감 없이 인간의 죄성을 폭로했고 그에 따른 하나님의 진노와 심판을 주저함 없이 선포했으며 그 구원의 길 또한 제시했다. 수많은 청중들은 그의 메시지를 '들었으며' 하나님 앞에 '겸손한 마음'을 가졌고 회개에 이르게 되었다. 이것을 요약한 것이 다음 도표이다.

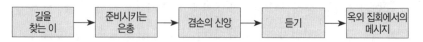

회개한 이

회개한 이에게 필요한 은총은 '칭의의 은총', 곧 '용서함을 입는 은총'이다. 용서함을 입는 은총에 필요한 신앙의 형태는 바로 '믿음'(believing)이다. 이 믿음은 대상이 분명한데, 바로 예수 그리스도이다. 예수 그리스도의 죽음이 나의 죄를 대속하기 위한 것이라는 것, 그분의 다시 사심이 내 안에 새로운 하나님의 형상을 창조하기 위한 것임을 확고히 믿는 것을 의미한다. 이 믿음의 신앙을 갖는 데 가장 필요한 요소는 바로 '그리스도를 아는 지식'이다. 이에 대한 확고한 지식이 믿음의 기초가 되기 때문이다. 이 지식을 갖게 되는 길은 '배움'이다. 웨슬리는 이 배움을 활성화하기 위한 은총의 수단들을 선택 활용했다. 소위 '신도회'(society)가 그것인데, 신도회는 그리스도를 아는 지식을 가르침의 형태로 전달해 주는 은총의 수단들이 집결된 곳이다. 신도회의 설립 목적은 옥외 집회에서 선포된 메시지를 듣고 자기 죄의 심각성을 깨닫게 되고 하나님의 진노를 지극히 두려워하게 된 사람, 곧 회개에 이른 이들을 복음 가운데로 인도하는 것이었다. 50명에서 많게는 100여 명까지의 그룹으로 형성되었으며, 구원의 복음에 관한 기본교리가 전수되는 곳이었다. 주로 설교나 강의, 성경봉독, 찬송, 권면, 기도 등으로 진행되었으며, 전문 목회자의 '가르침'이 중시되었다. 청중들은 그 과정에서 구원의 복음을 자연스럽게 '배워 나갔다.' 헨더슨(Michael Henderson)의 말을 빌리자면 구원의 복음에 관한 '인지적(cognitive) 이해'를 배양하는 곳이었다.[2] 다음은 회개한 이에 해당하는 은총의 수단에 관한 내용을 요약한 도표이다.

용서받은 이

용서는 진정한 회개를 한 이에게 주어지는 하나님의 선물이다. 하나님은 예수 그리스도를 믿는 믿음으로 나아오는 이의 죄를 더 이상 기억치 않으시고 의롭다 간주하신다. 그러나 의롭다 함을 입은 이는 선언적 의미뿐만 아니라 실제로 의로워지게 된다. 그것은 바로 하나님의 '거듭남의 은총' 때문이다. 의롭다 함을 입는 것을 '칭의'라 한다면 실제로 의롭게 되는 사건을 '거듭남'이라 한다. 칭의와 거듭남 사이에는 시간적 간격이 있을 수도 있고 없을 수도 있다. 칭의와 거듭남이 비동시적일 수도, 동시적일 수도 있다는 이야기이다. 중요한 것은 칭의의 사건은 거듭남의 사건으로 열매 맺는다는 사실이다. 그렇다면 거듭남의 은총에 반응하는 신앙의 형태는 무엇인가? 그것은 바로 처녀 마리아의 '당신의 말씀대로 하옵소서'라는 자신의 의지를 하나님의 의지에 온전히 굴복시키는 '순종의 신앙'이다. 사실 진정한 회개에 이른 이는 이 순종적 결단에 이르지 못할 이유가 없다. 철저히 자신을 십자가에 못 박기 원하며 하나님의 뜻에 온전히 맡기길 원하게 된다. 이 순종의 신앙을 도울 수 있는 것은 무엇인가? 철저한 자기점검(accountability)이다. 자기를 직시하고 자기 뜻이 하나님의 뜻에 굴복시키려는 끊임없는 자기점검만이 자기를 십자가에 못 박고 그리스도의 생명이 활동할 수 있도록 근거를 만들어 주기 때문이다. 이것은 회개와 분리되지 않는다. 자기점검의 결과 언제나 회개의 자리로 돌아올 수밖에 없기 때문이다. 웨슬리의 용서함을 입은 이들을 위한 은총

2) D. Michael Henderson, *John Wesley's Class Meeting: A Model for Making Disciples* (Indiana: Francis Asbury Press, 1997) p.66

의 수단은 '클래스'로 나타났다. 웨슬리는 진정한 자기점검이란 홀로 고립된 장소가 아닌 '친밀한 공동체 형성에서의 자기 개방'을 통해서 이루어질 수 있다고 보았다. 이런 의미에서 웨슬리는 클래스가 자기점검을 위해 가장 적합한 구조를 갖춘 것이라 보았다. 그는 클래스에서의 친밀한 공동체적 환경에서 다른 사람들과 비슷한 경험을 나눔으로써 우리 자신이 무엇이 잘못되었는지, 또 어떻게 고쳐 나가야 하는지에 대한 많은 교훈과 격려를 받을 수 있다고 확신했다. 그는 이 같은 목적을 효과적으로 성취하기 위해서 클래스는 그룹 규모를 10~12명으로 하고, 매주 모여 구성원들의 신앙을 점검해 나가되, 특히 칭의의 은혜를 입은 이들이 실제적인 의로운 삶의 변화에 참여토록 돕는 것에 주안점을 두었다.[3] 용서받은 이를 위해 어떻게 도울 것인가 하는 주제는 다음의 도표로 요약할 수 있다.

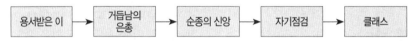

거듭난 이

거듭난 사람에게 필요한 은총은 바로 '성화의 은총'일 것이다. 엄밀하게 말하면, 거듭남은 성화의 출발점이기에 거듭남의 은총은 성화의 은총에 이미 포함되어 있다고 보아야 한다. 그러나 여기에서 다루려 하는 것은 거듭남의 순간에서 성화로 본격 진입해 가는 과정의 경우다. 성화의 은총에 요청되는 신앙은 '소망의 신앙'이 될 것 같다. 그리스도의 복음을 믿고 거듭난 이는 필연적으로 거룩함으로 나아갈 소망을 품는다. 하나님의 온전한 형상을 이루는 그 날을 기뻐하며 기다리는 것이다. 하나님의 성화의 은총은 '소망'을 품고 나아오는 자에게 열려 있다. 그렇다면 소망의 신앙을 가질 수 있도록 도울 수 있는 통로는 무엇인가? 바로 '확신'이라는 영적인 '정감'이다. 영적 정감은 표면적 감정을 의미하는 것이 아니라 우리의 영혼 깊숙한 곳에서 우러나오는

---

3) *Ibid.*, 헨더슨은 클래스의 주된 목적을 회심자들의 진정한 삶의 변화를 도모하기 위한 것이라 하면서 '행동 변화를 유발하기 위한'(behavioral) 공동체라 정의한다. p. 96.

영혼의 울림 같은 것으로, 성령의 감동으로 인해 우리 영이 반응하는 것을 의미한다. 즉 성령께서 거듭난 자가 하나님의 자녀라는 사실을 증거하며 그 자녀를 영원히 쉬지 않고 돌보신다는 사실을 드러내실 때 거듭난 영혼은 '확신'에 차게 되는데, 이것이 바로 '성령이 우리 영으로 더불어 증거하시는' 영혼의 울림이다. 이 확신의 정감은 하나님의 형상을 온전히 회복하려는 소망을 더욱 굳게 한다는 의미에서 성화를 지속해 가는 내적인 원동력이라 할 수 있다. 웨슬리는 이 확신이라는 정감을 강화할 수 있는 은총의 수단을 강구했는데, 그것이 바로 반회이다. 반회는 클래스보다 훨씬 진전된 형태의 성화 공동체이다. 이 그룹은 클래스와는 달리 성별이나 연령대, 신앙의 수준 등이 동질성을 이루는(homogeneous) 그룹이며, 크기도 5~6명으로 클래스보다는 작다. 외부 방문자의 참석이 허용되지 않았으며, 참석자들은 성령의 내적 확증을 강화하기 위해 필연적으로 자신들이 겪은 내적 유혹과 범한 실수들 같은 영혼의 깊은 곳까지 드러내어 놓아야 했다. 이 과정에 정서적 교감이 이루어질 수밖에 없었기 때문에 밴드 안에서의 대화는 철저히 비밀에 부쳐져야만 했다. 결론적으로 웨슬리의 반회는 확신이라는 정감의 강화를 통해 소망의 신앙을 더욱 굳건히 해 나갔으며 이로써 하나님의 성화의 은총 안으로 나아갔다. 이 부분을 도표로 요약하면 다음과 같다.

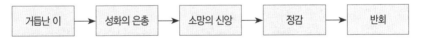

거듭난 이 → 성화의 은총 → 소망의 신앙 → 정감 → 반회

성화 중인 이

성화의 성숙 단계에 접어든 이에게 요청되는 하나님의 은총은 그 최종적 단계라 할 수 있는 '완전의 은총'이다. 이 완전의 은총에 합당한 우리의 신앙의 모습은 '사랑'이다. 즉 사랑의 신앙으로 완전의 은총에 나아가게 된다. 사랑의 신앙은 다른 말로 하면 사랑으로서의 신앙이다. 신앙은 이제 온전한 사랑의 모습을 띠고 있기에 신앙이라는 말 대신에 사랑이라는 말로도 통용될 수 있을 것이다. 그런데 우리는 어떻게 이 사랑의 신앙을 갖게 되는가? 사랑

의 신앙은 '사랑의 경험'이다. 사랑을 서로 나누는 '경험'만이 사랑을 키워갈 수 있기 때문이다. 여기서 '나눈다'는 것은 서로 공유함을 의미한다. 사랑을 받는 경험과 사랑을 주는 경험 양자를 모두 포함하는 것이다. 어떻게 이런 경험을 공유할 수 있는가? 웨슬리는 이를 위한 은총의 수단으로 '선발신도회'를 개발했다. 이 그룹은 완전을 지향하는 극소수 사람들의 모임으로 웨슬리 자신이 그 멤버들을 직접 선택, 운영했다. 물론 이 그룹은 완전에 이르렀다는 자격을 승인해 주는 그룹이 아니었다. 그들은 여전히 완전을 향해 나아가는 사람들이었다. 이 모임은 사랑의 교제를 연습하기 위한 곳이었기에 어떤 형태의 규칙도 없었다. 규칙이 없는 것이 규칙인 자유의 공간이었다. 이곳에서 서로를 섬기며 온전히 하나님께 마음을 쏟아 사랑하는 것을 배웠다. 이런 과정에서 하나님과 이웃을 온전히 사랑하지 못한 자신을 다시금 가다듬고 온전한 사랑에 힘을 기울였다. 이 사랑의 믿음으로 하나님의 완전의 은총에 담대히 나아갔다. 이 과정을 도표로 요약하면 다음과 같다.

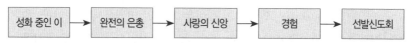

지금까지 우리가 논의한 내용들을 모두 한데로 집약 요약 정리하면 다음과 같다.

영적 상태	요청되는 은총	응답할 신앙	신앙 형성의 통로	은총의 수단
길을 찾는 이	준비시키는 은총	겸손의 신앙	듣기(listening)	옥외 집회
회개한 이	칭의의 은총	믿음의 신앙	배움(learning)	신도회
용서받은 이	거듭남의 은총	순종의 신앙	자기점검(accountability)	클래스
거듭난 이	성화의 은총	소망의 신앙	정감(affection)	반회
성화 중인 이	완전의 은총	사랑의 신앙	경험	선발신도회

앞에서 언급된 내용들은 웨슬리가 하나님의 형상을 회복해 나가는 데 돕기 위해 사용한 정교한 시스템이다. 그러나 우리가 이 내용들을 적용할 때 반

드시 고려해야만 하는 몇 가지 사실들이 있다.

첫째, 모든 사람의 영적 상태가 동일하지 않다는 사실이다. 어떤 이는 '길을 찾는 이'일 수도 있고 어떤 이는 '용서받은 이'일 수도 있다. 그 사람의 영적 상태를 정확히 파악하는 것이 그 사람을 돕는 첫걸음이다.

둘째, 순서대로 차근차근 진행되지 않을 수 있음을 고려해야 한다. 어떤 이는 두세 단계를 한꺼번에 경험할 수도 있다. 예를 들어 회개와 칭의 사건, 그리고 거듭나는 사건이 동시에 이루어질 수도 있고 거듭남과 성화의 성숙이 동시에 일어나기도 한다. 하나님의 은총의 역사는 때로는 우리가 전혀 예상하지 않은 방향으로 진전될 수 있음을 고려해야 한다.

셋째, 뒷걸음질 칠 수도 있다. 각 영적 성장의 단계에서 앞으로 나아가지 못하고 오랫동안 정체하거나 이전 단계로 되돌아 갈 수 있다. 이것이 우리가 늘 깨어 있어야 하는 이유다. 웨슬리는 이렇게 뒷걸음질 치는 사람들을 위한 특별한 모임을 만들어 그들의 회복을 도왔다. 그것이 바로 '참회반'(penitent band)이다. 웨슬리는 참회반을 운영하여 영적 퇴보를 경험하고 있는 이들을 교정하고 격려함으로써 새로운 출발을 할 수 있도록 도왔다.

참고
문헌

■ 웨슬리 자료

Journals

Letters

Sermons

한글판 마경일 역, 「존 웨슬리 표준설교집」(서울: 기독교대한감리회 홍보출판국, 1999)과 대한웨슬
리학회, 웨슬리설교전집(전 7권)(서울: 대한기독교서회, 2006) 참고.

A Christian Library

A Collection of Forms of Prayer for Everyday in the Week

A Collection of Hymns for the Use of the People Called Methodist

A Collection of Psalms and Hymns

A Dialogue between an Antinomian and His Friend

A Second Dialogue between an Antinomian and His Friend

A Letter to a Friend Concerning Tea

A Plain Account of Christian Perfection

한글판 이후정 역, 「그리스도인의 완전」(서울: 감리교신학대학교출판부, 2006)을 교차 참조.

A Short History of Methodism

A Treatise on Baptism

Advice to the People Called Methodist

Advices with Respect to Health

An Earnest Appeal to Men of Reason and Religion

A Farther Appeal to Men of Reason and Religion

Directions Given to the Band Society

Farther Thoughts on Separation from the Church

Minutes of Several Conversations between the Rev. Mr. Wesley and Others from the Year 1744 to 1789

Minutes of Some Late Conversations between the Rev. Mr. Wesleys and Others, in 1744 to 1747

Predestination Calmly Considered

Preface to 1739 Hymns and Sacred Poems

Preface to Hymn on the Lord's Supper

Preface to Sermons on Several Occasions

The Character of a Methodist

The Desideratum, or Electricity Made Plain and Useful

The Nature, Design, and General Rules of Our United Societies

The New Testament Notes

The Principles of the Methodist Farther Explained

Thought on the Imputed Righteousness of Christ

Thoughts Concerning Gospel Ministers

Thoughts on the Sin of Onan

Thoughts upon Methodism

Thoughts upon Necessity

2 도서 자료

Abraham, William J. and Kirby, James(ed.), *The Oxford Handbook of Methodist Studies* (Oxford: Oxford University Press, 2009)

Allen, Diogenes, *Christian Belief in a Postmodern World: The Full Wealth of Conviction* (Louisville: John Knox Press, 1989)

Anderson W. K.(ed.), *Methodism* (Nashville: The Methodist Publishing House, 1947)

Armstrong, Anthony, *The Church of England: The Methodists and Society, 1700~1850* (London: University of London Press, 1973)

Armstrong, Brian, *Calvinism and the Amyraut Heresy: Protestant Scholasticism and Humanism in Seventeenth Century France* (Madison: University of Wisconsin Press, 1969)

Aumann, Jordan, *Christian Spirituality in the Catholic Tradition* (San Francisco: Ignatius Press, 1985) *Minutes of Conference of the Methodist Church* (1795) (London: The Methodist Publishing House, 1795)

Baker, Frank, *John Wesley and the Church of England* (New York: Abingdon Press, 1970)

Bence, Clarence Luther, "John Wesley's Teleological Hermeneutic" (Ph.D., Dissertation, Emory University, 1981)

Benner, David G., *Opening to God: Lectio Divina and Life as Prayer* (Downer's Grove: IVP Books, 2010)

Bennett, Richard, *Howell Harris and the Dawn of Revival* (Banner of Truth and Evangelical Press of Wales, 1909)

Bett, Henry, *The Spirit of Methodism* (London: The Epworth Press, 1937)

Bohorquez, Carlos, "Paul Ricoeur's Hermeneutic Detours and Distanciations: A study of the Hermeneutics of Hans-Georg Gadamer and Paul Ricoeur" (Ph.D., Dissertation, Boston College, 2010)

Bosch, David J., *Transforming Mission* (New York: Orbis Books, 1995)

Bowmer, John C., *The Lord's Supper in Early Methodism* (London: Dacra Press, 1951)

Brown. Robert, *John Wesley's Theology: The Principle of Its Vitality and Its Progressive Stages of Development* (London: E. Stock, 1965).

Burgess, Stanley M., *The Holy Spirit: Eastern Christian Traditions* (Peabody: Hendrickson Publishers, 1989)

Burns, J. Patout, *Theological Anthropology* (Philadelphia: Fortress, 1981)

Campbell, Ted A. & Jones, Scott, J. & Maddox, Randy & Miles, Rebekah L. & Gunter, Stephen, *Wesley and the Quadrilateral: Renewing the Conversation* 63~75 (Nashville: Abingdon Press, 1997) Marquardt, Manfred, *John Wesley's Social Ethics: Praxis and Principles*, trans., by John E. Steely and W. Stephen Gunter (Nashville: Abingdon, 1992)

Campbell, Ted, *John Wesley and Christian Antiquity: Religious Vision and Cultural Change* (Nashville: Kingswood Books, 1991)

Caputo, John D., *Radical Hermeneutics: Repetition, Deconstruction, and the Hermeneutic Project* (Bloomington: Indiana University Press, 1987)

Carr, John Henry, *The Local Ministry: Its Character, Vocation, and Position Considered* (London: John Keys and Co., 1851)

Carter, Charles Webb & Thompson, R. Duane & Wilson, Charles R., *Contemporary Wesleyan Theology*, vol. 2 (Grand Rapids: Zondervan Publishing House, 1983)

Cell, George Croft, *The Rediscovery of John Wesley*, 「존 웨슬리의 재발견」 송흥국 역 (서울: 대한기독교출판사, 1988년 판) p. 117.

Chilcote, Paul Wesley, *Recapturing the Wesley's Vision* (Downer's Grove: IVP Academic, 2004)

Chiles, Albert E., *Theological Transition in American Method sm. 1790~1936* (Nashville: Abingdon Press, 1965)

Coleman, Robert E., *Nothing to Do but Save Souls: John Wesley's Charge to His Preachers* (Grand Rapids: Francis Asbury Press, 1990)

Collins, Kenneth J., *The Scripture Way of Salvation: The Heart of John Wesley's Theology* (Nashville: Abingdon Press, 1997)

_____, *The Theology of John Wesley: Holy Love and the Shape of Grace* (Nashville: Abingdon

Press, 2007)

Cronk, George, *The Message of the Bible: An Orthodox Perspective* (Crestwood: St. Vladimir's Seminary Press, 1982)

Cunningham, Lawrence S. and Egan, Keith J., *Christian Spirituality: Themes from the Tradition* (Mahwah: Paulist Press, 1996)

Curnock, Nehemiah, *The Journal of the Rev John Wesley, A.M.* vol.1 (London: Epworth Press, 1938)

Curran, Luke and Shier-Jones, Angela(ed.), *Methodist Present Potentia* (London: Epworth Press, 2009)

Cushman, Robert E., *John Wesley's Experimental Divinity* (Nashville: Kingswood Books, 1989)

Davies, Brian and Evans, G. R.(ed.), *Anselm of Canterbury: The Major Works*, trans., by M. J. Charlesworth (New York: Oxford University Press, 1998) p. 87.

Davies, Rupert & George, A. Raymond & Rupp, Gordon(ed.), *A History of the Methodist Church in Great Britain,* vol.1 (London: Epworth Press, 1965)

Derrida, Jacques, *Of Grammatology*, trans., by Gayatri C. Spivak (Baltimore: The Johns Hopkins University Press, 1976)

Dowley Tim(ed.), *Eerdman's Handbook to the History of Christianity* (England: Lion Publishing, 1977)

Fitchett, William, *Wesley and His Century* (Cincinati: Jennings & Graham, 1912)

Foucault, Michel, *Madness and Civilization: A History of Insanity in the Age of Reason* (New York: Random House, 2001)

Frederic B. Burnham(ed.), *Postmodern Theology: Christian Faith in a Plural World*, 세계신학연구원 역, 「포스트모던신학」(서울: 조명문화사, 1990)

Gadamer, Hans-Georg, *Truth and Method*, trans., by Garette Barden and John Cumming (New York: Crossroad, 1975)

Geisler, Norman L. and MacKenzie, Ralph E., *Roman Catholics and Evangelicals: Agreements and Differences* (Grand Rapids: Baker Book House, 1995) p. 226 참조.

Gibbs, Eddie and Bolger, Ryan K., *Emerging Churches* (London: SPCK, 2006) 참조.

Gibson, Edmund, *Observations upon the Conduct and Behaviour of a Certain Sect Usually Distinguished by the Name of Methodist* (London, 1744).

González, Catherine and Witherington, Ben., *How United Methodists Study Scripture* (Nashville: Abingdon, 1999)

Graff, Gerald, *Literature Against Itself : Literary Ideas in Modern Society*

Graham, Waring, E., *Deism and Natural Religion: A Source Book* (New York: Frederick Ungar, 1967)

Hardt, Philip F., *The Soul of Methodism: The Class Meeting in Early New York City*

Methodism (Lanham: University Press of America, 2000)

Harnack, A. von, *Das Wesen Christentums*, Leipzig (1900), 윤성범역, 「기독교의 본질」 (서울: 삼성문화재단, 1975)

Hart, Trevor A. and Bauckham, Richard(ed.), *The Dictionary of Historical Theology* (Grand Rapids: Wm. B. Eerdmans Publishing Co., 2000)

Heitzenrater Richard P., *Wesley and the People Called Methodists* (Nashville: Abingdon, 1995)

_____, *Mirror and Memory: Reflections on Early Methodism* (Nashville: Abingdon Press, 1989)

_____, (ed.), *The Poor and the People Called Methodists* (Nashville: Kingswood Books, 2002)

_____, *John Wesley and the Oxford Methodists, 1725~1735* (Ph.D., Dissertation, Duke University, 1972)

_____, *Wesley and the People Called Methodists* (Nashville: Abingdon Press, 1996)

Hempton, David, *Methodism: Empire of the Spirit* (New Haven & London: Yale University Press, 2005)

Henderson, D. Michael, *John Wesley's Class Meeting: A Model for Making Disciples* (Indiana: Francis Asbury Press, 1997)

Hick, John, *God Has Many Names* (London: The Macmillan Press LTD, 1980)

Hildenbrandt, Franz, *Christianity According to the Wesley* (London: Epworth Press, 1956)

Hodge, A. A., *Outlines of Theology* (Grand Rapids: Zondervan Publishing House, 1976)

Hodge, C., *Systematic Theology*, vol. 2 (Grand Rapids: Wm. B. Eerdmans Publishing Co., 1946)

Horkheimer, Max, *Critique of Instrumental Reason*, trans., by Matthew J. O'Cornell (New York: The Seabury Press, 1974)

Horkheimer, Max and Adorno, Theodor W., *Dialectic Enlightenment,* trans., by John Cumming (New York: The Seabury Press, 1972)

Hurst, John Fletcher, *John Wesley the Methodist* (Whitefish: Kessinger Publishing, 2003)

Jaeger, Werner, *Two Rediscovered Works of Ancient Christian Literature: Gregory of Nyssa and Macarius* (Leiden: E.J. Brill, 1954)

Jennings, Jr., Theodore W, *Good News to the Poor: John Wesley's Evangelical Economics* (Nashville: Abingdon Press, 1990)

Job, Reuben P., *Three Simple Rules: A Wesleyan Way of Living* (Nashville: Abingdon, 2007)

Jodock, Darrell, *Catholicism Contending with Modernity* (Cambridge University Press, 2000)

Jones, David Ceri, *Glorious Work in the World: Welsh Methodism and the International Evangelical Revival, 1735~1750* (University of Wales Press-Studies in Welsh History, 2004)

Jones, Scott, *John Wesley's Conception and Use of Scripture* (Nashville: Abingdon, 1995)

Källstad, Thorvald, *John Wesley and the Bible: A Psychological Study* (Uppsala: Uppsala University, 1974)

Kim, Dong Hwan, "A Review of Luther's Doctrine of Justification by Faith Alone from a

Taoist Perspective" (The University of Birmingham. Ph.D., 2004)

Knight III, Henry H., *The Presence of God in the Christian Life: John Wesley and the Means of Grace* (Metuchen: The Scarecrow Press, Inc., 1992)

Küng, Hans, *Global Responsibility: In Search of a New World Ethic* (New York: Crossroad Publishing, 1991)

Lavington, George, *The Enthusiasm of Methodists and Papists Compar'd* (London, 1749~51)

Lawrence, Mark J., *A Theological Study & Comparison of the Contemporary British Cell Church Movement & The Early Methodist Class System* (Cheltenham: The University of Gloucestershire)

Letham, A.(ed.), *New Dictionary of Theology* (Downers Grove: IVP Academic, 1988)

Lindström, Harald, *Wesley and Sanctification* (Wilmore: Francis Asbury Publishing Co., 1980),

Lossky, Vladimir, *The Mystical Theology of the Eastern Church* (London: James Clark & Co, 1957)

Macarius the Great, *Fifty Spiritual Homilies*, trans., by A.J Mason (London: SPCK, 1921)

MacVey, William Pitt, *The Genius of Methodism: A Sociological Interpretation* (Cincinnati: Jennings & Pye, 1903)

Maddox, Randy L.(ed.), *Rethinking Wesley's Theology for Contemporary Methodism* (Nashville: Abingdon Press, 1998)

_____, *Aldersgate Reconsidered* (Nashville: Kingswood Books, 1990)

_____, *Responsible Grace* (Nashville: Abingdon Press, 1994)

McClain, William B., *Black People in the Methodist Church* (Nashville: Abingdon Press, 1984)

McCormick, K. Steve, "John Wesley's Use of John Chrysostom on the Christian Life: Faith Filled with the Energy of Love" (Drew University, Ph.D., thesis, 1983)

McCulloh, Gerald O.(ed.), *The Ministry in Methodism in the Eighteenth Century* (Nashville: The Board of Education of the Methodist Church, 1960)

McFague, Sallie, *The Body of God: An Ecological Theology* (Minneapolis: Fortress Press, 1993)

McGonigle, Herbert, *John Wesley and the Moravians* (England: The Wesley Fellowship, 1993)

McGrath, Alistair E., *Historical Theology: An Introduction to the History of Christian Thought* (Oxford: Blackwell Publishers, 1998)

_____, *Christian Spirituality: An Introduction* (Oxford: Blackwell, 1999)

_____, *Historical Theology: An Introduction to the History of Christian Thought* (Oxford: Blackwell Publishing, 2003)

Methodist Publishing House, *The Methodist Worship Book* (England: Peterborough, 1999)

Meyendorff, John, *Christ in Eastern Christian Thought* (Washington, DC: Corpus Books, 1969)

Molnar, Thomas, *The Pagan Temptation* (Grand Rapids: Wm. B. Eerdmans Publishing Co., 1987)

Moore, Henry, *The Life of the Rev. John Wesley, A.M.: Fellow of Lincoln College*, vol.2 (New

York, 1826)

Nelstrop, Louise and Percy, Martyn(ed.), *Evaluating Fresh Expressions: Explorations in Emerging Church* (Norwish: Canterbury Press, 2008)

Nichols James and Bagnall W. R.(ed.), *The Writings of James Arminius*, vol.1 (Grand Rapids: Baker Book House, 1977)

Oden, Thomas C. and Longden Leicester R.(ed.), *The Wesleyan Theological Heritage* (Grand Rapids: Zondervan Publishing House, 1991)

Oden, Thomas C., *After Modernity ⋯ What?: Agenda for Theology* (Grand Rapids: Zondervan Publishing House, 1990)

Outler, Albert C.(ed.), *John Wesley* (New York: Oxford University Press, 1980)

Outler, Albert C. & Heitzenrater, Richard P.(ed.), *John Wesley's Sermons: An Anthology* (Nashville: Abingdon Press, 1991)

Outler, Albert C., Evangelism and *Theology in the Wesleyan Spirit* (Nashville: Discipleship Resources, 1975)

Panikkar, Raymundo, *The Unknown Christ of Hinduism* (London: Darton, Longman and Todd, 1964)

Paul, Robert, *The Church in Search of Itself* (Grand Rapids: Wm. B. Eerdmans Publishing Co., 1972)

Phillips, Timothy R. and Okholm, Dennis L.(ed.), *Christian Apologetics in the Postmodern World* (Downers Grove: IVP, 1995)

Plomer, Henry Robert, *A Short History of English Printing 1476~1898* (London, 1900)

Pope Benedict XVI, *The Fathers of the Church: from Clement of Rome to Augustine of Hippo* (Grand Rapids : Wm. B. Eerdmans Publishing Co., 2009)

Priestley, J., *Rev. John Wesley, and His Friends, Original Letters* (Birmingham: Thomas Pearson)

Rack, Henry D., *Reasonable Enthusiast* (London: Epworth Press, 2002)

_____, *The Future of John Wesley's Methodism: Ecumenical Studies in History 2.* (Richmond: John Knox Press, 1965) pp. 14~15.

Rahner, Karl, *Foundations of Christian Faith* (New York: Seabury, 1978)

Rattenbury, J. Ernest, *The Conversion of the Wesleys: A Critical Study* (London: The Epworth Press, 1938)

Richardson, Alan and Bowden, John, *A New Dictionary of Christian Theology* (London: SCM Press, 1999)

Rogers, Charles Allan, "The Concept of Prevenient Grace in the Theology of John Wesley" (Ph.D., Dissertation, Duke University, 1967)

Ruff, Gordon, *Religion in England* (London: Claredon Press, 1986)

Runyon Theodore(ed.), *Wesley's Theology Today: A Bicentennial Theological Consultation*

(Nashville: Kingswood Books, 1985)

_____, *New Creation, John Wesley's Theology Today* (Nashville: Abingdon Press, 1998)

Samartha, Stanley, *Courage for Dialogue: Ecumenical Issues in Inter-Relationships* (Maryknoll: Orbis, 1982)

_____, *The Hindu Response to the Unbound Christ* (Bangalore: Christian Institute for the Study of Religion and Society, 1974)

Schleiermacher, Friedrich, *The Christian Faith*, trans., by H. R. MacKintosh and J. S. Stewart (New York: Harper and Row, 1963)

Shimizi, Mitsuo, Epistemology in the Thought of John Wesley (Drew University., 1980)

Smith, Wilfred Cantwell, *The Meaning and End of Religion* (London: Harper & Row, 1978)

Starkey, Lycurgus M., *The Work of the Holy Spirit: A Study in Wesleyan Theology* (Nashville: Abingdon Press, 1962)

Steele, Richard B.(ed.), *Heat Religion* (Lanham: Scrarecrow Press, 2001)

Stokes, Mack B., *The Holy Spirit in the Wesleyan Heritage* (Nashville: Abingdon, 1985)

Studzinski, Raymond, *Reading to Live: the Evolving Practice of Lectio Divina* (Trappist: The Liturgical Press, 2010)

Taylor, Mark C., *Journey to Selfhood: Hegel & Kierkegaard* (Berkeley: University of California Press, 1980)

The United Methodist Hymnal (The United Methodist Publishing House, 1989)

Tillich, Paul, *Systematic Theology,* vol. I and III (Chicago: The University of Chicago Press, 1975)

Toynbee, Arnold, *A Study of History*, vol.9 (London: Oxford University Press, 1954)

Turner, John Munsey, *John Wesley: The Evangelical Revival and the Rise of Methodism in England* (London: Epworth, 2002)

Tuttle, Jr., Robert G., *Mysticism in the Wesleyan Tradition* (Grand Rapids: Francis Asbury Press, 1989)

Tyerman, Luke, *The Life and Times of the Rev. John Wesley*, vol.1 (New York: Harper & Brothers, 1872)

Tyson, John R., *Charles Wesley: A Reader* (Oxford: Oxford University Press, 1989)

United Methodist Church, *The Book of Discipline of the United Methodist Church* (Nashville: Abingdon Press, 2004).

Veith, Jr., Gene Edward, *Postmodern Times: A Christian Guide to Contemporary Thought and Culture* (Wheaton: Crossway Books, 1994)

Warren, R., *The Purpose Driven*, 고성삼 역, 「목적이 이끄는 삶」 (서울: 도서출판 디모데, 2003)

Watson, David Lowes, *The Early Methodist Class Meeting: Its Origins and Significance* (Nashville: Discipleship Resource, 1987)

Weems, Lovett H., *John Wesley's Message Today* (Nashville: Abingdon Press, 1991)

Wesleyan Theological Journal 30.1 (1995)

Wetterau, Bruce, *World History* (New York: Henry Holt and Company, 1994)

Whimster, Sam and Lash, Scott(ed.), *Max Weber, Rationality und Modernity* (London Allen & Unwin, 1987)

Wiley, H. Orton, *Christian Theology*, vol.2 (Kansas City: Beacon Hill Press, 1940~1943)

Williams, Collin W., *A Study of the Wesley's Theology Today: A Study of the Wesleyan Tradition in the Light of Current Theological Dialogue* (Nashville: Abingdon Press, 1960)

Wilson, Ellen Judy and Reill, Peter Hanns, *Encyclopedia of the Enlightment* (New York: Facts on File, Inc., 2004)

Wong, Tik-Wah, "Eschatological Living in John Wesley's Theology" (Ph.D., Dissertation, Melbourne College of Divinity, Victoria, Australia, 2008)

Wood, Larry W., *The Meaning of Pentecost in Early Methodism: Rediscovering John Fletcher as Wesley's Vindicator and Designated Successor* (Scarecrow Press, 2003)

Wood, Skevington, *The Burning Heart* (London: Epworth Press, 1967)

Wynkoop, Mildred Bangs, *A Theology of Love: The Dynamic of Wesleyanism* (Kansas City: Beacon Hill Press of Kansas City, 1972)

Wyschograd, Edith, *Saints and Postmodernism* (Chicago: The University of Chicago Press, 1990)

Yrigoyen, Jr., Charles, *John Wesley: Holiness of Heart and Life* (New York: The United Methodist Church, 1996)

김동환, 「교회거품빼기」 (서울: 나침반, 1998)

김진두, 「웨슬리의 실천신학」 (서울: 도서출판 kmc, 2010)

_____, 「존 웨슬리의 생애」 (서울: 도서출판 kmc, 2009)

이후정, 「존 웨슬리와 초대동방의 영성」, 김홍기 외 3인 공저, 「존 웨슬리의 역사신학적 조명」 (서울: 감리교신학대학출판부, 1995)

3 정기간행물

12th Oxford Institute of Methodist Theological Studies

Christian History

Christian Scholar's Review

Epworth Review

Evangelical Quarterly

Faith for the Family

Methodist History

Methodist Review: A Journal of Wesleyan and Methodist Studies
World Parish
Organization Studies
Pacifica
Philosophy of Religion
Studies in Church History
The Asbury Theological Journal
The London Quarterly and Holborn Review
The Wesleyan Theological Journal
Theological Studies
Wesleyan Theological Journal
Whitefield's Journals

❹ 인터넷 문헌자료

http://divinity.duke.edu/sites/default/files/documents/faculty-maddox/31a_Rule_of_
     Christian_Faith.pdf
http://en.wikipedia.org/wiki/Ordo_salutis
http://en.wikipedia.org/wiki/Theology
http://evangelicalarminians.org/files/Wesley.%20PREDESTINATION%20CALMLY%20
     CONSIDERED.pdf
http://methodistthinker.com/2010/05/04/podcast-randy-maddox-doctrine-spirit-discipline
http://wesley.nnu.edu/john-wesley/a-christian-library/a-christian-library-volume-1/
     volume-1-the-homilies-of-macarius
http://www.godrules.net/library/wesley/274wesley_h9.htm
http://evangelicalarminians.org/node/297
http://divinity.duke.edu/oxford/docs/2007papers/2007-2McCormick.pdf
http://findarticles.com/p/articles/mi_qa4044/is_200207/ai_n9140532/
http://homepage.ntlworld.com/revmark/dissertation.pdf
http://wesley.nnu.edu/john-wesley/a-christian-library
http://www.spurgeon.org/~phil/wesley.htm

'목사 웨슬리'에게 목회를 묻다

초판 1쇄 2014년 3월 17일
  3쇄 2019년 9월 9일

김동환 지음

발 행 인 전명구
편 집 인 한만철

펴 낸 곳 도서출판kmc
등록번호 제2-1607호
등록일자 1993년 9월 4일

서울특별시 종로구 세종대로 149 감리회관 16층
(재)기독교대한감리회 도서출판kmc
TEL. 02-399-2008 FAX. 02-399-4365
http://www.kmcpress.co.kr

인   쇄 리더스커뮤니케이션

ISBN 978-89-8430-639-4 93230

값 20,000원

이 도서의 국립중앙도서관 출판시도서목록(CIP)은 서지정보유통지원시스템 홈페이지(http://seoji.nl.go.kr)와
국가자료공동목록시스템(http://www.nl.go.kr/kolisnet)에서 이용하실 수 있습니다.(CIP제어번호 : CIP2014007830)